高等职业院校人力资源管理专业全国统编教材

薪酬管理实务

全国人力资源和社会保障职业教育教学指导委员会组织编写

主　编：肖红梅
副主编：石玉峰　王巧莲　丛晓静　张　艳
主　审：王贵军

中国劳动社会保障出版社

图书在版编目(CIP)数据

薪酬管理实务/肖红梅主编. -- 北京：中国劳动社会保障出版社，2021
高等职业院校人力资源管理专业全国统编教材
ISBN 978-7-5167-4804-6

Ⅰ. ①薪…　Ⅱ. ①肖…　Ⅲ. ①企业管理-工资管理-高等职业教育-教材
Ⅳ. ①F272.923

中国版本图书馆 CIP 数据核字(2021)第 033366 号

中国劳动社会保障出版社出版发行
（北京市惠新东街 1 号　邮政编码：100029）

*

三河市潮河印业有限公司印刷装订　　新华书店经销

787 毫米×1092 毫米　16 开本　25.5 印张　454 千字
2021 年 3 月第 1 版　　2021 年 3 月第 1 次印刷
定价：45.00 元

读者服务部电话：（010）64929211/84209101/64921644
营销中心电话：（010）64962347
出版社网址：http://www.class.com.cn

高等职业院校人力资源管理专业
全国统编教材编委会

序

“高等职业院校人力资源管理专业全国统编教材”与读者见面了。这套教材是全国人力资源和社会保障职业教育教学指导委员会（以下简称人社行指委）组织编写的第一套针对高职院校人力资源管理专业的综合性教材，是人力资源管理专业学生的参考教材和学习资料。

一、教材组织编写的背景

习近平总书记指出“人才是实现民族振兴、赢得国际竞争主动的战略资源”，党的十九大报告明确提出“人才强国”战略，对新时代高等职业院校人力资源管理专业人才培养提出更高要求。

我国在高等职业院校开设人力资源管理专业 30 多年，该专业规模大、布点多。教育部公布的最新数据显示，全国开设人力资源管理专业的本专科院校共有 750 所，其中高职院校 288 所，平均每五个院校就有一所开设人力资源管理专业，毕业生规模为每年 1.2 万~1.4 万人。为满足迅速发展起来的人力资源管理专业教学需要，有关部门和高校组织编写了一系列教材，为这一专业的教学、人才培养、学科发展做出了贡献。但应该看到，由于我国人力资源事业发展变化较大、教材编写人员水平参差不齐等，人力资源管理专业教材建设从总体上讲还相当薄弱，存在体系不健全、内容陈旧、大量交叉重复等问题。这些问题不解决，不仅影响教学活动的顺利进行，而且影响这一专业的健康发展。

2015 年教育部印发了《普通高等学校高等职业学校（专科）专业目录》，为了更好地培养符合经济社会发展需求的高职人力资源管理专业人才，人社行指委受教育部委托，在对人力资源管理相关行业、企业、学校及毕业生展开广泛调研的基础上，组织全国相关院校优秀专家对人力资源管理专业教学标准进行了修订，并于 2019 年由教育部正式公布执行。

2019 年，人社行指委副主任委员单位北京劳动保障职业技术学院牵头组织的人力资源管理专业教学资源库已经正式列入国家职业教育资源库，并上线运行。人力资源管理专业教学资源库的建设和应用主要满足在校学生的学习需求、教师的教学及专业建设需求、社会学习者的自我学习及科普需求，建立在校学生学习资源中心、教师课程建设实践中心和社会学习者科普中心。在"互联网+"的应用模式下，建立与各学习中心相匹配的定制化学习路径，从而满足用户在PC端、平板端和手机端等各种工具的随时随地学习需求。

鉴于以上背景，基于对人力资源管理专业及这一专业人才培养高度负责的精神，人社行指委组织全国高等职业院校的优秀专家学者，编写了这套"高等职业院校人力资源管理专业全国统编教材"。

二、教材组织编写的原则

这套教材在编写伊始，即确定了五项编写原则：

1. 紧扣专业教学标准，突出职业教育特色。根据人力资源管理专业教学标准的培养目标及其对知识体系的要求，确立完整的课程体系和教材体系，充分满足该专业的学历教学和专业人员知识培训的需要。

2. 突出理论与实践相统一，强调实践性。适应项目学习、案例学习、模块化学习等不同学习方式和要求，注重以真实项目、典型任务、案例等为载体组织学习单元。

3. 立足现实，反映前沿，力求创新。在教材建设中，既反映已经成熟或公认的理论与学术思想，又能够反映具有代表性的人力资源领域的最新理论、最新技术和方法，在理论体系、结构框架、体例格式和写作风格上有自己的特色。

4. 立足高起点、权威性。为确保这一目标的实现，主编一般为教学经验丰富的一线人力资源管理专业教师，多位主编是人力资源管理专业国家级教学资源库的相应课程负责人，以确保教材能够满足适用性、权威性和先进性的要求。审稿人全部是人力资源管理领域的权威专家，由他们对大纲和成稿进行把关，以确保教材的理论性、系统性和科学性。

5. 线上线下，衔接开发。在教材开发上，与人力资源管理专业国家教学资源库配套开发，在课程设置、案例选用上充分发挥教学资源库的作用，使教师在使用教材的同时可以在教学资源库中找到相应的素材辅助教学，实现教材与教学库资源的配套使用。

三、教材的体系设计

本套教材的体系设计紧紧围绕人力资源管理专业教学标准的要求，请教学标准的执笔专家、审定专家进行解读，整理归纳出要开设的基础课和专业核心课，并与人力资源管理专业国家教学资源库相匹配。全套教材共13种，具体是《人力资源管理基础》《招聘与测评实务》《薪酬管理实务》《绩效管理实务》《培训管理实务》《劳动法理论与实务》《人力资源服务实务》《人力资源管理专业文书》《管理基础与实务》《员工关系管理实务》《组织行为管理实务》《劳动经济基础》《人力资源第三方服务实训》。

人力资源管理专业建设还处于逐步完善阶段，在人力资源事业发展过程中还会不断出现新情况、新问题。这套教材的编写也只能是反映人力资源事业发展的阶段性成果。希望广大人力资源管理专业教师和学生多提宝贵意见和建议，我们将在今后的修订改版过程中不断更新教材内容，提高教材水平，打造人力资源管理专业领域的精品教材，为人力资源管理专业学生能力和素质提升提供有力支持。

高等职业院校人力资源管理专业全国统编教材编委会

2021 年 1 月

前 言

薪酬管理是人力资源管理专业及其相关专业的一门专业核心课程，有着很强的技术性与实践性。综观国内薪酬管理专业书籍，大体上可以分为教材与工具书两大类。教材的编写者主要是高校教师，以满足本科教育的教材居多；教材内容多数侧重于欧美国家薪酬战略、薪酬理论等知识性介绍，而对薪酬管理实践特别是基于薪酬管理岗位职责的具体业务训练则略显不足（当然，这在一定程度上是由本科层次人才培养规格定位决定的）。工具书的编写者主要是人力资源管理咨询机构专家或资深的人力资源管理实战专家（如具有多年在知名企业人力资源管理特别是薪酬管理从业经历的人力资源总监、人力资源/薪酬经理等）；其内容多侧重于薪酬体系设计与管理的应用性，但相关理论知识体系缺乏系统性。上述两类书籍都不能很好地满足当前高等职业院校人力资源管理专业人才培养的需要。

北京劳动保障职业学院作为全国人力资源和社会保障职业教育教学指导委员会副主任委员单位，自 2017 年开始主持申报教育部人力资源管理专业教学资源库，于当年被列入备选库，于 2019 年被正式列入国家专业教学资源库。薪酬管理作为该资源库中的一门标准化课程，联合了国内近十所著名的高职院校共建，20 多所院校运用该资源库素材进行教学。3 年来，共建院校之间相互交流、相互学习，为推动高职院校薪酬管理教学做了诸多有益探索。

鉴于上述背景，本着满足高职院校人力资源管理专业薪酬管理课程理实一体化教学改革、配合人力资源管理专业国家教学资源库开展线上线下混合教学的需要，我们组织编写了本教材，并纳入全国人力资源和社会保障职业教育教学指导委员会组织编写的高等职业院校人力资源管理专业全国统编教材体系。

教材内容的选取充分体现了基于工作过程的职业教育课程开发理念，本着“理论适度”的原则，紧密结合《企业人力资源管理师国家职业技能标准（2019 年版）》（四级、三级）的要求，围绕企业薪酬管理专员（主管）的岗位职责和主要工作内容展开，按照项目模块化编写。教材共分为八个项目，覆盖了职业标准与岗位认知、薪资计发、人工成本管控与薪酬体系设计三大企业薪酬管理业务。其中，职业标准与岗位认知对应项目一薪酬与岗位认知；薪资计发对应项目二薪资计发；人工成本管控对应项目三企业人工成本管控，薪酬体系设计对应四个项目（项目四工资等级制度认知、项目五岗位评价、项目六薪酬体系优化与制度设计、项目七特殊群体薪酬管理）。项目八薪酬管理发展前沿速览收录了当前薪酬管理前沿问题，属于选学/自学内容。

教材编写分工如下：北京劳动保障职业学院肖红梅负责编写项目一、项目二、项目四、项目八；北京劳动保障职业学院石玉峰负责编写项目五；北京劳动保障职业学院王巧莲负责编写项目六；青岛职业技术学院丛晓静负责编写项目七；重庆青年职业技术学院张艳负责编写项目三。全书由肖红梅统稿。

本教材具有以下 5 个特点：

1. 突出职业能力训练。本教材立足于企业薪酬管理专员（主管）岗位，以项目、任务为载体，强化对薪酬管理核心职业能力的训练，以符合高等职业教育培养高端技术技能人才的要求。

2. 体现“做中学、学中做”，实现理实一体化。在内容编排上，每个项目由主题案例导入，提出问题，引出本项目学习目标，带着问题与学习目标进入知识准备、业务演练，体现“做中学、学中做”，利用练习题来强化基本理论知识，拓展阅读则为学生课余拓展学习提供素材，力求最大限度地满足高职院校薪酬管理课程理实一体化教学需求。

3. 紧扣最新法规政策，确保薪酬管理的合法合规性。薪酬管理业务政策性很强，要求学生要对相关法规政策保持敏锐性，紧跟政策更新步伐，知晓政策，执行政策，并灵活运用政策。近年来，随着我国个人所得税法、人口与计划生育法等相关法律法规的修订，以及机关事业单位工资制度改革的推进，本教材更新修改了所涉及的相关内容（主要体现在项目二、项目四上），力求教材内容紧扣最新法规政策，确保薪酬管理的合法合规性。

4. 嵌入信息化教学资源，满足线上线下混合教学需要。《国家职业教育改革实施方案》提出，“倡导使用新型活页式、工作手册式教材并配套开发信息化资源”。本教材的大量实训项目及拓展阅读内容均来自人力资源管理专业国家教学资源库，使得教材使用与资源库有效衔接，既促进了资源库的应用，也满足了线上线下混合教学需要。

5. 反映前沿性，拓宽学生视野。区别于一般高职院校薪酬管理教材，本教材专门对薪酬管理发展前沿问题做了梳理和探讨，供学生选学以开阔视角，使教材在确保基础性、应用性的前提下，兼顾了前沿性。

本教材广泛汲取和参考了国内专家、同行有关最新薪酬管理的学术研究和管理咨询成果，在此我们表示诚挚的谢意！教材从立项启动到出版，得到了国内知名薪酬管理咨询专家康士勇教授、北京劳动保障职业学院李琦教授的大力支持，他们为本教材的出版提出了诸多指导性建议，广州番禺职业技术学院王贵军教授对教材初稿提出了修改意见和建议，一并表示感谢！

随着经济全球化和大数据时代的到来，薪酬管理从体系到管理模式正处在不断变革中，需要我们适应时代潮流，执着探索。尽管编写人员付出了很大努力，但由于水平有限，本教材一定还存在许多问题和不足，恳请广大读者批评指正。

编者

2021 年 2 月

薪酬管理实务

目录

CONTENTS

目录

CONTENTS

目录
CONTENTS

项目一

薪酬与岗位认知

【项目说明】

本项目主要对薪酬概念、薪酬基本理论做了介绍，并结合《企业人力资源管理师国家职业技能标准（2019 年版）》（薪酬管理部分）对企业薪酬专员（主管）的岗位职责做了介绍。本项目内容逻辑结构图示如下：

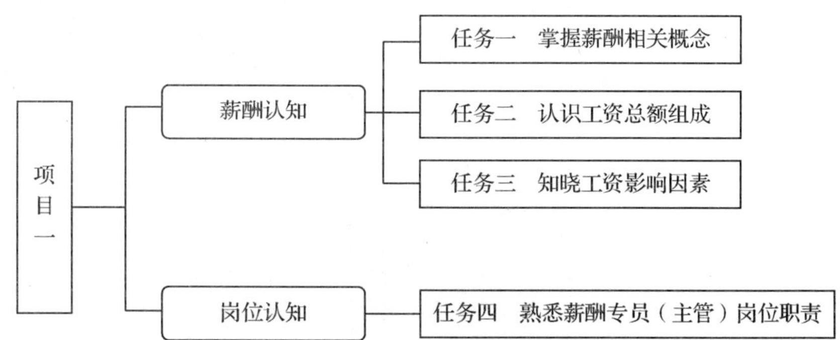

【项目导入】

一、主题案例

永辉超市的员工激励

永辉超市成立于 2001 年，是国家级“流通”及“农业产业化”双龙头企业。永辉超市是中国大陆首批将生鲜农产品引进现代超市的流通企业之一，被国家七部委誉为中国“农改超”推广的典范，被百姓誉为“民生超市、百姓永辉”。

永辉超市经过近20年的发展，已形成一套独特的员工激励体系。

1. 创新型“合伙人”制度

永辉超市创建伊始，就决定以生鲜作为突破口，做大做强这一块业务，结果也证明永辉成功地将一般商超的痛点转化为优势，形成了具有特色的生鲜经营模式。随着管理经营的不断探索，永辉董事长张轩松发现，一线员工每个月只有2 000多元的收入，仅仅能满足生存需求，每天上班只是“当一天和尚撞一天钟”，员工的满意度和积极性都不高。然而，永辉生鲜经营的灵活性、岗位设置的细致度以及营运环节的精细化管理，使得永辉对一线员工工作的质量非常依赖，因此永辉需要稳定与一线员工的雇佣关系，进一步激发基层员工的积极性和满意度，提高员工的行为绩效。直接提高员工工资是不现实的：永辉在全国大约有6万多名员工，如果每人每月仅增加100元的收入，一年就要多支出7 000多万元，何况100元对员工的激励是微小且短暂的。要想激励一线员工，形成员工激励契合，必须将企业业绩与个人建立起一种“直接关系”，于是永辉顺势引入了新式“合伙人”制度，具体如下图所示。

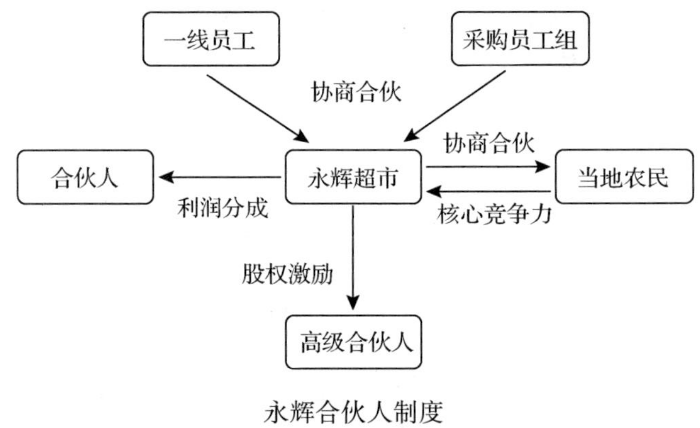

永辉合伙人制度

（1）一线员工利润分享

永辉一线员工合伙人制度有别于其他公司的合伙人制度，这些合伙人并不享有公司股权、股票，而只有分红权，相当于总部和小团体增量利润的再分配。一般情况下，合伙人是以门店为单位与总部来商谈，永辉总部代表、门店店长、经理以及科长，大家一起开会探讨一个预期的毛利额作为业绩标准。在将来的门店经营过程中，超过这一业绩标准的增量部分利润就会被拿出来按照合伙人的相关制度进行分红，或三七、或四六、或二八。店长拿到这笔分红之后就会根据其门店岗位的贡献度进行二次分配，最终使得分红机制照顾到每一位一线员工。

在超市里，瓜果生鲜通常都摆放在一进门的位置，主要是通过其颜色、品相等来吸引消费者进店，引发消费者的“非计划购买欲”，进而提升消费者的客单价。这种营销手段的基础假设是店内的生鲜水果必须新鲜，卖相足够吸引消费者。如果一线员工的工作态度不够积极，在他们码放水果的时候就会出现不经意乱丢、乱放等现象，抱着反正卖多少、损失多少都和他们没有关系的心态。受到撞击的果蔬通常卖相不好，无法吸引消费者购买，从而对超市营业额造成影响。永辉对一线员工实行合伙人制度，将部分经营业绩直接和员工联系在一起，增加了员工的薪酬，调整了员工的工作态度，带来的是果蔬损耗成本的节约，以及消费者更多的购买。

（2）专业买手股权激励

在企业的基层员工中还有一些专业买手，对于永辉的特色生鲜经营来说尤为重要，因此永辉又对这些专业买手们进行了更大的利益分享——股权激励。买手就是永辉超市在供应链底端的代理人，由于他们熟悉村镇的情况，又十分了解各种生鲜特征，这使他们能够很好地胜任采购这项工作，但同时，这也易于导致买手们被其他企业所觊觎，以更高的薪水挖走，因此永辉必须保证买手团队的稳定性。这里，永辉使合伙人制度跨上了一个新台阶，也可以看作一种更高级的“合伙制”，向买手们发放股权激励，通过这样的措施既使他们留在组织内，又让他们干劲十足。

除了和这些企业的内部员工建立稳定的雇佣关系外，永辉超市和当地的农户建立了一种类似合伙人制度的合作。在多年的合作后，永辉得到了一批忠实的合作伙伴，这也就成了永辉超市在果蔬方面的核心竞争力。

2. 公平的职业发展之路

对各层级（店长、经理级干部、课长级干部、技工）的人才进行梯队建设和人才引进，是永辉近几年人力资源管理工作的重点之一。永辉拥有标准化的岗位设置和多层次的岗位体系，员工符合标准并通过培训、考核，即可晋升。永辉员工的职业发展和成长路径还是非常人性化的。在永辉，走专业技术路径的员工，最快用两年时间就可以成长到二级技师，收入达到入职时的 2.1 倍；走管理路径的员工，最快用两年时间可以成长到三级课长，收入达到入职时的 2.1 倍。

永辉超市洞察了员工深层诉求，不按资历和学历、只按能力的晋升制度也是永辉选拔人才的核心。永辉还一直注重员工技能的培训，鼓励他们通过学习改变自己的命运。

3. 提供的精神激励

永辉超市一线员工大都是“80”后，经济实力相对较弱，很多来自农村，他们特别渴望在城市扎根，融入城市生活，也更加关注身份等同和社会其他群体的尊重与认同。得到组织认同和社会认同是员工的重要诉求，这也是一种精神激励。因此，永辉超市合伙人制度时刻在向员工传达他们的价值观：融合共享，成于至善。他们宣扬永辉是共同创业和共同发展的平台，来永辉工作是创业，而不仅仅是就业。这些无疑会让一线员工意识到自己就是合伙人，从事一线工作并非低人一等，从内心认同自己，也养成“人人都是经营者”的意识，更加乐意留在组织工作。永辉超市实行的合伙人制度，一直践行着公平公正的基本原则。总部对门店奖金和合伙人奖金的分配方式和比例进行了明确具体的规定，员工可以根据自己的业绩非常清晰地预见将来的分红，也有效杜绝了门店负责人截流分红的隐患。

永辉超市上述做法满足了一线员工的精神需求，极大地提高了员工的工作满意度，增加了留职意愿。

对于超市行业，如何解决一线员工的高流动性是一直让企业比较头痛的难题。永辉超市独具特色的员工激励体系可以说在很大程度上破解了这一难题。薪酬激励是员工激励的重要组成部分。那么，究竟什么是薪酬？企业薪酬专员（主管）的岗位职责是什么？带着上述问题，请你开始第一个项目的学习。

资料来源：HR 案例网。

二、学习目标

1. 理解薪酬的含义，辨析与薪酬有关的概念。
2. 认知薪酬的基本形式。
3. 识别应计入工资总额的工资项目。
4. 了解工资水平的影响因素。
5. 熟悉薪酬专员（主管）岗位职责。

任务一　掌握薪酬相关概念

知识准备

一、薪酬的含义

1. 报酬

在讲薪酬概念之前，我们要先讲一个与薪酬非常相似的概念——报酬。

通常情况下，我们将一位员工因为为某个组织工作而获得的所有各种他认为有价值的东西统称为报酬（reward）。报酬这一概念并非仅仅是一种金钱或者能折算为金钱的实物概念，它还包括一些心理上的收益。[①] 当然，对于不同的人，心理上收益的感知程度是不一样的。

报酬有两种分类方法。第一种分类方法是按报酬是否以货币形式提供或者能否以货币为单位进行衡量，将报酬划分为经济报酬（financial reward）和非经济报酬（non-financial reward）。经济报酬通常包括各种形式的薪资和福利（其中，薪资被称为直接经济报酬，福利被称为间接经济报酬）。而非经济性报酬则包括成长和发展的机会、从事富有挑战性工作的机会、参与决策的机会、特定的个人办公环境、工作地点的交通便利性等。

第二种分类方法是按某种报酬对劳动者所产生的激励是一种外部刺激还是一种发自内心的心理激励，将报酬划分为外在报酬（extrinsic reward）和内在报酬（intrinsic reward）。这种划分方法与工作特性理论（job characteristic theory）紧密相连。该理论认为，具有技能多样性、任务一致性、任务重要性、自主性以及反馈性五个方面特征的工作，会导致员工产生三种关键性的心理状态，即感受到工作的有意义性、感受到自己对工作的责任感、了解自己的工作活动所产生的结果，而这些关键的心理状态又会带来员工的低流动率、低缺勤率和高工作满意度，同时强化他们的工作绩效。

2. 薪酬

“薪酬”一词，在我国属于舶来品，英语中的对应词汇是“compensation”，含有弥补和补偿之意。因此，在本质上，薪酬是雇主或企业为获取员工所提供的劳动而提供的一种回报或报酬。薪酬是一个外延广泛的概念，不同的使用者在使用这一词汇时，往往会有不同的界定。对于薪酬概念的界定，通常有以下三种。

第一种是宽口径的界定，将薪酬等同于报酬，即员工由于完成了自己的工作而获得的各种内在报酬和外在报酬。这种宽口径的薪酬概念，实质上就是一些教科书上的总薪酬概念，有的也称为全面薪酬体系，具体构成见表 1-1。

需要指出的是，上述这种宽口径的界定在实践中不是很常见。

① 刘昕．薪酬管理：第 2 版［M］．北京：中国人民大学出版社，2007.

表 1-1　　总薪酬的构成

<table>
<tr><td rowspan="3">通过工作获得的收益（总薪酬）</td><td rowspan="2">经济性薪酬</td><td>直接薪酬：现金</td><td>基本薪酬：基本工资
可变薪酬：奖金、短期红利、长期激励等</td></tr>
<tr><td>间接薪酬：福利与服务</td><td>社会保险和住房公积金
补充保险
劳动保护
带薪休假
培训学习
其他福利</td></tr>
<tr><td>非经济性薪酬</td><td colspan="2">成果型：成就感、影响力、发展机会、荣誉等
过程型：雇佣安全、弹性工作时间、合理性授权、挑战性工作等</td></tr>
</table>

第二种是中等口径的界定，指雇员作为雇佣关系的一方所得到的各种货币收入，以及各种具体的服务与福利之和。目前，很多人力资源管理和薪酬管理方面的教科书都采用这种定义。

第三种是窄口径的界定，即薪酬仅仅包括货币性薪资（基本薪酬和可变薪酬），而不包括福利。在实践中，大多数实际管理部门都倾向于使用这种定义，如国家统计局、人力资源社会保障部、国家税务总局、财政部等。

国家统计局 1990 年发布的《关于工资总额组成的规定》规定，工资总额是指各单位在一定时期内直接支付给本单位全部职工的劳动报酬总额，由计时工资、计件工资、奖金、津贴和补贴、加班加点工资、特殊情况下支付的工资组成。

《工资支付暂行规定》（劳部发〔1994〕489 号）第三条规定："本规定所称工资是指用人单位依据劳动合同的规定，以各种形式支付给劳动者的工资报酬。"在随后颁布的《关于贯彻执行〈中华人民共和国劳动法〉若干问题的意见》（劳部发〔1995〕309 号）第 53 条中进一步明确："工资"是指用人单位依据国家有关规定或劳动合同的约定，以货币形式直接支付给本单位劳动者的劳动报酬，一般包括计时工资、计件工资、奖金、津贴和补贴、延长工作时间的工资报酬以及特殊情况下支付的工资等。劳动者的以下劳动收入不属于工资范围：①单位支付给劳动者个人的社会保险福利费用，如丧葬抚恤救济费、生活困难补助费、计划生育补贴等；②劳动保护方面的费用，如用人单位支付给劳动者的工作服、解毒剂、清凉饮料费用等；③按规定未列入工资总额的各种劳动报酬及其他劳动收入，如根据国家规定发放的创造发明奖、国家星火奖、自然科学奖、科学技术进步奖、合理化建议和技术改进奖、中华技能大奖等，以及稿费、讲课费、翻译费等。

国家税务总局使用的则是“工资薪金所得”这一概念。2019 年 1 月 1 日起施行的《中华人民共和国个人所得税法实施条例》第六条第一款规定：“工资、薪金所得，是指个人因任职或者受雇取得的工资、薪金、奖金、年终加薪、劳动分红、津贴、补贴以及与任职或者受雇有关的其他所得。”

财政部、审计署、人民银行、国资委等部门则以《企业会计准则》为基准，使用的是“职工薪酬”概念，符合国际惯例，也最为接近学术上的“薪酬”概念。其中《企业会计准则第 9 号——职工薪酬》第二条规定，职工薪酬是指企业为获得职工提供的服务或解除劳动关系而给予各种形式的报酬或补偿。职工薪酬包括短期薪酬、离职后福利、辞退福利和其他长期职工福利。企业提供给职工配偶、子女、受赡养人、已故员工遗属及其他受益人等的福利，也属于职工薪酬。另外，还规定企业年金基金的企业缴费、股份支付等也属于薪酬，但分别适用《企业会计准则第 10 号——企业年金基金》《企业会计准则第 11 号——股份支付》两个文件。

本教材中，对薪酬概念的使用一般属于第二种，如“薪酬管理”一词实际包括薪酬和福利两部分内容。有时候也会倾向于第三种，如薪酬等级、薪酬幅度等概念，实际上特指工资。另外，在专门阐述工资问题时，结合我国实际，与国家劳动统计、会计口径相一致，本教材更多地使用了收入、工资、工资总额等概念。

二、薪酬的形式

关于薪酬的形式，乔治·米尔科维奇和杰里·M. 纽曼所著的《薪酬管理》一书列出了以下四种形式的薪酬。一级企业人力资源管理师考试教材中也沿用了这四种形式。

1. 基本工资

基本工资又叫基本薪资，是雇主为已完成工作而支付给员工的基本现金薪酬。它反映的是工作岗位或技能价值，而往往忽视了员工之间的个体差异。某些薪酬制度把基本工资看作员工所受教育、所拥有技能的一个函数。对基本工资的调整可能是基于以下事实：整个生活水平发生变化或通货膨胀，同类工作的其他员工薪酬有所改变，员工的经验进一步丰富，员工个人的技能有所提高。

基本工资是员工从雇主那里获得的较为稳定的经济性报酬，它为员工提供了基本的生活保障和稳定的收入来源。

2. 绩效工资

绩效工资是企业根据员工过去工作行为和已取得的工作业绩，在基本工资基础上增加支付的工资。绩效工资往往随员工的工作表现及其业绩的变化而调整。因此，有突出业绩的员工，可以在基本工资之外，获得一定额度的绩效工资。调查资料表明，美国90%的公司采用了绩效工资。按照我国的习惯，这里的绩效工资可以称为“绩效加薪”，与我国过去实行的奖金制度内涵是一致的。在我国传统的工资管理体制下，企业生产工人除了可获得一定数额的基本工资外，还可以根据其劳动定额完成的情况获得一定数额的奖金，即超额的劳动报酬。

需要注意的是，美国的绩效工资概念与我国实践中的使用习惯是有所差别的。在美国，绩效工资属于对员工过去工资行为和已取得成就的认可而给予的加薪。而在我国，绩效工资被认为是考核期间与当期实际绩效程度直接联系起来的那部分可变工资，在工资支付中称为绩效工资、奖金或效益工资等，在劳动统计中称为奖金或超额计件工资，与相对固定的计时工资或基本工资并列存在。

3. 激励工资

激励工资也和业绩直接挂钩，它具有一定的弹性，人们通常将激励工资看作可变性薪酬。激励工资可以分为短期激励工资和长期激励工资两种具体形式。

短期激励工资通常采取非常特殊的绩效标准。例如，某公司规定，每个季度如果达到或者超过了8%的资本回报率目标，每个员工就可以多得到1天的工资；回报率达到9.6%，每个员工可以得到等于2天工资的奖金；如果达到20%的资本回报率，每个员工都可以得到等于8.5天的工资奖金。

长期激励工资则把重点放在员工多年努力的成果上。高层管理人员或高级专业技术人员经常获得股份或红利，这样，他们会把精力主要放在投资回报率、市场占有率、资产净收益等组织的长期目标上。例如，微软、百事可乐、沃尔玛等公司让它们的员工都拥有股票期权，可口可乐公司评选出对公司发展有突出贡献者而奖励给他们股份。近年来，我国国有企业在长期激励工资方面做了一定的探索，推行了经营者年薪制、股票期权、期股和员工持股计划等制度。企业建立长期激励工资，可以使员工利益与公司利益紧密相连，有利于培养员工的主人翁意识，使他们更加关注企业的未来和发展。

虽然激励工资和绩效工资都与员工的业绩有关，并对业绩产生影响，但两者是有区别的。一是激励工资以支付工资的方式影响员工将来的行为，而绩效工资侧重于对过去工作的认可。二是激励工资制度在实际业绩达到之前就已经确定，而绩效工资往往不会提前被员工所知晓。三是激励工资是一次性支出，对劳动力成本没有永久的影响，业绩下降时，激励工资也会自动下降；而绩效工资通常会加到基本工资上去，是永久的增加。

4. 福利

福利是指员工获得的一种间接薪酬，是对员工生活（食、宿、医疗等）的照顾，通常表现为延期支付的非现金收入。福利是对劳动的间接回报，一般不是按工作时间和员工的个人贡献给付，只要是组织的正式员工都可以基本均等地获得福利，其基本目的是为员工提供各种必需的保障，使员工能安心工作。一般来说，福利可分为法定福利和企业福利。其中，法定福利是为了保障员工的合法权益而由政府统一管理的福利措施，我国的法定福利项目有基本养老保险、医疗保险、失业保险、工伤保险、生育保险和住房公积金，俗称“五险一金”。企业福利是指用人单位为了吸引人才或稳定员工而自行采取的福利措施，比较通行的有企业补充养老金（企业年金）、人寿保险、集体储蓄、法律顾问、心理咨询、托儿所、优惠商品、子女教育费、交通服务、工作午餐、文体设施等；带薪假期也属于员工福利的范畴，包括法定带薪节假日、探亲假、年休假等。

福利越来越成为薪酬的一种重要形式。根据对我国一些中心城市国有企业的调查，企业在这方面的费用逐年上升，占企业人工总成本的 30% 左右。灵活多样的福利和服务已成为企业引才留人的重要手段。

三、与薪酬有关的概念

1. 工资、薪资与工资率

国际劳动组织《1949 年保护工资公约》中对工资定义为：“‘工资’一词系指不论名称或计算方式如何，由一位雇主对一位受雇者，为其已完成和将要完成的工作或已提供或将要提供的服务，可以货币结算并由共同协议或国家法律或条例予以确定而凭书面或口头雇佣合同支付的报酬或收入。”

薪资也叫薪俸、薪给、薪金、薪水，今通称工资。工资与薪资在本质上并没有差别，而是使用习惯上有所差别。在日本，对工厂劳动者的给予叫工资，对职员的给予叫薪俸。在我国台湾地区，薪给（salary）与工资（wage）通称为薪资。有的教科书上也对工资和薪资作了这样的区别：以工作品质要求为主（脑力劳动者、劳心者）的收入称为薪资，以工作量要求为主（体力劳动者、劳力者）的收入称为工资。

工资率是指单位时间内的工资数额。按照计薪周期不同，工资率可以分为小时工资率、日工资率、周工资率、月工资率和年工资率，一般比较常见的是月工资率。

2. 名义工资与实际工资

名义工资也叫货币工资，是以某种货币单位表示的工资数量，比如小李每个月的工资为 5 000 元人民币。

实际工资是与名义工资相对应的概念，是指在扣除居民消费价格上涨等因素后，货币工资能实际购买到的商品和劳务的购买力。如果货币工资提高，实际工资并非一定提高，只有当货币工资的增长高于消费品和住房价格提高速度时，实际工资才会提高。实际工资可用货币工资除以居民消费价格指数求得。

比较我国两个城市劳动者的薪资水平，就不能简单地比较名义工资数字，要比较其实际工资水平。例如，一个北京的大学教师和一个贵阳的大学教师的年薪都是 60 000 元，但从两个城市的物价水平来看，贵阳的教师在贵阳能买到的商品或服务比北京的教师要更多一些。因此，贵阳的教师的实际工资要高些。

3. 应发工资与实发工资

应发工资与实发工资是一组特别容易与名义工资、实际工资相混淆的概念。按照我们的习惯，应发工资又叫税前工资，是指各项工资收入相加所得的数额。实发工资也叫税后工资，是指应发工资在扣除法律法规规定的由用人单位代扣代缴的项目（社会保险费、住房公积金和个人所得税等）后的数额，也就是员工实际拿到手的工资数额。一些单位也会将提供给员工住宿而产生的房租、水电费等从其每月工资里扣除。

4. 平均工资与工资水平

平均工资是指一定时间内平均每一个职工的工资数额。工资水平一般是指一定区域和一定时间内劳动者平均工资的高低程度。从概念解释来看，平均工资是反映工资水平的一个主要指标。通过比较两个地区的职工平均工资，就可以大致比较出两个地区的工资水平。例如，2019 年各省城镇非私营单位从业人员平均工资排行榜中，北京以平均 166 803 元/年位居榜首，上海以平均 149 337 元/年位居次席，这两地以较大优势领先其他省份。

需要指出的是，平均工资指标容易受工资差距状况影响，不一定能完全反映劳动者真实的工资收入水平，可能出现工资“被平均”的现象。正如网上流传的一首打油诗：“张村有个张千万，隔壁九个穷光蛋，平均起来算一算，人人都是张百万。”为此，可以采用中位数、分位数、众数等指标作为反映工资水平的补充指标。

四、薪酬的功能

不同的利益主体对薪酬的功能有不同的认知，从而构成了薪酬管理目标的多元性。从微观层面看，对企业而言，薪酬是企业的一种成本支出；而对员工而言，薪酬则是员工劳动所换取的收入，它代表了企业和员工之间的利益交换关系。从宏观层面看，薪酬属于社会再生产的分配环节，对社会经济生活产生重大影响。因此，对于薪酬的功能，需要从员工、企业与社会三个方面来加以理解。

1. 薪酬的功能：员工方面

薪酬对于员工的重要性主要体现在经济保障功能、心理激励功能和信号传递功能三个方面。

（1）经济保障功能

在市场经济条件下，薪酬收入是绝大多数劳动者的主要收入来源，它对于劳动者及其家庭生活所起的保障作用是其他任何收入保障手段都无法替代的。薪酬对员工的保障不仅体现在它要满足员工衣、食、住、行等基本生存需要，同时还体现在它要满足员工在娱乐、教育、自我开发等方面的需要。总之，从某种程度上来讲，员工薪酬水平的高低直接影响着员工及其家庭的生存状态和生活方式。

（2）心理激励功能

根据马斯洛的需求层次理论，员工对薪酬的需求在五个层次上有所表现：第一，员工期望所获得的薪酬必须能够满足其基本生活需要，这是薪酬水平的底线；第二，员工期望自己的薪酬收入更加稳定并有所增加；第三，员工期望自己所获得的薪酬与同事相比是公平的；第四，员工期望自己能够获得比他人更高的薪酬，以作为对个人能力及其工作价值的肯定；第五，员工期望自己能够获得更高的薪酬，来满足更为富裕、质量更高的生活需求，从而进入一种更为自由的生存状态。一般情况下，当员工低层次的薪酬需求得到满足后，会产生更高层次的薪酬需求，且员工的薪酬需求往往是多层次的。

从激励的角度来说，员工较高层次的薪酬需求得到满足的程度越高，则薪酬对于员工的激励作用就越大；反之，如果员工的薪酬需求得不到满足，就很可能会产生消极怠工、工作效率低下、缺勤率和离职率上升、组织凝聚力和员工对企业忠诚度下降等不良后果。实践经验表明，在企业其他条件相同的情况下，不能满足员工合理薪酬期望的企业很容易出现员工满意度低和流动率高的现象。

（3）信号传递功能

劳动者的薪酬水平在一定程度上能说明一个人在社会上所处的位置。一个劳动者的薪酬水平实际上可以向其他人传递一种信号，人们可以根据其所获得薪酬水平的高低来判断员工的职业、受教育程度、生活状况，甚至家庭、朋友等。在一个组织内部，员工的相对薪酬水平往往代表了员工在组织内部的地位和层次，是识别员工个人价值实现的一种信号。

2. 薪酬的功能：企业方面

对企业而言，薪酬的功能体现在控制经营成本、改善经营绩效、塑造企业文化和支持企业变革四个方面。

（1）控制经营成本

对于任何企业来说，薪酬都是一项不容忽视的成本支出，企业薪酬成本直接影响其产品或服务的竞争力。一方面，企业迫于产品或服务市场上的竞争压力不得不控制薪酬成本；另一方面，企业为了获得和保留企业经营所不可或缺的人力资源，不得不支付具有吸引力的薪酬。通常情况下，薪酬总额在大多数企业的总成本中占到40%~90%的比重。例如，薪酬成本在制造业的总成本中很少会低于20%，而在服务行业中薪酬总额占总成本的比重往往高达80%~90%。① 企业通过合理控制薪酬成本，能够降低总成本而赢得经营成功。

（2）改善经营绩效

薪酬直接影响员工的工作行为、工作态度以及工作业绩，影响他们的工作效率、出勤率、对组织的归属感和忠诚度，从而直接影响企业经营绩效。通过薪酬支付，企业可以让员工了解，什么样的行为、态度、业绩是受到鼓励的，是对企业有贡献的，从而引导员工的工作行为、工作态度以及最终的绩效朝着企业期望的方向发展；反之，不合理、不公正的薪酬则会导致员工采取不符合企业利益的行为进而导致企业经营目标难以实现。如何利用薪酬手段来改善企业绩效，是企业薪酬管理的主要目标。

（3）塑造企业文化

合理的富有激励性的薪酬制度有助于企业塑造良好的企业文化，或者对企业已有的文化起到强化作用；反之，企业薪酬政策与企业文化或价值观存在冲突，则会对企业文化和价值观产生消极影响。例如，如果企业是推行以个人为单位的绩效工资方案（如计件工资制），则会在企业内部强化个人主义文化，使员工崇尚独立、注重彼此之间的竞争；如果企业绩效工资的计算和发放主要以小组或团队为单位，则会强化员工

① 刘昕．薪酬管理：第2版［M］．北京：中国人民大学出版社，2007.

的合作精神和团队意识，从而支持一种团队文化。

（4）支持企业变革

企业变革需要相应的制度来保障实施，变革要想取得成功，管理制度必须和变革保持一致。企业变革离不开薪酬管理的改革。现在很多企业都提倡团队合作的精神，相应的分配制度就要体现团队合作导向，在决定个人报酬时不仅要考虑员工个人在岗位上做出的贡献，还要考虑员工所在部门的整体业绩表现。这种个人绩效和部门绩效相结合决定个人报酬的薪酬管理制度，就清晰地体现了企业倡导团队合作的导向。如果一边大谈团队合作，实际上仅仅以个人绩效决定薪酬，那么结果可能就是“各扫门前雪”“管好自己的一亩三分地，随便他人怎么着”的一盘散沙局面。

3. 薪酬的功能：社会方面

劳动者的总体薪酬水平是一国总体社会和经济发展水平的重要指标。合理的薪酬不仅可以满足人们的多种需要，不断提高人们的生活质量，而且有利于经济社会的平等与效率的提高。

（1）薪酬是宏观经济运行的重要参考因素

薪酬会对区域经济发展、产品市场及国际贸易等产生重要的影响，需要宏观政策的调控。例如，政府会对企业的人工成本进行调查，发布劳动力市场工资指导价位，通过工资指导线，指导企业工资调整，制定最低工资标准等。

（2）薪酬是衡量社会公平的标准

通过薪酬的变动，可以发现不同社会层面、社会群体的收入变动与收入公平问题。薪酬指标可以显示城乡之间、区域之间、行业之间的报酬差异，从而反映一个社会的公平程度。

（3）薪酬是财政支出的重要组成部分

政府机构、公共管理部门等公务员的薪酬来自政府财政预算，是财政支出的重要组成部分。公务员薪酬会对私营部门产生一定的示范效应。例如，公务员工资涨了，可能会带动企业部门相应的工资上涨。

五、薪酬管理

1. 薪酬管理的目标

薪酬管理的基本目标可以归纳为合法、效率和公平三个方面。合法是底线，否则企业就会受到国家有关法律的处罚；效率是出发点，企业希望借助薪酬来激励员工，提高组织绩效；公平是基础，否则薪酬就起不到足够的激励作用，从而导致员工消极怠工甚至离开公司。

（1）合法

合法包括遵守各种国家法律法规和地方性法规，如劳动法、劳动合同法、工资支付规定、有关社会保险方面的法规政策等。这是维持和提高企业信誉的关键，也是吸引优秀人才的关键。薪酬管理工作人员必须要对相关法规政策保持高度的敏锐性，做到熟悉政策，工作合法合规。

（2）效率

效率目标可进一步细化为四个方面，即提高绩效、保证质量、赢得客户和控制成本。

1）提高绩效。首先，薪酬制度应支持企业战略，即承担不同职能和任务目标的员工的薪酬水平是否支持公司的战略目标；该制度还应该与人力资源战略和目标正确配合；在原来工资的基础上，目标工资的增幅多大才有意义。

其次，要通过薪酬制度来促进员工的行为与组织目标相符。组织内部薪酬结构影响员工的行为。要设计一种能使员工的努力与组织的目标相一致的薪酬结构，应该把每个职位与组织目标之间的关系阐述清楚。员工越是清楚地了解他们的工作与组织目标之间的关系，薪酬结构越是能使员工的行为与组织目标相一致。

2）保证质量。保证产品和服务的质量，这是实现公司战略、取悦客户的基础。

3）赢得客户。客户是市场，丢了客户，就丢了市场。要让每一位员工明白，给他们发工资的人不是企业，是客户。只有对客户高度负责，客户满意，企业、员工的生存空间才会越来越大。

4）控制成本。控制成本有两方面的意义：一是在保证质量的前提下，控制住了成本，就控制住了价格，就能取得产品价格的竞争优势；二是降低成本，就能提高企业的经济效益，进而就能为提高员工收入水平、技术改造和扩大生产规模提供资金保证。

（3）公平

公平，意味着过程（程序）公平和结果公平。

1）决定分配结果的程序公平。这种公平对员工的满意度影响更大，通常使用公平分配和公平程序决定报酬的组织，被认为更可信赖并将导致更高的组织承诺水平。没有分配决策过程的公平，就没有分配结果的公平。

员工对过程公平的认可程度将对他们是否接受结果产生重大的影响，如果员工和企业认为确定薪酬结果的方式是公平的，他们就愿意接受低工资。要做到薪酬过程公平，应遵循以下四点：①薪酬结构要适用于全体员工；②允许员工并鼓励员工代表参与薪酬制定过程；③员工要有对薪酬不满的申诉程序；④使用的数据要准确。

2）分配的结果公平。分配的公平感来源于两个方面的分配关系。一是企业和员工之间的分配关系，即劳动和资本的关系。这一关系表现为员工实际获得的报酬数量与按相关标准进行衡量的产出之间的关系，如人工费比率、劳动分配率等，在销售额、增加值一定的情况下，人工费比率或劳动分配率决定了增加值中的资本要素报酬总额和劳动要素报酬总额。二是员工之间的分配关系，即在劳动要素报酬总额一定的情况下，劳动要素报酬总额在劳动者之间的分配。

2. 薪酬策略

企业薪酬战略总任务和总目标的实现，需要企业根据外部产品与环境的变动情况，以及自身的资源条件，选择并提出合适的薪酬策略。一般来说，企业可以根据自己的情况选取跟随型、领先型、滞后型和混合型四种不同的薪酬策略。

（1）跟随型薪酬策略

在四种薪酬策略中，跟随型薪酬策略是企业最常用的方式。企业管理者基于以下三点理由而采取跟随型薪酬策略：①薪酬水平低于竞争对手会引起企业员工的不满，导致生产效率下降；②薪酬水平低还会制约和影响企业在劳动力市场上的招聘能力；③关注同行业的薪酬水平直接关系到内部人工成本合理确定的问题。

跟随型薪酬策略力图使本企业的薪酬成本接近产品竞争对手的薪酬成本，同时使本企业吸纳员工的能力接近产品竞争对手的水平。这种策略能使企业避免在产品定价或保留高素质员工队伍方面处于劣势地位，从而保持与市场之间的平衡关系。但它并不能使企业在劳动力市场上处于优势地位。许多以竞争市场和边际生产率为理论基础的经济模型都认为，企业应当采用跟随型薪酬策略，这对于处于平稳发展期的企业来说具有重要的意义。

（2）领先型薪酬策略

领先型薪酬策略强调高薪用人，突出高回报，以高于市场竞争对手的薪酬水平来增强企业薪酬的竞争力。领先型薪酬策略能最大限度地发挥组织吸纳和留住员工的能力，同时把员工对薪酬的不满意度降到最低水平。而且它能弥补岗位工作给劳动者带来的负效用，如工作条件恶劣、内容单调枯燥、劳动强度大、缺乏安全保障、经常出差等。同时，也应当看到领先型薪酬策略的推行，可能会给企业带来一些问题，如人工成本的加大，不但会产生财务方面的压力，还会影响到产品或服务的竞争力。

一些专家通过研究证明，企业采取领先型薪酬策略之后，求职者的质量有所提高，数量有所上升，员工的跳槽和缺勤率有所降低，但薪酬水平对企业的资产回报率几乎没有什么影响，而采用不同的薪酬形式如奖金和长期激励工资等却能提高资产回报率。

（3）滞后型薪酬策略

滞后型薪酬策略强调企业薪酬水平低于市场薪酬水平及其增速。实行该薪酬策略可能会影响企业吸纳和留住所需要的人才，但是，如果采用滞后型策略的企业能保证员工在未来可以得到更高的收入，如享受年终分红、股票期权、期股、员工参股等，那么员工的责任感会提高，团队精神也会增强，从而企业的劳动生产率也会提高。

一般来说，滞后型薪酬策略宜在经济萧条时期或者企业处在创业、转型、衰退等特殊时期采用。

（4）混合型薪酬策略

混合型薪酬策略是企业根据不同的员工群体或不同的薪酬形式制定不同的薪酬策略，这种策略更具有灵活性。例如，有些企业根据不同的工作岗位人员制定不同的薪酬策略，中高级专业技术人员、管理人员或者中高级技能人员的薪酬水平高于市场平均水平，而其他一般员工的薪酬水平等于或低于市场水平。有些企业采用了以下薪酬策略：确保全员总薪酬水平高于竞争对手，但基本工资和绩效工资略低于市场平均水平，而激励工资远远高于市场平均水平。

一般来说，企业高层经营管理者都以各类员工各种形式的薪酬为基础，对薪酬策略作出正确的选择，使其成为人力资源策略、企业经营战略中不可或缺的支撑点。例如，微软公司的基本工资是滞后型的，业绩奖金是跟随型的，创造财富的员工持股计划却是领先型的，此外它还给员工提供了富有挑战性的工作。IBM 公司在有些方面领先于竞争对手，如众多的培训机会、多种员工援助方案等，但它的基本工资却相当于甚至滞后于竞争对手，它的业绩奖金也仅与竞争对手相当。

3. 薪酬管理的内容

概括来说，薪酬管理包括薪酬制度设计、薪酬日常管理两个方面。

（1）薪酬制度设计

薪酬制度设计主要是指薪酬策略设计、薪酬体系设计、薪酬水平设计、薪酬结构设计等。薪酬制度设计是企业薪酬管理的一项重要任务，包括薪酬结构完善，即确定并调整不同员工薪酬项目的构成，以及各薪酬项目所占的比例；还包括薪酬等级标准设计，薪酬支付形式设计，即确定薪酬计算的基础。不同的企业薪酬制度有不同的适用对象和范围，关键是要选择与企业总体发展战略以及实际情况相适应的薪酬制度。

（2）薪酬日常管理

薪酬日常管理是由薪酬预算、薪酬支付、薪酬调整组成的薪酬成本管理循环。薪酬制度建立起来后，应密切关注薪酬日常管理中存在的问题，及时调整公司薪酬策略，调整薪酬水平、薪酬结构以及薪酬体系，以实现效率、公平、合法的薪酬目标，从而保证公司发展战略的实现。

企业薪酬水平有宏观和微观两个层次。企业宏观薪酬水平即企业工资总额，反映了企业总体的人工成本状况。工资总额管理不仅包括工资总额的计划与控制，还包括工资总额调整的计划与控制。对于国家来说，工资总额的准确统计是国家从宏观上了解居民的收入，衡量员工的生活水平，计算退休金、有关保险金和经济补偿金的重要依据。对于企业来说，工资总额是人工成本的一部分，是企业掌握人工成本的主要信息来源，是企业进行人工成本控制的重要方面。工资总额的各项组成均与企业经济效益等因素直接相关，因此工资总额的调整在所难免，确定工资总额调整的幅度也是十分重要的。

企业微观薪酬水平即企业员工个体的薪酬额度。企业要明确界定各类员工的薪酬水平，以实现员工与企业之间公平的价值交换，这是薪酬管理的重要内容。其基本原则是按照员工对企业的贡献大小确定不同的薪酬水平。同时，为了体现薪酬管理对外具有竞争性的基本原则，还必须根据劳动力市场的供求关系以及社会消费水平的变化，及时对企业员工的总体薪酬水平适时进行调整。

日常薪酬管理工作具体还包括：①开展薪酬市场调查，统计分析调查结果，写出调查分析报告；②制订年度员工薪酬激励计划，对薪酬计划执行情况进行统计分析；③深入了解各类员工的薪酬状况，进行必要的员工满意度调查；④对报告期内人工成本进行核算，检查人工成本计划的执行情况；⑤根据公司薪酬制度的要求，结合各部门绩效目标的实现情况，对员工的薪酬进行必要调整。

业务演练

任务1-1：薪酬形式认知

练习：下面是某企业员工李东2019年6月的工资条。请识别其工资条中基本工资是多少？绩效工资是多少？福利是多少？

职工姓名	岗位工资	绩效工资	工龄工资	通信费	饭补	应发合计	养老保险	失业保险	医疗保险	公积金	个税	实发合计
李东	3 000.00	6 600.00	200.00	220.00	330.00	10 350.00	1 444.00	36.10	364.00	2 166	0.00	6 339.90

任务1-2：识别与工资有关的概念

练习：接任务1-1。请识别李东每个月的应发工资为多少？实发工资为多少？实发工资是怎么计算出来的？（拓展：你能否利用所学的知识，进一步推算出李东各项社会保险费的缴费基数？）

任务二　认识工资总额组成

知识准备

一、工资总额的概念

工资总额是一个非常重要的概念，它直接关系到员工各项社会保险缴费基数、公积金缴费等。

国家统计局《关于工资总额组成的规定》明确："工资总额是指各单位在一定时期内直接支付给本单位全部职工的劳动报酬总额。"国家统计局《关于工资总额组成的规定若干具体范围的解释》进一步明确了工资总额的计算原则："工资总额的计算原则应以直接支付给职工的全部劳动报酬为根据。各单位支付给职工的劳动报酬以及其他根据有关规定支付的工资，不论是计入成本的还是不计入成本的……不论是以货币形式支付的还是以实物形式支付的，均应列入工资总额的计算范围。"

二、工资总额的组成

国家统计局《关于工资总额组成的规定》规定，工资总额包括计时工资、计件工资、奖金、津贴和补贴、加班加点工资和特殊情况下支付的工资六大组成部分。

1. 计时工资

计时工资是指按计时工资标准（包括地区生活费补贴）和工作时间支付给个人的劳动报酬，包括以下四项内容。

（1）对已做工作按计时工资标准支付的工资。

（2）实行结构工资制的单位支付给职工的基础工资和职务（岗位）工资。

（3）新参加工作职工的见习工资（学徒的生活费）。

（4）运动员体育津贴。

2. 计件工资

计件工资是指对已做工作按计件单价支付的劳动报酬，包括以下三项内容。

（1）实行超额累进计件、直接无限计件、限额计件、超定额计件等工资制，按劳动部门或主管部门批准的定额和计件单价支付给个人的工资。

（2）按工作任务包干方法支付给个人的工资。

（3）按营业额提成或利润提成办法支付给个人的工资。

3. 奖金

奖金是指支付给职工的超额劳动报酬和增收节支的劳动报酬，包括以下五项内容。

（1）生产奖，包括超产奖、质量奖、安全奖，考核各项经济指标的综合奖、提前竣工奖、外轮速遣奖、年终奖（劳动分红）等。

（2）节约奖，包括各种动力、燃料、原材料等节约奖。

（3）劳动竞赛奖，包括发给劳动模范、先进个人的各种奖金和实物奖励。

（4）机关、事业单位的奖励工资。

（5）其他奖金，包括从兼课酬金和业余医疗卫生收入提成中支付的奖金等。

4. 津贴和补贴

津贴和补贴是指为了补偿职工特殊或额外的劳动消耗和因其他特殊原因支付给职工的津贴，以及为了保证职工工资水平不受物价影响支付给职工的物价补贴。

在习惯上，一般把属于生产性质的叫作津贴，可以与岗位等级挂钩，如各种技术性津贴；属于生活性质的叫作补贴，一般不与岗位等级挂钩，如伙食补贴、各种保健性补贴、洗理费等。但目前的使用中，“津贴”“补贴”这两个词基本上未作严格区分，有的单位统一叫津贴（包含补贴项目），有的单位则叫津补贴。

相关链接 1-1

中央明确：医务人员补助和津贴不得按行政级别确定发放标准

2020 年 3 月 5 日，中央应对新冠肺炎疫情工作领导小组召开会议。会议强调，要进一步落实好关心关爱医务人员各项措施，临时工作补助、一次性慰问补助、卫生防疫津贴等要及时发放，向与患者直接接触的接诊、筛查、检测、转运、治疗等一线医务人员特别是救治重症患者的医务人员倾斜，不得按行政级别确定发放标准。医务人员轮休不影响工资、奖金、休假等工资待遇。

领导抗疫补助高于一线人员，院长免职

2020 年 3 月 5 日，陕西省安康市通报了对网络反映市中心医院公示中存在“院领导抗疫补助高于援鄂一线人员”问题的调查结果，对相关责任人员进行了问责处理。

2 月 24 日，安康市中心医院按照陕西省关于一线疫情防控人员临时性工作补助的政策要求，开展摸底统计和核定工作。3 月 2 日，市中心医院依照“在本单位公示 5 天后，上报有关部门审核，逐级上报审定”的程序要求，在本单位公示“一线疫情防控人员临时性工作补助统计表”，引发严重舆情。

舆情发生后，安康市及时成立核查组进驻市中心医院。经核查，市中心医院在落实新冠肺炎一线疫情防控人员临时性工作补助政策时，主要领导、分管领导工作不深入、不细致，未严格按照文件规定执行，对发放范围、补助时限和补助标准把关不严，对专家组中的院领导简单按全勤计算，其他人员按出勤计算，导致政策执行中出现偏差，造成“院领导抗疫补助高于援鄂一线人员”问题。

依据《中华人民共和国监察法》《事业单位工作人员处分暂行规定》等，安康市对负有主要领导责任的陈××、董××予以免职，并给予政务记过处分；对负有监管责任的市卫生健康委员会主任王××予以诫勉；对其他责任人员按照干部管理权限交有关单位处理。

安康市委市政府要求，市卫健委派驻工作组监督指导市中心医院，严格按照陕西省关心关爱一线疫情防控人员补助政策规定的标准和范围，据实做好统计、审核、公示、上报、发放工作。同时，要求全市各医疗机构要举一反三，引以为戒，严格落实好关心关爱医护人员各项措施，确保执行政策不打折扣、不变形、不走样。

资料来源：搜狐新闻。

5. 加班加点工资

加班加点是指在企业执行的工作时间制度基础上延长工作时间。凡在法定节假日和公休假日进行工作的叫作加班，凡在正常工作日延长工作时间的叫作加点。加班加点工资是指按规定支付的加班工资和加点工资。

6. 特殊情况下支付的工资

特殊情况下支付的工资包括以下内容。

（1）根据国家法律、法规和政策规定，因病、工伤、产假、计划生育假、婚丧假、事假、探亲假、定期休假、停工学习、执行国家或社会义务等原因，按计时工资标准的一定比例支付的工资。

（2）附加工资、保留工资。附加工资是对特定工作相比一般工作所要作出的特别

付出的一种补偿。它强调只能是对从事特殊工作和其生活条件给岗位角色带来的额外付出所作出的一种补偿，以使这些需要额外付出的工作能够为人们所接受。设定附加工资的目的在于实现不同工作和不同生活条件下的报酬合理化。这里的保留工资不是劳动经济学“保留工资理论”中的保留工资概念，而是指因某种原因形成的职工原工资标准高于新工资政策规定标准的部分，其高出部分作为保留工资继续支付给职工，以保证不因执行新的工资政策而减少工资收入。

三、工资总额不包括的项目

以下项目不计入工资总额。

（1）根据国务院发布的有关规定颁布的发明创造奖、自然科学奖、科学技术进步奖、合理化建议和技术改进奖，以及支付给运动员、教练员的奖金。

（2）有关社会保险和职工福利方面的各项费用。具体有：职工死亡丧葬费及抚恤费、医疗卫生费和公费医疗费用、职工生活困难补助费、集体福利事业补贴、工会文教费、探亲路费、冬季取暖补贴等。

（3）劳动保护的各项支出。具体有：工作服、手套等劳动保护用品，解毒剂、清凉饮料，以及按 1963 年 7 月 19 日劳动部等七单位规定的范围对接触有毒物质，矽尘作业，放射线作业，潜水、沉箱作业，高温作业五类工种所享受的由劳动保护费开支的保健食品待遇。

（4）有关离休、退休、退职人员待遇的各项支出。

（5）稿费、讲课费及其他专门工作报酬。

（6）出差伙食补助费、误餐补助、调动工作的旅费和安家费。

（7）对自带工具、牲畜来企业工作职工所支付的工具、牲畜等的补偿费用。

（8）实行租赁经营单位的承租人的风险性补偿收入。

（9）对购买本企业股票和债券的职工所支付的股息（包括股金分红）和利息。

（10）劳动合同制职工解除劳动合同时由企业支付的医疗补助费、生活补助费等。

（11）因录用临时工而在工资以外向提供劳动力单位支付的手续费和管理费。

（12）支付给家庭工人的加工费和按加工订货办法支付给承包单位的发包费用。

（13）支付给参加企业劳动的在校学生的补贴。

（14）计划生育独生子女补贴。

业务演练

任务：识别应计入工资总额的项目

下面所列出的是某上市公司员工张某2019年6月由企业所派发的各项收入。请识别下面哪些项目应该计入工资总额？

（1）岗位工资3 200元；

（2）绩效工资6 000元；

（3）计划生育独生子女补贴5元；

（4）为公司提出合理化建议所得奖励500元；

（5）通信补贴430元；

（6）在公司开展的主题征文比赛中获奖，得稿费1 000元；

（7）购买公司股票而派发的股息8 400元；

（8）劳动保护费用100元；

（9）回老家广州探亲报销的路费869元；

（10）交通补贴480元。

任务三　知晓工资影响因素

知识准备

一、影响工资的外在因素

影响工资的外在因素是指与工作特性及状况无关，但又同时构成对工资本身确定具有重大影响的一些来自企业和市场的因素，主要包括以下六个方面。

1. 企业的经济效益状况

企业的经济效益状况直接关系到企业的工资支付能力，涉及国家和企业的分配关系，以及企业的利润和员工的工资分配关系。

2. 生活费用或物价水平

保证员工及其家庭获得维持生活费用的工资，是制定工资率的基本考虑。决定生活费用的是物价水平，职工的工资水平必须考虑地区物价状况。

3. 地区或行业的工资水平

确保薪酬具有外部竞争力，需要广泛开展劳动力市场价位调查。了解当地劳动力市场价位有助于更好地吸纳、维系和激励优秀的人才，有助于降低人工成本。

4. 劳动力市场的供求关系

根据劳动经济学基本原理，劳动力市场的供求关系直接决定劳动力的价格，也就是工资。在劳动力市场上，那些供不应求的劳动力，其工资水平往往比较高；反之，那些供过于求的劳动力，其工资水平往往比较低。例如，优秀的职业经理人年薪高达千万元，普通员工的工资一年则不足 10 万元；新工业区的劳动力工资比老工业区的劳动力工资要高。

5. 劳动力的可替代性

劳动力的潜在替代物可能是机器设备，也可能是人。例如，用机器来代替劳动力，以愿意接受低工资的妇女或临时性用工代替在职工人。劳动力的可替代性越强，则工资水平越低；反之则越高。

6. 产品需求弹性

消费者的消费需求变化对企业的产量产生决定性的影响，这种产量的变化会最终影响到企业职工的工资水平。产品需求弹性越大，产量受需求影响程度就越大，由此对企业工资水平的影响也就越强烈。因此，在产品需求弹性大的企业一般都实行浮动性的工资制度。

二、影响工资的内在因素

影响工资的内在因素是指与工作特性及状况有关的因素，主要包括以下八个方面。

1. 员工的工作努力程度

员工的工作努力程度是工资水平调整和变动的基本原因。薪酬设计便是对员工这种劳动及其工作努力程度的报酬的一种制度安排。实践证明，在同等职位情况下，工资水平有所不同，来源于工作努力程度以及由此所决定的劳动成果或工作绩效的不同。

2. 职务高低与权力大小

权力是由责任而来，责任是由判断或决定问题的能力而产生。对于权责重的人给予较高的工资，实际上是因为权责重的人其决定和判断的正误对于组织生产的产品或提供服务的品质、市场、信誉与效益有决定性的影响。

3. 技术和训练水平

较高的工资包含人力资本投资回报的成分，即补偿学习技术所耗费的、由直接成本以及机会成本构成的人力资本投资。岗位评价中知识要素的选择和技能工资制度，都充分体现了技术和训练水平对工资确定的影响。

4. 工作的时间性

工作不稳定的人按单位工作时间核算的工资名义上较高，用以补偿工作的不稳定性，其可能的原因在于：一是这些人过了合同期有可能失去工作，即可能处于失业的状态，失业期间将无收入；二是这些人在工作期间没有社会保障，企业没有为他们支付保险等费用；三是这些人没有福利，不享受如年终分红、法定休假和一定天数的带薪病假等。

5. 劳动条件

在工业化早期，劳动条件比较恶劣，在同样劳动技能要求的条件下，劳动条件特别是工作的危险性，直接导致了工资的差别。在现代社会中，工作的危险性对工资的影响仍然存在，具体体现在补偿性工资理论中。

6. 附加福利

附加福利可以被定义为一种正常工资的补充，是另外一种职工乐意接受的报酬或福利，是雇主在劳动力费用之外的一种支付，包括不工作时间的支付（节假日）、社会保险费用、企业补充保险、提供的住房或住房补贴等。

7. 工龄

工龄对工资正向的影响作用主要通过两个方面表现出来：一是管理和技术职位的工作能力和工作业绩都与工作经验有关，二是工资中体现工龄的表现方式间接化。随着知识经济的到来，工龄对工资的作用正在日益淡化。

8. 社会观念

例如，受社会观念的影响，在同等条件下，女性获得的工资要比男性低；一些技术学徒工在学徒期间的工资往往比较低。

业务演练

任务：调查工资的影响因素

选择一个单位（如家人或朋友所在单位），调查该单位工资的影响因素有哪些，并形成调查报告。

任务四　熟悉薪酬专员（主管）岗位职责

知识准备

企业人力资源管理师在企业内部主要从事员工招聘选拔、绩效考核、薪酬福利管理、劳动关系协调等工作。劳动社会保障部于 2003 年 8 月制定了《企业人力资源管理人员国家职业标准（试行）》，在此基础上于 2007 年 2 月发布了《企业人力资源管理师国家职业标准（2007 年修订）》。2017 年 12 月人力资源社会保障部启动国家职业技能标准制定修订工作，组织专家制定了《企业人力资源管理师国家职业技能标准（2019 年版）》（以下简称《标准》）。

企业人力资源管理师职业共设四个等级，分别为：企业人力资源管理师（四级）、企业人力资源管理师（三级），企业人力资源管理师（二级），企业人力资源管理师（一级）。《标准》分别从人力资源规划、招聘与配置、培训与开发、绩效管理、薪酬管理、劳动关系管理六大职业功能模块发布了四个职业等级的职业技能标准，涉及每个模块应有的工作内容、技能要求和相关知识要求。薪酬管理岗位，对应《标准》中的薪酬管理模块。

一、企业人力资源管理师（四级）国家职业技能标准（薪酬管理部分）

薪酬管理专员对应《标准》中的企业人力资源管理师（四级），其任职人员应达到的技能要求和相关知识要求见表 1–2。

表 1-2　企业人力资源管理师（四级）国家职业技能标准（摘录）

职业功能	工作内容	技能要求	相关知识要求
5. 薪酬管理	5.1 薪酬信息采集	5.1.1 能够采集企业薪酬管理的外部环境信息 5.1.2 能够采集薪酬管理的内部信息	5.1.1 薪酬、薪酬管理的概念与内容 5.1.2 薪酬环境的概念与内容 5.1.3 薪酬信息的含义、分类与内容
	5.2 薪酬统计分析	5.2.1 能够进行薪酬核算 5.2.2 能够对薪酬指标进行统计分析	5.2.1 薪酬的形式 5.2.2 工资总额与平均工资 5.2.3 薪酬统计指标的种类
	5.3 福利费用核算	5.3.1 能够统计核算各种社会保险费 5.3.2 能够办理社会保险缴纳手续 5.3.3 能够建立工资福利台账	5.3.1 员工福利的概念、种类 5.3.2 社会保险的基本内容 5.3.3 工资福利台账的内容

二、企业人力资源管理师（三级）国家职业技能标准（薪酬管理部分）

薪酬管理主管对应《标准》中的企业人力资源管理师（三级），其任职人员应达到的技能要求和相关知识要求见表 1-3。

表 1-3　企业人力资源管理师（三级）国家职业技能标准（摘录）

职业功能	工作内容	技能要求	相关知识要求
5. 薪酬管理	5.1 薪酬体系设计的前期准备	5.1.1 能够进行薪酬体系设计的准备工作 5.1.2 能够提出专项薪酬管理制度草案	5.1.1 薪酬体系设计的概念、原则与内容 5.1.2 薪酬管理制度的概念、特点与种类
	5.2 岗位评价	5.2.1 能够进行岗位评价 5.2.2 能够分析岗位评价数据	5.2.1 岗位评价的概念与内容 5.2.2 岗位评价的基本原理

续表

职业功能	工作内容	技能要求	相关知识要求
5. 薪酬管理	5.3 市场薪酬调查	5.3.1 能够进行市场薪酬调查 5.3.2 能够分析薪酬调查数据 5.3.3 能够撰写市场薪酬调查报告	5.3.1 市场薪酬调查的基本概念 5.3.2 市场薪酬调查的种类和作用 5.3.3 市场薪酬调查报告的内容
	5.4 员工福利管理	5.4.1 能够编制福利总额预算 5.4.2 能够制订单项福利计划	5.4.1 员工福利的概念与内容 5.4.2 单项福利计划的内容

《标准》（四级、三级）的薪酬管理部分规范了薪酬管理专员（主管）的工作内容、技能要求和知识要求，为企业编制薪酬专员（主管）岗位说明书提供了方向性的指引，也为企业甄选、考核薪酬专员（主管）提供了依据。

业务演练

任务：薪酬专员（主管）岗位职责认知

请你利用合适的途径收集两份不同的企业（或事业单位）薪酬专员（主管）的岗位说明书。

注意：应参照《标准》，来评价所搜集的岗位说明书是否涵盖了薪酬专员（主管）的基本职责？是否还有其他附加职责？如有，都是哪些职责？

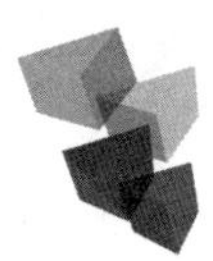

练习题

1. 按报酬是否以货币形式提供或者能否以货币为单位进行衡量，将报酬划分为经济报酬和____________；按某种报酬对劳动者所产生的激励是一种外部刺激还是一种发自内心的心理激励，将报酬划分为____________和____________。

2. “薪酬”一词，英语中的对应词汇是____________，其外延有不同的界定，按照中等口径的界定，即指雇员作为雇佣关系的一方所得到的各种____________，以及各种具体的____________之和。

3. 基本薪资反映的是（　　）。

A. 工作的价值　　B. 工作或技能的价值

C. 劳动者出卖劳动力的价值　　D. 雇主购买劳动力的支出

4. （　　）是指一定区域和一定时期内劳动者平均工资的高低程度。

A. 实际工资　　B. 货币工资　　C. 平均工资　　D. 工资水平

5. 薪酬的形式主要有（　　）。

A. 计时工资、计件工资、奖金、津贴和补贴

B. 基本薪资、绩效工资、激励工资、福利和服务

C. 工资、薪金、社会保险、职工福利

D. 工资、社会保险、劳动保护、职工福利

6. 在统计工作中，一般把列入工资总额的津贴项目和不计入工资总额支付的津贴项目，分别称为（　　）。

A. 补贴和非工资性津贴　　B. 工资性津贴和非工资性津贴

C. 津贴和补贴　　D. 生活性补贴和生产性津贴

7. （判断题）激励工资会引起人工成本的永久增加。（　　）

8. （判断题）实际工资，就是实际支付给员工的工资数额。（　　）

9. （分析题）徐冬平2018年的月平均工资为5 500元，年终考核合格后按照公司工资制度规定，2019年1月起徐冬平的工资涨了100元，即每月为5 600元。按照国家统计局公布的数据：2019年1月全国居民消费价格总水平环比上涨0.5%。请你根据上述数据判断，徐冬平2019年1月的实际工资水平与2018年比较起来是上涨了还是下降了？

拓展阅读

1. 关于工资的小秘密

参见智慧职教平台：

http://www.icve.com.cn/project/sourcematerial/editsourcematerial.html?docid=xtqbazaohrnh4r-kmi3gfg&PJId=s6ytaueng65nwcw6mksxsw

2. 总薪酬

参见智慧职教平台：

http://www.icve.com.cn/project/sourcematerial/editsourcematerial.html?docid=j0vzaw-n-7nbfan9ymubfg&PJId=s6ytaueng65nwcw6mksxsw

3. 北京市公布 2017 年社会平均工资，快来看看你被“平均”了吗？

2018 年 5 月 24 日，北京市人力资源社会保障局、北京市统计局联合发布 2017 年度全市职工平均工资。数据显示，2017 年北京市职工平均工资首次突破 10 万元，达到 101 599 元。月平均工资为 8 467 元，较之上一年 7 706 元，上涨 9.88%。同时，与职工月平均工资相关的社保缴费基数的上下限也将同步确定。

与平均工资最为密切相关的，则是五项社保缴费基数的相应调整。根据相关规定，参加基本养老保险、基本医疗保险、失业保险、工伤保险、生育保险的职工按照本人上一年月平均工资确定缴费基数。但对于收入过高或过低的人群，还相应地设定了缴费基数的上下限，即职工上一年月平均工资低于下限的，以下限作为缴费基数；高于上限的，以上限作为缴费基数。月平均工资在上下限之间的，则按本人实际工资收入确定养老保险缴费基数。

数据一经发布，小伙伴们纷纷表示又被“平均了”。是谁拉高了社平工资？

请根据以上材料及其他相关知识回答以下问题：

（1）职工平均工资关系到哪些职工待遇的计算？

（2）将职工平均工资作为衡量工资水平的指标，有哪些弊端？

项目二

薪资计发

【项目说明】

本项目主要对工资支付相关政策规定、薪资计算与发放基本流程与操作要点做了介绍，并梳理了常见的薪酬业务表式。本项目内容逻辑结构图示如下：

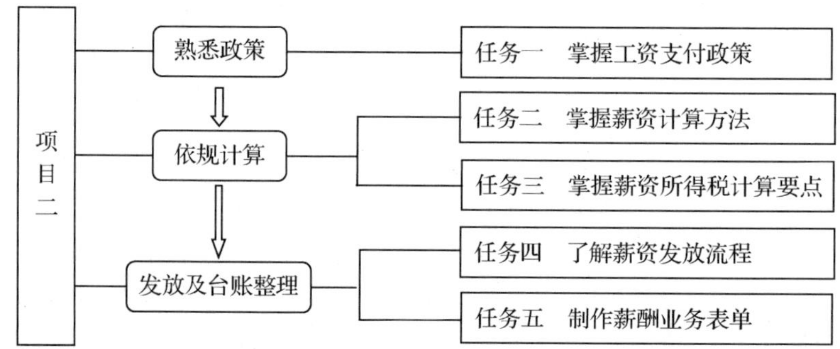

【项目导入】

一、主题案例

该发工资了，头大……

2019 年 7 月 1 日，小周从某高校人力资源管理专业毕业并入职北京市某人力资源服务公司，负责公司的薪资核算外包工作。小周觉得这项工作应该很简单，不过就是在原来基础上复制粘贴应发工资、重新扣缴个税等。可当他看到该公司人力资源部负责人王总发给他的“2019 年 7 月员工考勤表”时，完全傻了。单单是应发工资核算部分就有很多请假的特殊情况需要处理：

2号员工，本月请病假20天（还剩10天的工资会很少吧……）；

3号员工，本月5日开始休产假（生育津贴还没下来呢，先发呢还是……）；

4号员工，本月请婚假10天、年休假5天（需不需要扣工资呢?）；

5号员工，本月事假7天（事假期间可以不发工资吗?）；

10号员工，本月试用期结束，正式转正（转正后工资应该按照什么标准来发呢?）

……

如果你是小周，你需要查询哪些文件？如何处理以上特殊情况下的应发工资呢？应以哪些文件为准，确保有理有据、依法合规呢？据说前任小李就是因为企业年度审计过程中发现薪资核算存在不合规的情况而被投诉，后来被公司调离岗位参加培训去了。

带着上述问题，请你开始第二个项目的学习。

资料来源：编者根据教学实践中收集的案例改编整理。

二、学习目标

1. 了解薪资发放的基本流程。
2. 了解薪资发放前应收集哪些资料。
3. 能准确计算薪资各个组成部分。
4. 掌握薪酬业务档案管理基本知识。

任务一　掌握工资支付政策

知识准备

为规范工资支付行为，国家制定了若干法律法规来维护劳动者的合法权益。《劳动法》第五十条规定："工资应当以货币形式按月支付给劳动者本人。不得克扣或者无故拖欠劳动者的工资。"为实施这一规定，《工资支付暂行规定》（劳部发〔1994〕489号）、《对〈工资支付暂行规定〉有关问题的补充规定》（劳动发〔1995〕226号）两个文件相继发布。2012年12月28日，第十一届全国人民代表大会常务委员会第三十次会议通过了《全国人民代表大会常务委员会关于修改〈中华人民共和国劳动合同法〉

的决定》；2018 年 12 月 29 日，第十三届全国人民代表大会常务委员会第七次会议通过了对《中华人民共和国劳动法》作出的修正。新修订的《劳动合同法》《劳动法》结合近些年新出现的情况和问题，对工资支付补充了新的规定。

本任务将主要围绕上述法律法规政策来介绍一些基本的工资支付规定。

一、工资支付的一般规定

1. 工资支付形式

《工资支付暂行规定》第五条规定：工资应当以法定货币支付。不得以实物及有价证券替代货币支付。

《工资支付暂行规定》第六条规定：用人单位应将工资支付给劳动者本人。劳动者本人因故不能领取工资时，可由其亲属或委托他人代领。用人单位可委托银行代发工资。用人单位必须书面记录支付劳动者工资的数额、时间、领取者的姓名以及签字，并保存两年以上备查。用人单位在支付工资时应向劳动者提供一份其个人的工资清单。

2. 工资支付时间

《工资支付暂行规定》第七条规定：工资必须在用人单位与劳动者约定的日期支付。如遇节假日或休息日，则应提前在最近的工作日支付。工资至少每月支付一次，实行周、日、小时工资制的可按周、日、小时支付工资。

《工资支付暂行规定》第八条规定：对完成一次性临时劳动或某项具体工作的劳动者，用人单位应按有关协议或合同规定在其完成劳动任务后即支付工资。

《工资支付暂行规定》第九条规定：劳动关系双方依法解除或终止劳动合同时，用人单位应在解除或终止劳动合同时一次付清劳动者工资。

《劳动合同法》第七十二条规定：非全日制用工劳动报酬结算支付周期最长不得超过十五日。

3. 工资标准下限

《劳动法》第四十八条规定：国家实行最低工资保障制度。最低工资的具体标准由省、自治区、直辖市人民政府规定，报国务院备案。用人单位支付劳动者的工资不得低于当地最低工资标准。

《劳动法》第四十九条规定：确定和调整最低工资标准应当综合参考下列因素。

（一）劳动者本人及平均赡养人口的最低生活费用；

（二）社会平均工资水平；

（三）劳动生产率；

（四）就业状况；

（五）地区之间经济发展水平的差异。

《劳动合同法》第七十二条规定：非全日制用工小时计酬标准不得低于用人单位所在地人民政府规定的最低小时工资标准。

相关链接 2-1

关于调整北京市 2019 年最低工资标准的通知

（京人社劳发〔2019〕71 号）

各区人力资源和社会保障局、北京经济技术开发区人事劳动和社会保障局，各人民团体，中央、部队在京有关单位及各类企、事业等用人单位：

为深入贯彻落实习近平新时代中国特色社会主义思想和党的十九大精神，切实保障低收入职工的基本生活，按照国家有关要求，经市委、市政府批准，对我市最低工资标准进行调整。现将有关事宜通知如下：

一、我市最低工资标准由每小时不低于 12. 18 元、每月不低于 2 120 元，调整到每小时不低于 12. 64 元、每月不低于 2 200 元。

下列项目不作为最低工资标准的组成部分，用人单位应按规定另行支付：

（一）劳动者在中班、夜班、高温、低温、井下、有毒有害等特殊工作环境、条件下的津贴；

（二）劳动者应得的加班、加点工资；

（三）劳动者个人应缴纳的各项社会保险费和住房公积金；

（四）根据国家和本市规定不计入最低工资标准的其他收入。

二、综合考虑本市降低社会保险费率和调整社保缴费基数等因素，非全日制从业人员小时最低工资标准确定为 24 元/小时，非全日制从业人员法定节假日小时最低工资标准确定为 56 元/小时。以上标准包括用人单位及劳动者本人应缴纳的养老、医疗、失业保险费。

三、实行计件工资形式的企业，要通过平等协商合理确定劳动定额和计件单价，保证劳动者在法定工作时间内提供正常劳动的前提下，应得工资不低于我市最低工资标准。

四、生产经营正常、经济效益持续增长的企业，原则上应高于最低工资标准支付劳动者在法定工作时间内提供劳动的工资；因生产经营困难确需以最低工资标准支付全体劳动者或部分岗位劳动者工资的，应当通过工资集体协商确定或经职工代表大会（或职工大会）讨论通过。

五、在劳动合同中约定的劳动者在未完成劳动定额或承包任务的情况下，用人单位可低于最低工资标准支付劳动者工资的条款不具有法律效力。

六、上述各项标准适用于本市各类企、事业等用人单位。

七、本通知自2019年7月1日起执行。

北京市人力资源和社会保障局

2019年5月8日

资料来源：北京市人力资源和社会保障局官网。

4. 扣除工资规定

《工资支付暂行规定》第十五条规定：用人单位不得克扣劳动者工资。有下列情况之一的，用人单位可以代扣劳动者工资。

（一）用人单位代扣代缴的个人所得税；

（二）用人单位代扣代缴的应由劳动者个人负担的各项社会保险费用；

（三）法院判决、裁定中要求代扣的抚养费、赡养费；

（四）法律、法规规定可以从劳动者工资中扣除的其他费用。

《工资支付暂行规定》第十六条规定：因劳动者本人原因给用人单位造成经济损失的，用人单位可按照劳动合同的约定要求其赔偿经济损失。经济损失的赔偿，可从劳动者本人的工资中扣除。但每月扣除的部分不得超过劳动者当月工资的20%。若扣除后的剩余工资部分低于当地月最低工资标准，则按最低工资标准支付。

5. 特殊人员的工资支付

（1）劳动者受处分后的工资支付

劳动者受行政处分后仍在原单位工作（如留用察看、降级等）或受刑事处分后重新就业的，应主要由用人单位根据具体情况自主确定其工资报酬；劳动者受刑事处分期间，如收容审查、拘留（羁押）、缓刑、监外执行或劳动教养期间，其待遇按国家有关规定执行。

（2）劳动者试用期的工资支付

《劳动合同法》第二十条规定：劳动者在试用期的工资不得低于本单位相同岗位最低档工资或者劳动合同约定工资的百分之八十，并不得低于用人单位所在地的最低工资标准。

（3）被派遣劳动者的工资支付

《劳动合同法》第五十八条规定：被派遣劳动者在无工作期间，劳务派遣单位应当按照所在地人民政府规定的最低工资标准，向其按月支付报酬。

《劳动合同法》第六十三条规定：被派遣劳动者享有与用工单位的劳动者同工同酬的权利。用工单位应当按照同工同酬原则，对被派遣劳动者与本单位同类岗位的劳动者实行相同的劳动报酬分配办法。用工单位无同类岗位劳动者的，参照用工单位所在地相同或者相近岗位劳动者的劳动报酬确定。

（4）其他

1）学徒工、熟练工、大中专毕业生在学徒期、熟练期、见习期、试用期及转正定级后的工资待遇，由用人单位自主确定。

2）新就业复员军人的工资待遇，由用人单位自主确定。2006 年度及以后计划分配军队转业干部工资待遇，按国务院国发〔2008〕8 号文的规定执行。

6. 经济补偿与赔偿金

《劳动合同法》第八十五条规定：用人单位有下列情形之一的，由劳动行政部门责令限期支付劳动报酬、加班费或者经济补偿；劳动报酬低于当地最低工资标准的，应当支付其差额部分；逾期不支付的，责令用人单位按应付金额百分之五十以上百分之一百以下的标准向劳动者加付赔偿金。

（一）未按照劳动合同的约定或者国家规定及时足额支付劳动者劳动报酬的；

（二）低于当地最低工资标准支付劳动者工资的；

（三）安排加班不支付加班费的；

（四）解除或者终止劳动合同，未依照本法规定向劳动者支付经济补偿的。

二、加班加点工资

加班加点工资是指因加班加点而支付的工资。

相关链接 2-2

全国年节及纪念日放假办法

（2013 年修订）

第一条　为统一全国年节及纪念日的假期，制定本办法。

第二条　全体公民放假的节日：

（一）新年，放假1天（1月1日）；

（二）春节，放假3天（农历正月初一、初二、初三）；

（三）清明节，放假1天（农历清明当日）；

（四）劳动节，放假1天（5月1日）；

（五）端午节，放假1天（农历端午当日）；

（六）中秋节，放假1天（农历中秋当日）；

（七）国庆节，放假3天（10月1日、2日、3日）。

第三条　部分公民放假的节日及纪念日：

（一）妇女节（3月8日），妇女放假半天；

（二）青年节（5月4日），14周岁以上的青年放假半天；

（三）儿童节（6月1日），不满14周岁的少年儿童放假1天；

（四）中国人民解放军建军纪念日（8月1日），现役军人放假半天。

第四条　少数民族习惯的节日，由各少数民族聚居地区的地方人民政府，按照各该民族习惯，规定放假日期。

第五条　二七纪念日、五卅纪念日、七七抗战纪念日、九三抗战胜利纪念日、九一八纪念日、教师节、护士节、记者节、植树节等其他节日、纪念日，均不放假。

第六条　全体公民放假的假日，如果适逢星期六、星期日，应当在工作日补假。部分公民放假的假日，如果适逢星期六、星期日，则不补假。

第七条　本办法自公布之日起施行。

资料来源：根据2013年12月11日《国务院关于修改〈全国年节及纪念日放假办法〉的决定》（第三次修订）整理。

1. 加班加点的条件

《劳动法》规定，下述条件或情形下为加班加点。

其一，用人单位由于生产经营需要，经与工会和劳动者协商后可以延长工作时间，一般每日不得超过1小时；因特殊原因需要延长工作时间的，在保障劳动者身体健康的条件下延长工作时间每日不得超过3小时，但是每月不得超过36小时（《劳动法》第四十一条）。

其二，有下列情形之一的，延长工作时间不受《劳动法》第四十一条规定的限制：发生自然灾害、事故或者因其他原因，威胁劳动者生命健康和财产安全，需要紧急处理的；生产设备、交通运输线路、公共设施发生故障，影响生产和公众利益，必须及时抢修的；法律、行政法规规定的其他情形（《劳动法》第四十二条）。

2. 加班加点工资支付

（1）加班加点工资计算基数的确定

《工资支付暂行规定》第十三条规定：用人单位在劳动者完成劳动定额或规定的工作任务后，根据实际需要安排劳动者在法定标准工作时间以外工作的，应按以下标准支付工资：

（一）用人单位依法安排劳动者在日法定标准工作时间以外延长工作时间的，按照不低于劳动合同规定的劳动者本人小时工资标准的150%支付劳动者工资；

（二）用人单位依法安排劳动者在休息日工作，而又不能安排补休的，按照不低于劳动合同规定的劳动者本人日或小时工资标准的200%支付劳动者工资；

（三）用人单位依法安排劳动者在法定休假节日工作的，按照不低于劳动合同规定的劳动者本人日或小时工资标准的300%支付劳动者工资。

实行计件工资的劳动者，在完成计件定额任务后，由用人单位安排延长工作时间的，应根据上述规定的原则，分别按照不低于其本人法定工作时间计件单价的150%、200%、300%支付其工资。

经劳动行政部门批准实行综合计算工时工作制的，其综合计算工作时间超过法定标准工作时间的部分，应视为延长工作时间，并应按本规定支付劳动者延长工作时间的工资。

实行不定时工时制度的劳动者，不执行上述规定。

《对〈工资支付暂行规定〉有关问题的补充规定》对上述第十三条所称"按劳动合同规定的标准"做了说明：系指劳动合同规定的劳动者本人所在的岗位（职位）相对应的工资标准。

《劳动合同法》第十八条规定：劳动合同对劳动报酬和劳动条件等标准约定不明确，引发争议的，用人单位与劳动者可以重新协商；协商不成的，适用集体合同规定；没有集体合同或者集体合同未规定劳动报酬的，实行同工同酬；没有集体合同或者集体合同未规定劳动条件等标准的，适用国家有关规定。

按照《劳动法》第五十一条的规定，法定休假日用人单位应当依法支付工资，即折算日工资、小时工资时不剔除国家规定的11天法定节假日。月计薪天数、日工资标准、小时工资标准应按如下方法折算：

月计薪天数=（365天−104天）÷12月=21.75天

日工资标准=月工资标准÷21.75

小时工资标准＝月工资标准÷（21.75×8）

相关链接 2-3

加班加点工资计算基数的各地规定

北京

根据《北京市工资支付规定》第十四条计算加班工资的日或者小时工资基数、根据第十九条支付劳动者休假期间工资，以及根据第二十三条第一款支付劳动者产假、计划生育手术假期间工资，应当按照下列原则确定：

（一）按照劳动合同约定的劳动者本人工资标准确定；

（二）劳动合同没有约定的，按照集体合同约定的加班工资基数以及休假期间工资标准确定；

（三）劳动合同、集体合同均未约定的，按照劳动者本人正常劳动应得的工资确定。

依照前款确定的加班工资基数以及各种假期工资不得低于本市规定的最低工资标准。

（《北京市工资支付规定（2007 年修订）》第四十四条）

上海

加班工资和假期工资的计算基数为劳动者所在岗位相对应的正常出勤月工资，不包括年终奖，上下班交通补贴、工作餐补贴、住房补贴，中夜班津贴、夏季高温津贴、加班工资等特殊情况下支付的工资。

加班工资和假期工资的计算基数按以下原则确定：

（一）劳动合同对劳动者月工资有明确约定的，按劳动合同约定的劳动者所在岗位相对应的月工资确定；实际履行与劳动合同约定不一致的，按实际履行的劳动者所在岗位相对应的月工资确定。

（二）劳动合同对劳动者月工资未明确约定，集体合同（工资专项集体合同）对岗位相对应的月工资有约定的，按集体合同（工资专项集体合同）约定的与劳动者岗位相对应的月工资确定。

（三）劳动合同、集体合同（工资专项集体合同）对劳动者月工资均无约定的，按劳动者正常出勤月依照本办法第二条规定的工资（不包括加班工资）的 70%确定。

加班工资和假期工资的计算基数不得低于本市规定的最低工资标准。法律、法规另有规定的，从其规定。

（《上海市企业工资支付办法（2016 年修订）》第九条）

天津

计算加班工资的基数不得低于劳动者所在岗位应得的工资报酬；若低于本市最低工资标准，则以本市最低工资标准作为基数。国家机关、事业组织、社会团体的加班工资基数以本人基本工资为基数。

（《天津市工资支付规定》第十七条）

江苏

《江苏省工资支付条例》第二十条用于计算劳动者加班加点工资的标准，第二十四条、第二十八条、第二十九条、第三十条用于计算劳动者提供正常劳动支付月工资的标准，第二十六条用于计算不予支付月工资的标准应当按照下列原则确定：

（一）用人单位与劳动者双方有约定的，从其约定；

（二）双方没有约定的，或者双方的约定标准低于集体合同或者本单位工资支付制度标准的，按照集体合同或者本单位工资支付制度执行；

（三）前两项无法确定工资标准的，按照劳动者前十二个月平均工资计算，其中劳动者实际工作时间不满十二个月的按照实际月平均工资计算。

（《江苏省工资支付条例（2010 年修订）》第六十四条）

资料来源：根据北京、上海、天津、江苏等地工资支付相关政策整理。

（2）标准工时制下加班加点工资的计算

标准工时制也称为标准工作制度，是由立法确定一昼夜中工作时间长度，一周中工作日天数，并要求各用人单位和一般职工普遍实行的基本工时制度。根据《国务院关于职工工作时间的规定》，我国目前实行的是每日工作 8 小时、每周工作 40 小时的标准工时制。任何单位和个人都不得擅自延长职工的工作时间。

这一制度与劳动法的规定有些不同。《劳动法》第三十六条规定：“国家实行劳动者每日工作时间不超过 8 小时，平均每周工作时间不超过 44 小时的工时制度。”根据劳动部《关于职工工作时间有关问题的复函》（劳部发〔1997〕271 号）的有关规定，如果用人单位安排的工作时间每周超出 40 小时但不足 44 小时，且不作为延长工作时间处理，劳动行政部门有权要求用人单位改正。因此，超出 40 小时但不足 44 小时，仍然是延长工作时间。

标准工时制是标准和基础，是其他特殊工时制度的计算依据和参照标准。

《劳动法》第四十四条规定：有下列情形之一的，用人单位应当按照下列标准支付高于劳动者正常工作时间工资的工资报酬。

（一）安排劳动者延长工作时间的，支付不低于工资的150%的工资报酬；

（二）休息日安排劳动者工作又不能安排补休的，支付不低于工资的200%的工资报酬；

（三）法定休假日安排劳动者工作的，支付不低于工资的300%的工资报酬。

例1：罗某是某互联网科技公司员工，月工资标准为8 700元。2019年中秋节加班3天（2019年9月13日周五为法定中秋节，9月14~15日为周六周日）。试计算罗某中秋节加班3天的加班费。

解：罗某日工资=8 700÷21.75=400（元）

加班费=400×2×2+400×3×1=2 800（元）

例2：罗某是某互联网科技公司员工，月工资标准为8 700元。2019年中秋节加班3天（2019年9月13日周五为法定中秋节，9月14~15日为周六日），事后公司又安排罗某补休了3天。试计算罗某中秋节加班3天的加班费。

解：罗某日工资=8 700÷21.75=400（元）

加班费=400×3×1=1 200（元）

说明：补休9月14~15日这两天休息日，无须再支付加班费，但补休9月13日仍需额外支付3倍工资作为加班费。法定节日加班不能以补休代替加班费。

例3：罗某是某互联网科技公司员工，月工资标准为8 700元。2019年10月18日（周五）加班2小时。试计算罗某加班2小时的加班费。

解：罗某小时工资=8 700÷21.75÷8=50（元）

加班费=50×1.5×2=150（元）

凭借电子邮件证据能否认定存在加班？

【案情】孙某系北京某公司员工，与所在公司因加班费发生了劳动争议。为了证明其存在休息日加班，其向法院提交了大量的电子邮件截屏。孙某对该证据的解释为，由于每周需要总结工作量、工作进度等，因此，在每周日会制作周工作总结，并通过电子邮件的方式发送给领导，所以电子邮件显示出每周日发送的电子邮件，可以证明其存在休息日加班。

法院并没有采信孙某所称电子邮件可以证明其存在加班的主张。首先，电子证据存在易于更改的特性，日期、时间都存在进行更改的可能，在没有进行公证、没有进行有效证据保存的情况下，仅是当事人自己制作的邮件截屏，不能使法院充分相信电子邮件发送的时间为原始记载的时间；其次，加班是一种持续的工作状态，而电子邮件所能显示出的只是发送电子邮件的时间点，不能反映出制作周工作总结本身是何时进行的，花费了多少时间。因此，仅凭电子邮件，不能充分证明孙某所主张休息日加班的事实，最终法院没有支持孙某要求支付加班工资的诉讼请求。

【分析】本案例中尽管孙某提交了证据，但却没有被法院认定存在加班，这是为什么呢？关于加班证据的认定，在《北京市高级人民法院、北京市劳动争议仲裁委员会关于劳动争议案件法律适用问题研讨会会议纪要》中已经作出了说明。该会议纪要第二十条规定：经用人单位和劳动者予以确认的考勤记录可以作为认定是否存在加班事实的依据。劳动者仅凭电子打卡记录要求认定存在加班事实的，一般不予支持。

资料来源：北京法院涉加班劳动争议法律问题及典型案例，http://www.sohu.com/a/314229493_120059453。

案例 2-2

计件工资制加班费的计算

【案情】李某在上海市一家服装公司从事缝纫工作。公司对缝纫岗位实行计件工资制，公司规定缝纫工每月的定额是 130 件，每件衣服按 20 元计算发放工资。一般情况下，李某每月能领取的工资不少于 2 600 元。2011 年 9 月至 10 月，公司由于急着为客户赶制一批衣服，经常安排李某加班，李某合计赶制衣服 350 件。李某因要求公司支付加班工资未果，申请劳动仲裁要求公司支付其上述期间的加班工资。

庭审中李某表示，2011 年 9 月至 10 月其超出定额的 90 件衣服是利用超时加班和法定节假日加班完成的，因此公司应支付其超时加班和法定节假日加班工资。服装公司虽认可李某超过定额部分的衣服是通过加班方式完成的，但表示因李某的岗位实行的是计件工资制，公司已根据李某 2011 年 9 月至 10 月所做的衣服数量支付了其相应的工资，无须另行支付其加班工资，故不同意李某的请求。

仲裁委员会经审理认为：即使李某的岗位实行的是计件工资制，其在完成计件定额任务后，由服装公司安排在延长工作时间或者在法定节假日加班的，应分别按照不低于其本人法定标准工作时间计件单价的 150%和 300%支付工资。对于超过定额部分的劳动成果，服装公司已支付李某一倍的工资，因此服装公司应支付其相应的差额。

后经仲裁委员会主持调解，双方达成和解。

【分析】本案的争议焦点是：李某按计件工资制领取工资后是否还可以要求公司支付超时和法定节假日加班工资。

《劳动法》第三十七条规定："对实行计件工作的劳动者，用人单位应当根据本法第三十六条规定的工时制度合理确定其劳动定额和计件报酬标准。"根据该条规定，企业实行计件工资制的，劳动者的劳动定额和工资报酬应当根据标准工时制合理确定，即计件工资以标准工时制为计算基础。同时《上海市企业工资支付办法》第十三条规定："企业依法安排实行计件工资制的劳动者完成计件定额任务后，在法定标准工作时间以外工作的，应当根据以上原则相应调整计件单价。"根据以上规定，实行计件工资制的单位，由企业安排劳动者超时工作或在法定节假日工作的，企业应当根据上述"延长工作时间按照不低于本人工资标准的150%支付工资"或"法定休假节日工作的，按照不低于劳动者本人日或小时工资标准的300%支付工资"的规定，调整计件工资单价，在计件工资的计算中体现出超时和法定节假日工作的加班工资。

本案中，服装公司虽然对缝纫岗位的劳动者实行计件工资制，但是按照有关规定，由公司安排李某延长工作时间或在法定节假日工作的，李某可以要求服装公司在计件工资基础上支付其延长工时完成工作量的工资的增加额或法定节假日完成工作量的工资的增加额。公司应当按照标准工时制度的延长工时工资或法定节假日工作工资支付规定调整计件工资标准，如李某的计件单价是20元，那么其超时加班时，公司应按计件单价的150%即30元支付其加班工资；其法定节假日加班的，公司应按计件单价的300%即60元来支付其加班工资。因此，公司应支付李某超时加班和法定节假日加班工资的差额。

用人单位在实际操作中，应注意以下三点：一是其为劳动者规定的劳动定额应有合理性，该定额是大多数劳动者在正常工作时间内能完成的；二是用人单位安排劳动者超时工作或在法定节假日工作的，用人单位应依法支付加班工资；三是加班工资支付原则上以调整计件单价来计算。

资料来源：计件工资制加班费的计算，http://www.shhk.gov.cn/shhk/xwzx/20160107/002008017007_710cc7d0-85c0-403e-a5f1-09f16b09192e.htm。

（3）综合计算工时工作制下加班加点工资的计算

综合计算工时工作制是指因工作性质特殊或者受季节及自然条件限制，需以周、月、季、年等为周期综合计算工作时间的一种工时制度。举例来说，如果某用人单位以年为周期综合计算工作时间，按照《劳动和社会保障部关于职工全年月平均工作时间和工资折算问题的通知》（劳社部发〔2008〕3号）规定，年工作日总计为250天，劳动者每天工作8小时，那么全年的工作总时长则不应超过2 000小时，以季、月、周为周期计算工作时间的依次类推。

根据《关于企业实行不定时工作制和综合计算工时工作制的审批办法》（劳部发〔1994〕503号）规定，可以实行综合计算工时工作制的职工有以下三种：

（一）交通、铁路、邮电、水运、航空、渔业等行业中因工作性质特殊，需连续作业的职工；

（二）地质及资源勘探、建筑、制盐、制糖、旅游等受季节和自然条件限制的行业的部分职工；

（三）其他适合实行综合计算工时工作制的职工。

实行综合计算工时工作制，其工作时间不区分制度工作日与公休日。员工在综合计算工时一个周期内只要总的实际工作时间没有超过法定总的工作时间，其在公休日工作，不须支付200%加班工资。实行综合计算工时工作制的岗位，企业须报经当地人力资源社会保障部门批准，未经批准，不能任意扩大范围。

用人单位经批准实行综合计算工时工作制的，在综合计算工时周期内，用人单位应当按照劳动者实际工作时间计算其工资；劳动者总实际工作时间超过总标准工作时间的部分，视为延长工作时间，应当按照不低于小时工资基数的150%支付加班工资；安排劳动者在法定休假日工作的，应当按照不低于日或者小时工资基数的300%支付加班工资。

例4：张莉是某商场品牌专柜导购，月标准工资为5 220元，采用季度为周期的综合计算工时制。经核算2018年一季度张莉总共工作时长达528小时（含法定节假日加班8小时），则张莉2018年第一季度的加班工资为多少元?

解：张莉小时工资=5 220÷21. 75÷8=30（元）

第一季度内张莉法定节假日加班时间为8小时，其他延长的工作时间为：528-8-500=20（小时）

加班费=30×3×8+30×1. 5×20=1 620（元）

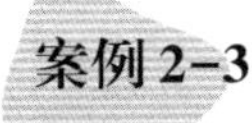

案例2-3

保安加班费如何计算?

【案情】蒋某于2016年7月入职天津安联物业公司，在该公司所管理的天津市车辆管理所从事保安工作，双方约定工作期限为1年，适用综合计算工时工作制度，工作12小时休12小时，后调整为工作24小时休24小时。2017年1月蒋某离职。蒋某要求物业公司支付其加班工资未果，诉讼维权。

法院认为，蒋某工作初期每班次工作时间为工作12小时休12小时，考虑其保安的工作性质及服务场所的工作时间，扣除蒋某正常的休息和饮食时间，酌情确定其每班次加班1.5小时。

在蒋某工作时间调整为工作24小时休24小时后，结合蒋某的工作地点车管所和车管所的办公时间，以及车管所下班后，蒋某要负责打扫卫生并锁门值班的情况，酌情确定其每班次加班3小时。

最终，法院依据蒋某每班次的加班时间和加班次数，确定了物业公司应支付的延时加班费。

【分析】本案的争议焦点为蒋某与物业公司之间适用的是何种工时制度，蒋某是否符合享受加班费等各项劳动待遇的法定条件。

保安的职业比较特殊，一般工作时间较长，实行轮班制，按工作班次领取相应劳动报酬，周休日或节假日也往往不能休息。但保安劳动强度并不大，尤其是夜班，除了一些紧急特殊情况外，一般多为值班性质。因此，不宜将所有在岗时间均认定为工作时间。当然，也有特殊情况，比如同样的保安岗位，有些可能需要彻夜巡视。

案例来源：天津市第二中级人民法院［（2018）津02民终5877号］，http://www.sohu.com/a/279515557_100271579。

（4）不定时工作制下加班加点工资的计算

不定时工作制也称无定时工时制，它没有固定工作时间的限制，是针对因生产特点、工作性质特殊需要或职责范围的关系，需要连续上班或难以按时上下班，无法适用标准工作时间或需要机动作业的职工而采用的一种工作时间制度。

根据《关于企业实行不定时工作制和综合计算工时工作制的审批办法》文件规定，企业对符合下列条件之一的职工，可以实行不定时工作制：

（一）企业中的高级管理人员、外勤人员、推销人员、部分值班人员和其他因工作无法按标准工作时间衡量的职工；

（二）企业中的长途运输人员、出租汽车司机和铁路、港口、仓库的部分装卸人员，以及因工作性质特殊，需机动作业的职工；

（三）其他因生产特点、工作特殊需要或职责范围的关系，适合实行不定时工作制的职工。

实行不定时工作制的岗位，企业需报经当地人力资源社会保障部门批准。经批准实行不定时工作制的职工，不受《劳动法》第四十一条规定的日延长工作时间标准和月延长工作时间标准的限制，但用人单位应采用弹性工作时间等适当的工作和休息方式，确保职工的休息休假权利和生产、工作任务的完成。

通常对于实行不定时工作制员工，一般是没有加班费的。但对于不定时工作制员工在周末和法定节假日工作是否支付加班费，各地的操作有差异。除上海、湖南、山西、深圳等地方外，大部分地方不执行加班工资。

案例 2-4

实行不定时工作制，能有加班费吗？

【案情】林某入职甲公司，但双方于2014年6月1日才签订劳动合同。入职后甲公司将林某派遣至乙公司从事导购工作，实行不定时工作制。2015年6月24日，林某主动向甲公司提交辞职报告，双方就此解除了劳动关系。后因加班费、经济补偿金等费用产生纠纷，林某向南京市鼓楼区劳动人事争议仲裁委员会申请仲裁。2015年11月17日，仲裁委员会以未在法定期限内作出受理决定申请人不同意由其受理为由，出具仲裁申请时间确认书。后林某为维护自身权益诉至南京市鼓楼区人民法院。

原告林某诉请：请求判令被告支付违法解除合同的经济补偿金以及加班费。

被告甲公司辩称：原告林某系个人主动自愿离职，不存在经济补偿金。

被告乙公司辩称：公司对营销人员实行不定时工作制，故林某不存在加班费。

法院认为：

1. 林某系因个人原因辞职，则林某主张公司支付经济补偿金的诉讼请求，不符合劳动合同法的规定，对该项请求，法院不予支持。

2. 作为用工单位的乙公司提交了关于同意乙公司部分岗位实行不定时工作制的批复。该批复经人力资源社会保障行政部门批准。根据该批复，不定时工作制的适用范围包括销售人员等，林某应当适用该批复的规定。根据《江苏省工资支付条例》规定，经人力资源社会保障行政部门批准实行不定时工作制的，不执行该条例第二十条即用人单位安排劳动者加班加点应当按照标准支付劳动者加班加点的工资的规定。故林某主张法定节假日、双休日、延时加班费的诉讼请求，法院不予支持。

【分析】不定时工作制虽然没有固定工作时间的限制，但看似能“自由支配时间”的他们也许需要加班加点忙工作，可这并不代表着会有加班工资。目前各地对于不定时工作制员工加班有无加班费（主要是法定节假日加班有无加班费）的规定不一，因此具体要看当地的工资支付相关政策。

案例来源：https://new.qq.com/omn/20181102/20181102A0SQO8.html。

三、特殊情况下的工资支付

特殊情况下的工资支付是指劳动者在因病、工伤、产假、计划生育假、婚丧嫁、事假、探亲假、定期休假、停工学习、执行国家或社会义务等条件下，用人单位按规定支付的工资。

1. 病假工资

（1）企业、事业单位

按照《中华人民共和国劳动保险条例》和《中华人民共和国劳动保险条例实施细则修正草案》的规定，工人、职员疾病或非因工负伤停止工作连续医疗期间（从1995年1月1日《劳动法》实施之日起，应为“医疗期内”）在6个月以内者，应由企业行政方面或资方按下列标准支付病伤假期工资：本企业工龄（连续工龄）不满2年者，为本人工资60%；已满2年不满4年者，为本人工资70%；已满4年不满6年者，为本人工资80%；已满6年不满8年者，为本人工资90%；已满8年及8年以上者，为本人工资100%。超过6个月时，病伤假期工资停发，改由劳动保险项下按月付给疾病或非因工负伤救济费：本企业工龄不满1年者，为本人工资40%；已满1年不满3年者，为本人工资50%；3年及3年以上者，为本人工资60%。

《关于贯彻执行〈中华人民共和国劳动法〉若干问题的意见》（劳部发〔1995〕309号）第五十九条规定：“在规定的医疗期内由企业按有关规定支付其病假工资或疾病救济费，病假工资或疾病救济费可以低于当地最低工资标准支付，但不能低于最低工资标准的80%。”

上述规定整理后见表2-1。

表2-1 企业职工病假工资规定

医疗期	本单位工作年限	病假工资
6个月以下	2年以下	病假日工资＝日标准工资×60%
	2~4年（不含）	病假日工资＝日标准工资×70%
	4~6年（不含）	病假日工资＝日标准工资×80%
	6~8年（不含）	病假日工资＝日标准工资×90%
	≥8年	病假日工资＝日标准工资×100%
6个月以上	1年以下	病假日工资＝日标准工资×40%
	1~3年（不含）	病假日工资＝日标准工资×50%
	≥3年	病假日工资＝日标准工资×60%

注：病假工资的下限为当地最低工资标准的80%。

医疗期是指企业职工在患病或非因工负伤停止工作治病休息不得解除劳动合同的时限。医疗期的规定见表2-2。

表2-2 医疗期规定

实际工作年限	本单位工作年限	医疗期	医疗期的累计计算期
10年以下	5年以下	3个月	6个月
	5~10年	6个月	12个月
10年以上	5年以下	6个月	12个月
	5~10年	9个月	15个月
	10~15年	12个月	18个月
	15~20年	18个月	24个月
	20年以上	24个月	30个月

资料来源：根据《企业职工患病或非因工负伤医疗期规定》（劳部发〔1994〕479号）整理。

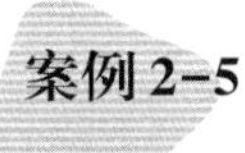

案例2-5

不同医疗期内的病假能否合并计算?

【案情】2005年赵某大学毕业后进入某公司工作，不久就患病。从2006年1月1日到6月30日，赵某累计休息了45天。之后，赵某的病情加重，从同年7月1日到12月31日，赵某住院治疗和在家休养的时间累计为60天。之后，公司以旷工为由对赵某作出处理决定。赵某认为自己仍然在医疗期内，并没有旷工，公司不能以此为借口处罚他。而公司则认为，紧挨的两个医疗期的病假时间应该合并计算，赵某休假3个半月超过了其应享受的医疗期，超出的时间算旷工，应该受到处罚。

【分析】每一个医疗期都要从职工第一次病假开始记录病假天数，同时确定医疗期周期。本案中，赵某的医疗期为3个月，根据《企业职工患病或非因工负伤医疗期规定》医疗期周期为6个月。从1月到6月的周期内，赵某休假时间不满3个月，属于医疗期未满。但是随着医疗期周期的结束，病假时间又要重新计算，即7月到12月的周期，赵某仍然享有3个月的医疗期。因此，不同医疗期内的病假不能合并计算，赵某休假60天仍然在医疗期内，公司不能以旷工为由对其进行处罚。

用人单位应当注意，在前一个医疗期结束后要注意重新给职工核定应享受的医疗期限，因为职工在履行前一段时间的合同期后又增加了在本企业工作的时间，其享有的医疗期的期限有可能会随之提高，而医疗期周期的确定也会发生相应的变化。总之，不论多长的医疗期，两个医疗期内的病假是不能合并计算为同一医疗期的。

案例来源：不同医疗期内的病假能否合并计算，http://www.epjob88.com/ViewArticle.php? id=26156。

例5：张女士连续工龄为11年，在B企业工作了6年1个月，月工资标准为5 000元。试判断其医疗期为多长？若张女士本月请病假2天，试计算其病假工资为多少？（当年当地最低工资标准为1 720元/月）

解：1. 参见表2-2，得出张女士医疗期为9个月，属于6个月以上。

2. 参见表2-1。

病假日工资=日标准工资×60%=5 000/21.75×60%≈137.93（元）

病假日工资的下限：1 720/21.75×80%≈63.26（元）

因为137.93元>63.26元，所以张女士病假2天的病假工资为：137.93×2=275.86（元）

实践中，企业往往都会制定本企业的病假工资支付办法，以不低于所在地最低工资标准的80%为下限。

关于事业单位职工的病假期间待遇，根据《关于印发〈事业单位试行人员聘用制度有关问题的解释〉的通知》（国人部发〔2003〕61号）第十六条规定，“《意见》中事业单位职工医疗期的确定可暂时参照企业职工患病或非因工负伤医疗期的规定执行”，故事业单位职工的病假待遇可参照企业职工的病假待遇执行。

（2）国家机关工作人员

按照《国务院关于发布〈国家机关工作人员病假期间生活待遇的规定〉的通知》（国发〔1981〕52号）的规定，工作人员病假在两个月以内的，发给原工资。超过两个月的，从第三个月起按下列标准发给病假期间工资：工作年限不满10年的，发给本人工资的90%；满10年的工资照发。病假超过6个月的，从第七个月起按下列标准发给病假期间工资：工作年限不满10年的，发给本人工资的70%；满10年或10年以上的，发给本人工资的80%；1945年9月2日以前参加革命工作的人员，发给本人工资的90%。省、市、自治区和国务院各部门授予劳动英雄、劳动模范称号的，病假期间的工资，经批准，可以适当提高。上述规定整理后见表2-3。

表2-3　　国家机关工作人员病假工资规定

病假时间	工作年限	病假工资
3个月以下		原工资
3~6个月	10年以下	本人工资的90%（第3个月起）
	10年以上	原工资

续表

病假时间	工作年限	病假工资
6个月以上	10年以下	本人工资的70%（第7个月起）
	10年以上	本人工资的80%（第7个月起）
	1945年9月2日以前参加革命工作	本人工资的90%（第7个月起）

说明：个别特殊情况未列入表中。

2. 工伤待遇

为保障因工作遭受事故伤害或者患职业病的职工获得医疗救治和经济补偿，促进工伤预防和职业康复，分散用人单位的工伤风险，国家制定了《工伤保险条例》。本部分围绕《工伤保险条例》讲解职工遭受工伤应享受的待遇。

（1）停工留薪期

《工伤保险条例》规定，职工因工作遭受事故伤害或者患职业病需要暂停工作接受工伤医疗的，在停工留薪期内，原工资福利待遇不变，由所在单位按月支付。停工留薪期一般不超过12个月。伤情严重或者情况特殊，经设区的市级劳动能力鉴定委员会确认，可以适当延长，但延长不得超过12个月。

生活不能自理的工伤职工在停工留薪期需要护理的，由所在单位负责。

（2）职工因工致残（劳动能力鉴定后）

《工伤保险条例》第三十五条至第三十七条规定了职工因工致残一级至十级应由工伤保险基金或用人单位给予支付的待遇，归纳整理后见表2-4。

3. 计划生育手术假、保胎假、产检假与产假等期间工资

2012年4月18日，国务院第200次常务会议通过《女职工劳动保护特别规定》，中华人民共和国国务院令第619号公布，自公布之日起施行。

2015年12月27日，第十二届全国人民代表大会常务委员会第十八次会议通过《关于修改〈中华人民共和国人口与计划生育法〉的决定》，修正后的《中华人民共和国人口与计划生育法》自2016年1月1日起施行。

本部分内容以上述法律法规为依据，讲解职工计划生育手术假、保胎假、产检假与产假等期间工资如何支付，产假期间的工资待遇涉及生育保险政策文件。

表 2-4

职工因工致残待遇表

伤残鉴定结果		因工致残待遇				备注
		伤残津贴（按月）	一次性伤残补助金	一次性工伤医疗补助金	一次性伤残就业补助金	
完全丧失劳动能力	一级	本人工资×90%	本人工资×27 个月	—	—	1. 保留劳动关系，退出工作岗位，工伤保险基金支付一次性伤残补助金和伤残津贴（不得低于当地最低工资标准） 2. 用人单位和职工个人以伤残津贴为基数，缴纳基本医疗保险费
	二级	本人工资×85%	本人工资×25 个月			
	三级	本人工资×80%	本人工资×23 个月			
	四级	本人工资×75%	本人工资×21 个月			
大部分丧失劳动能力	五级	本人工资×70%	本人工资×18 个月	社平工资×18 个月	社平工资×18 个月	1. 工伤保险基金支付一次性伤残补助金 2. 保留与用人单位的劳动关系，难以安排工作的，由用人单位按月发给伤残津贴 3. 工伤职工本人提出与用人单位解除或者终止劳动关系，由工伤保险基金支付一次性工伤医疗补助金，由用人单位支付一次性伤残就业补助金
	六级	本人工资×60%	本人工资×16 个月	社平工资×15 个月	社平工资×15 个月	
部分丧失劳动能力	七级	—	本人工资×13 个月	社平工资×12 个月	社平工资×12 个月	1. 工伤保险基金支付一次性伤残补助金 2. 劳动、聘用合同期满终止，或职工本人提出解除合同的，工伤保险基金支付一次性工伤医疗补助金，用人单位支付一次性伤残就业补助金
	八级		本人工资×11 个月	社平工资×9 个月	社平工资×9 个月	
	九级		本人工资×9 个月	社平工资×6 个月	社平工资×6 个月	
	十级		本人工资×7 个月	社平工资×3 个月	社平工资×3 个月	

注：表中涂灰部分为工伤保险基金支付，未涂灰部分为企业承担。

（1）计划生育手术假工资

《中华人民共和国人口与计划生育法》第十九条规定，“实施避孕节育手术，应当保证受术者的安全”，并没有明确说明计划生育手术假期间的工资。关于计划生育手术假期间的工资待遇，往往会在各地的人口与计划生育条例中予以明确规定。例如，《北京市人口与计划生育条例》第三十一条规定：接受节育手术的，机关、企业事业单位、社会团体和其他组织的职工凭医疗单位证明，享受国家规定的休假，休假期间视为劳动时间；农村居民由农村集体经济组织给予照顾。由此规定可知，接受节育手术的职工凭医疗单位证明，享受国家规定的休假，休假期间工资照发。

（2）保胎假工资

《国家劳动总局保险福利司关于女职工保胎休息和病假超过六个月后生育时的待遇问题给上海市劳动局的复函》（劳险字〔1982〕2号）规定：女职工按计划生育怀孕，经过医师开具证明，需要保胎休息的，其保胎休息的时间，按照本单位实行的疾病待遇的规定办理。由此规定可知，女职工按计划生育怀孕休保胎假期间，按病假处理。

（3）产检假工资

《女职工劳动保护特别规定》第六条规定：怀孕女职工在劳动时间内进行产前检查，所需时间计入劳动时间。也就是说，女职工产前检查时间视同正常出勤，正常发工资。

（4）产假工资

《女职工劳动保护特别规定》第七条规定：女职工生育享受98天产假，其中产前可以休假15天；难产的，增加产假15天；生育多胞胎的，每多生育1个婴儿，增加产假15天。女职工怀孕未满4个月流产的，享受15天产假；怀孕满4个月流产的，享受42天产假。

《女职工劳动保护特别规定》第八条规定：女职工产假期间的生育津贴，对已经参加生育保险的，按照用人单位上年度职工月平均工资的标准由生育保险基金支付；对未参加生育保险的，按照女职工产假前工资的标准由用人单位支付。

关于女职工产假具体天数及生育津贴待遇，各地的人口与计划生育条例和各地人力资源社会保障部门出台的生育保险相关政策中作了相关具体的规定。下面以北京市为例。

《北京市人口与计划生育条例》第十八条规定：机关、企业事业单位、社会团体和其他组织的女职工，按规定生育的，除享受国家规定的产假外，享受生育奖励假30天，其配偶享受陪产假15天。女职工及其配偶休假期间，机关、企业事业单位、社会团体和其他组织不得降低其工资、予以辞退、与其解除劳动或者聘用合同。女职工经所在机关、企业事业单位、社会团体和其他组织同意，可以再增加假期1~3个月。

2019年12月26日，北京市医疗保障局发布了《关于规范生育保险津贴待遇支付有关问题的通知》（京医保发〔2019〕32号），对生育保险津贴待遇支付作了如下规定：①生育津贴以参保职工本人终止妊娠之月所在用人单位月缴费平均工资除以30再乘以产假天数计发。生育津贴即为产假工资，生育津贴高于本人产假工资标准的，用人单位不得克扣；生育津贴低于本人产假工资标准的，差额部分由用人单位补足。②参保职工分娩前连续缴费不足9个月，其生育津贴由用人单位支付；分娩前连续缴费不足9个月，分娩之月后（含分娩月）连续缴费满12个月的，职工的生育津贴由生育保险基金予以补支。

目前，关于女职工经所在单位同意再增加的1~3个月产假期间的待遇，政策上没有规定，各单位自行掌握。

4. 婚丧假工资

按照《国家劳动总局、财政部关于国营企业职工请婚丧假和路程假问题的通知》[（80）劳总薪字29号]规定：职工本人结婚或职工的直系亲属（父母、配偶和子女）死亡，由本单位行政领导批准，酌情给予1~3天的婚丧假。职工结婚时双方不在一地工作的，职工在外地的直系亲属死亡时需要本人前去料理丧事的，可根据路程远近，另给予路程假。在批准的婚丧假和路程假期间，职工的工资照发。

表2-5所示为全国31个省份婚假天数。

表2-5　　全国31个省份婚假天数一览表

序号	省份	婚假天数	政策依据
1	北京	婚假3天+7天=10天	北京市人口与计划生育条例（2016年修正）
2	广东	婚假3天	广东省人口与计划生育条例（2018年修正）※
3	上海	婚假3天+7天=10天	上海市人口与计划生育条例（2016年修正）
4	湖北	婚假3天+15天=18天	湖北省人口与计划生育条例（2016年修正）
5	天津	婚假3天	天津市人口与计划生育条例（2016年修正）※
6	重庆	婚假15天	重庆市人口与计划生育条例（2016年修正）
7	安徽	婚假3天	安徽省人口与计划生育条例（2016年修正）※
8	福建	婚假15天	福建省人口与计划生育条例（2016年修正）
9	甘肃	婚假30天	甘肃省人口与计划生育条例（2016年修正）
10	河南	婚假3天+18天=21天	河南省人口与计划生育条例（2016年修正）
11	广西	婚假3天	广西壮族自治区人口与计划生育条例（2016年修正）※
12	贵州	婚假3天+10天=13天	贵州省人口与计划生育条例（2016年修正）
13	河北	婚假3天+15天=18天	河北省人口与计划生育条例（2016年修正）

续表

序号	省份	婚假天数	政策依据
14	黑龙江	婚假 15 天+10 天（参加婚前医学检查的）	黑龙江省人口与计划生育条例（2018 年修正）
15	湖南	婚假 3 天	湖南省人口与计划生育条例（2016 年修正）※
16	吉林	婚假 15 天	吉林省人口与计划生育条例（2016 年修正）
17	江苏	婚假 3 天+10 天=13 天	江苏省人口与计划生育条例（2016 年修正）
18	江西	婚假 3 天	江西省人口与计划生育条例（2018 年修正）
19	辽宁	婚假 3 天+7 天=10 天	辽宁省人口与计划生育条例（2018 年修正）
20	内蒙古	婚假 3 天+15 天=18 天	内蒙古自治区人口与计划生育条例（2019 年修正）
21	宁夏	婚假 3 天	宁夏回族自治区人口与计划生育条例（2019 年修正）
22	青海	婚假 15 天	青海省人口与计划生育条例（2019 年修正）
23	山东	婚假 3 天	山东省人口与计划生育条例（2016 年修正）
24	山西	婚假 30 天	山西省人口与计划生育条例（2016 年修正）
25	陕西	婚假 3 天+晚婚假 20 天=23 天	陕西省人口与计划生育条例（2016 年修正）
26	四川	婚假 3 天+晚婚假 20 天=23 天	四川省人口与计划生育条例（2016 年修正）
27	新疆	婚假 3 天+20 天=23 天	新疆维吾尔自治区人口与计划生育条例（2017 年修正）
28	云南	婚假 3 天+晚婚假 15 天=18 天	云南省人口与计划生育条例（2016 年修正）
29	浙江	婚假 3 天+晚婚假 12 天=15 天	浙江省人口与计划生育条例（2016 年修正）
30	海南	婚假 3 天+晚婚假 10 天=13 天	海南省人口与计划生育条例（2018 年修正）
31	西藏	婚假 3 天+晚婚假 7 天=10 天	西藏自治区计划生育暂行管理办法（试行）

说明：上述标※的地方政策文件中没有关于婚假的规定，当地婚假按照最新的《中华人民共和国人口与计划生育法》的规定执行（3 天）。

实践中，休婚假的时间，经单位批准，员工可以自行安排。婚假必须一次休完，不可以分两次休，如遇上法定节假日和周休日，婚假应包含法定节假日和周休日。

关于公婆、岳父母死亡的丧假，各地也有相关规定。例如，北京市规定：女职工的公婆死亡时和男职工的岳父母死亡时，经本单位领导批准，可酌情给予 1~3 天的丧假。

5. 探亲假工资

（1）享受探亲假的条件

《国务院关于职工探亲待遇的规定》（国发〔1981〕36号）第二条规定：凡在国家机关、人民团体和全民所有制企业、事业单位工作满一年的固定职工，与配偶不住在一起，又不能在公休假日团聚的，可以享受本规定探望配偶的待遇；与父亲、母亲都不住在一起，又不能在公休假日团聚的，可以享受本规定探望父母的待遇。但是，职工与父亲或母亲一方能够在公休假日团聚的，不能享受本规定探望父母的待遇。

（2）探亲假的天数

《国务院关于职工探亲待遇的规定》第三条规定了职工探亲假期：

①职工探望配偶的每年给予一方探亲假一次，假期为30天。

②未婚职工探望父母，原则上每年给假一次，假期为20天。如果因为工作需要，本单位当年不能给予假期，或者职工自愿两年探亲一次的，可以两年给假一次，假期为45天。

③已婚职工探望父母的，每四年给假一次，假期为20天。

探亲假期是指职工与配偶、父、母团聚的时间，另外，根据实际需要给予路程假。上述假期均包括公休假日和法定节日在内。

（3）探亲假期间的待遇

《国务院关于职工探亲待遇的规定》第五条规定：职工在规定的探亲假期和路程假期内，按照本人的标准工资发给工资。

《国务院关于职工探亲待遇的规定》第六条规定：职工探望配偶和未婚职工探望父母的往返路费，由所在单位负担。已婚职工探望父母的往返路费，在本人月标准工资30%以内的，由本人自理，超过部分由所在单位负担。

需要说明的是，在实践中，关于探亲假的规定目前只在我国机关、事业单位、国有企业、军队内部适用，我国多数的私企、外企并未执行上述规定。

6. 年休假工资

《职工带薪年休假条例》于2007年12月7日国务院第198次常务会议通过，国务院令第514号公布，自2008年1月1日起施行。为贯彻实施《职工带薪年休假条例》，人力资源社会保障部制定了《企业职工带薪年休假实施办法》，于2008年9月18日发布并实施。

现结合上述两个文件，整理如下相关规定。

（1）年休假享受的对象

机关、团体、企业、事业单位、民办非企业单位、有雇工的个体工商户等单位的职工连续工作 1 年以上的，享受带薪年休假（以下简称年休假）。

（2）年休假的天数

年休假天数根据职工累计工作时间确定。职工在同一或者不同用人单位工作期间，以及依照法律、行政法规或者国务院规定视同工作期间，应当计为累计工作时间。职工累计工作已满 1 年不满 10 年的，年休假 5 天；已满 10 年不满 20 年的，年休假 10 天；已满 20 年的，年休假 15 天。

职工新进用人单位且连续工作满 12 个月以上的，当年度年休假天数按照在本单位剩余日历天数折算确定，折算后不足 1 整天的部分不享受年休假。折算方法为：

（当年度在本单位剩余日历天数÷365 天）×职工本人全年应当享受的年休假天数

国家法定休假日、休息日不计入年休假的假期，职工依法享受的探亲假、婚丧假、产假等国家规定的假期以及因工伤停工留薪期间不计入年休假假期。

职工有下列情形之一的，不享受当年的年休假：

①职工依法享受寒暑假，其休假天数多于年休假天数的；

②职工请事假累计 20 天以上且单位按照规定不扣工资的；

③累计工作满 1 年不满 10 年的职工，请病假累计 2 个月以上的；

④累计工作满 10 年不满 20 年的职工，请病假累计 3 个月以上的；

⑤累计工作满 20 年以上的职工，请病假累计 4 个月以上的。

职工已享受当年的年休假，年度内又出现上述第②、③、④、⑤项规定情形之一的，不享受下一年度的年休假。

需要说明的是，在实践中，职工带薪年休假的天数绝不只是 5 天、10 天、15 天这三种情况，往往需要结合具体情况计算得出。

在此，把员工累计工作时间达到 1 年（12 个月）或 10 年（120 个月）或 20 年（240 个月）的那一天称为“临界点”。当本年度内遇到临界点日期，根据上述两个条例和办法的相关条款，我们采用分段安排年休假的方式计算当年度总的年休假天数，即分别计算临界点前可以享受的年休假和临界点后可以享受的年休假。在计算过程中，一般需要用到以下几个数值：累计工作时间（月）、入职之日距临界点日期的天数、临界点日期距年底的天数、全年天数等。对于入职前的累计工作时间，简称为社会工龄。对于入职后的累计工作时间，简称为本企业工龄。

例 6：小李 2008 年 5 月 20 日入职，入职前社会工龄是 10 个月，请问该职工在 2008 年度内能否享受带薪年休假？如果能享受，能享受几天？

解析：该职工到2008年7月19日就满足连续工作1年以上的条件，因此，他2008年度可以享受带薪年休假。我们把2008年7月19日称为临界点。从临界点到2008年12月31日，一共166天，占全年天数的比例为166/365，166/365×5≈2.27天，则小李2008年度年休假为2天。

例7：小李2008年5月20日入职，入职前社会工龄是118个月，请问该职工在2008年度内能否享受带薪年休假？如果能享受，能享受几天？

解析：很显然该职工的连续工作年限在1年以上，因此，他2008年度可以享受带薪年休假。因该职工2008年5月20日入职，入职前社会工龄是118个月，那么到临界点2008年7月19日就满足连续工作10年以上的条件。从临界点到2008年12月31日，一共166天；从入职当日到临界点的天数是60天，2008年度年休假计算公式为60/365×5+166/365×10≈5.37天，按照不满一天不算原则，则年休假为5天。

（3）年休假期间的待遇

用人单位经职工同意不安排年休假或者安排职工休假天数少于应休年休假天数的，应当在本年度内对职工应休未休年休假天数，按照其日工资收入的300%支付未休年休假工资报酬，其中包含用人单位支付职工正常工作期间的工资收入。

用人单位安排职工休年休假，但是职工因本人原因且书面提出不休年休假的，用人单位可以只支付其正常工作期间的工资收入。

计算未休年休假工资报酬的日工资收入按照职工本人的月工资除以月计薪天数（21.75天）进行折算。月工资是指职工在用人单位支付其未休年休假工资报酬前12个月剔除加班工资后的月平均工资。在用人单位工作时间不满12个月的，按实际月份计算月平均工资。

职工在年休假期间享受与正常工作期间相同的工资收入。实行计件工资、提成工资或者其他绩效工资制的职工，日工资收入的计发办法同前所述。

（4）年休假的休假安排

单位根据生产、工作的具体情况，并考虑职工本人意愿，统筹安排职工年休假。年休假在1个年度内可以集中安排，也可以分段安排，一般不跨年度安排。单位因生产、工作特点确有必要跨年度安排职工年休假的，可以跨1个年度安排。用人单位确因工作需要不能安排职工年休假或者跨1个年度安排年休假的，应征得职工本人同意。

7. 事假工资

关于企业职工事假期间的待遇，检索各地工资支付政策文件，一般是遵从了“是否支付工资，企业可以自主决定”的原则，如《北京市工资支付规定》第二十二条规定："劳动者在事假期间，用人单位可以不支付其工资。"

关于机关事业单位工作人员事假期间的工资待遇，国家并没有出台专门的规定，往往是由各地方政府自行制定政策。

《北京市各级国家行政机关工作人员请假暂行办法》（京政发〔1982〕111 号）规定：全年事假累计在 15 天以内的工资照发，超过 15 天的可酌情扣发超假期间的工资。

福建省公务员局、福建省人力资源开发办公室发布的《关于机关事业单位工作人员事假及事假期间待遇等有关问题的通知》（闽人发〔2009〕284 号）对事假期间的工资、津贴补贴计发作了如下规定：①全年累计事假在 8 个工作日及以下的，其工资和省规定的津贴补贴照发。②全年累计事假超过 8 个工作日的，从第 9 个工作日起，其基本工资、省规定的津贴补贴或绩效工资按日减发。其日减发计算方式为：每月列入工资基金管理的扣除改革性补贴外的应发工资总额除以 21.75 天。

8. 参加社会活动期间的工资

劳动者在法定工作时间内依法参加社会活动期间，用人单位应视同其提供了正常劳动而支付工资。社会活动包括：依法行使选举权或被选举权，当选代表出席乡（镇）、区以上政府、党派、工会、青年团、妇女联合会等组织召开的会议，出任人民法庭证明人，出席劳动模范、先进工作者大会，《工会法》规定的不脱产工会基层委员会委员因工会活动占用的生产或工作时间，其他依法参加的社会活动。

《劳动法》第五十一条规定：劳动者在法定休假日和婚丧假期间以及依法参加社会活动期间，用人单位应当依法支付工资。

9. 停工停产期工资

《工资支付暂行规定》第十二条规定：非因劳动者原因造成单位停工、停产在一个工资支付周期内的，用人单位应按劳动合同规定的标准支付劳动者工资。超过一个工资支付周期的，若劳动者提供了正常劳动，则支付给劳动者的劳动报酬不得低于当地的最低工资标准；若劳动者没有提供正常劳动，应按国家有关规定办理。

各地的工资支付相关政策中，有的也对停工停产期的工资作了更为详细的规定。例如，《北京市工资支付规定》第二十七条规定：非因劳动者本人原因造成用人单位停工、停业的，在一个工资支付周期内，用人单位应当按照提供正常劳动支付劳动者工资；超过一个工资支付周期的，可以根据劳动者提供的劳动，按照双方新约定的标准支付工资，但不得低于本市最低工资标准；用人单位没有安排劳动者工作的，应当按照不低于本市最低工资标准的 70% 支付劳动者基本生活费。国家或者本市另有规定的从其规定。

业务演练

任务 1-1：加班费的计算

练习 1：劳动合同没有约定工资标准，加班费该以什么为基数计算？

张心玉与公司在劳动合同中约定其月工资为 4 500 元，但从第一个月开始，公司实际发给她的月工资一直是 5 500 元。2017 年 12 月底，张心玉以部门负责人出具的证明为凭，要求公司按照 5 500 元/月计算并支付全年加班工资。此时，公司对她加班的时间无异议，但坚持按照合同约定的月工资进行结算。张心玉 2017 年的加班费到底该怎么算呢？双方谁的说法对？

练习 2：奖金、津贴、补贴能否计入加班费的计算基数？

肖芳芳 2019 年 5 月领取到公司奖励的 630 元超产奖。可是，当她要求公司发放加班费应将超产奖加入计算加班费的基数时，公司却说应以劳动合同中约定的月工资 3 000 元为依据。公司给出的理由是：所有员工超产奖的发放都源于公司的规章制度，并不是出于劳动合同。肖芳芳 630 元的超产奖能否计入加班费的计算基数？为什么？

练习 3：综合计算工时工作制加班费的计算

李军是某地质勘探队的队员，月工资为 9 600 元，该勘探队 2019 年经当地劳动行政部门审批采用综合计算工时工作制，以年为单位。2019 年李军全年工作了 2 196 小时，其中 8 小时为法定节假日加班。请帮李军算一算 2019 年可以领取多少加班费？

提示：李军小时工资标准=9 600÷21.75÷8≈55.17 元。

练习 4：不定时工作制加班费的计算

赵宁是北京某教育科技有限公司技术总监，月标准工资为 21 750 元，采用不定时工作制。经统计，2019 年 2 月，赵宁公休日加班 2 天（未补休），法定节假日加班 1 天。赵宁 2019 年 2 月的加班工资为多少元？如果赵宁的公司是在深圳，则其 2019 年 2 月的加班工资为多少元？

任务 1-2：职工带薪年休假天数计算

练习 5：小张 2019 年 5 月 20 日进入某公司工作，入职前的社会工龄是 238 个月。请你计算一下 2019 年小张在该公司能享受的带薪年休假天数。

任务1-3：停工停产期工资计算

练习6：阅读下面的案例，思考下面两个问题：

1. 单位在1999年3月到2004年9月支付给路某的300元/月的生活费是否符合北京市有关规定？如不符合，单位应支付多少（补差）？

2. 单位在2004年10月到2007年9月是否可以不给路某发工资（生活费）？如应发，请计算此期间应补发给路某的工资。

停工停产就可以停发工资吗？

路某于1983年10月进入国有企业北京某厂工作，双方签订了无固定期限劳动合同。1998年8月公司根据上级规定实行停产，并通过公司职代会确定了分流政策。1999年3月起，路某待岗在家，等待重新上岗通知，公司每月支付路某生活费300元，一直支付到2004年9月。自2004年10月起，公司不再向路某支付生活费，只是继续为其缴纳社会保险。2007年9月中旬，路某接到公司要求清理劳动关系的通知，路某当天书面回复要求公司解决相关问题。2007年9月30日，公司单方面解除了与路某的劳动关系，并将退工单以快递和挂号信的方式送达，均被退回。

2007年10月底，路某至街道查寻档案时，发现其已被公司退工，社保也停缴。路某认为其合法权益受到侵害，向公司所在地劳动争议仲裁委员会提起仲裁，要求公司支付解除劳动合同的经济补偿金、停工停产期间的工资和未提前30天书面通知解除劳动合同的替代通知金等共计30 000元。仲裁裁决后，公司不服，向法院起诉，在法院的组织下双方达成调解意见，公司一次性补偿路某25 000元，调解结案。

北京市历年最低工资标准（1994年到2008年）

生效日期	月工资（元）	小时最低工资（元）
1994年12月1日	210	1.10
1995年7月1日	240	1.40
1996年7月1日	270	1.60
1997年6月1日	290	1.70
1998年7月1日	310	1.80
1999年5月1日	320	1.90
1999年9月1日	400	2.30
2000年7月1日	412	2.30
2001年7月1日	435	2.60

续表

生效日期	月工资（元）	小时最低工资（元）
2002 年 7 月 1 日	465	2.78
2003 年 7 月 1 日	495	2.96
2004 年 7 月 1 日	545	3.26
2005 年 7 月 1 日	580	3.47
2006 年 7 月 1 日	640	3.82
2007 年 7 月 1 日	730	4.36
2008 年 7 月 1 日	800	4.60

任务 1-4：生育津贴的计算

练习 7：北京某公司 31 岁女职工张珊于 2020 年 1 月 18 日剖宫产下一对龙凤胎，生产当月所在用人单位月缴费平均工资为 8 550 元，她本人的产前工资为 10 000 元，请计算张珊应享受的产假天数为多少天？产假工资为多少？

任务二　掌握薪资计算方法

知识准备

一、计时工资

计时工资是按照员工个人的工资标准和工作时间的长短来支付工资报酬的形式，其计算公式为：

计时工资＝工资标准×实际工作时间

月计时工资＝日工资标准×实际出勤天数

日工资标准＝月工资标准÷21.75

计时工资是一种最常见的工资形式。大部分固定工资（如基本工资、岗位工资、技能工资、工龄工资等）都属于计时工资。一旦企业内部工资等级标准确定，双方合同约定后，部分工资项目将按照工时来计发。

职工的月计时工资直接与职工当月的出勤天数相关。实践中，计算月计时工资主要有加法和减法两种方法。

1. 加法

加法，也称正算法，是指直接以员工的日工资标准乘以员工当月的出勤天数（考勤统计结果）得到的工资。

例 8：张三月工资标准为 4 350 元，本月考勤统计其出勤 20 天，试用加法计算其当月的应发工资。

解：张三的日工资标准＝4 350÷21.75＝200（元/天）

张三本月的应发工资＝200×20＝4 000（元）

2. 减法

减法，也称扣除法，是指用员工的月工资标准减去员工当月事假或病假等缺勤应按规定扣除的工资之后得到的工资。

例 9：张三月工资标准为 4 350 元，本月考勤统计其缺勤（事假）2 天，试用扣除法计算其当月的应发工资。

解：张三的日工资标准＝4 350÷21.75＝200（元/天）

张三本月请事假 2 天应扣除的工资＝200×2＝400（元）

张三本月的应发工资＝4 350−400＝3 950（元）

相关链接 2-4

关于职工全年月平均工作时间和工资折算问题的通知

（劳社部发〔2008〕3 号）

各省、自治区、直辖市劳动和社会保障厅（局）：

根据《全国年节及纪念日放假办法》（国务院令第 513 号）的规定，全体公民的节日假期由原来的 10 天增设为 11 天。据此，职工全年月平均制度工作天数和工资折算办法分别调整如下：

一、制度工作时间的计算。

年工作日：365 天−104 天（休息日）−11 天（法定节假日）＝250 天

季工作日：250 天÷4 季＝62.5 天/季

月工作日：250 天÷12 月＝20.83 天/月

工作小时数的计算：以月、季、年的工作日乘以每日的8小时

二、日工资、小时工资的折算。

按照《劳动法》第五十一条的规定，法定节假日用人单位应当依法支付工资，即折算日工资、小时工资时不剔除国家规定的11天法定节假日。据此，日工资、小时工资的折算为：

日工资：月工资收入÷月计薪天数

小时工资：月工资收入÷（月计薪天数×8小时）

月计薪天数=（365天-104天）÷12月=21.75天

三、2000年3月17日劳动保障部发布的《关于职工全年月平均工作时间和工资折算问题的通知》（劳社部发〔2000〕8号）同时废止。

劳动和社会保障部

2008年1月3日

关于计时工资的计算说明如下：

（1）日工资标准的计算是比较关键的。在实践中，有的单位将月计薪天数当作22天或者20.83天或者30天，这是不对的。日标准工资的计算结果还直接关系到加班加点工资、应休未休年休假等工资的计算。

（2）到底是采用加法还是采用减法，由各单位自行确定。在实践中，两种方法都比较普遍。

（3）注意出勤天数的统计。这里的出勤天数可能并非传统意义上的出勤（在单位工作），职工在一些特殊情况下，尽管未出勤但视同劳动时间，工资是照发的，如参加社会活动、产检、计划生育假、婚丧假、年休假期间。这就需要我们在考勤统计时标注清楚，而且对特殊情况下的工资支付政策十分熟悉。一般来讲，采用加法计算计时工资时，在统计出勤天数时可将职工参加社会活动、产检、计划生育假、婚丧假、年休假期间视同为出勤天数；反过来说，采用减法计算计时工资时，在统计出勤天数时，扣除的应该是事假工资、病假工资等（事假工资可以直接扣除，但病假工资要按病假工资支付规定扣除）。

二、计件工资

计件工资是把一线员工生产的产量与收入直接挂钩的工资形式，适用于生产任务明确、产品数量和质量易于测量和统计的工种。其计算公式为：

计件工资=合格产品数量×计件单价

计件工资与计时工资的区别在于，计件工资是间接地用劳动时间（由一定时间的劳动所凝结的产品数量）来计量员工的劳动，而不是直接按劳动时间的长短来计量。因此，计件工资只是计时工资的转化形式。

1. 计件单价的计算方法

$$\text{计件单价}=\frac{\text{单位时间岗位工资标准}}{\text{该岗位单位时间的产量定额}}$$

例如，某岗位的小时工资为30元/小时，其小时产量定额为5件/小时，则其计件单价为6元/件。

计件单价=单位时间岗位工资标准×单位产品的工时定额

例如，某岗位的小时工资为30元/小时，现生产一件产品的工时定额为0.2小时/件，则其计件单价为6元/件。

2. 计件工资的形式

计件工资形式比较繁多，企业可以根据自身生产的特点与工作需要来灵活确定采取哪一种具体形式。以下为常见的计件工资具体形式。

（1）直接无限计件工资制

直接无限计件工资制是指无论个人完成或超额完成劳动定额多少，都按同一计件单价计发工资，不受限制。

（2）直接有限计件工资制

直接有限计件工资制就是给计件个人规定超额工资不得超过本人标准工资的一定百分比或绝对金额的限制。实行这种计件工资制的形式，一般是由于劳动定额不够准确，为防止超额工资过多而采取控制的一种办法；也有的是为保护个人身体健康而采取的办法。

（3）累进计件工资制

累进计件工资制是指产量在定额以内部分，按照一种计件单价计算工资，超额部分则按照一种或几种递增的计件单价计算工资。

（4）超额计件工资制

我国流行两种计发超额计件工资的办法：一种是定额以内部分，按照本人的标准工资和完成定额的比例计发工资，完成定额可以拿到本人的标准工资，完不成定额则酌减，但须保证本人80%或85%的标准工资；对于超额部分，不同等级的工人按照同一单价计发超额计件工资。另一种是定额以内部分实行计时，按计时工资标准计发工资，保证本人的标准工资；对于超额部分，不同等级的工人按照同一单价计发超额计件工资。

（5）包工工资制

包工工资制是指将一定数量和质量的生产或工作任务包给个人（班组或工程队），预先规定完成工作的期限和工资总额，在按期完成任务后，承包人就可领取全部包工工资。

（6）提成工资制

提成工资制是指员工的工资总额按照企业的营业额或毛利等的一定比例提取，然后再按照各个工人的技术水平和作业量进行分配，也可以是直接按照个人的营业额和所创利润提取一定的比例，作为员工本人的工资。

（7）间接计件工资制

间接计件工资制是针对辅助工人制定的一种计件工资制，是指根据他们所服务的对象——工人实际完成的产量，或根据车间、工段的实际产量计算应得的工资。

（8）综合计件工资制

综合计件工资制是指计件单价不仅以产量定额来计算，而且还把质量、原材料消耗以及产品成本综合考虑进去。例如，为了确保并提高产品质量，实行按质量分等计件单价等。这对于改善产品质量、减少废品和原材料消耗、降低产品成本等方面有良好的效果。

3. 集体计件工资内部分配

集体计件工资的支付相对于个人计件工资比较复杂，主要是集体计件工资还需要在集体计件单位内部工人之间进行合理分配。分配办法比较多，下面介绍两种常见的分配方法。①

（1）按照每个工人的工资标准和实际工作日数分配

按照每个工人的工资标准和实际工作日数分配，其计算方法分为以下三步。

第一步，计算个人应得的月标准工资：

$$个人应得月标准工资=个人日工资标准\times个人当月实际工作天数$$

式中：$个人日工资标准=\frac{个人月工资标准}{月制度工作日数}$

第二步，计算标准工资分配率：

$$标准工资分配率=\frac{集体计件工资总额}{集体工资标准总额}$$

① 康士勇．薪酬与福利管理实务［M］．北京：中国人民大学出版社，2008.

第三步，计算个人当月计件工资：

个人当月计件工资=个人应得月标准工资×标准工资分配率

例 10：某生产小组月集体计件工资为 5 700 元，其他资料见下表。要求：按照个人工资标准和实际工作日数分配集体计件工资（注：当月制度工作日按 21 天计算，不考虑加班加点因素）。

工人	甲	乙	丙	丁
月工资标准	1 320	1 360	1 400	1 460
出勤天数	18	19	20	22

解：第一步，计算个人应得月标准工资：

甲：1 320÷21×18≈1 131.43（元）

乙：1 360÷21×19≈1 230.48（元）

丙：1 400÷21×20≈1 333.33（元）

丁：1 460÷21×22≈1 529.52（元）

第二步，计算标准工资分配率：

$$标准工资分配率=\frac{5\ 700}{1\ 131.43+1\ 230.48+1\ 333.33+1\ 529.52}\approx 1.09（元）$$

第三步，个人当月计件工资：

甲：1 131.43×1.09≈1 233.26（元）

乙：1 230.48×1.09≈1 341.22（元）

丙：1 333.33×1.09≈1 453.33（元）

丁：1 529.52×1.09≈1 667.19（元）

（2）按照每个工人的工资等级和实际工作日数分配

按照每个工人的工资等级和实际工作日数分配，就是把每个工人的实际工作日数折算为一级（即最低等级）工人的工作日数，即个人工资分配系数，以求出每一工人应得计件工资。其计算方法分为以下三步。

第一步，计算个人工资分配系数：

个人工资分配系数=个人工资等级系数×个人当月实际工作日数

$$式中：个人工资等级系数=\frac{个人月工资标准}{一级工资标准}$$

第二步，计算每一工资分配系数应得计件工资：

$$每一工资分配系数应得计件工资=\frac{集体计件工资总额}{集体工资标准总额}$$

第三步，计算个人当月计件工资：

个人当月计件工资=个人工资分配系数×每一工资分配系数应得计件工资

例 11：某生产小组月集体计件工资为 5 700 元，其他资料见下表。要求：按照个人工资等级系数和实际工作日数分配集体计件工资（注：一级工资标准为 480 元；当月制度工作日按 21 天计算，不考虑加班加点因素）。

工人	甲	乙	丙	丁
月工资标准	1 320	1 360	1 400	1 460
出勤天数	18	19	20	22

解：第一步，计算个人工资分配系数：

甲：1 320÷480×18≈49. 50

乙：1 360÷480×19≈53. 83

丙：1 400÷480×20≈58. 33

丁：1 460÷480×22≈66. 92

第二步，计算每一工资分配系数应得计件工资数：

$$每一工资分配系数应得计件工资=\frac{5\ 700}{49.50+53.83+58.33+66.92}\approx 24.94\ （元）$$

第三步，个人当月计件工资：

甲：49. 50×24. 94≈1 234. 53（元）

乙：53. 83×24. 94≈1 342. 52（元）

丙：58. 33×24. 94≈1 454. 75（元）

丁：66. 92×24. 94≈1 668. 20（元）

三、绩效工资[①]

绩效工资是由计件工资演化而来的，但它不是简单意义上的工资与产品数量挂钩的工资形式，而是建立在科学的工资标准和管理程序基础上的工资体系。它的基本特征是将员工工资与个人业绩挂钩。这里所说的业绩是一个综合的概念，比产品的数量和质量内涵更为广泛，还包括员工对企业的其他贡献。

1. 绩效工资分配的基本思路

总体上，绩效工资的分配应本着“分级管理、分类管理”的思路进行。

① 康锋．薪酬设计全程指导［M］．北京：中国劳动社会保障出版社，2011.

分级管理是指绩效工资的分配要两级考核、两级分配。第一级，单位绩效考核委员会要对部门进行考核，根据考核结果确定部门月度、年度的应发绩效工资总额。第二级，部门绩效考核委员会对本部门内部任职人员进行考核，将部门应发绩效工资总额分配到部门内部每个人。

分类管理是指不同性质的部门（业务部门或职能部门）采取不同的绩效工资分配办法。具体来说，对业务部门（生产、研发、销售等）的绩效工资，直接以其部门绩效为依据分配，而对职能部门（办公室、财务等），往往间接根据业务部门的实际平均绩效工资和本部门的绩效考核结果双挂钩分配。在分配次序上，要首先解决业务部门的绩效工资，之后再解决职能部门的绩效工资。

2. 部门绩效工资的分配

（1）业务部门绩效工资

1）提成工资法。其计算公式为：

①提成工资比例 $=\dfrac{\text{目标绩效工资（标准）}}{\text{收入（增加值或内部利润）}}\times 100\%$。

②应发提成工资＝收入（增加值或内部利润）×提成工资比例×（绩效考核得分÷100）。

例 12：某设计院设计室考核期目标绩效工资为 120 万元，目标到账设计收入 1 200 万元，采取绩效工资提成办法。考核期末该设计室实现设计收入 1 500 万元，部门绩效考核得分 95 分。试计算该设计室应提取的绩效工资总额为多少？

解：该设计室绩效工资提取比例＝120÷1 200×100%＝10%

该设计室应提取的绩效工资总额＝1 500×10%×（95÷100）＝142.5（万元）

2）计件工资法。其计算公式为：

①计件单价 $=\dfrac{\text{目标绩效工资（标准）}}{\text{目标（定额）产量}}$。

②应发计件工资＝计件单价×实际完成产量×（绩效考核得分÷100）。

例 13：某制造企业生产部绩效工资计发的基本模式是确定“两个基数、一个单价”，即确定目标绩效工资总额基数、目标产量总额基数以及绩效工资随目标产量挂钩浮动的计件单价，然后绩效工资总额随考核期目标产值的完成情况，按确定的单价增加或减少。生产部的计件单价核定见下表。

生产部计件单价核定

产品	目标年度绩效工资基数（万元）	2018 年度核定目标产量（吨）	计件单价（元/吨）
(1)	(2)	(3)	(4) = (2) / (3)
水泥	350	70 000	50

已知该生产部 2018 年年底实现产量 72 000 吨，绩效考核得分 98 分，试计算该生产部 2018 年应提取的绩效工资总额为多少？

解：该生产部应提取的绩效工资总额＝50×72 000×（98÷100）＝3 528 000（元）

（2）职能部门绩效工资

职能部门计提的绩效工资总额，可以参照下面的公式计算：

$$绩效工资=该部门人数\times\frac{该部门平均岗位工资系数}{业务部门平均岗位工资系数}\times业务部门平均绩效工资\times 与业务部门绩效工资挂钩浮动比例\times（该部门绩效考核得分\div100）$$

式中，与业务部门绩效工资挂钩浮动比例一般在 0.2 到 0.8 的范围内。具体比例由各个单位自行决定。

例 14：某公司人力资源部有 5 名员工，其部门绩效工资比照销售部门的绩效工资来计发，挂钩系数为 0.6。已知人力资源部平均岗位工资系数为 1.2，销售部平均岗位工资系数为 1.15，2019 年度销售部平均绩效工资为 10 万元。人力资源部绩效考核得分为 95 分。试计算人力资源部 2019 年的绩效工资总额。

解：人力资源部 2019 年度绩效工资总额＝5×（1.2/1.15）×10×0.6×（95/100）

≈29.74（万元）

3. 部门内部绩效工资的分配

关于部门内部绩效工资的分配办法，每个单位的绩效工资计发办法中都会明确说明。实践中，依据岗位系数、百分绩效考核得分来分配部门绩效工资总额的方法比较普遍。

例 15：某部门有职工 9 人，每个人的岗位绩效工资系数、月度绩效考核分数见下表。该部门月度绩效工资总额为 13 950 元。请将应发绩效工资总额分配到部门内每个人。

解：该部门每人应发绩效工资计算过程及结果见下表。

某部门应发绩效工资计算表　　　　单位：元/月

序号	姓名（略）	岗位绩效工资系数	月度考核分数	月度考核绩效工资系数	每一考核绩效工资系数应发绩效工资数	应发绩效工资
（1）	（2）	（3）	（4）	（5）＝（3）×（4）	（6）＝部门应发绩效工资总额÷部门月度考核绩效工资系数之和	（7）＝（5）×（6）
1		2.64	80	211.20	10.89	2 300
2		2.64	85	224.40	10.89	2 444
3		1.62	90	145.80	10.89	1 588
4		1.48	100	148.00	10.89	1 612
5		1.42	100	142.00	10.89	1 546
6		1.28	80	102.40	10.89	1 115
7		1.28	90	115.20	10.89	1 255
8		1.00	102	102.00	10.89	1 111
9		1.00	90	90.00	10.89	980
合计		—	—	1 281.00	—	13 950

四、奖金

奖金是工资的重要补充，是激励员工的重要手段，具有单一性、灵活性、及时性等特点。

作为劳动报酬的奖金，按照超额劳动对生产的作用是否直接可以分为两大类：一类是由于劳动者提供了超额的劳动、直接增加了社会财富而给予的奖励，这一类称为生产性奖金或工资性奖励；另一类是由于劳动者的劳动改变了生产条件，为社会劳动效率提高、社会财富增加创造了有利条件而给予的奖励，这一类称为创造发明奖或合理化建议奖。

1. 奖金的形式

（1）按奖励的周期长短划分，可分为月奖、季度奖、年终奖和年度奖。按一年内奖金的发放次数，可以分为一次性奖金和经常性奖金。一次性奖金通常是对那些为了解决生产中的突出矛盾而设立的临时性奖金，如为攻克某种产品的质量问题，突击完成某项机器的大修任务，或完成其他刻不容缓的紧迫任务而设立的奖金。经常性奖金是奖励那些在日常生产中提供了超额劳动的职工，一般可以是月奖或季度奖。

（2）按奖励条件的考核项目划分，可分为单项奖和综合奖。单项奖是以生产中的某一项指标作为计奖条件的奖励制度。它的特点是只对劳动成果中的某一方面进行专项考核，一事一奖。单项奖的名目繁多，概括起来大致有超产奖、质量奖、原材料燃料节约奖、劳动力节约奖，以及新产品试制奖等。

（3）按奖金的支付对象划分，可分为个人奖和集体奖。个人奖适合于只需个人就能完成的工作；集体奖适合于工作性质需数人或集体全部成员才能完成的工作，如装配工作。集体奖可促使集体内各成员互相监督鼓励，并可促使技术较差者努力提高水平，以免影响其他人员。

例如，某公司设立"优秀员工奖"，对年度绩效考核连续2次达到优秀的员工，在绩效工资之外，给予奖励——颁发"优秀员工"奖状，并一次性奖励5 000元。

2. 奖金的设计

（1）生产环节奖金设计

生产环节一般根据产量或超额产量提取奖金，同时产品质量奖、安全生产奖等项目也广泛应用。

表2-6是某企业生产部门的奖励指标和奖励条件。

表2-6　　某企业生产部门奖励指标与奖励条件

序号	奖励指标	奖励条件
1	产品产量	产品产量达到××××（单位）
2	利润	利润额达到××××元
3	产品质量	合格率在××%以上、次品率在×%以内
4	产品投入产出	产出量与投入量之比
5	成本节约	单位产品物耗情况
6	其他	劳动纪律遵守情况、出勤率

（2）销售环节奖金设计

销售环节一般根据合同额、销售额、销售利润等指标或超额产量提取奖金，同时考虑回款、市场开发等因素。

表2-7是某企业销售部门的奖励指标和奖励条件。

表 2-7 某企业销售部门奖励指标与奖励条件

序号	奖励指标	奖励条件
1	销售额	销售额达到××××元
2	货款回收	在一定时期内货款的回收率达到××%
3	产品的市场占有率	产品的市场占有率达到××%

（3）成本中心奖金设计

对于研发、质量、技术等职能部门，往往作为成本中心来看待，其奖金可以根据费用节约来进行提成。

下面以某设计院对项目组人员奖金的计算办法来举例说明，见表 2-8。

表 2-8 某设计院项目组人员奖金激励措施

序号	内容	详细说明
一	责任指标	1. 费用指标：费用总额为 18.8 万元 2. 设计质量：达到业主要求 3. 项目工期：在业主规定的合同工期内完成
二	奖励与考核办法	1. 奖金来源：费用结余（等于费用总额减去实际发生费用之和；费用包括资料费、测量费、招待费、车辆费用、办公费用、印刷出版装订费等）的一部分 2. 质量奖：实际费用结余数额可增减 20%以内（若发生严重质量事故，扣减 20%；发生一般质量事故，扣减 10%） 3. 工期奖：实际费用结余数额可增减 100%以内（若由于项目组原因使项目延期半个月，扣减 5%；项目延期一个月以上，扣减 10%）
三	奖金分配原则	1. 奖金总额：费用节约数额的 50% 2. 分配比例：在同等时间条件下，项目负责人、骨干成员、一般成员的分配比例大致为 4∶2∶1 3. 程序：项目负责人提出分配方案，经部门负责人审核，报分管副总经理审批

3. 团队奖金的内部分配方法

有些奖金可以直接分配到个人，有些奖金是以团队来计算的，这时则需要将奖金在团队内部成员中进行二次分配。常用的团队奖金内部分配方法有系数法和计分法。

（1）系数法

系数法是在工作评价的基础上，先根据岗位贡献大小确定岗位奖金系数，最后根据个人完成任务情况按系数进行分配。其计算公式如下：

$$\text{个人奖金数额}=\left[\text{企业奖金总额}/\sum(\text{岗位人数}\times\text{岗位奖金系数})\right]\times\text{个人岗位奖金系数}$$

（2）计分法

计分法首先要对各项奖励条件规定最高分数；其次，根据制定的奖励条件标准对员工工作表现进行评分；最后，按照奖金总分求出每一分值的奖金数额，从而求出每位员工的奖金额。其计算公式如下：

$$\text{个人奖金数额}=(\text{企业奖金总额}/\text{考核总得分})\times\text{个人考核得分}$$

五、津贴和补贴

1. 津贴补贴的类型

津贴是指为了补偿职工特殊或额外的劳动消耗和因其他特殊原因支付给职工的一种辅助性工资。补贴是指为了保证职工工资水平不受物价等因素的影响，而根据国家规定支付给职工的工资性补贴。习惯上，一般把属于生产性质的称为津贴，属于生活性质的称为补贴。实践中，津贴、补贴通常混在一起使用，未作严格区分。

津贴在统计上又分为工资性津贴和非工资性津贴。工资性津贴是指列入工资总额的津贴项目；非工资性津贴是指不计入工资总额支付的津贴项目。是否属于工资性津贴，其标志不是看开支来源如何，而是看它是不是属于工资总额的统计范围。

津贴补贴名目繁多，不同单位的津贴补贴项目往往不太一样。按照不同的标准，可以有不同的分类。表 2-9 是对其分类整理的结果。

表 2-9　　津贴补贴的类型

划分标准	分类	说明
管理层次	国家或地区统一制定的津贴	如夜班津贴、特种作业津贴、高温津贴等
	企业自行规定的津贴补贴	如住房补助、交通补助等
考虑因素	个人因素津贴	如学历津贴、职称津贴、资质津贴、司龄津贴等
	工作生活差别因素津贴	如高温津贴、井下津贴、野外工作津贴、驻外津贴等
	岗位因素津贴	交通津贴、通信津贴等
性质和目的	补偿性津贴	如高空津贴、野外工作津贴、林区津贴、矿山井下津贴、高温临时津贴、特殊岗位津贴、夜班津贴等

续表

划分标准	分类	说明
性质和目的	保健性津贴	如卫生防疫津贴、医疗卫生津贴、科技保健津贴以及其他行业员工的特殊保健津贴等
	技术性津贴	如政府特殊津贴、特级教师津贴、科研津贴、技师津贴等
	年功性津贴	如工龄津贴、教龄津贴、护士工龄津贴等
	物价性补贴	如肉类价格补贴、副食品价格补贴、粮价补贴、煤价补贴、租房补贴、水电补贴等
	其他津贴补贴	如书报津贴、伙食补贴等

2. 津贴补贴的设计

津贴补贴是工资结构中一个重要的组成部分，能否科学、合理地设计各种津贴补贴，关系到企业薪酬结构的合理与否。津贴补贴的设计应明确津贴补贴的适用范围、项目、标准以及发放形式等。

（1）确定津贴补贴的适用范围

对相近岗位或工种的有关因素进行分析，确定哪些工种、岗位可纳入实行津贴补贴的范围，避免出现该享受的岗位没有享受、不该享受的岗位却享受了的情况。

（2）设置津贴补贴项目

应根据国家相关法律法规的规定和企业的具体情况来设置津贴补贴项目。对于要求设立津贴补贴的岗位或工种，必须进行认真的调查研究，全面权衡。企业应根据自身的实际情况设置津贴补贴项目，使每一项津贴补贴都有其存在的意义，避免任意设置津贴补贴项目。

随着工作环境的不断变化，为适应新环境，各种新的津贴补贴项目应运而生，同时一些已有的津贴补贴项目可能已经失去存在的意义。在这种情况下，应即时废除这些过时的津贴补贴项目，防止津贴补贴名目越来越多，给企业造成沉重负担。

（3）确定津贴补贴标准

企业在确定津贴补贴标准时应考虑以下因素：

1）员工在特殊条件下劳动的繁重程度；

2）在特殊条件下劳动对员工身体的危害程度；

3）员工在特殊条件下劳动生活费用支出增加的程度；

4）劳动保护设施、工作时间长短等。

一般来说，津贴补贴标准的制定有以下两种方法：

1）按照员工本人标准工资的一定比率制定，适用于为保证员工实际工资水平以保障员工生活的保障性津贴补贴；

2）按绝对额制定，适用于除保障性质以外的其他津贴补贴。

（4）明确津贴的发放形式

企业应根据自己的特点来确定采用哪种发放形式。一般情况下，与额外劳动补偿有关的津贴补贴采取货币形式发放，与身体健康补偿有关的津贴补贴采取实物形式发放。

案例 2-6

某制药有限公司津贴制度

【案例背景】某制药有限公司成立于 1988 年，其开发的处方药和非处方药的质量日益提高，并已赢得了稳定的市场占有率。产品的高质量得益于高质量原材料的采购和生产工序的严格掌控。公司在西藏、青海以及其他药材原材料产地常年派驻采购人员，确保原材料的供应质量，在有的地区根据药品质量需求建立了就地加工的工厂。而在药品生产加工过程中，严格的工序管理和质量控制确保了药品质量的稳定性。公司能够保持这样良好的经营态势除了拥有良好的薪酬结构和薪酬水平外，完善的、具有竞争力的津贴制度也功不可没。

【津贴设计思路】

1. 严格遵守国家相关法律法规中提出的对特殊工种和特殊工作条件下的津贴补助规定，具体津贴额度处于行业领先水平和地区领先水平。

2. 具体津贴的构成

（1）藏区和其他相关地区常驻人员的津贴

发放对象：长期驻守在西藏和其他省、自治区的管理、技术、采购人员。

发放标准：根据员工的职务等级予以确定。

发放时间：每月随工资一起发放。

（2）出差津贴

发放对象：离开工作所在地到外省市出差的公司员工。

发放标准：根据员工的职务等级予以确定。

发放时间：每月随工资一起发放。

（3）中夜班津贴

发放对象：由于工作需要进行中晚班工作的员工。

发放标准：生产员工的中班津贴为 8 元，晚班津贴为 10 元。其他相关部门根据工作需要确需加班的，经批准后参考生产员工的标准发放津贴。

发放时间：每月随工资一起发放。

（4）特殊岗位津贴

发放对象：由于工作需要经常与有毒有害物品和气体接触的人员。

发放标准：以工种为基础，发放标准为每人每天 15 元。

发放时间：每月随工资一起发放。

案例来源：孙宗虎，宗立娟. 薪酬体系设计实务手册：第 2 版［M］. 北京：人民邮电出版社，2009.

六、员工福利

1. 员工福利的分类

在员工的薪酬体系中，除了基本工资、绩效工资和激励工资外，还有比较重要的一部分内容就是员工福利。员工福利，是指用人单位向所有员工提供的、用来营造良好工作环境和方便员工生活的间接薪酬。员工福利越来越成为用人单位吸引、激励、留住员工的重要手段。

员工福利具有多种多样的形式，按照不同的分类标准可有不同的分类结果。归纳起来见表 2–10。

表 2–10　员工福利的类型

划分标准	分类	说明
外延	广义的福利	泛指除工资、奖金以外的所有待遇，包括社会保险在内
	狭义的福利	指除工资、奖金以及社会保险之外的其他待遇
管理层次	法定福利	指按照国家法律法规政策必须发生的福利项目，包括社会保险、法定节假日及特殊情况下的工资支付、工资性津贴、工资总额外补贴项目等
	补充福利	指企业自定的福利项目，如交通补贴、房租补助、工作午餐、子女医疗补助、贷款担保等
享受对象	集体福利	指全部职工可以享受的公共福利设施，如职工食堂、托儿所、幼儿园、图书馆、健身房、浴室、医务室等
	个人福利	指个人具备规定的条件可以享受的福利，如冬季取暖补贴、生活困难补助、房租补贴等

续表

划分标准	分类	说明
经济性	经济性福利	指可以用货币衡量的福利，如住房福利、交通福利、教育培训福利、医疗保健福利、金融性福利
	非经济性福利	指难以用货币衡量的福利，如咨询性服务、保护性服务、工作环境保护等

需要说明的是，从记账的会计科目来看，工资性津贴纳入工资总额管理，非工资性津贴纳入福利费管理。

2. 职工福利费的提取和使用范围

（1）职工福利费的提取

职工福利费是国家和单位用于职工生活福利设施和福利补贴的各种费用的总称。

2007 年 3 月 20 日，财政部《关于实施修订后的〈企业财务通则〉有关问题的通知》（财企〔2007〕48 号）规定，企业不再按照工资总额 14%提取福利费。按照新修订的《企业会计准则》的规定，企业职工福利费不超过工资薪金总额 14%的部分，作为“职工薪酬”的组成部分，可直接在税前列支。《中华人民共和国企业所得税法实施条例》第四十条规定，企业发生的职工福利费支出，不超过工资薪金总额 14%的部分，准予扣除。

（2）职工福利费的使用范围

按照财政部《关于企业加强职工福利费财务管理的通知》（财企〔2009〕242 号）规定，企业职工福利费是指企业为职工提供的除职工工资、奖金、津贴、纳入工资总额管理的补贴、职工教育经费、社会保险费和补充养老保险费（年金）、补充医疗保险费及住房公积金以外的福利待遇支出，包括发放给职工或为职工支付的以下各项现金补贴和非货币性集体福利。

1）为职工卫生保健、生活等发放或支付的各项现金补贴和非货币性福利，包括职工因公外地就医费用、暂未实行医疗统筹企业职工医疗费用、职工供养直系亲属医疗补贴、职工疗养费用、自办职工食堂经费补贴或未办职工食堂统一供应午餐支出、符合国家有关财务规定的供暖费补贴、防暑降温费等。

2）企业尚未分离的内设集体福利部门所发生的设备、设施和人员费用，包括职工食堂、职工浴室、理发室、医务所、托儿所、疗养院、集体宿舍等集体福利部门设备、设施的折旧、维修保养费用以及集体福利部门工作人员的工资薪金、社会保险费、住房公积金、劳务费等人工费用。

3）职工困难补助，或者企业统筹建立和管理的专门用于帮助、救济困难职工的基金支出。

4）离退休人员统筹外费用，包括离休人员的医疗费及离退休人员其他统筹外费用。企业重组涉及的离退休人员统筹外费用，按照财政部《关于企业重组有关职工安置费用财务管理问题的通知》（财企〔2009〕117 号）执行。国家另有规定的，从其规定。

5）按规定发生的其他职工福利费，包括丧葬补助费、抚恤费、职工异地安家费、独生子女费、探亲假路费，以及符合企业职工福利费定义但没有包括在本通知各条款项目中的其他支出。

关于企业为职工提供的交通、住房、通信待遇，财企〔2009〕242 号文规定，企业为职工提供的交通、住房、通信待遇，已经实行货币化改革的，按月按标准发放或支付的住房补贴、交通补贴或者车改补贴、通信补贴，应当纳入职工工资总额，不再纳入职工福利费管理；尚未实行货币化改革的，企业发生的相关支出作为职工福利费管理，但根据国家有关企业住房制度改革政策的统一规定，不得再为职工购建住房。

企业给职工发放的节日补助、未统一供餐而按月发放的午餐费补贴，应当纳入工资总额管理。

3. 社会保险与住房公积金缴费

（1）社会保险

有关社会保险基本理论、政策，已在相关课程中有详细介绍，此处不再赘述。以北京市为例，北京市 2019 年 7 月至 2020 年 6 月养老、失业、工伤、医疗、生育五项社会保险缴费基数及缴费比例见表 2-11。

表 2-11　北京市 2019 年 7 月至 2020 年 6 月社会保险缴费基数与缴费比例

险种		缴费基数上下限（元）	缴费比例	
			单位	个人
养老	机关事业单位	4 713～23 565	16%	8%
	机关事业单位以外	3 613～23 565		
失业	城镇户籍	3 613～23 565	0.8%	0.2%
	农村户籍	3 613～23 565	0.8%	不缴费
工伤		4 713～23 565	0.2%～1.9%	不缴费
医疗		5 557～27 786	10%	2%+3 元
生育		5 557～27 786	0.8%	不缴费

（2）住房公积金

住房公积金是用人单位和在职职工共同缴存的长期住房储金，其中职工每月个人缴存部分由用人单位从职工工资中代扣代缴。

职工住房公积金月缴存额按如下公式计算：

职工住房公积金月缴存额=个人月应缴额+单位月应缴额

职工个人月应缴额=职工缴存基数×职工住房公积金缴存比例

单位月应缴额=职工缴存基数×单位住房公积金缴存比例

式中：个人、单位月应缴额计算到元，元以下四舍五入。

职工住房公积金月缴存基数是指职工本人上一年的月平均工资，即上一年1月1日至12月31日期间的工资总额除以12，应与社保月缴费基数一致。住房公积金月缴存基数，不得高于职工工作地所在设区城市统计部门公布的上一年度职工月平均工资的3倍。

相关链接 2-5

关于调整2019年度北京地区住房公积金缴存基数上下限有关事宜的公告

按照北京住房公积金管理委员会第20次全体会议的要求，经市政府同意，现就2019年度北京地区调整住房公积金缴存基数上下限有关事项公告如下：

一、2019住房公积金年度北京住房公积金月缴存基数上限为27 786元，具体缴存比例对应月缴存额上限见附表。

二、2019住房公积金年度北京住房公积金月缴存基数下限为2 200元，领取基本生活费职工的月缴存基数下限为1 540元。

三、缴存单位在跨年清册核定选择住房公积金缴存比例出现错误的，可通过住房公积金单位网上业务系统调整一次。

四、新受理的住房公积金个人贷款，计算借款申请人贷款金额所使用的月基本生活费标准按1 540元执行。

五、本公告的事宜自2019年7月1日起施行。

北京住房公积金管理委员会办公室

2019年6月29日

附表　　2019年度北京地区住房公积金月缴存额上限表

单位和个人住房公积金缴存比例	月缴存额上限（元）	职工月缴存额上限（元）	单位月缴存额上限（元）
12%	6 668	3 334	3 334
11%	6 112	3 056	3 056
10%	5 558	2 779	2 779
9%	5 002	2 501	2 501
8%	4 446	2 223	2 223
7%	3 890	1 945	1 945
6%	3 334	1 667	1 667
5%	2 778	1 389	1 389

资料来源：北京住房公积金管理中心官网。

业务演练

任务2-1：计时工资的核算

练习1：王春是某科技公司人事主管（连续工龄8.5年，本企业工龄3年），其月工资标准为5 000元。本月她请病假1天（病假工资按照70%的工资标准计算），事假2天，出勤19天。请根据你所学的知识，核算一下王春当月的应发工资。

任务2-2：计件工资的核算

练习2：个人计件工资核算

甲乙两种产品应由6级工人加工。甲产品单件工时定额为30分钟，乙产品单件工时定额为45分钟。6级工人的小时工资率为2元。某6级工人加工甲产品500件，乙产品400件。试计算其计件工资。

练习3：集体计件工资内部分配

某生产车间共有4名工人，月集体计件工资17 100元，其他资料见下表。

工人	张军	李强	王东	赵辉
月工资标准（元）	3 960	4 080	4 200	4 380
当月工作日数（天）	18	19	20	22

要求：按照个人工资标准和实际工作日数分配集体计件工资（注：当月制度工作日按21天计算，不考虑加班加点因素）。

提示：先计算每人应得月标准工资，之后计算标准工资分配率，最后计算每人当月应分计件工资（以元为单位，保留小数点后两位小数）。

任务2-3：绩效工资的核算

练习4：某公司人力资源部有职工4人，每个人的岗位绩效工资系数、月度绩效考核分数见下表。该部门经公司薪酬委员会核发的月度绩效工资总额为10 000元。请完成下表，将应发绩效工资总额分配到部门内每个人（注：个人应发绩效工资结果四舍五入取整数）。

序号	姓名（略）	岗位绩效工资系数	月度考核分数	月度考核绩效工资系数	每一考核绩效工资系数应发绩效工资数	应发绩效工资
（1）	（2）	（3）	（4）	（5）=（3）×（4）	（6）=部门应发绩效工资总额÷部门月度考核绩效工资系数之和	（7）=（5）×（6）
1		2.0	98			
2		1.8	95			
3		1.6	96			
4		1.5	100			
合计						

任务2-4：津贴补贴设计

练习5：试着去收集一个单位津贴补贴的项目和标准，将其整理出来。

任务三　掌握薪资所得税计算要点

知识准备

一、计算工资个税

1. 政策要点梳理

2018年8月31日，第十三届全国人民代表大会常务委员会第五次会议通过了《关于修改〈中华人民共和国个人所得税法〉的决定》，《中华人民共和国个人所得税法》第七次修正公布。2018 年 12 月 18 日，根据《国务院关于修改〈中华人民共和国个人所得税法实施条例〉的决定》，《中华人民共和国个人所得税法实施条例》以国务院令第 707 号修订公布。下面结合上述两个文件来梳理工资个人所得税（以下简称工资个税）的政策要点。

（1）税率表

居民个人取得的综合所得包括工资、薪金所得，劳务报酬所得，稿酬所得以及特许权使用费所得四项。《中华人民共和国个人所得税法》规定综合所得采用 7 级累进税率，见表 2–12。

表 2–12　　综合所得年度税率表

级数	全年应纳税所得额	税率（%）	速算扣除数
1	不超过36 000 元	3	0
2	超过36 000 元至144 000 元的部分	10	2 520
3	超过14 400 元至300 000 元的部分	20	16 920
4	超过300 000 元至420 000 元的部分	25	31 920
5	超过420 000 元至660 000 元的部分	30	52 920
6	超过660 000 元至960 000 元的部分	35	85 920
7	超过960 000 元的部分	45	181 920

注：本表中所称全年应纳税所得额是指居民每一纳税年度的综合所得收入额减除费用 6 万元以及专项扣除、专项附加扣除和依法确定的其他扣除后的余额。

（2）个人所得税专项附加扣除

2018 年 12 月 13 日，国务院发布《个人所得税专项附加扣除暂行办法》（国发〔2018〕41 号）。表 2–13 整理了个人所得税专项附加扣除的政策要点。

表 2–13　　个人所得税专项附加扣除政策要点

扣除项目	适用范围	扣除标准	扣除条件	备注
子女教育	年满 3 岁至小学入学前学前教育阶段和全日制学历教育的相关支出	每个子女每月 1 000 元	父母分别按扣除标准的 50% 扣除，或经父母约定选择由其中一方按扣除标准的 100% 扣除	子女在公办、民办或境外学校接受教育都可享受扣除

续表

扣除项目	适用范围	扣除标准	扣除条件	备注
继续教育	学历（学位）继续教育的支出	选择本人扣除，每月 400 元定额扣除；选择父母扣除，每月 1 000 元	选择本人按继续教育扣除或选择父母按子女教育支出扣除	同一学历（学位）继续教育扣除期限不超过 48 个月
	职业资格继续教育的支出	取证年度每年 3 600 元	选择本人扣除	取得国家职业资格证书的当年
大病医疗	一个纳税年度内，扣除医保报销后个人负担累计超过 15 000 元的部分	在 80 000 元标准限额内据实扣除	可选择由本人或配偶扣除，未成年子女可由父母一方扣除	办理汇算清缴时扣除
房贷利息	首套房贷利息支出	每月 1 000 元	经夫妻双方约定，可选择由其中一方扣除。婚前分别购买首套贷款住房，婚后夫妻双方只能选择其中一套扣除	发生房贷利息的年度，扣除期限不超过 240 个月。只能享受中国境内住房的一次首套住房贷款利息的扣除
住房租金	直辖市、省会（首府）城市、计划单列市以及国务院确定的其他城市	每月 1 500 元	同一城市由夫妻双方一方扣除；非同一城市由夫妻双方各自扣除	住房租金和房贷利息专项扣除只能享受一项
	辖区户籍人口超过 100 万的城市	每月 1 100 元		
	辖区户籍人口不超过 100 万的城市	每月 800 元		
赡养老人	独生子女	每月 2 000 元	赡养年满 60 岁的父母以及子女已去世的年满 60 岁的祖父母、外祖父母	按照标准限额据实扣除
	非独生子女	与兄弟姐妹分摊扣除，每人每月不超过 1 000 元		

（3）工资个税计算方法

职工工资薪金属于综合所得的一部分，按年计算个人所得税，由扣缴义务人（所在单位）按月预扣预缴税款，并在次年 3 月 1 日至 6 月 30 日内办理汇算清缴。

职工工资薪金的每月应纳税所得额按如下公式计算：

本月应纳税所得额=应发工资-专项扣除-专项附加扣除-5 000

以上公式中的专项扣除，包括职工个人按照国家规定的范围和标准缴纳的基本养老保险、基本医疗保险、失业保险等社会保险费和住房公积金等。

职工工资薪金每月预扣预缴的个人所得税按如下公式计算：

本月预扣预缴个税=本月累计应纳税所得额×税率-速算扣除数-累计已扣缴税额

以上公式体现了本次个人所得税改革"按年度计算、每月预扣预缴、次年统算多退少补"的设计思想。其中，本月累计应纳税所得额，包括职工个人本月应纳税所得额加上本年度内本月以前的应纳税所得额。例如，某职工 2019 年度 3 月的累计应纳税所得额即为该职工 2019 年度 3 月的应纳税所得额加上 1 月、2 月的应纳税所得额之和。

2. 例题解析

例 16：张三 2019 年 1 月工资为 30 000 元，所有扣除项（专项扣除与专项附加扣除）合计 3 000 元，求张三 2019 年 1 月预扣预缴个税。

解：1 月预扣预缴个税

=（30 000-3 000-5 000）×3%-0

=22 000×3%

=660（元）

说明：张三 2019 年 1 月的工资扣减扣除项及 5 000 元之后的收入是 22 000 元，从表 2-11 中查得适用税率为 3%。

例 17：张三 2019 年 2 月工资为 32 000 元，所有扣除项（专项扣除与专项附加扣除）合计 4 000 元，求张三 2019 年 2 月预扣预缴个税。

解：2 月累计预扣预缴个税

=（32 000-4 000-5 000+22 000）×10%-2 520

=45 000×10%-2 520

=1 980（元）

2 月应预扣预缴个税=本月累计-上月累计

=1 980-660=1 320（元）

例 18：张三 2019 年 3 月工资为 35 000 元，所有扣除项（专项扣除与专项附加扣除）合计 6 000 元，求张三 2019 年 3 月预扣预缴个税。

解：3 月累计预扣预缴税额

=（35 000-6 000-5 000+45 000）×10%-2 520

=69 000×10%−2 520

=4 380（元）

3 月应预扣预缴个税=本月累计−上月累计

=4 380−1 980=2 400=2 400（元）

3. 利用 Excel 软件批量计算工资个税

在工资计发实务中，为提高工作效率，薪酬专员需要批量处理员工的工资个税。下面介绍如何利用 Excel 软件批量计算工资个税。

（1）工资表调整

将工资表原个税列变为 3 列，分别是累计应缴预缴所得额、累计税额、本月应扣缴额（见图 2-1）。

	A	B	C	D	E	F	G
1	姓名	本月工资合计	本月扣除项合计	累计应缴预缴所得额	累计税额	本月应扣缴额	
2	张三	30000	3000	22000	660	660	
3	李四	6000	2000	-1000	0	0	
4	王五	15000	3000	7000	210	210	
5							
6							
7							
8							

图 2-1　工资表调整

（2）公式设置

1）将 1 月工资表公式设置（见图 2-2）为：

D2（累计应缴预缴所得额）= B2−C2−5000

E2（本月累计税额）

= ROUND（MAX（0，D2 * {3；10；20；25；30；35；45}% − {0；2520；16920；31920；52920；85920；181920}），2）

F2（本月应扣缴额）= E2

2）将 2 月工资表公式设置（见图 2-3）为：

D2（累计应缴预缴所得额）

=B2−5000−C2+IFERROR（VLOOKUP（A2，'1 月工资表'！A：D，4，0），0）

注：使用 VLOOKUP 查找上月累计应扣应缴所得额。

E2（本月累计税额）

= ROUND（MAX（0，D2 * {3；10；20；25；30；35；45}% − {0；2520；

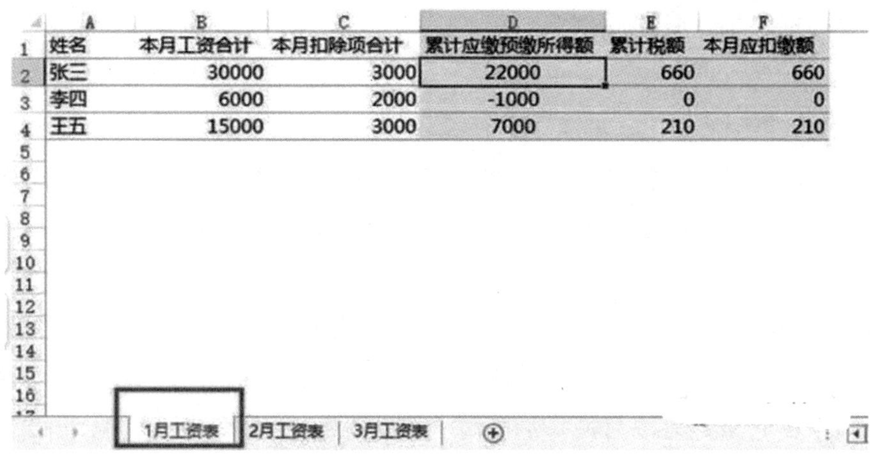

	A	B	C	D	E	F
1	姓名	本月工资合计	本月扣除项合计	累计应缴预缴所得额	累计税额	本月应扣缴额
2	张三	30000	3000	22000	660	660
3	李四	6000	2000	-1000	0	0
4	王五	15000	3000	7000	210	210

1月工资表　2月工资表　3月工资表

图 2-2　公式设置 1

16920；31920；52920；85920；181920｝），2）

F2（本月应扣缴额）

=E2-IFERROR（VLOOKUP（A2，'1 月工资表'！A：F，5，false），0）

注：本月应扣缴额=本月累计应扣应缴个税-上月累计数。

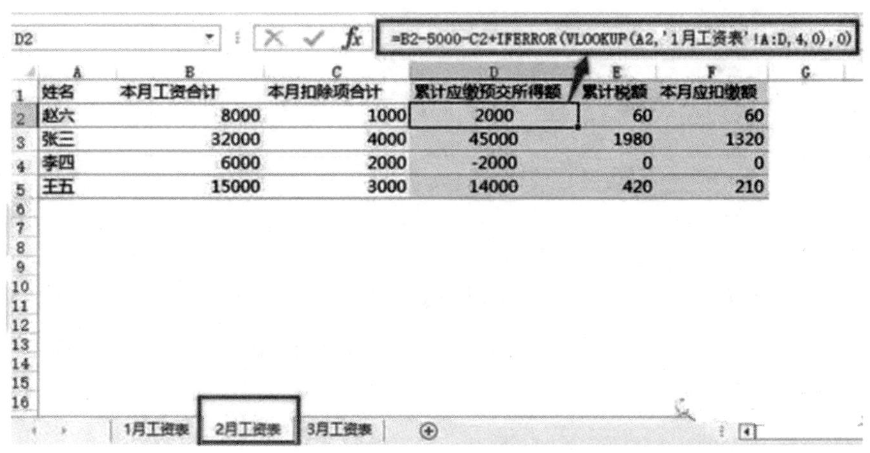

D2　=B2-5000-C2+IFERROR(VLOOKUP(A2,'1月工资表'!A:D,4,0),0)

	A	B	C	D	E	F
1	姓名	本月工资合计	本月扣除项合计	累计应缴预交所得额	累计税额	本月应扣缴额
2	赵六	8000	1000	2000	60	60
3	张三	32000	4000	45000	1980	1320
4	李四	6000	2000	-2000	0	0
5	王五	15000	3000	14000	420	210

1月工资表　2月工资表　3月工资表

图 2-3　公式设置 2

其他月份工资表的公式设置与 2 月一致，只需要把公式中引用的工作表改为上一月即可。例如，制作 4 月工资表，公式中的 2 月改为 3 月即可。

二、计算年终奖个税

1. 政策要点梳理

《财政部、税务总局关于个人所得税法修改后有关优惠政策衔接问题的通知》（财税〔2018〕164号）对年终奖个人所得税作了如下规定。

居民个人取得全年一次性奖金，符合《国家税务总局关于调整个人取得全年一次性奖金等计算征收个人所得税方法问题的通知》（国税发〔2005〕9号）规定的，在2021年12月31日前，不并入当年综合所得，以全年一次性奖金收入除以12个月得到的数额，按照本通知所附按月换算后的综合所得税率表（简称月度税率表，见表2-14），确定适用税率和速算扣除数，单独计算纳税。计算公式为：

应纳税额=全年一次性奖金收入×适用税率-速算扣除数

表2-14　　综合所得月度税率表

级数	全年应纳税所得额	税率（%）	速算扣除数
1	不超过3 000元	3	0
2	超过3 000元至12 000元的部分	10	210
3	超过12 000元至25 000元的部分	20	1 410
4	超过25 000元至35 000元的部分	25	2 660
5	超过35 000元至55 000元的部分	30	4 410
6	超过55 000元至80 000元的部分	35	7 160
7	超过80 000元的部分	45	15 160

居民个人取得全年一次性奖金，也可以选择并入当年综合所得计算纳税。

自2022年1月1日起，居民个人取得全年一次性奖金，应并入当年综合所得计算缴纳个人所得税。

也就是说在2019年1月至2021年12月，年终奖可以选择单独计税或年度综合所得计税中的任何一种方法计税。但是哪种计税方式对职工个人来说更合适呢？一般来说，对于多数职工，年终奖个税往往选择单独计税更实惠。但对于低收入群体（如其全年6万元个税免征额未使用完的）则选择年度综合所得计税更实惠。

2. 年终奖税收盲区

有人说年终奖有时候会出现“多发一块钱，少得几千元”的情况，这种情况被称为年终奖税收陷阱或年终奖盲区。那么年终奖税收盲区是怎么造成的呢？

假设年终奖 36 000 元，则适用税率 3%，速算扣除数 0，年终奖个税 1 080 元。那么当年终奖为 36 001 元时，则适用税率 10%，速算扣除数 210，年终奖个税 3 498.1 元。这样算下来，年终奖多发一元，多缴了 2 418.1 元个税，使得拿到手的年终奖少了 2 418.1 元。

经测算，当年终奖落在区间（36 000 元，38 566.67 元）时，实发奖金会低于 36 000 元的实发奖金数，该区间被称为“年终奖盲区”。这样的盲区一共有以下 6 个：

（36 000 元，38 566.67 元）

（144 000 元，160 500 元）

（300 000 元，318 333.33 元）

（420 000 元，447 500 元）

（660 000 元，706 538.46 元）

（960 000 元，1 120 000 元）

在实践中，为了合理避开年终奖六大税收盲区，企业也可以采取一些策略。

（1）人为避开盲区。应发年终奖金在盲区内的，将应发年终奖金控制在区间的左端，如 36 000 元、144 000 元、300 000 元、420 000 元、660 000 元、960 000 元。多出的额度可直接分配给别人，或让别人代收，这样可以最快拿到年终奖。

（2）把应发奖金拆成两部分，一部分按年终奖单独计税，另一部分并入当月工资合并计税。

（3）把应发奖金拆成多个部分，一部分按年终奖单独计税，其余部分并入当年其他月份工资合并计税。

3. 例题解析

例 19：假设 2019 年 1 月 15 日，某职工领到了 2018 年的全年一次性奖金 30 000 元（税前）。如不并入全年综合所得，请问该笔年终奖应缴纳多少个人所得税？税后奖金为多少？

解：①以 30 000÷12=2 500 元来确定适用税率和速算扣除数，根据月度税率表可知，全年一次性奖金 30 000 元的适用税率为 3%，速算扣除数为 0。

②全年一次性年终奖个税：30 000×3%-0=900（元）。

③计算税后奖金=30 000-900=29 100（元）。

例 20：某企业员工王先生，在 2019 年 1 月取得 2018 年一次性年终奖 30 000 元，当月工资 15 000 元，其中月度应税工资 10 000 元。试计算分别采用年终奖单独计税、年度综合所得计税这两种方式下王先生 2019 年 1 月应缴纳的个税。

解：选择年终奖单独计税：30 000×3%+10 000×3%＝1 200（元）

选择年度综合所得计税：（30 000+10 000）×10%−2 520＝1 480（元）

业务演练

任务：工资个税计算

练习 1：李四 2019 年 1 月、2 月、3 月的工资以及扣除（含专项扣除与专项附加扣除）见下表，试计算李四 2019 年 1 月、2 月、3 月应缴预缴的个税。

月份	应发工资（元）	社保、公积金（元）	专项附加扣除（元）	应缴预缴个税（元）	实发工资（元）
2019 年 1 月	28 000	3 065	2 000		
2019 年 2 月	25 000	3 065	2 000		
2019 年 3 月	30 000	3 065	2 000		

练习 2：登录智慧职教平台，下载“A 公司 2019 年前 3 个月工资个税计算表”Excel 文件，完成 A 公司 2019 年 1 月、2 月、3 月的工资表，包括社保和公积金缴费、个税、实发工资等项目的计算。

注：文件下载网址为 https://www.icve.com.cn/project/sourcematerial/editsourcematerial.html? docid＝7bjagsrlybcyfvcbxsdqq&PJId＝s6ytaueng65nwcw6mksxsw。

任务四　了解薪资发放流程

知识准备

一、现金发放薪资

1. 发薪前的准备工作

企业人力资源部薪酬专员完成职工各项薪资的计算后，应制作一份详尽的工资表，转给财务部，由财务部发放。

如采用现金发放，财务部一定要先把实发的职工工资总金额从银行取出来，按工资表上每个人的具体实发工资数额分配好，并与实发工资总额再核对一下，看是否吻合。另外，为了使发薪时支付给每一位员工的货币张数尽可能地少，可以提前算一下每一位职工薪金的货币面值与数额如何配置才更合理，这样也是为了避免现金发薪时出现差错。

2. 发薪

做好了上述准备工作，财务部就可以将薪资发给每一位职工了。注意一定要让职工先在工资表上签字后再领取。财务部发完工资后，要将签字的工资表传一份（复印件）给人力资源部薪酬专员，以备存档。

二、网银代发薪资

现在，多数用人单位已经选择银行网银发放薪资，这样可以省去用人单位财务人员现金发放的大量工时，薪资发放起来高效便捷。当然，银行代发薪资，为企业提供了服务，也是要收取一定的服务费的。这点与银行代收电话费、煤气、水电费、网络费、有线电视费等收取委托企业一定的服务费类似。

1. 网银代发薪资的条件

用人单位选择一家银行代发员工薪资，首先必须在该银行开立基本账户。单位在银行开立基本账户需要的资料包括：①营业执照正、副本；②组织机构代码证书副本；③税务登记证副本；④法人身份证；⑤法人委托书；⑥代办人身份证；⑦单位办公地址房产证或房屋租赁合同；⑧公章、财务章（须铜章）、法人章；⑨公司章程；⑩如果开设一般存款账户还需提供开户公函（需加盖公章、法人章）、开户许可证。

2. 网银代发薪资的流程

用人单位委托商业银行代发工资，应当支付一定的手续费。企业开通对公网银的代发薪业务，和银行签订代发薪协议。

各个商业银行都有自己专门的代发工资软件，具体代发流程操作可咨询各银行。

业务演练

任务：微信、支付宝领工资的潜在风险

随着社会的不断发展，无纸化办公早已成为企业管理的日常，如电子考勤、企业

邮箱、内部 OA 系统、钉钉移动考勤、微信、QQ 等，更有一些公司用支付宝、微信发工资，方便快捷。但对员工而言，微信、支付宝领取工资的风险也不小！

张先生在上海松江区某灯箱厂从事维修工作，刚进厂时，单位没有立刻和他签订劳动合同，约定过了试用期再签。等到两个月试用期过后，单位继续打太极，问起来就推说老板出差了。

不签劳动合同不说，张先生发现，厂里除了几个做事的工人，老板、法人、管理人员、财务等，都沾亲带故。平时工资都是给现金，没有社保，工人觉得落袋为安，也不去计较什么。工作时间为早 8 点到晚 8 点，做六休一，虽然很辛苦，但是他觉得别人都不"计较"，自己还是别主动去当出头鸟。

可是，由于公司不景气，8 月、9 月工资都没发，10 月初，老板告诉员工，公司要关门了，没钱发工资了，让他们回去。这时候，公司还欠张先生两个月薪水 1.2 万元，张先生催公司支付拖欠的工资，以及补缴全部社保。禁不住张先生再三追讨，老板同意发薪水，当场让他亲戚用微信转账的方式转给张先生 8 月、9 月工资。

过了几天，张先生去问社保的事，却发现厂房的顶棚拆掉了一半，在里面办公的老板、财务也都不知去向。"这难道是要跑路？"张先生就去劳动监察大队举报，老板矢口否认认识张先生这个人。然而这份"三无"的工作，无劳动合同、无社保、无银行流水，面对监察工作人员，张先生也拿不出能证明劳动关系的证据。他想起前两天公司财务给他微信转过账的，但是仅凭一个微信头像，怎么证明这就是公司给他发的工资呢？

请根据上述案例，分析员工用微信、支付宝领工资的潜在风险，以及如果企业采取微信、支付宝方式发放工资时员工应采取哪些措施来规避风险？

任务五　制作薪酬业务表单

知识准备

一、薪酬业务档案一览表

企业薪酬管理业务档案目前并没有统一的规定。我们通过对一些用人单位的薪酬专员（主管）的调研，得出了一些共同的业务档案，具体见表 2-15。

表 2-15　　薪酬业务档案一览表

序号	类型	明细
1	单位规章制度类	考勤管理办法
2		薪酬管理办法
3		绩效考核与绩效工资计算办法
4		其他与工资有关的规定
5	基础数据类	员工花名册
6		人员异动表（入、离、调）
7		员工工资标准表
8		考勤表
9		加班统计表（含加班审批单）
10		休假统计表
11		绩效考核结果统计表
12		社会保险和公积金缴费明细表
13		企业补充保险（企业年金、医疗保险）缴费明细表
14		企业代扣代缴费用
15		绩效工资核算表
16		奖金核算表
17		工资表
18		福利分摊表
19		部门人工成本统计表
20		单位人工成本表
21		实发工资网银申报表

二、主要薪酬业务用表样式举例

每个单位的具体情况和薪酬制度不同，因此其薪酬业务用表样式也不尽相同。表 2-16 至表 2-25 是一些基本的薪酬业务用表的样式，供参考。

表 2-16 员工花名册样式

姓名	工号	身份证号	性别	民族	入职日期	员工类别	部门	岗位	职务	兼岗	离职日期	离职原因
胡婷	10025		女	汉	2011-09-07	合同制	研发部	研发	助理研发工程师		2011-11-20	解除劳动合同
张全	10026		男	汉	2011-09-19	合同制	研发部	研发	助理研发工程师			
唐军	10027		男	汉	2011-09-19	合同制	研发部	研发	助理研发工程师			
周光	10028		男	汉	2011-10-15	合同制	研发部	研发	研发工程师			
王大龙	10029		男	汉	2011-10-22	合同制	研发部	部发	研发工程师			
王忠	10030		男	汉	2011-10-23	合同制	研发部	研发	高级研发工程师			
张敏	10023		女	汉	2011-09-05	合同制	市场部	销售	业务经理			
李刚	10024		男	汉	2011-09-07	合同制	市场部	销售	销售代表			
李三	10001		男	汉	2005-03-01	正式	办公室	管理	总经理			
李四	10002		男	汉	2008-07-01	正式	研发部	研发	技术专家			
王五	10003		男	汉	2008-07-01	正式	市场部	销售	大区经理		2011-06-14	终止劳动合同
赵六	10004		男	汉	2008-07-01	正式	市场部	销售	销售主管		2011-03-02	终止劳动合同
钱七	10005		男	汉	2008-07-01	正式	研发部	研发	技术专家	工会主席	2011-03-03	退休
孙八	10006		男	汉	2011-01-20	正式	财务部	财务	会计			
李九	10007		男	汉	2011-03-01	正式	市场部	销售	销售代表			
张伟	10008		男	汉	2011-03-15	正式	市场部	销售	销售代表			
王伟	10009		男	汉	2011-03-15	正式	市场部	销售	销售代表		2011-09-14	终止劳动合同
王芳	10010		女	汉	2011-03-15	正式	市场部	销售	销售代表		2011-09-14	解除劳动合同
王秀英	10011		女	蒙古	2011-04-08	正式	市场部	销售	业务经理		2011-09-14	解除劳动合同
李娜	10012		女	汉	2011-07-13	正式	市场部	销售	销售代表			

表 2-17 人员异动表样式

序号	本月新进人员			本月调出人员			本月离职人员		
	姓名	身份证号	备注	姓名	身份证号	备注	姓名	身份证号	备注

表 2-18

考勤表

______班组　　　　年　月

序号	姓名	1	2	3	4	5	6	7	8	9	10	11	12	13	14	15	16	17	18	19	20	21	22	23	24	25	26	27	28	29	30	31	加班	应出勤	实出勤	其他
1	裴世群																																			
2	杨付珍																																			
3	张亚丽																																			
4	郭凤利																																			
5	刘英																																			
6	贾仁桂																																			
7	刘元珍																																			
8	陈良春																																			
9	历惠																																			
10	严奉英																																			
11	余利平																																			
12	熊平华																																			
13	李德莲																																			
14	蒋丽平																																			
15	穆本建																																			

符号：①出勤/　②中班 a　③夜班 b　④旷工 0　⑤迟到∅　⑥早退⦸　⑦事假×　⑧病假⊗　⑨工伤+　⑩婚丧假<　⑪产假⊙　⑫加班//

表 2-19　　加班/调休申请表

<table>
<tr><td colspan="3">项目/公司部门名称：</td><td>员工姓名：</td><td>部门/职位：</td></tr>
<tr><td colspan="3">申请人：</td><td colspan="2">加班事由：</td></tr>
<tr><td colspan="5">加班时间：____年____月____日____时至____年____月____日____时</td></tr>
<tr><td colspan="2">部门经理审批</td><td colspan="3">年　月　日</td></tr>
<tr><td rowspan="2">项目</td><td>行政人事部</td><td colspan="3">□核算调休：____小时
□核算加班费：____小时计入____年____月工资
年　月　日</td></tr>
<tr><td>项目经理</td><td colspan="3">年　月　日</td></tr>
<tr><td>公司</td><td colspan="2">专业经理
年　月　日</td><td colspan="2">行政人事经理
年　月　日</td></tr>
</table>

调休时填写：申请人：____________　日期：__________

使用：____年____月____日____时至____年____月____日____时　剩余：____小时

部门经理：____________　项目经理：____________　行政人事经理：____________

表 2-20　　调班申请表

<table>
<tr><td>项目/公司部门名称</td><td colspan="3"></td></tr>
<tr><td>申请人</td><td></td><td>调换人</td><td></td></tr>
<tr><td>日期/班次</td><td></td><td>日期/班次</td><td></td></tr>
<tr><td colspan="4">调班事由</td></tr>
<tr><td>部门经理审批</td><td></td><td>日期</td><td></td></tr>
<tr><td>行政人事部审批</td><td></td><td>日期</td><td></td></tr>
<tr><td>项目经理审批</td><td></td><td>日期</td><td></td></tr>
<tr><td>公司行政人事经理审批</td><td></td><td>日期</td><td></td></tr>
</table>

表 2-21 工资标准库

工号	姓名	性别	部门	岗位级别	基本工资标准	岗位工资标准	工龄工资标准	住房补贴标准	交通补贴标准	电话补助标准	绩效工资标准
0001	员工 A	男	办公室	1 级							
0002	员工 B	男	办公室	5 级							
0013	员工 C	男	财务部	6 级							
0014	员工 D	女	财务部	5 级							
0015	员工 E	男	财务部	6 级							
0037	员工 F	男	生产部	2 级							
0038	员工 G	男	生产部	1 级							
0039	员工 H	女	生产部	2 级							
0040	员工 I	女	生产部	4 级							
0041	员工 J	女	生产部	6 级							
0042	员工 K	男	销售部	2 级							
0043	员工 L	男	销售部	3 级							
0044	员工 M	男	销售部	4 级							
0045	员工 N	男	销售部	2 级							
0046	员工 O	女	销售部	5 级							

表 2-22 养老、失业、工伤保险明细表

序号	姓名	身份证号	身份	入职日期	第一个月工资	转移单基数	缴费基数	企业缴费金额				个人缴费金额			合计	备注
								养老	失业	工伤	小计	养老	失业	小计		
1			本市城镇													
2			本市城镇													
3			本市城镇													
4			本市城镇													
5			本市城镇													
6			本市城镇													
7			本市城镇													
8			本市城镇													
9			本市城镇													
10			本市城镇													
11			本市城镇													
12			本市城镇													
13			本市城镇													
本页合计																

表 2-23 医疗、生育保险明细表

序号	职工编号	姓名	身份证号	身份	入职日期	第一个月工资	转移单基数	缴费基数	企业缴费金额			个人缴费金额	合计	备注
									医疗	生育	小计	医疗		
1				本市城镇										
2				本市城镇										
3				本市城镇										
4				本市城镇										
5				本市城镇										
6				本市城镇										
7				本市城镇										
8				本市城镇										
9				本市城镇										
10				本市城镇										
11				本市城镇										
12				本市城镇										
本页合计														

表 2-24 住房公积金明细表

序号	职工编号	姓名	身份证号	身份	入职日期	第一个月工资	缴费基数	企业缴费金额	个人缴费金额	合计	备注
1				本市城镇							
2				本市城镇							
3				本市城镇							
4				本市城镇							
5				本市城镇							
6				本市城镇							
7				本市城镇							
8				本市城镇							
9				本市城镇							
10				本市城镇							
11				本市城镇							
12				本市城镇							
13				本市城镇							
本页合计											

表 2-25　工资表

工号	姓名	性别	部门	岗位级别	基本工资	岗位工资	工龄工资	住房补贴	交通补贴	电话补助	绩效工资	奖金	病假扣款	事假扣款	迟到早退扣款	应发合计	住房公积金	养老保险	医疗保险	失业保险	个人所得税	代扣费用	实发合计
0001	张三	男	办公室	1 级																			
0002	李四	男	办公室	5 级																			
0013	王五	男	财务部	6 级																			
0014	赵六	女	财务部	5 级																			
0015	钱七	男	财务部	6 级																			
0037	孙八	男	生产部	2 级																			
0038	李九	男	生产部	1 级																			

业务演练

任务：收集薪酬业务表单

试着收集一个单位的薪酬业务常用表单，将其整理出来。如业务表单中有不完善的地方，请试着去修改完善。

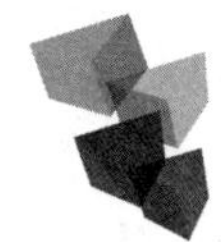

练习题

1. 工资应当以____________支付，不得以实物及有价证券替代。

2. 用人单位应将工资支付给____________。

3. 用人单位在支付工资时应向劳动者提供一份其个人的____________。

4. 工资必须在用人单位与劳动者约定的时间支付。如遇节假日或休息日，则应____________支付。工资至少____________支付一次。

5. 劳动者在法定工作时间内依法参加社会活动，用人单位应视同其提供了正常劳动而____________。

6.《劳动合同法》第二十条规定：劳动者在试用期的工资不得低于本单位相同岗位最低档工资或者____________，并不得低于用人单位所在地的____________。

7.《劳动合同法》第五十八条规定：被派遣劳动者在无工作期间，劳务派遣单位应当按照所在地____________，向其按月支付报酬。

8. 非全日制用工小时计酬标准不得低于用人单位所在地人民政府规定的____________。非全日制用工劳动报酬结算支付周期最长不得超过________日。

9. 用人单位安排劳动者延长工作时间的，支付不低于工资的________的工资报酬；休息日安排劳动者的工作又不能安排补休的，支付不低于工资的________的工资报酬；法定休假日安排劳动者工作的，应另外支付不低于工资的________的工资报酬。

10. 劳动者在规定的医疗期内由企业按有关规定支付其病假工资或疾病救济金，其标准可以低于当地最低工资标准，但不能低于____________。

11. 职工因工作遭受事故伤害或者患职业病需要暂停工作接受工伤治疗的，在停工留薪期内，原工资福利待遇不变，由____________按月支付。停工留薪期一般不超过________个月。

12.《北京市工资支付规定》第二十二条规定：劳动者在事假期间，用人单位可以

________。

13. 居民个人的综合所得，适用________至________的超额累进税率。

14. 居民个人的综合所得，每一纳税年度的个人所得税免征额为________。

15. 个人所得税的专项扣除，包括居民个人按照国家规定的范围和标准缴纳的________、________、________等社会保险费和________等。

16. 专项附加扣除，包括________、继续教育、________、________或者住房租金、________等支出。

17. 李红每月工资 4 350 元，9 月 30 日因赶着在国庆节放假前完成项目报告，加班了 2 小时，则李红应得的加班工资为（　　）。

A. 50 元　　B. 100 元　　C. 75 元　　D. 150 元

18. 李红每月工资 4 350 元，10 月 1 日至 4 日加班未安排补休，则李红应得的加班工资为（　　）。

A. 2 000 元　　B. 2 200 元　　C. 1 800 元　　D. 1 600 元

19. 李红每月工资 4 350 元，10 月 1 日至 4 日加班，后公司安排其补休了 10 月 4 日的加班，则李红应得的加班工资为（　　）。

A. 2 000 元　　B. 2 200 元　　C. 1 800 元　　D. 1 600 元

20. 李红每月工资 4 350 元，10 月 1 日至 4 日加班，后公司安排其补休了 10 月 1 日的加班，则李红应得的加班工资为（　　）。

A. 2 000 元　　B. 2 200 元　　C. 1 800 元　　D. 1 600 元

21. 李红每月工资 4 350 元，10 月 1 日至 4 日加班，后公司安排其补休了 10 月 3 日和 4 日两天的加班，则李红应得的加班工资为（　　）。

A. 2 000 元　　B. 2 200 元　　C. 1 800 元　　D. 1 600 元

22. 赵明 2019 年 1 月的应发工资为 14 350 元，专项扣除和专项附加扣除为 4 250 元，则其本月应预扣预缴的个人所得税为（　　）。

A. 303 元　　B. 153 元　　C. 198 元　　D. 330 元

23. 赵明 2019 年 1 月领取了 50 000 元的上年度年终奖，如采用单独计税，则赵明该笔年终奖应缴纳的个人所得税为（　　）。

A. 2 290 元　　B. 2 480 元　　C. 4 790 元　　D. 4 895 元

24. （判断题）我国目前实行劳动者每日工作 8 小时、每周工作 40 小时的标准工时制度。（　　）

25. （判断题）一旦劳动者工作时间超过法定最长工作时间，用人单位应支付高于劳动者正常工作时间工资的报酬。（　　）

26.（判断题）加班是指劳动者根据企业、事业、机关行政方面的命令和要求，在法定节日和公休假日内进行工作。（　　）

27.（判断题）用人单位在法定节假日安排劳动者加班，不得以调休代替加班费的支付。（　　）

28.（判断题）企业若采用综合计算工时工作制，就无须向劳动者支付加班费了。（　　）

29.（判断题）职工扣除事假工资后的工资可以低于最低工资标准。（　　）

30. 案例分析题

阅读下面的案例，分析李女士所在公司的这种做法是否合法？为什么？

女职工产检能否作病假处理？

李女士是某公司员工，怀孕（符合计划生育规定）后因定期要到医院进行产检而经常向单位请假。前几次请假，人力资源部经理倒挺照顾她的，没说什么，她的工资也没少一分。后来，请假的次数多了，人力资源部经理找她谈话。经理认为李女士利用工作时间产检，应按照病假处理，产检当天只能发病假工资，并根据公司员工管理制度，对季度累计请假天数超过 10 天的，扣发当季度奖金。李女士为此很苦恼，产检不能不做，医院产科周末不上班，她也没办法把自己的产检时间安排在周末。可是每次产检都扣工资，眼看着预产期临近，最后一个月一周就得产检一次，那得扣多少工资啊；宝宝出生后家里就多添了一口人，得花很多钱呢！想着这些李女士感到压力很大。

拓展阅读

1.《工资支付暂行规定》

参见中华人民共和国人力资源和社会保障部官方网站。

2.《北京市工资支付规定》（根据 2007 年 11 月 23 日北京市人民政府第 200 号令修改）

3.《中华人民共和国个人所得税法》

参见国家税务总局官方网站。

4.《中华人民共和国个人所得税法实施条例》

参见国家税务总局官方网站。

5.《个人所得税专项附加扣除暂行办法》

参见中华人民共和国中央人民政府网站。

6. 我国历次个税改革

参见智慧职教平台：

http://www.icve.com.cn/project/sourcematerial/editsourcematerial.html? docid = jcpcafpz6vk1bp7poyjuw&PJId=s6ytaueng65nwcw6mksxsw

7. 个税改革，你的钱袋子将发生哪些改变？

参见智慧职教平台：

http://www.icve.com.cn/project/sourcematerial/editsourcematerial.html? docid = 7jldafpxjvj6icstl8dwq&PJId=s6ytaueng65nwcw6mksxsw

8. 个税专项附加扣除

参见智慧职教平台：

http://www.icve.com.cn/project/sourcematerial/editsourcematerial.html? docid = 7jldafpxjvj6icstl8dwq&PJId=s6ytaueng65nwcw6mksxsw

项目三

企业人工成本管控

【项目说明】

本项目主要对企业人工成本的概念、企业人工成本的构成、政府宏观工资监督指导体系、企业人工成本分析和企业薪酬预算做了介绍，旨在让学生掌握企业人工成本统计分析与管理控制方面的知识与技能。本项目内容逻辑结构图示如下：

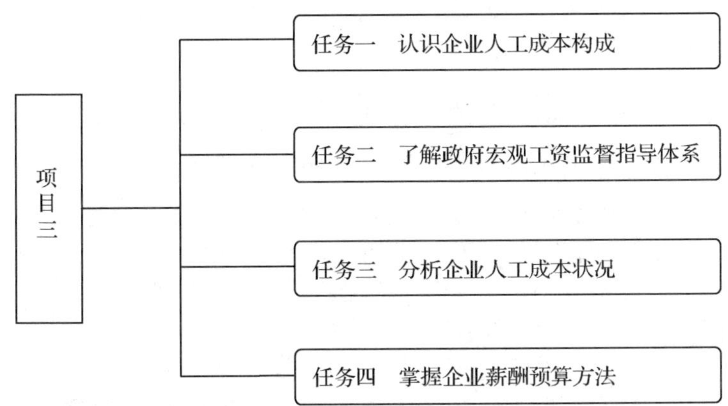

【项目导入】

一、主题案例

“薪酬预算”——人工成本控制的“杀手锏”

M公司经历十几年艰辛创业和发展，已成长为一家集技术投融资、项目建设和项目托管于一体的综合性专业环境工程公司。凭借雄厚的技术力量，公司拥有多项国家重点环境保护实用技术示范工程，并在印制线路板、废水治理、电镀废水治理、印染废水处理、食品等高浓度有机废水处理和生活污水处理等领域形成了一套成熟、稳定的处理工艺。M公司的人员也由最初的十多人发展到现在的三百多人。由于2002年以后公司发展速度很快，部门逐渐增加，组织架构也处于经常的调整之中，投资公司、子公司、独立托管项目部也在短短的几年中相继成立和运营。

在企业快速成长过程中，M公司的老板很困惑：成立一个投资公司或子公司或项目部，各负责人就会说人不够，逼着我签字招人，而且人总是不够。负责人力资源的经理也拿不出很好的建议，能压就压，压不住就逼到我这里来了。财务中心在年底利润核算时看不到预期利润。企业内部出现了营销中心“签单很热闹”，财务中心“资金运营紧张”，人力资源部“工资成本逐年水涨船高”，员工抱怨“收入偏低”等现象。下属和管理人员抱怨“老板真小气，销售额越来越高，怎么发的工资没见涨多少?”财务部门也抱怨“管理费用太高，能发的工资就这么多，人力资源部怎么不控制人员?”人力资源部更是觉得冤枉“老板要扩展业务，我能不花钱招人进来吗?再说平均工资涨的很少啊?”

资料来源：“薪酬预算”——人工成本控制的“杀手锏”，https://www.jianshu.com/p/954667fbcd2c。

以上情景或许在许多企业都很常见。那么到底人工成本包括哪些项目呢?可以采用哪些指标来分析企业人工成本状况呢?怎么判断企业人工成本状况合适与否呢?企业又应该如何控制人工成本呢?

带着上述问题，请你开始第三个项目的学习。

二、学习目标

1. 了解人工成本概念，掌握我国企业人工成本的七个组成部分。
2. 了解我国政府宏观工资监督指导体系。
3. 掌握企业人工成本分析指标。
4. 掌握企业薪酬预算方法和薪酬预算程序。

任务一　认识企业人工成本构成

知识准备

一、企业人工成本的概念

企业人工成本也称人事费用，是指企业在生产经营活动中用于支付给员工的全部费用，包括直接和间接费用。国际劳工组织1966年对人工成本的定义为：人工成本是指雇主因雇用劳动力而发生的一切费用。它包括：

（1）对已完成工作的报酬；

（2）对有关未工作而有报酬的时间、红利和赏金；

（3）食品、饮料费用的支付以及其他实物支付；

（4）雇主负担的工人住房费用；

（5）为雇员支付的社会保险费用；

（6）职工技术培训费用；

（7）福利服务和其他费用（如工人的上下班交通费、工作服费和招工费用）。

二、国外企业人工成本构成

以日本为例，其人工成本费用（日本称为人事费用）包括：

（1）工资（对工厂劳动者的给予）；

（2）薪俸（对职员的给予）及杂项（对临时工、计时雇用劳动者的给予）；

（3）加给（加班津贴、生产奖金、特殊作业加给、不休假津贴等）；

（4）从业人员奖金、津贴（职员、工厂劳动者奖金，临时给予家属津贴、住房津贴、交通津贴、全勤奖）；

（5）法定福利费（法律规定的公司为职工负担的劳动保险部分）；

（6）福利设施费（有关学校、宿舍、医院等的营运费用）；

（7）实物给予（制服、供膳等实物）；

（8）从业人员招募费、训练费；

（9）退休金；

（10）担任实际业务的董事和监事的薪俸。

国外企业人工费用总额与规定工作时间内工资的比例大约是1.7倍左右。一般来说，企业人员规模越大，人工费用总额与规定工作时间内工资的比例相对越高（见表3-1）。

表3-1　　企业人工费用总额与规定工作时间内工资的比例

企业规模	人工费用总额/规定工作时间内工资
5 000人以上	1.9倍
1 000～4 999人	1.8倍
300～999人	1.7倍
100～299人	1.6倍
30～99人	1.5倍

三、我国企业人工成本构成

企业人工成本是指企业在生产、经营和提供劳务活动中所发生的各项直接和间接人工费用的总和，其范围包括从业人员劳动报酬、社会保险费用、福利费用、教育经费、劳动保护费用、住房费用和其他人工费用七大项目。

1. 从业人员劳动报酬（含不在岗职工生活费）

从业人员的劳动报酬包括以下五个部分：

（1）在岗职工工资总额，包括基本工资、绩效工资、计件工资、奖金、津贴补贴等；

（2）聘用和留用的离退休人员的劳动报酬；

（3）人事档案关系保留在原单位人员的劳动报酬；

（4）外籍及港澳台方人员劳动报酬；

（5）不在岗职工生活费，即企业支付给已经离开本人生产或工作岗位，但其劳动关系仍保留在本企业的劳动者的生活费用。

2. 社会保险费用

社会保险费用包括以下三个部分：

（1）企业按照法律规定，按照社会保险缴费基数和缴费比例足额为员工缴纳的基本社会保险费用，即基本养老保险、基本医疗保险、失业保险、工伤保险和生育保险费用；

（2）企业为员工支付的补充养老保险或储蓄性养老保险；

（3）企业支付给离退休人员的其他养老保险费用。

3. 福利费用

福利费用是指企业在工资以外实际支付给员工个人以及用于集体的福利费的总称，主要包括冬季取暖补贴费、医疗卫生费、生活困难补助、集体福利设施及丧葬抚恤救济费等。

4. 教育经费

教育经费是指企业为员工学习先进技术和提高文化水平而支付的培训费用（包括为主要培训本企业员工的技工学校所支付的费用）。教育经费按照实际支出数统计。

5. 劳动保护费用

劳动保护费用是指企业购买的员工实际享用的劳动保护用品、清凉饮料和保健用品等费用支出。劳动保护费用按照实际支出费用统计。

6. 住房费用

住房费用是指企业为改善本单位员工的居住条件而支付的所有费用，包括以下两个部分：

（1）企业实际为员工支付的住房补贴；

（2）企业根据法律规定，按照住房公积金缴费基数和缴费比例足额为员工缴纳的住房公积金。

7. 其他人工费用

其他人工费用是指不包括在以上各项费用中的其他人工成本项目，如工会经费，企业因招聘而产生的差旅费、招聘渠道支出等招聘费用，解聘、辞退费用等。工会经费主要用于为职工服务和工会活动。

四、《企业所得税法实施条例》涉及人工成本扣除的条款

《中华人民共和国企业所得税法实施条例》（2019 年修订）（以下简称《企业所得税法实施条例》）第三十三条规定：企业所得税法第八条所称其他支出，是指除成本、费用、税金、损失外，企业在生产经营活动中发生的与生产经营活动有关的、合理的支出。

《企业所得税法实施条例》第三十四条规定：企业发生的合理的工资薪金支出，准予扣除。前款所称工资薪金，是指企业每一纳税年度支付给在本企业任职或者受雇的

员工的所有现金形式或者非现金形式的劳动报酬，包括基本工资、奖金、津贴、补贴、年终加薪、加班工资，以及与员工任职或者受雇有关的其他支出。

《企业所得税法实施条例》第三十五条规定：企业依照国务院有关主管部门或者省级人民政府规定的范围和标准为职工缴纳的基本养老保险费、基本医疗保险费、失业保险费、工伤保险费、生育保险费等基本社会保险费和住房公积金，准予扣除。企业为投资者或者职工支付的补充养老保险费、补充医疗保险费，在国务院财政、税务主管部门规定的范围和标准内，准予扣除。

《企业所得税法实施条例》第三十六条规定：除企业依照国家有关规定为特殊工种职工支付的人身安全保险费和国务院财政、税务主管部门规定可以扣除的其他商业保险费外，企业为投资者或者职工支付的商业保险费，不得扣除。

《企业所得税法实施条例》第四十条规定：企业发生的合理的职工福利费支出，不超过工资薪金总额14%的部分，准予扣除。

《企业所得税法实施条例》第四十一条规定：企业拨缴的工会经费，不超过工资薪金总额2%的部分，准予扣除。

《企业所得税法实施条例》第四十二条规定：除国务院财政、税务主管部门另有规定外，企业发生的职工教育经费支出，不超过工资薪金总额2.5%的部分，准予扣除；超过部分，准予在以后纳税年度结转扣除。

《企业所得税法实施条例》第四十八条规定：企业发生的合理的劳动保护支出，准予扣除。

业务演练

任务：职工个人人工成本核算

以下是某企业年度人工成本统计明细表模板，表中的五险一金均为单位承担金额。请你根据小张的薪酬福利数据，核算他个人的人工成本，填写在表格的空白处。

单位：元

姓名	工号	应发工资	项目奖金	薪资小计	养老保险	医疗保险	失业保险	工伤保险	生育保险	住房公积金	附加成本小计	人工成本合计
小张	10 025	57 082	500		9 600	4 800	480	192	384	3 600		

任务二　了解政府宏观工资监督指导体系

知识准备

一、最低工资标准

1. 最低工资的定义及内容

（1）最低工资的定义

最低工资就是工人维持生存和延续后代费用的价格。其构成包括：维持工人自身生存所必需的生活资料费用，延续工人后代所必需的生活费用，一定的教育和训练费用。

2004年发布的《最低工资规定》适用于在中华人民共和国境内的企业、民办非企业单位、有雇工的个体工商户（以下统称用人单位）和与之形成劳动关系的劳动者。国家机关、事业单位、社会团体和与之建立劳动合同关系的劳动者，依照本规定执行。

《最低工资规定》规定：本规定所称最低工资标准，是指劳动者在法定工作时间或依法签订的劳动合同约定的工作时间内提供了正常劳动的前提下，用人单位依法应支付的最低劳动报酬。

最低工资标准是国家为了保护劳动者的基本生活，在劳动者提供正常劳动的情况下，强制规定用人单位必须支付给劳动者的最低工资报酬。《劳动法》第四十八条规定：国家实行最低工资保障制度。用人单位支付劳动者的工资不得低于当地最低工资标准。

所称正常劳动，是指劳动者按依法签订的劳动合同约定，在法定工作时间或劳动合同约定的工作时间内从事的劳动。劳动者依法享受带薪年休假、探亲假、婚丧假、生育（产）假、节育手术假等国家规定的假期间，以及法定工作时间内依法参加社会活动期间，视为提供了正常劳动。

1995年发布的《国务院关于修改〈国务院关于职工工作时间的规定〉的决定》（国务院令第174号）规定：法定工作时间应为“职工每日工作8小时，每周工作40小时”；在特殊条件下从事劳动和有特殊情况，需要适当缩短工作时间的，按照国家有关规定执行；因工作性质或者生产特点的限制，不能实行每日工作8小时、每周工作40小时标准工时制度的，按照国家有关规定，可以实行其他工作和休息办法。

（2）最低工资规定的内容

最低工资应包括哪些收入项目尚无详细明文规定，但《关于实施最低工资保障制度的通知》曾明确规定，下列各项不作为最低工资的组成部分：

1）加班加点工资；

2）中班、夜班、高温、低温、井下、有毒有害等特殊工作环境、条件下的津贴；

3）国家法律和政策规定的劳动者保险、福利待遇；

4）用人单位通过贴补伙食、住房等支付给劳动者的非货币性收入。

《关于贯彻执行〈中华人民共和国劳动法〉若干问题的意见》（劳部发〔1995〕309号）第54条指出，“以货币形式支付的住房和用人单位支付的伙食补贴”也不包括在最低工资之内。

《最低工资规定》中将下列收入排除在最低工资组成之外：

1）延长工作时间工资；

2）中班、夜班、高温、低温、井下、有毒有害等特殊工作环境、条件下的津贴；

3）法律、法规和国家规定的劳动者福利待遇等。

实行计件工资或提成工资等工资形式的用人单位，在科学合理的劳动定额基础上，其支付劳动者的工资不得低于相应的最低工资标准。

劳动者由于本人原因造成在法定工作时间内或依法签订的劳动合同约定的工作时间内未提供正常劳动的，不适用于上述规定。

2. 最低工资标准的形式

最低工资标准一般采取月最低工资标准和小时最低工资标准两种形式。月最低工资标准适用于全日制就业劳动者，小时最低工资标准适用于非全日制就业劳动者。

确定和调整月最低工资标准，应参考当地就业者及其赡养人口的最低生活费用水平、城镇居民消费价格指数、职工平均工资水平、经济发展水平、就业状况、职工个人缴纳社会保险费等因素。

确定和调整小时最低工资标准，应在颁布的月最低工资标准的基础上，考虑单位应缴纳的基本养老保险费和基本医疗保险费因素，同时还应适当考虑非全日制劳动者在工作稳定性、劳动条件和劳动强度、福利等方面与全日制就业人员之间的差异。

我国各省、自治区、直辖市人民政府均正式颁布实施了当地的最低工资标准。

相关链接 3-1

最低工资标准测算方法

一、确定最低工资标准应考虑的因素

确定最低工资标准一般考虑城镇居民生活费用支出、职工个人缴纳社会保险费、住房公积金、职工平均工资、失业率、经济发展水平等因素。可用公式表示为：

$$M=f(C、S、A、U、E、a)$$

M——最低工资标准；

C——城镇居民人均生活费用；

S——职工个人缴纳社会保险费、住房公积金；

A——职工平均工资；

U——失业率；

E——经济发展水平；

a——调整因素。

二、确定最低工资标准的通用方法

1. 比重法与恩格尔系数法

（1）比重法即根据城镇居民家计调查资料，确定一定比例的最低人均收入户为贫困户，统计出贫困户的人均生活费用支出水平，乘以每一就业者的赡养系数，再加上一个调整数。

（2）恩格尔系数法即根据国家营养学会提供的年度标准食物谱及标准食物摄取量，结合标准食物的市场价格，计算出最低食物支出标准，除以恩格尔系数，得出最低生活费用标准，再乘以每一就业者的赡养系数，再加上一个调整数。

使用以上方法计算出月最低工资标准后，再考虑职工个人缴纳社会保险费、住房公积金、职工平均工资水平、社会救济金和失业保险金标准、就业状况、经济发展水平等因素，进行必要的修正。

2. 举例

某地区最低收入组人均每月生活费支出为 210 元，每一就业者赡养系数为 1.87，最低食物费用为 127 元，恩格尔系数为 0.604，平均工资为 900 元。

（1）按比重法计算得出该地区月最低工资标准为：

$$\text{月最低工资标准}=210\times1.87+a=393+a\ （元） \quad (1)$$

（2）按恩格尔系数法计算得出该地区月最低工资标准为：

月最低工资标准 $=127\div0.604\times1.87+a=393+a$ （元） （2）

公式（1）与（2）中 a 的调整因素主要考虑当地个人缴纳养老、失业、医疗保险费和住房公积金等费用。

另外，按照国际上一般月最低工资标准相当于月平均工资的 40%~60%，则该地区月最低工资标准范围应在 360~540 元。

小时最低工资标准=［（月最低工资标准÷21.75①÷8）×（1+单位应当缴纳的基本养老保险费、基本医疗保险费比例之和）］×（1+浮动系数）

浮动系数的确定主要考虑非全日制就业劳动者工作稳定性、劳动条件和劳动强度、福利等方面与全日制就业人员之间的差异。

各地可参照以上测算办法，根据当地实际情况合理确定月、小时最低工资标准。

资料来源：《最低工资规定》，2004 年劳动保障部令第 21 号公布。

3. 最低工资的确定和调整

最低工资标准的确定和调整方案，由省、自治区、直辖市人民政府劳动保障行政部门会同同级工会、企业联合会/企业家协会研究拟订，并将拟订的方案报送人力资源社会保障部。方案内容包括最低工资确定和调整的依据、适用范围、拟订标准和说明。人力资源社会保障部在收到拟订方案后，应征求全国总工会、中国企业联合会企业家协会的意见。

人力资源社会保障部对方案可以提出修订意见，若在方案收到后 14 日内未提出修订意见的，视为同意。

省、自治区、直辖市劳动保障行政部门应将本地区最低工资标准方案报省、自治区、直辖市人民政府批准，并在批准后 7 日内在当地政府公报上和至少一种全地区性报纸上发布。省、自治区、直辖市劳动保障行政部门应在发布后 10 日内将最低工资标准报人力资源社会保障部。

最低工资标准发布实施后，如《最低工资规定》第六条所规定的相关因素发生变化，应当适时调整。最低工资标准每两年至少调整一次。用人单位应在最低工资标准发布后 10 日内将该标准向本单位全体劳动者公示。

4. 监督检查和违反最低工资规定的处理

县级以上地方人民政府和各级劳动保障行政部门要依法加强对《最低工资规定》执行情况的监督检查，对用人单位违反《最低工资规定》的行为，要及时纠正并依法处理。

---

① 自 2008 年 1 月 1 日起由 20.92 天调整为 21.75 天。

各级工会组织依法对《最低工资规定》执行情况进行监督，发现用人单位支付劳动者工资违反该规定的，有权要求当地劳动保障行政部门处理。

用人单位违反规定不予公布最低工资标准的，由劳动保障行政部门责令其限期改正；违反规定不按最低工资标准支付工资的，由劳动保障行政部门责令其限期补发所欠劳动者工资，并可责令其按所欠工资的1~5倍支付劳动者赔偿金。

劳动者与用人单位之间就执行最低工资标准发生争议，按劳动争议处理有关规定处理。

5. 最低工资的支付

关于最低工资的支付，《关于贯彻执行〈中华人民共和国劳动法〉若干问题的意见》第56条规定：在劳动合同中，双方当事人约定的劳动者在未完成劳动定额或承包任务的情况下，用人单位可低于最低工资标准支付劳动者工资的条款不具有法律效力。第57条规定：劳动者与用人单位形成或建立劳动关系后，试用、熟练、见习期间，在法定工作时间内提供了正常劳动，其所在的用人单位应当支付不低于最低工资标准的工资。除此之外，第58条、第59条规定，以下两种情况可按低于最低工资标准支付劳动者工资：

（1）企业下岗待工人员，由企业依据当地政府的有关规定支付其生活费，生活费可以低于最低工资标准。

（2）职工患病或非因工负伤治疗期间，在规定的医疗期内由企业按有关规定支付其病假工资或疾病救济金，病假工资或救济金可以低于当地最低工资标准支付，但不能低于最低工资标准的80%。

二、工资指导线

1. 工资指导线的概念和作用

工资指导线是在社会主义市场经济体制下，政府宏观调控企业工资总量，调节工资分配关系，规划工资水平增长，指导企业工资分配所采用的一种制度。

工资指导线具有可操作性强、适用范围广、间接性、指导性、公开性的特点。其作为企业工资宏观调控办法的一项重要举措，发挥的重要作用主要体现在以下四个方面。

（1）为集体协商谈判和非集体协商谈判企业确定年度工资增长水平提供依据。

（2）引导企业自觉控制人工成本水平。各地区人民政府在制定和实施工资指导线过程中，通过对国内外企业人工成本水平的分析，定期发布不同行业人工成本信息依据，进而增强企业经济竞争力，保持我国人工成本优势，促进对外贸易和吸引外资。

（3）以各地区颁布的工资增长指导线为标准，测量本企业的工资水平和工资总量增长是否合适。

（4）完善国家工资宏观调控体系。工资指导线作为工资宏观调控体系的重要组成部分，它与调节过高收入的税收政策、最低工资保障政策共同发挥作用，达到实现工资收入分配的公平原则与效益原则的目的。

2. 工资指导线的制定原则

《试点地区工资指导线制度试行办法》（劳部发〔1997〕27号）规定，工资指导线的制定应遵循以下三个原则。

（1）符合国家宏观经济政策和对工资增长的总体要求，坚持“两低于”原则。

（2）结合地区、行业、企业特点，实行分级管理、分类调控的原则。

（3）实行协商原则，以劳动行政部门为主，与政府有关部门、工会、企业协会等组织共同制定。

3. 工资指导线的基本内容

（1）经济形势分析

经济形势分析主要包括：国家宏观经济形势和宏观政策简析；本地区上一年度经济增长、企业工资增长分析；本年度经济增长预测及与周边地区的比较分析。

（2）工资指导线水平和调控办法

工资指导线水平包括本年度企业货币工资水平增长上线、基准线和下线。

1）工资增长上线也可称为工资增长预警线，是政府依据宏观经济形势和社会收入分配关系分析，对工资水平较高的企业提出的工资适度增长的预警提示。一旦企业工资增长达到当地政府公布的工资增长上线，企业就应自我调整和约束，以免工资增长过快，超过本企业经济效益和劳动生产率的提高幅度，对整个社会分配秩序产生冲击。

贯彻执行《国务院关于改革国有企业工资决定机制的意见》（国发〔2018〕16号）后，不再发布预警线。

2）工资增长基准线是政府对大多数生产发展、经济效益正常的企业工资正常增长的基本要求。

3）工资增长下线是政府对经济效益下降或亏损企业工资增长的最低要求。这类企业的实际工资可以是零增长或负增长，但支付给提供正常劳动的职工的工资不得低于当地最低工资标准。

工资指导线对不同类别的企业采取不同的调控办法。

1）国有企业和国有控股企业应严格执行政府颁布的工资指导线，企业在工资指导线所规定的上线和下线区间内，围绕基准线，根据企业经济效益合理安排工资分配，各企业工资增长均不得突破指导线规定的上线。在工资指导线规定的区间内，对工资水平偏高、工资增长过快的国有垄断性行业和企业，按照国家宏观调控阶段性从紧的要求，根据有关政策，从严控制其工资增长。

2）非国有企业（城镇集体企业、外商投资企业、私营企业等）应依据工资指导线进行集体协商确定工资，尚未建立集体协商制度的企业，依据工资指导线确定工资分配，并积极建立集体协商制度。企业在生产经营正常的情况下，工资增长不应低于工资指导线所规定的基准线水平，效益好的企业可相应提高工资增长幅度。

（3）对企业的要求

各企业应根据本地区工资指导线的要求，在生产发展、效益提高的基础上合理安排职工工资分配。各企业应在政府颁布工资指导线后30日以内，依据工资指导线编制或调整年度工资总额使用计划。

国有企业工资总额使用计划报企业主管部门和当地劳动行政部门审核，非国有企业报劳动行政部门备案。所有企业都要依据工资总额使用计划填写《工资总额使用手册》，并报当地劳动行政部门审核签章。中央驻地方企业《工资总额使用手册》由主管部门审核签章或主管部门委托当地劳动行政部门审核签章。

相关链接 3-2

关于发布北京市2019年企业工资指导线有关问题的通知

（京人社劳发〔2019〕127号）

各有关委、办、局，各区人力资源和社会保障局，北京经济技术开发区人事劳动和社会保障局，各市属集团、总公司，中央在京单位及各类企业：

为加强对企业工资分配的宏观调控和指导，为各类企业和职工开展工资集体协商提供依据，健全科学的工资水平决定机制和正常增长机制，现发布我市2019年企业工资指导线，并就有关事项通知如下：

（一）根据国家关于企业工资分配政策和2019年我市经济发展预测，2019年全市企业工资指导线的基准线为8%~8.5%，企业工资指导线的下线为3.5%。

（二）企业应结合经济效益、人工成本情况，参照工资指导线、劳动力市场工资价位和行业人工成本等信息做好增资决策。

生产经营正常、经济效益增长的企业，可结合自身实际参照基准线安排本企业的工资增长水平。

效益情况与往年持平或略有下降的企业，可结合自身实际参照下线安排本企业的工资增长水平；经营亏损、职工工资发放出现困难的企业，经与工会或职工代表协商，工资可以零增长，但支付给职工的工资不得低于本市最低工资标准。

（三）各类企业应当合理确定企业内部薪酬体系，消除不合理的收入分配差距，积极开展工资集体协商，着力提高工资水平偏低、工资增长缓慢的普通职工，特别是生产一线及技术工人岗位人员工资水平。

（四）工资指导线的执行时间为本年度。

北京市人力资源和社会保障局

2019 年 8 月 16 日

注：2019 年北京市发布了两条线，与往年的三条线相比，少了一条预警线（也称上线）。预警线的主要作用是合理调控国有企业职工工资增幅。2019 年起，北京市将按照《国务院关于改革国有企业工资决定机制的意见》和《北京市人民政府关于改革国有企业工资决定机制的实施意见》规定，对北京市国有企业职工工资增幅进行调整，不再发布预警线。

资料来源：北京市人力资源和社会保障局官网。

三、劳动力市场工资指导价位制度

1. 劳动力市场工资指导价位制度的主要内容

劳动力市场工资指导价位是市场经济条件下国家对企业工资分配进行指导和间接调控的一种方式。其主要内容是：劳动保障行政部门按照国家统一规定要求，定期对各类企业中的不同职业（工种）的工资水平进行调查、分析、汇总和加工，形成各类职业（工种）的工资价位，并向社会发布，用以指导各类企业合理确定职工工资水平和工资关系，调节劳动力市场价格。

建立劳动力市场工资指导价位制度的意义是：

（1）有利于政府劳动工资管理部门转变职能，由直接的行政管理转变为充分利用劳动力市场价格信号指导企业合理进行工资分配，将市场机制引入企业内部分配，为企业合理确定工资水平和各类人员工资关系，开展工资集体协商提供重要依据。

（2）有利于促进劳动力市场形成合理的价格水平，为劳动力供求双方协商确定工资水平提供客观的市场参考标准，减少供求双方的盲目性，提高劳动者求职的成功率和劳动力市场运作的整体效率。

（3）有利于引导劳动力的合理、有序流动，调节地区、行业之间的就业结构，使劳动力价格机制与劳动力供求机制紧密结合，构建完整的劳动力市场体系。

2. 工作目标

建立劳动力市场工资指导价位的总目标是：建立以中心城市为依托，广泛覆盖各类职业（工种），国家、省（自治区）、市多层次汇总发布的劳动力市场工资指导价位制度，使之成为科学化、规范化、现代化的劳动力市场的有机组成部分。具体目标是：

（1）建立规范化的信息采集制度，保证统计调查资料的及时性、准确性。

（2）建立科学的工资指导价位制定方法，保证工资指导价位能真实反映劳动力价格，并体现政府宏观指导意图。

（3）建立现代的信息发布手段，使工资指导价位直接、及时、便捷地服务于企业和劳动者。

3. 劳动力市场工资指导价位调查和制定方法

（1）制定调查方案

调查方案包括确定调查范围、调查内容、调查方法、调查对象及设计调查表等。

1）确定调查范围和内容。调查范围包括城市行政区域内的所有城镇企业。调查内容为上一年度企业中有关职业（2 种）在岗职工全年工资收入及有关情况。随着工资指导价位制度建设工作的推进，有条件的地区，还可调查普通劳动力的小时工资率。工资收入按国家有关规定口径进行统计。

2）确定调查方法和对象。一般采取抽样调查法。根据以下要求分别确定调查行业、调查职业（工种）、调查企业和调查职工。

①调查行业：在 20 个大行业中，以农、林、牧、渔业，采掘业，制造业，电力、热力、燃气及水生产和供应业，建筑业、批发和零售业，交通运输、仓储和邮政业，住宿和餐饮业，信息传输、软件和信息技术服务业，金融业，房地产业，租赁和商务服务业 11 个行业为重点，根据本地区的产业结构进行选择，并可根据实际需要对大行业进行细化。

②调查职业（工种）：要根据当地产业结构来确定，特别注重选择通用的或市场上流动性较强的职业（工种）。职业的名称、代码要按照《中华人民共和国职业分类

大典》和《劳动力市场职业分类与代码》进行规范，保证职业分类的统一化和标准化。

③调查企业：在选定的行业中，将企业（应为生产经营正常的企业）按上年职工平均工资水平从高到低排列，采取等距抽样办法抽取企业。为保证调查结果有代表性，应覆盖各类型企业，其中非国有企业应占较大比例，具体比例各城市根据当地非国有经济发展程度确定。若个别行业调查企业经济类型有明显偏差，可适当调整。要根据当地产业结构确定调查企业在行业间的分布，具体可通过改变每一行业企业间的间距来调节各行业调查企业户数。如对本地区主导行业，可通过缩小企业间的间距增加调查企业户数。调查企业确定后，年度间应相对固定。

④调查职工：按规定的抽样方法抽取部分职工展开调查，填写企业在岗职工工资调查表（见表3-2）。

表3-2　企业在岗职工工资调查表

单位名称：　单位代码：　国民经济行业：
企业登记注册类型：　隶属单位：　在岗职工平均人数（人）：
在岗职工工资总额（元）：　联系电话：

序号	姓名	性别	年龄（岁）	工龄（年）	专业（技术）等级	工种或职业	学历	上年度工资总额（元）		本年度工资总额（元）	
									其中：奖金		其中：奖金

（2）实施调查

根据表3-2的要求，对被调查企业的在岗职工展开调查，搜集有关资料和采集有关数据。调查应在每年的第一季度完成。

（3）汇总分析、制定工资指导价位

将同一职业（工种）的全部调查职工的工资收入按照从高到低的顺序进行排列，按下列方法分别确定本职业（工种）工资指导价位的高位数、中位数和低位数。

1）高位数：工资收入数列中前5%的数据的算术平均数。

2）中位数：处于工资收入数列中间位置的数值。确定中位数的计算方法：设 n 为同一职业（工种）工资收入数列的项数，若 n 为奇数，则中位数位置=（n+1）/2，处于数列中间位置的工资收入数值就是中位数；若 n 是偶数，则中位数位置为中间位置相邻（即 $n/2$ 和 $n/2+1$ 处）两个工资收入数值的算术平均数为中位数。

3）低位数：工资收入数列中后 5%的数据的算术平均数。

四、企业人工成本预测预警制度

人工成本预测预警制度是政府对企业人工成本管理和工资分配进行间接调控的一种方式，是企业工资宏观调控体系的重要组成部分。

政府有关部门通过调查、收集、整理社会人工成本信息，定期（一般每年一次）公开发布，并对人工成本偏高的企业进行预警预报，指导企业加强人工成本管理、合理确定人工成本水平。人工成本预警预测体系的建立，有利于企业加强人工成本管理，促进企业内部分配自我约束机制的形成，提高企业人工成本投入产出效益。同时，有利于调节行业间、企业间的分配关系。人工成本预测预警制度的主要内容包括以下两个方面。

1. 发布行业人工成本状况

地方劳动保障行政部门于每年年初对地方所属企业上年人工成本状况进行调查，在整理、汇总、分析的基础上，于当年 6 月底前向全社会发布上年行业人工成本基础数据，一般包括的指标有平均人工成本、人工成本占总成本比重、劳动分配率和人工费比率等。

2. 企业人工成本预警

企业人工成本预警是宏观人工成本管理工作的重要内容，市、区、县劳动保障行政部门每年向管辖范围内人工成本占总成本比重、劳动分配率和人工费比率三项指标超过行业平均水平的企业发出预警通知。

业务演练

任务 2-1：搜集最低工资标准数据

网络搜索 2020 年全国各地月最低工资标准及标准实行日期。

任务 2-2：搜集工资指导线数据

网络搜索 2020 年公布的各省市工资指导线。

任务 2-3：工资指导线情况备案表的填报

阅读下面企业执行工资指导线情况备案表，并思考企业在填报工资指导线情况备案表时需要注意什么问题？

企业执行工资指导线情况备案表

________年度

企业名称（盖章）： 企业性质：

企业地址：

<table>
<tr><th colspan="2">项目</th><th colspan="2">年（前两年）</th><th colspan="2">年（前一年）</th></tr>
<tr><td rowspan="4">基本情况</td><td>资产总额（万元）</td><td colspan="2"></td><td colspan="2"></td></tr>
<tr><td>负债总额（万元）</td><td colspan="2"></td><td colspan="2"></td></tr>
<tr><td>资产负债率（%）</td><td colspan="2"></td><td colspan="2"></td></tr>
<tr><td>资本保值增值率（%）</td><td colspan="2"></td><td colspan="2"></td></tr>
<tr><td rowspan="4">经济效益</td><td>销售收入（万元）</td><td colspan="2"></td><td colspan="2"></td></tr>
<tr><td>实现利税（万元）</td><td colspan="2"></td><td colspan="2"></td></tr>
<tr><td>其中：利润（万元）</td><td colspan="2"></td><td colspan="2"></td></tr>
<tr><td>劳动生产率（元/人）</td><td colspan="2"></td><td colspan="2"></td></tr>
<tr><td rowspan="4">人工成本</td><td>人工成本总额（万元）</td><td colspan="2"></td><td colspan="2"></td></tr>
<tr><td>人工成本占总成本（费用）比重（%）</td><td colspan="2"></td><td colspan="2"></td></tr>
<tr><td>工资占人工成本比重（%）</td><td colspan="2"></td><td colspan="2"></td></tr>
<tr><td>劳动分配率（%）</td><td colspan="2"></td><td colspan="2"></td></tr>
<tr><td rowspan="4">在岗职工人数</td><td>总人数（人）</td><td colspan="2"></td><td colspan="2"></td></tr>
<tr><td>其中：厂级领导（人）</td><td colspan="2"></td><td colspan="2"></td></tr>
<tr><td>中层管理人员（人）</td><td colspan="2"></td><td colspan="2"></td></tr>
<tr><td>一线职工（人）</td><td colspan="2"></td><td colspan="2"></td></tr>
<tr><td rowspan="4">工资发放</td><td>结余工资储备金（万元）</td><td colspan="2"></td><td colspan="2"></td></tr>
<tr><td>实提工资（万元）</td><td colspan="2"></td><td colspan="2"></td></tr>
<tr><td>实发工资（万元）</td><td></td><td>增长____%</td><td></td><td>增长____%</td></tr>
<tr><td>人均实发工资（元）</td><td></td><td>增长____%</td><td></td><td>增长____%</td></tr>
</table>

续表

<table>
<tr><th colspan="2">项目</th><th colspan="2">年（前两年）</th><th colspan="2">年（前一年）</th></tr>
<tr><td rowspan="7">本年度企业拟按工资指导线增加工资情况</td><td>预计年实发工资总额（万元）</td><td colspan="2"></td><td colspan="2">增长____%</td></tr>
<tr><td>预计年人均实发工资（元）</td><td colspan="2"></td><td colspan="2">增长____%</td></tr>
<tr><td>年增资总额（万元）</td><td colspan="2"></td><td colspan="2">增长____%</td></tr>
<tr><td>人均月增资（元）</td><td colspan="2"></td><td colspan="2">增长____%</td></tr>
<tr><td>其中：厂级领导（元）</td><td colspan="2"></td><td colspan="2">增长____%</td></tr>
<tr><td>中层管理人员（元）</td><td colspan="2"></td><td colspan="2">增长____%</td></tr>
<tr><td>一线职工（元）</td><td colspan="2"></td><td colspan="2">增长____%</td></tr>
<tr><td>企业工会意见</td><td>年 月 日</td><td>主管监管部门意见</td><td>年 月 日</td><td>人力资源社会保障部门意见</td><td>年 月 日</td></tr>
<tr><td rowspan="3">企业工资指导线实际执行情况</td><td colspan="5">经核实，本年度企业人均实发工资为________元，实发工资总额为________万元。
企业盖章
年 月 日</td></tr>
<tr><td colspan="5">经确认，本年度该企业人均实发工资为________元，实发工资总额为________万元。
人力资源社会保障部门盖章
年 月 日</td></tr>
<tr><td colspan="5">经确认，本年度该企业人均实发工资为________元，实发工资总额为________万元。
财政部门盖章
年 月 日</td></tr>
</table>

注：1. 企业性质分为国有及国有控股企业、集体企业、其他企业三类；

2. 本表一式五份，企业、企业主管（监管）部门、人力资源社会保障部门、财政部门、税务部门各一份；

3. 本表是开展劳动保障年检、征缴社会保险费和申报所得税扣除的必备资料，企业须妥善保存。

任务三　分析企业人工成本状况

知识准备

一、人均水平指标

人均水平指标是绝对指标。常用的人均水平指标是平均人工成本，是指企业一定时间内全部人工成本支出平均分摊到每一名员工的份额。平均人工成本包括平均工资成本与平均非工资成本。平均人工成本的计算公式为：

$$平均人工成本=\frac{人工成本总额}{平均人数}$$

平均人工成本反映了企业聘用一名员工所需要负担的平均费用水平，基本表明和衡量了不同行业、同一行业不同企业在劳动力市场上的工资收入分配关系及其竞争能力。

二、综合性主指标

综合性主指标是相对指标，包括人工费比率和劳动分配率。其公式分别是：

$$人工费比率=\frac{人工成本总额}{销售收入}\times100\%$$

$$劳动分配率=\frac{人工成本总额}{增加值总额}\times100\%$$

从实际情况来看，一些企业由于习惯原因或生产经营过程的复杂性，在一定时间内难以及时准确地统计增加值或纯收入，不易通过人工费总额占增加值总额的比例关系反映人工成本状况。因此，可采取通过人工成本总额占销售收入（营业收入）比重指标，从另一个角度反映企业人工成本状况。

建立人工成本总额占销售收入比重指标的意义体现在：能反映人工成本的投入产出比例，能说明人工成本在企业总收入中的份额，能说明人工成本与劳动生产率的对比关系，也方便用于国际比较。

综合性主指标反映了活劳动要素的投入产出关系；企业增加值同职工收入（生产

同分配）的关系；与同行业的平均水平或其他企业相比，企业相对人工成本的高低状况。

从分析和评价企业劳动投入的经济效益，即劳动者的劳动成果与相应的人工成本支出的比率出发，评价人工成本的综合性主指标，实际上就是评价劳动投入经济效益逆指标，其公式为：

$$每百元人工成本销售产值率=\frac{企业销售产值}{企业人工成本总额（百元）}$$

$$每百元人工成本增加值率=\frac{企业增加值}{企业人工成本总额（百元）}$$

从劳动投入经济效益指标的计算结果来看，其数值越大，劳动投入的经济效益越高。

由上述分析可见，人工成本的综合性指标只不过是劳动投入经济效益正指标的逆表示，因此，如果没有特殊需要，完全可以把分析评价人工成本的两个综合性指标作为分析评价劳动投入经济效益的主指标。

三、成本结构性指标

成本结构性指标也是相对指标，其指标有两个：一是人工成本占产品总成本的比例；二是人工成本中各项构成比例关系，主要指工资成本占人工成本的比例。

1. 人工成本占总成本的比例

人工成本占总成本的比例是企业、行业及国家间商业竞争的重要指标，其公式为：

$$人工成本占总成本的比例=\frac{人工成本总额}{产品成本总额}\times 100\%$$

产品成本总额指企业为生产、经营商品或提供劳务过程中所发生的各项支出，包括产品原材料成本、销售费用、管理费用、财务费用及其他业务支出。在同等产品质量的前提下，人工成本总额越高，人工成本占总成本的比例越高，企业则越缺乏竞争力。

2. 人工成本各项构成比例关系

人工成本由工资总额、社会保险费用以及其他间接费用组成。人工成本各项构成比例关系的公式为：

$$工资总额占人工成本的比例=\frac{工资总额}{人工成本总额}\times 100\%$$

一般情况下，单位为员工承担的社会保险费用占员工工资总额的30%左右，而与招聘、培训有关的间接费用所占的比例，不同的企业差别很大。尤其是在高科技企业，间接费用占人工成本总额的比例很大。

相关链接 3-3

薪酬总额定期分析需要关注的点

企业薪酬总额定期分析需要关注以下六个方面。

1. 薪酬总额和人均支出情况

A. 薪酬总额

B. 平均人员数量

C. 人均月薪酬总额

D. 人均季度薪酬总额

E. 人均年度薪酬总额

2. 人员流动、人员分布及相应的薪酬总额变化

A. 人员流动率/离职率/新增率

B. 人员流动分析

C. 人员具体分布

D. 人员流动引起的薪酬总额变化

3. 薪酬总额的各类构成

A. 薪酬总额中固定工资所占比例

B. 薪酬总额中绩效工资所占比例

C. 薪酬总额中法定福利所占比例

D. 薪酬总额中其他补充福利所占比例

E. 薪酬总额中其他薪酬所占比例

4. 薪酬总额中的部门分布

A. 薪酬总额中各部门的总额分布

B. 部门人员数量占总数量的比例

C. 薪酬总额中各部门薪酬所占比例

D. 各部门人均薪酬总额

E. 部门人均薪酬总额与企业整体人均薪酬总额的差异

5. 薪酬总额的效益情况

A. 企业收入额

B. 企业成本额

C. 企业费用额

D. 企业利润额

E. 薪酬总额占成本额比例

F. 薪酬总额占费用额比例

G. 薪酬总额利润产出比

H. 人均利润额

I. 人均薪酬利润的产出比

6. 实际支出薪酬与薪酬预算的比较

A. 实际支出薪酬总额与计划薪酬总额的差异

B. 各部门实际支出薪酬总额与计划薪酬总额的差异

C. 人均实际支出薪酬总额与计划薪酬总额的差异

D. 各类薪酬与计划薪酬的差异

E. 人均薪酬收入产出比与计划的差异

F. 人均薪酬利润产出比与计划的差异

四、企业合理的人工成本判断标准

在实际人工成本统计分析中，以上几个指标往往同时使用。对单个企业而言，与同行业平均水平相比，比较理想的情况是“一高三低”：平均人工成本要高，而人工费比率、劳动分配率和人工成本占总成本的比例要低。一般来说，这是劳动要素高投入、高产出、高效益。

与此相反，最糟的情况是“一低三高”：平均人工成本低于同行业平均水平，而人工费比率、劳动分配率和人工成本占总成本的比例却高于平均水平。一般来说，这是劳动要素的低投入、低产出、低效益。

对于与同行业水平相比出现了“一低三高”情况的企业，有关部门要及时提出警告，提醒企业采取措施改善不良的人工成本状况。

业务演练

任务：企业人工成本动态分析与调控

请以小组为单位，展开如下讨论，并形成文字材料。

（1）企业人工成本控制的前提条件。

（2）如何展开对企业人工成本的动态分析和控制。

任务四　掌握企业薪酬预算方法

知识准备

一、薪酬预算的概念及影响因素

1. 薪酬预算的概念

薪酬作为企业人工成本中非常重要的组成部分，直接对企业的盈利水平产生影响，而预算是一种财务制度。薪酬预算也叫薪酬计划，是指企业在核算人工成本的基础上，对有关薪酬费用支出在财务上进行计划和控制。

薪酬预算对企业的财政状况起着决定性作用，薪酬预算的结果可以反映企业的人力资源战略重心。企业在进行薪酬预算时，一般期待达到以下目标。

（1）为管理者制定企业下一年度的薪酬分配方案提供基础

薪酬预算能预测由于绩效增长、晋升增加所带来的实际年度费用以及下一财务年度每一部门每一员工的总薪酬，提供年度薪酬信息的对比数据；薪酬预算为管理者提供从一个年度到另一个年度的员工薪酬分配信息，有助于管理者制定下一预算年度新老员工平均薪酬成本的详细计划。

（2）有效影响员工的行为

薪酬预算能有效影响员工的流动率及绩效表现。第一，员工的流动率受诸多因素的影响，比如工作环境、职业生涯发展、薪酬福利等，而薪酬作为影响员工职业选择的关键因素之一，薪酬水平过低会导致企业人才的流失，薪酬水平过高则会造成企业人工成本的增加。因此，企业在进行薪酬预算时，既要考虑如何有效控制人工成本，又要保持员工有一个合理的流动率。第二，如果企业在进行薪酬预算时，增加绩效薪酬或浮动薪酬的预算，控制基本薪酬的增长幅度，则员工必定会努力达到岗位的绩效标准，而不是一味追求晋升到较高岗位，因为员工在所处岗位达到绩效考核标准，即可以获得合适的绩效薪酬。

2. 薪酬预算的影响因素

薪酬预算受到来自员工、企业及环境三种因素的影响，这些因素构成了薪酬预算的三维技术框架，三维技术框架的精细程度决定了薪酬预算的准确程度。

（1）员工因素

员工因素方面应综合考虑计划期员工平均薪酬水平状况，考察员工由于职务、能力和绩效提升等因素造成的薪酬增加的可能性，考察员工流动状况，明确员工数量增减情况造成的薪酬成本的增减。

（2）企业因素

企业因素方面应考虑企业的支付能力、企业本年度薪酬增长、企业薪酬策略、企业就业需求和企业组织设计等方面。

1）企业的支付能力。企业支付能力是决定薪酬预算最重要的因素之一，主要考虑营业收入、利润等财务指标。如果企业的财务状况良好，则能增加薪酬预算，提高员工的薪酬福利待遇，有利于增强企业在劳动力市场中的竞争地位；相反，如果企业的经济状况不好，则可能采取降薪、裁员等手段，以减少薪酬预算或避免薪酬预算的增长，帮助企业度过危机。

2）企业本年度薪酬增长。将本年度薪酬增长作为下一年度薪酬预算的参照，能保证企业不同年度薪酬政策的一致和连贯性，并在一定程度上有助于保持组织结构的稳定性，为员工提供归属感，实现企业的稳健经营。

3）企业薪酬策略。薪酬策略能大致反映企业的劳动力市场竞争力，不同的策略反映不同的薪酬预算趋势。比如采取市场领先型的企业，其薪酬预算比同行业竞争对手的薪酬预算要高。

4）企业就业需求。企业就业需求与企业发展紧密相关，在对预算年度就业需求进行预测时，需要区分可能雇佣替代和新增雇佣需求两部分，因为这两部分导致的薪酬预算的增加程度有所不同。

5）企业组织设计。人力资源问题是薪酬决定的基础，企业在进行薪酬预算时，应综合考虑组织设计是否合理？各岗位职责、分工是否最佳？如果改变现有工作内容，企业整体绩效是否能提高？如果存在这些问题，薪酬预算则应该作出一定的调整。

（3）环境因素

环境因素体现在社会生活成本变动和劳动力供求状况两个方面。

1）社会生活成本变动。社会生活成本变动要求薪酬水平作出相应的变动，因此，企业在进行薪酬预算时，需要适度考虑生活成本的变动情况，如最低工资标准、消费价格指数、员工的消费模式、赡养老人、年龄和个人偏好等。

2）劳动力供求状况。企业薪酬预算受劳动力供求状况影响，体现在：当劳动力市场需求大于供给时，企业为了稳定地获得劳动力，会提高薪酬水平，这直接导致薪酬预算增加；反之，企业的薪酬预算将减少。

二、薪酬预算的操作步骤

企业编制薪酬预算，按如下工作程序：

（1）通过市场薪酬调查，对比企业各岗位与市场上相应岗位的薪酬水平（这里的薪酬水平指总薪酬水平，包括基本工资、绩效工资、奖金、福利等），通过数据排列法或Excel软件中的PERCENTILE函数，计算出各百分位处的薪酬水平。

（2）基于本企业的经济实力，根据企业人力资源策略，确定企业采用何种市场薪酬水平，是90%点处、75%点处，还是50%点处、25%点处。

（3）盘点企业人力资源现状以及外部人力资源的供给状况，了解企业人力资源规划，包括总人数的预测、有多少员工被提拔到上一层级、新增加多少员工、有多少员工离职等。

（4）将前面三个步骤结合起来，绘制一张薪酬计划计算表，见表3-3。

表3-3　某企业薪酬计划计算表

部门	岗位	市场薪酬水平（50%点处）（元）	人力资源规划各岗位人数	各部门薪酬总额（元）
人力资源部	岗位1	8 000	1	25 500
	岗位2	5 000	1	
	岗位3	5 500	1	
	岗位4	3 500	2	
财务部	岗位5	5 000	1	11 000
	岗位6	3 000	2	
生产部	岗位7	7 000	1	22 100
	岗位8	5 200	1	
	岗位9	3 300	3	
产品研发部	岗位10	11 000	2	40 600
	岗位11	6 200	3	
预计的薪酬总额		—	—	99 200

（5）根据经营计划预计的业务收入和前几个步骤预计的薪酬总额，计算薪酬总额占销售收入的比例，将计算出的比值与同行业竞争对手的该比值或企业往年的该比值

进行比较，如果计算的比值低于或等于同行业或企业往年的水平，则该薪酬计划可行；若高于同行业或企业往年的水平，企业可以根据董事会对薪酬计划的要求，将各岗位的薪酬水平适当降低。

（6）各部门根据企业整体薪酬计划和企业薪酬分配制度规定，考虑各部门员工的学历、工龄、绩效考核结果、技能提升情况，以及本部门人员可能变化等情况，做出部门的薪酬计划，并上报人力资源部，由人力资源部汇总所有部门薪酬计划，形成企业整体薪酬预算。

（7）如果汇总的各部门薪酬计划与整体薪酬计划不一致，需要再进行调整，将确定的薪酬计划上报企业领导、董事会审批。

制定薪酬预算时，可制作一张薪酬预算表，以便统计与分析，见表 3-4。

表 3-4　　企业薪酬预算表

职位	姓名	工龄	最近一次薪酬调整日期	最近一次薪酬调整数额（元）	目前薪酬数额（元）	考核结果	预测增薪比例（%）	增薪后薪酬（元）

三、制定薪酬预算的方法

制定薪酬预算的方法有两种，一种是自下而上法，另一种是自上而下法。两种预算方法有其各自的特点。

1. 自下而上法

顾名思义，“下”指员工，“上”指各级部门以至企业整体。自下而上法的工作程序是：根据部门的人力资源规划和企业每一位员工下一年度的薪酬水平预算数字，计算出整个部门所需要的薪酬支出，然后汇集所有部门的预算数字，编制出企业整体薪酬预算。

自下而上法比较实际、灵活，且可行性较高，但不易控制总体的人工成本，适用于处于正常状态时的企业，能够较好地保持薪酬管理的连续性。

2. 自上而下法

自上而下法的工作程序是：先由企业的高层管理者根据人力资源规划及企业的总

体业绩指标作出推测，确定企业整体的薪酬计划总额，然后再按照一定的比例将整个薪酬计划数目分配给每个部门的管理者，各部门管理者按照所分配的计划数额，根据本部门内部员工的实际情况及部门绩效考核方案，将数额分配到每一位员工。

自上而下法的复杂程度与组织结构的繁简程度成正比。一般来说，薪酬总额的确定方法有以下几种。

（1）薪酬比率推算法

薪酬比率推算法是指根据薪酬比率推算出合理的薪酬费用总额，是企业选择的各类薪酬预算方法中最基本、最简单的方法之一。若企业经营业绩稳定，则可通过过去的经营业绩，采用这种方法推算出适合本企业的薪酬比率，并以此为依据得出企业未来较为合理的薪酬预算；若企业经营业绩不太理想，则企业应参考行业的一般水平，确定合理的薪酬比率，并根据公式推算合理的薪酬总额。薪酬比率的计算公式为：

$$\text{薪酬比率}=\frac{\text{薪酬总额}}{\text{销售额}}=\frac{\text{薪酬总额/员工人数}}{\text{销售额/员工人数}}=\frac{\text{平均薪酬}}{\text{人均销售额}}$$

从以上公式可看出，企业若想维持一个合理的薪酬比率，同时使薪酬水平增加，则必须增加销售额。根据经验，销售总额与销售额的比率一般为14%，企业在现实中确定具体的薪酬比率时，还应结合本企业自身的实际情况如企业规模和所处行业而定。

（2）盈亏平衡点推算法

盈亏平衡点推算法分为三种情况：第一种是企业销售产品或提供服务所获得的收益，恰好能弥补总成本（包括固定成本和可变成本），而没有额外的盈利，即企业处于既不盈利也不亏损尚可维持生存的状态，这种情况计算出来的销售额则为盈亏平衡点销售额；第二种是指销售商品或提供服务带来的收益，不仅能弥补全部支出，而且还有留存股东的股息，这种情况计算出来的销售额则为边际盈利点销售额；第三种是安全盈利点销售额，指企业销售商品或提供服务带来的收益，在确保股东股息之外还能为企业应对未来风险或危机留存的一定盈余。显而易见，这三点都与企业的销售额密切相关，且三种情况下销售额的计算公式分别为：

$$\text{盈亏平衡点销售额}=\frac{\text{固定成本}}{1-\text{变动成本比率}}$$

$$\text{边际盈利点销售额}=\frac{\text{固定成本}+\text{股息分配}}{1-\text{变动成本比率}}$$

$$\text{安全盈利点销售额}=\frac{\text{固定成本}+\text{股息分配}+\text{企业盈余}}{1-\text{变动成本比率}}$$

根据以上公式，推算出企业支付薪酬成本的比率，分别为：

$$薪酬支付的最高比率（最高薪酬比率）=\frac{薪酬总额}{盈亏平衡点销售额}\times 100\%$$

$$薪酬支付的可能限度（可能薪酬比率）=\frac{薪酬总额}{边际盈利点销售额}\times 100\%$$

$$薪酬支付的安全限度（安全薪酬比率）=\frac{薪酬总额}{安全盈利点销售额}\times 100\%$$

例 1：某企业的固定成本为 4 000 万元（含薪酬成本 2 400 万元），变动成本比率为 60%，若企业实现盈亏平衡时，其盈亏平衡点的销售额为多少？若企业实现边际盈利时，假设公司欲实现 1 400 万元的盈利，则边际盈利点的销售额为多少？若企业除了 1 400 万元的盈利，预计留存 2 000 万元作为企业未来抗风险资金，则安全盈利点的销售额为多少？

解：

（1）$盈亏平衡点销售额=\frac{4\ 000}{1-60\%}=10\ 000$（万元）

$最高薪酬比率=\frac{2\ 400}{10\ 000}\times 100\%=24\%$

（2）$边际盈利点销售额=\frac{4\ 000+1\ 400}{1-60\%}=13\ 500$（万元）

$可能薪酬比率=\frac{2\ 400}{13\ 500}\times 100\%\approx 17.8\%$

（3）$安全盈利点销售额=\frac{4\ 000+1\ 400+2\ 000}{1-60\%}=18\ 500$（万元）

$安全薪酬比率=\frac{2\ 400}{18\ 500}\times 100\%\approx 13.0\%$

上例中若企业选择 24%或 17.8%的薪酬比率，表示企业的经营状态不太理想，企业应选择 13.0%的安全薪酬比率作为薪酬比率。

盈亏平衡点推算法有助于企业将薪酬比率较为准确地限定在最高薪酬比率和安全薪酬比率之间。在实际工作中，企业在确定薪酬比率时，还应结合自身经营状况作出合理确定。薪酬比率确定后，根据薪酬比率推算法，即薪酬比率计算公式（薪酬比率=薪酬总额/销售额）推算出企业薪酬总额。

盈亏平衡点推算法划定了安全的薪酬成本下线，作为确定薪酬总额的一个重要参数，在薪酬成本控制中经常用到。

（3）劳动分配率推算法

劳动分配率推算法是指企业人工费占企业净产值（也称企业增加值或附加值）的

比率，即根据目标劳动分配率，推算出可能支出的薪酬总额和增长幅度。企业劳动分配率可从借贷平衡表中进行推算，即先计算出增加值中资本分配的部分，然后得出劳动分配率。其计算公式为：

$$劳动分配率=\frac{人工费用总额}{产品增加值（净产值）}$$

例 2：若某公司上年度人工费为 2 600 万元，净产值为 9 800 万元，本年度确定目标净产值为 12 000 万元，目标劳动分配率与上年度相同，求该企业本年度人工费总额为多少？人工费增长率是多少？

解：

$$上年度劳动分配率=\frac{2\ 600}{9\ 800}\times 100\% \approx 26.5\%$$

目标劳动分配率与本年度相同，则本年度的劳动分配率为 26.5%。

本年度的人工费总额为：12 000×26.5%=3 180（万元）

$$人工费增长率=\frac{3\ 180-2\ 600}{3\ 180}\times 100\% \approx 18.2\%$$

劳动分配率推算法的实质是确定净产值在资本和人力资源之间分配的比率。采用该方法的优点在于，人工费与企业的净产值挂钩，充分考虑企业的盈利能力和支付能力，保证了企业发展的后劲。

上述三种计算薪酬总额的方法在静态的系统中进行，仅考虑了企业的支付能力，从财务和成本控制角度确定薪酬总额，未顾及市场环境与竞争对手的影响。同时，未来人工成本的推算是基于历史数据，未考虑薪酬激励效应的滞后性。

（4）人工成本比重基准法

人工成本比重基准法是指以人工成本比重为基准，根据目标企业总成本，推算出合理的企业人工成本总额。由于各行业要素密集程度不同，可分为资本密集型、技术密集型和劳动密集型。因此，不同行业人工成本占总成本的比重这一指标存在较大差异。

总体来看，自上而下法虽然可以控制总体的薪酬成本，但缺乏灵活性，而且确定薪酬总额时主观因素过多，降低了计划的准确性，不利于调动员工的积极性。它适用于处于调整状态或者进行管理变革的企业，能较好地贯彻企业的战略管理意图。

四、企业薪酬预算风险控制

企业薪酬预算风险控制是指企业为确保既定薪酬方案顺利落实而采取的各种措施。

企业要严格执行薪酬总额预算，在确定了年度薪酬总额之后，在日常薪酬发放管理时，可采用月度相对总量控制和年度决算方式进行控制。

所谓月度相对总量控制，就是将月度标定薪酬总额与销售收入等关键业绩指标的完成情况进行挂钩，确定月度应发薪酬总额。年度决算则是将年度标定薪酬总额与全年销售收入等关键业绩指标进行挂钩，其目的是保证全年不突破薪酬预算，比如各子公司及部门年度薪酬总额最高发放额度不得高于预算总额的 1.3 倍，对于超出总额部分，形成薪酬调节池；在由于各种原因导致的薪酬总额减少到一定程度时，可以通过薪酬调节池适当补充，避免薪酬产生太大波动。

另外，如果企业正处于快速成长过程中，为了鼓励各子公司及部门负责人通过充分挖掘现有人员潜力、提高流程效率、优化岗位设置来提高部门效率、避免人员过快膨胀，在预算控制中坚持“加人不加预算、减人不减预算”的原则，这样就将控制人工成本的责任转移到了用人部门。

总之，通过人工成本预算和严格控制，不仅能够让各子公司和部门负责人感受到人工成本与公司总体效益的关系，同时，人工成本控制的压力也传递到了各用人部门，达到了对企业薪酬预算进行有效控制的目的。

业务演练

任务：薪酬总额预算调整

在对薪酬实际支出总额进行汇总并进行详细分析的基础上，需要及时进行薪酬总额预算的调整。请以小组为单位，讨论薪酬总额预算的调整思路。

练习题

1. （判断题）最低工资标准一般采取月最低工资标准和小时最低工资标准的形式。（　　）

2. （判断题）职工患病或非因工负伤治疗期间，在规定的医疗期内由企业按有关规定支付其病假工资或疾病救济金，病假工资或救济金不得低于当地最低工资标准支付。（　　）

3. （判断题）对单个企业来说，与同行业平均水平相比，比较理想的情况是“一高三低”，即：平均人工成本要高，而人工费比率、劳动分配率和人工成本占总成本的比例要低。（　　）

4. （多选题）按现行规定，下列哪些项目的支付不能作为最低工资的组成部分？（　　）

A. 加班加点工资

B. 中班、夜班、高温、低温、井下、有毒有害等特殊工作环境、条件下的津贴

C. 国家法律和政策规定的劳动者保险、福利待遇

D. 用人单位通过贴补伙食、住房等支付给劳动者的非货币性收入

5. （多选题）工资指导线水平包括（　　）。

A. 工资增长上线

B. 工资增长基准线

C. 工资增长水平线

D. 工资增长下线

6. （多选题）企业人工成本的统计分析指标有（　　）。

A. 人均水平指标　　B. 综合性主指标

C. 成本结构性指标　　D. 人工成本指标

7. （简答题）《最低工资规定》关于最低工资的定义是什么？

8. （简答题）我国企业人工成本由哪些部分构成？

9. （简答题）简述薪酬预算的操作步骤。

10. 案例分析

某企业 2019 年全年生产产值为 1 亿元，每万元生产产值含人工成本 1 100 元，利润率为 10%。2018 年全年生产产值为 9 000 万元，每万元生产产值含人工成本 900 元，利润率为 15%。该企业 2019 年和 2018 年相关指标见下表，从表中可看出，2019 年产值较 2018 年增长约为 11%，人工成本增长约 22%，利润率减少 5%，人工成本增长率较产值增长率高出约 1 倍。

人工成本增长率与生产产值增长率分析表

项目	2019 年	2018 年	增长	增长率
利润率	10%	15%	-5%	
生产总产值（万元）	10 000	9 000	1 000	11%
每万元产值含人工成本（元）	1 100	900	200	22%
项目	**2020 年**	**2019 年**	**增长**	**增长率**
优化控制目标（元）	1 155	1 100	55	5%

分析完这些数据后，请你完成以下两个任务：

（1）请你为该企业设定一个目标，即要求生产方面进行以下控制，在 2020 年将每万元生产产值含人工成本控制在多少，才能保证 2020 年相对于 2019 年的人工成本增长率控制在 5%？

（2）你将采取何种策略降低企业人工成本？

拓展阅读

1. 《国务院关于改革国有企业工资决定机制的意见》

参见中华人民共和国中央人民政府网站。

2. 薪酬预算需要考虑的因素

参见智慧职教平台：

http://www.icve.com.cn/study/directory/dir_course.html? courseId=diwbaiant5jo-c9gvhvekg&chapterId=siebaianla5lrzhbodssza&sort=4.01#8vxzafpyjlixeddunumsq

3. 薪酬预算的操作步骤

参见智慧职教平台：

http://www.icve.com.cn/study/directory/dir_course.html? courseId=diwbaiant5jo-c9gvhvekg&chapterId=siebaianla5lrzhbodssza&sort=4.01#hsvaafpyo5ggrgwmxozg

项目四

工资等级制度认知

【项目说明】

工资等级制度是薪酬体系的核心内容，它回答了用人单位支付基本薪酬的依据，也就是基于哪些因素来支付员工基本薪酬。它从劳动的质量方面反映了劳动差别，并相应地根据劳动质量等级来确定工资等级。通过梳理相关专业书籍后发现，企业基本的工资等级制度类型大致有年资型工资制、职能型工资制、职位型工资制、组合型工资制、绩效型工资制、市场型工资制几种。绩效型工资制更多的是从劳动数量来反映劳动差别，市场型工资制实际上涉及的是薪酬策略问题，而无论哪一种工资制都要考虑到薪酬水平的定位，因此本项目在介绍企业工资等级制度基本类型时没有考虑绩效型工资制、市场型工资制这两种类型。

企业的工资等级制度设计有其自主性和灵活性，但机关事业单位的工资等级制度往往由国家有关行政机构来统一制定框架，具有强制性和权威性。

本项目主要介绍了企业薪酬管理实践中四种基本的工资等级制度，在此基础上，对事业单位岗位绩效工资制及公务员职务级别工资制也做了简要介绍。本项目内容逻辑结构图示如下：

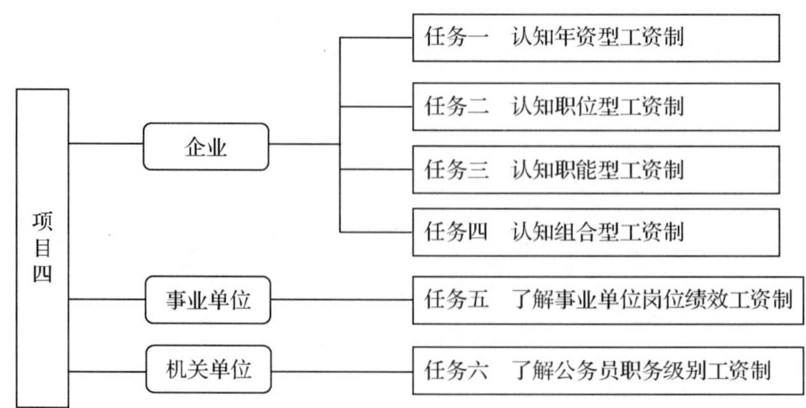

【项目导入】

一、主题案例

食量导向型薪酬体系

四川自贡的×××基建工程公司原有建筑工人300多人，由于最近业务量剧增，急需更多的建筑工人，主要工作是搬运水泥包、沙袋、钢筋、墙砖等。公司在招聘了200名新工人之后，40人分成一组进行连续三天的培训，每组由不同的主管人员负责管理，并认真记录每一顿饭每一名工人的主食用量。三天过后，计算每一名工人的平均食量，以每千克食量2 000元的薪酬标准给每一名工人定薪。这样，有的工人月薪只有1 500元，有的达到3 800元。当然，事先是没有告诉每一名工人他们的薪水与食量有关的。对此，企业负责人的解释是，体力活干得好不好，就看工人能不能吃，能吃才能干，不能吃的体力就会差，干活就会少一些，所以薪酬就会相对少一些。

上面案例中该公司以食量作为决定建筑工地普通工人薪酬的做法科学、合理吗？为什么？实践中企业通常会选取哪些因素作为支付员工薪酬的依据？

带着上述问题，请你开始本书第四个项目的学习。

资料来源：改编自360图书馆——奇妙的薪酬制。

二、学习目标

1. 了解企业四种基本类型工资等级制度的定义、特点、优缺点及实施步骤。
2. 了解事业单位岗位绩效工资制的要点及改革动向。
3. 了解公务员职务级别工资制的要点及改革动向。
4. 能读懂企业工资方案，并准确辨析其工资等级制度类型。

任务一　认知年资型工资制

知识准备

一、年资型工资制的定义及特点

年资在这里指的是年龄和工龄。年资型工资制确定劳动者工资等级的主要依据是年龄和工龄，主要内涵是：职工的基本工资随职工本人的年龄和本企业工龄的增加而增加。其理论依据是：年龄越大，企业工龄越长，技术熟练程度越高，对企业的贡献越大，因而工资也越高。

二、年资型工资制的典型形式

年资型工资制的典型形式是日本企业在20世纪50年代形成的年功序列工资制，它与终身雇佣制并称为日本企业对世界企业管理的两大贡献。

年功序列工资制起源于第一次世界大战期间，是在日本的东方传统观念与当时日本现实情况相结合的特殊条件下，于20世纪50年代初期全面形成的，并于20世纪五六十年代在日本企业广泛采用。其特点是：

其一，基本工资按年龄、企业工龄和学历等因素决定，与劳动质量没有直接的关系。

其二，工资标准由企业自定，每年随职工生活费用、物价、企业的支付能力而变动。

其三，起点工资低，多等级、小级差，每年定期增加工资，也就是随着职工年龄增长、家庭负担的增加而增加工资。

其四，考虑到职工衣、食、住、行等方面的需要，在基本工资外，还有优厚的奖金、各种各样的津贴和补贴。除考虑职工本人的生活需要外，还适当考虑职工家属的生活需要，以尽可能解除职工后顾之忧。

其五，基本工资是计算退休金和奖金的基础。

三、年资型工资制的优缺点

1. 年资型工资制的优点

年资型工资制是劳动积累工资，以年资作为加薪的客观标准，使雇员易产生公平感，可以增进同事之间的合作，有利于稳定企业员工，增强员工对企业的认同感和归属感。对雇主而言，一是有利于对工资计划的管理，二是不会因偏爱某些人而得罪其他雇员。

日本企业发明的终身雇佣制与年功序列工资制度为日本产业工人提供了非常稳定的就业与生活环境，造就了日本社会的稳定，同时也促进了日本工业技术创新，在第二次世界大战后日本经济的恢复和20世纪60年代实现赶超西方经济的目标中发挥了重要作用。日本的年功序列工资制其优越性主要有以下几个方面：

其一，年功序列工资制有随年龄增长而每年增加工资的规划，使员工能预期将来会有较好的待遇而甘心接受开始工作时的较低工资，这不但能稳定雇佣关系，而且可防止过度竞争，保持企业融洽的气氛和良好的秩序。

其二，它与终身雇佣制结合在一起，使员工对企业产生强烈的依附感，把企业看作是个人生活的依靠和一生事业的基地，从而产生“工作第一、企业重要”的观念，并成为促进经济发展和提高劳动生产率的主要动力。日本的终身雇佣制是将公司成员“家族化”。日本企业十分注重感情投入，给予员工家庭式关心。员工对企业尽职尽忠，工作效率较高，反过来企业并不亏待员工，企业在工资与福利方面也处处为员工着想。受日本企业“家文化”制度的影响，社会上不鼓励员工跳槽，如果频繁地换工作，会被视为无工作能力。因此，日本企业员工的流动率相对较低。

其三，它对引进新技术和调整劳动组织有一定的灵活性和适应性。在年功序列工资制中，决定基本工资的最主要因素不是岗位或职位，因而当企业引进新技术后需要调整组织机构和人员时，员工不必有工资下降的担忧，企业也不必担心在工资制度上产生阻力。同时，企业引进新技术后，员工一般也无被解雇之忧，企业会通过培训保证员工迅速掌握和适应新技术和新岗位。因此，与欧美国家的员工相比，日本员工对技术革新的态度较为积极，对企业比较忠诚，员工之间也比较团结，形成一种“公司就是家”的理念。日本企业员工普遍具有“工匠精神”，做事兢兢业业，注重产品细节，追求完美和极致，精品意识浓厚。

2. 年资型工资制的缺点

年资型工资制适用的前提必须是员工对企业有着极高的忠诚度，企业与员工之间存在着长期稳定的雇佣关系，否则容易导致一些员工在企业混年头。一般来说，员工在一个企业工作较长时间后，其热情、创造力、能动性等会有所削弱，对企业的边际贡献相对逐渐减少，更有甚者因为太熟悉公司的一切而变成了“小白兔”或“老油条”。而且，年资型工资制不适应竞争战略的要求，因为员工只要表现一般就可得到同样的加薪。虽然年资型工资计划反映了员工价值的增加，但它是通过工龄来间接地衡量员工的贡献，而不是根据有形的贡献或成功获得与工作相关的知识或技能来衡量员工的贡献。

20 世纪 70 年代，随着自动化程度的提高、就业理念的变化（终身雇佣不再适用）、劳动力年龄结构的变化（中老年劳动力为主），日本年功序列工资制的基础条件不再具备，逐渐被年功序列型职位工资制取代，即年功、职位和能力各占 1/3。20 世纪 80 年代，日本企业又开始采用年薪制和 100%的职位能力工资制，但在工资结构中仍考虑企业工龄因素。

日本企业重视年功（企业工龄）的做法，给世界企业管理带来的影响较大，在强调技术、企业文化建设的今天，众多企业在制定工资分配方案时工龄工资仍在考虑之列，目的是鼓励员工特别是优秀的员工长期为企业服务。

业务演练

任务：工龄工资的争议——工龄工资到底要不要取消？

张欣是某公司人力资源部经理，最近碰到了一个“棘手”的问题：公司负责人有意取消“工龄工资”（以年度为单位，针对服务满一年以上的员工，每月在原有固定工资的基础上增加 50～200 元不等的工资收入，并逐年累加），说这块工资起不到什么作用，反而白白占用了公司一部分资源。接着，负责人要求人力资源部拿一个方案出来。张欣正带领人力资源部人员着手做取消工龄工资的方案时，不知道谁走漏了风声，在公司内部炸开了锅，新老员工有明显的分歧。现在至少已经分成了三派：一派是以 5 年以上员工为代表的“老员工”，他们不同意这个议案，认为这是应得的工资，不应该取消。另一派是入职不到 2 年的“新员工”，他们不认可工龄工资，觉得最终还是要看绩效贡献。还有一派是入职 3 年左右的“骑墙派”，他们看两边的风向，随时发表不同的意见。

工龄工资的设计初衷是为了吸引、留住人才长期为企业工作，重在奖励稳定，奖励忠诚。如果你是张欣，请你列出取消工龄工资后为老员工加薪的一些有效方案，供企业负责人参考。

任务二　认知职位型工资制

知识准备

一、职位型工资制的定义及特点

职位型工资制也叫岗位工资制，就是基于职位（岗位）等级来确定工资等级结构，又被称为以工作为导向的工资等级结构。职位型工资制基于这样一个假设：岗位任职要求刚好与任职者能力素质相匹配。如果员工能力超过岗位要求，意味着人才的浪费；如果员工能力不能完全满足岗位要求，则意味着任职者不能胜任岗位工作，无法及时、保质保量地完成岗位工作。

职位型工资制的理念是：不同的岗位将创造不同的价值，因此不同的岗位将给予不同的工资报酬；同时，企业应该将合适的人放在合适的岗位上，使人的能力素质与岗位要求相匹配，对于超过岗位任职要求的能力不给予额外报酬；岗位工资制鼓励员工通过岗位晋升来获得更多的报酬。

职位型工资制的实行需要企业具备一定的管理基础：

第一，能将公司岗位划分为合适的序列和层级，能明晰各岗位的责权匹配，同时对各岗位的任职资格有明确的认定；

第二，可以识别员工的能力素质，并将合适的人放到合适的岗位上，尽量减少人才浪费和拔苗助长现象。

二、职位型工资制的主要形式

按照同一个职位（岗位）的工资标准是否相同，职位型工资制有一岗一薪制和一岗多薪制两种形式。岗位薪点工资制是职位型工资制的一种创新形式。

1. 一岗一薪制

一岗一薪制是指一个岗位只有一个固定的工资标准，岗位工资标准由低到高顺序排列，组成一个统一的岗位工资标准体系，见表 4-1。它反映的只是不同岗位之间的工资差别，不反映岗位内部的工资差别。

表 4-1　　某公司岗位工资标准表（一）

岗位等级	薪酬标准（元）	管理职务	技术职务	生产岗位薪酬标准	
				岗位等级	标准（元）
十岗	5 000	公司总经理		一岗	1 080
九岗	4 250	公司副总经理		二岗	1 250
八岗	3 900	总经理助理		三岗	1 650
七岗	3 700	公司部室主任	正高级工程师	四岗	1 950
六岗	3 250	公司部室副主任	高级工程师	五岗	2 250
五岗	2 800	科长		六岗	2 600
四岗	2 380	副科长	工程师	七岗	3 050
三岗	1 950	主办科员	助理工程师		
二岗	1 600	科员	技术员		
一岗	1 300	办事员	技术员		

实行一岗一薪，岗内不升级。新员工上岗采取“试用期”或“熟练期”办法，期满经考核合格后正式上岗，即可执行岗位工资标准。

一岗一薪制适用于专业化分工程度高、岗位数量比较固定的企业采用。一岗一薪制有利于简化薪酬管理，明确员工选拔标准，而且，员工只要达到岗位要求即可获得相应的工资，会给员工一种稳定感。

2. 一岗多薪制

一岗多薪制是指在一个岗位内设置几个工资标准，以反映岗位内部不同员工之间的劳动差别，高低相邻的两个岗位之间的工资标准可能交叉，见表 4-2。这种机制使得员工可以在某一岗位内不断获得晋升工资档次，直到达到某一岗位的最高工资标准。

表 4-2　　某公司岗位工资标准表（二）　　单位：元

等级＼档次	1	2	3	4	5	6	7
七	5 000	6 500	8 000				
六	3 800	4 800	5 800				
五	2 800	3 300	3 800	4 300			
四	2 100	2 400	2 700	3 000	3 300		
三	1 700	1 900	2 100	2 300	2 500	2 700	
二	1 100	1 300	1 500	1 700	1 900	2 100	
一	700	800	900	1 000	1 100	1 200	1 300

一岗多薪制的另外一种思路是设置某一固定的工资标准，根据员工对工作的熟练程度和绩效水平的不同按比例发放工资。例如，员工在试用期时，发放岗位工资标准的60%，转正后一年内经考核合格发放岗位工资标准的80%。

一岗多薪制在某种程度上缓解了一岗一薪制的僵化问题，体现了同一岗位内部存在的劳动差异和劳动者之间存在的技术熟练程度差异，适用于岗位划分较粗同时岗位内部有部分差别的企业。

相关链接 4-1

工资等级数目、工资等级差别、工资档差

一、工资等级数目

工资等级数目是指工资有多少个等级。工资等级数目的多少，根据各类岗位生产技术和管理的复杂程度、劳动强度、劳动责任和员工技术业务熟练程度的差异规定。各类岗位的岗级数目的多少基本上反映了上述差异，因此，公司各类岗位的工资等级数目与各类岗位的岗级数目相等。

工资等级数目的确定与下列因素有关：

1. 劳动复杂程度

工资等级表要覆盖一个工资系列的全部职务、岗位和工种，所以在确定工资等级数目时，要考虑同一企业工种内或不同工种间劳动复杂程度的差别。劳动复杂程度高、差别大的，工资等级数目设置得多；反之，设置得少。

2. 劳动熟练程度

劳动熟练程度高、要求工作经验积累多的工作，工资等级数目设置得多；反之，设置得少。

3. 工资级差

在一定的工资总额下，工资等级数目与工资级差呈反向关系。一般情况是，级差大，数目少；级差小，数目多。

二、工资等级差别

工资等级差别是指不同等级工资标准的差别，一般有以下两种表示方法。

1. 用绝对金额——级差表示

级差是指相邻两个等级的工资标准之间的差额。如某公司五级工资标准为2 800元，四级工资标准为2 380元，则五级工资的级差为420元（2 800元−2 380元=420元，本级工资标准与相邻的低一等级工资标准之间的差额）。

2. 用相对数——工资等级系数表示

所谓工资等级系数，就是某一等级的工资标准是最低一级工资标准的多少倍。知道了最低一级工资标准和某一工资等级的系数，就可以求出某一等级的工资标准。一级工资标准 1 200 元，五等级工资等级系数 3.6，则五级工资标准为 4 320 元（1 200 元×3.6=4 320 元）。

确定工资等级系数，首先要确定最高工资等级的工资标准与最低等级工资标准之间的倍数。确定这一倍数需要考虑以下几个因素：

（1）最低等级和最高等级的劳动复杂程度的差别；

（2）拟合理安排的最低等级的工资水平；

（3）最高等级工资已经达到的水平。

这个倍数确定以后，再计算出各等级的工资系数，分为等比系数、累进系数、累退系数、不规则系数等几种。其中，累进系数的级差百分比是逐级扩大的，由于高低等级级差悬殊，在我国极少采用。累退系数的级差百分比是逐级下降的，据此计算出来的各级工资标准虽然也是逐级增加的，但级与级之间的绝对差额逐级缩小或保持不变，一般也不宜采用。但少数劳动强度大、技术差别较小、工作年限较短的工种，也可考虑采用。不规则系数的级差无规律可循，难以把握。因此，比较常用的是等比系数。下面举例说明如何用等比系数来确定工资等级系数。

例如，某公司一共设有二十一个工资等级，最高的二十一级工资标准是最低的一级工资标准的 6.5 倍。按照下面的等比系数计算公式计算各等级工资系数。

等级系数计算的公式是：

$$\alpha_n = \alpha_1 r^{n-1}$$

式中　α_n——各等级的工资等级系数；

α_1——一级的工资等级系数，为 1；

n——工资等级所处的级数；

r——公比。

本例中：$\alpha_1=1$，$\alpha_{21}=6.5\times r^{21-1}=6.5$，则 $r=1.098\ 1$

$\alpha_2=r^{2-1}=r=1.098\ 1$

$\alpha_3=r^{3-1}=r^2=(1.098\ 1)^2=1.205\ 8$

……

三、工资档差

工资档差是指在一岗多薪制中同一工资等级相邻两个工资档次之间的差距，一般用绝对数额来表示。工资档差有等差数列形式的（同一工资等级所有档次的工资标准为等差数列，档差相等)，也有非等差数列形式的（同一工资等级相邻档次工资标准之间的差额不相等，通常档次高的档差会大一些)。

资料来源：肖红梅，康锋. 薪酬管理业务综合训练［M］. 上海：复旦大学出版社，2013.

3. 岗位薪点工资制

岗位薪点工资制是在劳动四要素（劳动复杂程度、劳动强度、劳动责任和劳动条件）评价的基础上，用点数来确定员工劳动报酬的一种工资制度。岗位薪点工资制实现了员工工资与企业经济效益的挂钩。

一般来讲，岗位薪点数主要由岗位要素点、积累贡献点、个人技能要素点、津补贴点四个单元构成。其中，岗位要素点、积累贡献点是员工的基本收入，个人技能要素点、津补贴点是员工的辅助收入。岗位要素点是反映员工在岗位劳动中体现劳动四要素的薪点，占岗位薪点数的70%左右。积累贡献点是反映员工过去劳动所作贡献积累的薪点，是体现新老员工差别的主要措施，占岗位薪点数的10%左右。个人技能要素点是体现个人技能水平的薪点，根据本人的专业技术资格等级或技术等级确定，占岗位薪点数的10%左右。津补贴点是根据岗位劳动地点和场所对劳动者造成的劳动负效用确定的薪点，属于补偿性的工资差别，占岗位薪点数的10%左右。当然，在企业岗位薪点工资制方案设计实务中，这四个单元可能会有不同的具体表现形式，在叫法上也会略有差异。

岗位薪点工资的计算公式为：

$$薪点值=\frac{当月（当年）可使用的工资总额}{当月（当年）所有人员的薪点总额}$$

$$个人应发薪点工资=该职工所得薪点\times薪点值$$

案例4-1

某企业岗位薪点工资制方案

某企业为了建立现代企业制度，使企业内部分配适应市场经济发展的要求，决定实行岗位薪点工资制。

一、岗位薪点的确定

岗位薪点由基本保障点、岗位报酬点、技能素质点与服务贡献点构成。

1. 基本保障点

基本保障点是确保员工基本正常生活的薪点。对于企业所有员工，基本保障点统一为 200 点，占全部薪点的 25%。

2. 岗位报酬点

岗位报酬点是用来反映劳动差别的薪点，体现了按劳分配的原则。岗位报酬点为 201~700 点（详见下表），占全部薪点的 62. 5%。

岗位薪点明细表

<table>
<tr><th>岗位等级</th><th colspan="2">岗位系列</th><th>岗位点</th><th>兼职点</th></tr>
<tr><td>1</td><td rowspan="6">管理技术岗</td><td rowspan="3"></td><td>700</td><td></td></tr>
<tr><td>2</td><td>650</td><td></td></tr>
<tr><td>3</td><td>550</td><td></td></tr>
<tr><td>4</td><td rowspan="7">生产服务岗</td><td>450</td><td></td></tr>
<tr><td>5</td><td>400</td><td></td></tr>
<tr><td>6</td><td>360</td><td></td></tr>
<tr><td>7</td><td rowspan="4"></td><td>320</td><td></td></tr>
<tr><td>8</td><td>280</td><td></td></tr>
<tr><td>9</td><td>240</td><td></td></tr>
<tr><td>10</td><td>201</td><td></td></tr>
</table>

注：兼职点是针对义务兼职的员工和加班加点的员工增加的薪点。兼职点数一般不超过 10，占总薪点数的 1. 25%。

3. 技能素质点

技能素质点由技能等级点、学历点组成，主要体现员工的实际操作技能和整体素质。其薪点标准为 1~80 点，占全部薪点的 10%。

4. 服务贡献点

服务贡献点是反映员工过去劳动所做贡献的薪点，由工龄点、奖励晋级点、考评点组成。其薪点标准为 1~10 点，占全部薪点的 1. 25%。连续工龄年限满一年可折合为 2 个薪点。奖励晋级点是对有突出贡献的员工所奖励的薪点，一般奖励 5~10 点。考评点是对在绩效考核中成绩优秀的员工进行的激励。

二、薪点值的确定

薪点值的高低和企业经济效益的好坏是直接挂钩的。企业薪点值分为薪点基值和浮动薪点值两部分。

按规定，该企业的薪点基值为 1. 8 元，如果劳动生产率提高 1%（留足再生产资金的前提下），浮动薪点值可在薪点基值的基础上增长不超过 5%的比例；反之，则在薪点基值的基础上按一定的比例予以下调。

资料来源：孙宗虎，宗立娟. 薪酬体系设计实务手册：第 2 版 [M]. 北京：人民邮电出版社，2009.

三、职位型工资制的优缺点

1. 职位型工资制的优点

（1）岗位要求的确定性。在这种工资制度下，每个岗位都有明确的职责规范和任职要求，从员工的选拔到是否可以任职以及工作绩效的评定等，都具有明确性，有利于提高企业管理效率。

（2）业绩评估的准确性。职位型工资制可使员工在能力最强、贡献最大的时候，得到相应的报酬；当员工能力低于岗位要求时，只能任职较低一级的岗位。这样可保证每个岗位的绩效都是最佳绩效，进而激发员工不断达到并保持岗位要求的业绩，促进企业整体绩效的提高。

（3）薪酬分配相对公平。职位型工资制是建立在规范的工作分析基础上的，通过岗位评价确定各岗位价值，确保薪酬分配的内部公平；通过对关键岗位进行针对性的市场调查，可以实现薪酬分配的外部公平。

2. 职位型工资制的缺点

（1）使用范围有一定限制。职位型工资制适用于大部分岗位工作，但对于一些知识密集型岗位以及需要丰富经验的岗位（如律师、设计师、咨询顾问等）会存在一些问题。对于这类性质的工作，虽然岗位相同，但不同任职者创造的价值可能差别非常大，实行职位型工资制对薪酬的公平目标提出了挑战。

（2）由于岗位与工资是紧密挂钩的，当员工能力提升但在企业内部缺乏晋升机会时，这些员工就会丧失进取心及积极性，从而造成优秀人才的流失。

（3）职位型工资制要求责权匹配，而在某个特定岗位的员工往往只关注自己岗位的工作，对自己职责范围之外的工作通常漠不关心，这对团队氛围的养成是不利的。

四、职位型工资制的实施步骤

1. 工作分析

分析企业中各项工作所需的技能、承担的责任等。通过工作分析，将工作进行归类、分解或整合，并分析研究每一项工作的具体职责及与其他工作的关系，同时，对每个岗位所需的知识、技能、工作条件等进行仔细分析。

2. 工作评价

在工作分析的基础上，从劳动复杂程度、劳动强度、劳动责任及劳动条件等维度来建立工作评价标准体系，对所有岗位进行定量化评估，确定各个岗位在企业内的相对价值，最终形成岗位等级。

3. 外部市场薪酬调查

对企业所处的外部市场环境进行调查，了解企业主要竞争对手的岗位工资情况，从而明确企业采取的薪酬策略（跟随型薪酬策略、领先型薪酬策略、滞后型薪酬策略、混合型薪酬策略）。

4. 内部薪酬总额分析

对企业所处的发展阶段进行分析，明确企业经营策略或工资总额预算目标，并对不同部门和岗位进行工资总额的划分。

5. 确定工资标准

结合企业薪酬策略、薪酬总额分析，通过工资标准测算每个岗位的工资标准。

6. 定期更新工资标准

应用岗位工资标准，并定期更新工作分析、工作评价及工资标准。

业务演练

任务：岗位薪点工资制工资标准测算

某公司实行岗位工资制，岗位工资总额为705 600元，其他资料见下表。

岗位等级	一	二	三	四	五	六	七	八	合计
各岗级员工数	50	60	80	100	120	90	70	30	—
各岗级薪点数	120	150	180	210	240	270	300	330	—
各岗级总薪点数									
薪点值（小数点后保留两位）									—
各岗级工资标准（四舍五入取整）									

要求：1. 计算各岗级总薪点数，填入表内。

2. 计算薪点值，填入表内；并列出薪点值的计算式。

3. 计算各岗级工资标准，填入表内。

任务三　认知职能型工资制

知识准备

一、职能型工资制的定义及特点

职能是指执行任职岗位规定的职责的能力。职能型工资制以员工所具备的技能和能力作为工资支付的基础，即以人的技能（能力）要素作为工资支付的依据。

职能型工资制的潜在逻辑就是：员工技能（能力）的提高能促进企业竞争力的提升。它真正体现了以人为本的理念，给予员工足够的发展空间和舞台。如果员工技能（能力）大大超过目前岗位工作要求，将给予员工更高层次岗位的工作机会；如果没有更高层次岗位，也将给予额外报酬。

与职位型工资制不同，职能型工资制确定工资的核心不再是岗位要求，而是员工的实际技能（能力）。不论员工是否任职于相同的岗位或不同的岗位，工资都有可能不同。

二、职能型工资制的主要形式

按照适用对象的不同，职能型工资制分为技术工资制和能力工资制两种基本类型。

1. 技术工资制

技术工资制又称技术等级工资制，适用于技术工种的工人，工人的工资等级按照技术等级标准考核达到的技术等级确定。其基本思想是根据工人取得的相关考试或培训证书提供薪酬。例如，从 2018 年 7 月 1 日起，国家调整了机关技术工人技术等级（岗位）工资标准，见表 4–3。

表 4–3　　机关技术工人技术等级（岗位）工资标准表　　单位：元

技术等级	岗位工资																		技术等级工资
	1	2	3	4	5	6	7	8	9	10	11	12	13	14	15	16	17	18	
高级技师	1 978	2 082	2 186	2 290	2 414	2 538	2 262	2 796	2 930	3 064	3 218	3 372	3 526	3 690	3 854				1 510
技师	1 646	1 740	1 834	1 928	2 032	2 136	2 240	2 364	2 488	2 612	2 746	2 880	3 014	3 168	3 322				1 140

续表

技术等级	岗位工资																		技术等级工资
	1	2	3	4	5	6	7	8	9	10	11	12	13	14	15	16	17	18	
高级工	1 403	1 477	1 551	1 625	1 719	1 813	1 907	2 011	2 115	2 219	2 343	2 467	2 591	2 725	2 859	2 993	3 147		910
中级工	1 250	1 315	1 380	1 445	1 519	1 593	1 667	1 761	1 855	1 949	2 053	2 157	2 261	2 385	2 509	2 633	2 767	2 901	750
初级工	1 130	1 181	1 232	1 283	1 348	1 413	1 478	1 572	1 626	1 700	1 794	1 888	1 982	2 086	2 190	2 294	2 418	2 542	610

技术工资制有利于鼓励工人提高技能，但如果一个企业只是单纯地增加员工技能，却无法充分利用这些技能，其结果只能是增加成本，而得不到任何收益。

2. 能力工资制

能力工资制主要适用于企业管理人员和专业技术人员。管理人员的工资等级按照其具备担任某行政等级职务的任职能力资格确定；专业技术人员的工资等级按照各级各类职务的业务等级标准和任职资格条件考评达到的职务等级资格确定。

能力工资又可分为基础能力工资和特殊能力工资。基础能力是指员工履行某个岗位的职能所应具备的能力，通过工作分析可得出衡量基础能力的大致标准。特殊能力难以获得，在本质上具有一定特殊性，是能影响企业竞争优势的核心竞争能力。特殊能力工资给予的对象是企业的某种科技或经营管理方面的专门人才。

表 4-4 是某制造公司管理系列员工的能力工资标准表。

表 4-4　　某制造公司能力工资标准表　　单位：元

管理系列	工资标准									
	1	2	3	4	5	6	7	8	9	10
高级管理人员						1 700	2 200	2 700	3 200	4 000
中级管理人员				900	1 300	1 700	2 100	2 500		
初级管理人员		500	800	1 100	1 400					
一般管理人员	300	500	700							

三、职能型工资制的优缺点

1. 职能型工资制的优点

（1）有利于员工提高技能和能力。技术工资制和能力工资制会鼓励员工不断学习，使自己的技能、能力素质不断提高。

（2）人员配置灵活，促进员工快速成长。由于根据人的技能（能力）来确定工资，可以灵活配置员工，对于岗位轮换比较频繁的企业有较大好处：任务分派不受岗位职责限制，更有利于将任务指派给合适的人去做；可以充分提倡“能者多劳”的精神，有利于进行人员精简；鼓励员工掌握多种技能（能力），可以扩展和丰富员工的工作内容，使员工快速成长。

（3）组织扁平化，提高组织效率。根据技能（能力）定酬，员工工资的增长与员工技能（能力）有关，同时可以将决策权授予最有技能（能力）的员工而不必在意其等级。在这种情况下，员工的关注点在于个人以及团队技能（能力）的提高，而不仅仅是自己的岗位等级，因此可以促进组织结构扁平化，提高组织运作效率。

2. 职能型工资制的缺点

（1）会引发员工不公平感。如果两个人从事同样的工作，只因为其中一个人掌握更多的技能而得到更多的报酬，会使另外一个人产生严重的不公平感，这会影响员工的工作积极性。

（2）影响员工本职工作，降低工作效率。由于鼓励员工提高多种工作技能，可能会使基层员工忽视本职工作，使个人工作效率降低，从而影响组织绩效。

（3）基于员工的薪酬体系建立和维护技术工资制和能力工资制是一项非常复杂的工作，是对企业人力资源管理的巨大挑战。一方面，技能（能力）并不等同于现实的业绩，如果实施技能（能力）薪酬，将导致人工成本增长超过企业现实业绩增长，以至于企业无法承受；另一方面，技能的鉴定和能力的评价带有主观性，这可能会影响内部公平，不像岗位工资制那样易于被员工接受。

四、职能型工资制的实施步骤

1. 确定企业的核心技能（能力）要求

根据企业的发展战略和经营目标，确定企业的核心技能（能力）要求，即企业员工需要具备的关键技能。同时，对这些关键技能（能力）进行描述、分类、整理，形成企业关键技能（能力）要求体系，并进行等级划分。

2. 员工技能（能力）评价与定级

企业对员工的实际技能（能力）进行评价，可以通过员工获得的技能（能力）证明、企业组织的技能（能力）测定、实际工作评估等多种途径来进行。相对而言，员工的技能（能力）证明只能作为参考，如员工的学历证明、职业资格考试证明、技能比赛证明等；而企业组织的技能（能力）测评可以比较直接地检测出员工的实际技能

（能力）情况，但必须确保测评的权威性和公平性。实际工作评估则是最直接的测评方式，因为员工的技能（能力）还是要在实践工作中使用，只有经过实践工作的检验，员工技能（能力）才能真正形成企业的核心技能（能力）。

3. 根据员工的技能（能力）确定工资水平

在确定了企业核心技能（能力）和员工的实际技能（能力）后，就要根据员工的技能（能力）情况来确定工资水平了。同样，也要考察外部市场的薪酬水平，尤其是主要竞争对手的薪酬情况，并考虑企业薪酬策略和工资总额对员工实际支付水平的影响。

4. 有计划地开发与提升员工技能（能力）水平

企业不仅要在观念上重视员工技能（能力）的开发，还要有实际的支出用于员工技能（能力）开发投入。企业在员工的招聘、选拔、绩效考核等环节，要围绕技能（能力）来落实企业管理，推进建设学习型组织，以促进企业整体技能（能力）水平的提升。

5. 企业核心技能（能力）要求的定期更新和员工技能（能力）的定期评估

随着企业的发展，企业的业务、策略也都在不断调整之中，企业的核心技能（能力）要求应不断更新与提升。同时，也要对员工的实际技能（能力）进行定期评估，以保证技能（能力）工资系统的有效性。

业务演练

任务：职能型工资制改革

【案例】

GZ 公司是一家具有 60 多年历史的大型国有制造企业，主营业务为工程机械产品制造，人员规模为 2 000 余人，主要面对华北和西北市场。由于中国工程机械市场在近几年爆发性增长，企业销售规模增长迅速，成为行业内领先品牌。然而，在风光的销售业绩的背后，是企业内部管理不断出现问题，其中最突出的就是薪酬问题。该企业目前有以下几种工资制度，适用于不同类型的岗位。

职能部门采用的是岗位工资制度：月固定工资+月绩效工资。每月发放的工资中有 20%左右和个人绩效考核结果挂钩。

技术部门的工资结构是：基本工资+岗位工资+项目奖金。

车间工人采用的是计时计件工资制度：档案工资+计件/计时奖金。

随着企业的不断发展，高学历、高素质的员工越来越多，企业对产品研发、市场销售人员的技能要求越来越高。人力资源部经理开始思考起关于职能工资制的问题，希望通过职能工资体系来促进员工提升个人技能的主动性，推动学习型组织的建立。因此，人力资源部经理分别与研发部经理、经营部部长、生产副总、常务副总四位领导进行了沟通，听取了他们的意见。以下是他们的意见整理。

研发部经理：我是比较赞成采用职能型工资制的。听说很多国际大公司研发部门都用的是职能型工资体系。由于知识产品本身就难以量化和测量，导致了知识工作者在实践中的报酬决定因素也往往难以比较和测量。你说我们研发部的员工怎么考核？现在我们根据研发项目来发放绩效工资和奖金。大家都抢着把各种技术改进、产品开发工作立项，然后尽快把项目完成，好再去做下一个项目。做的项目越多，肯定项目奖金拿的越多。但是，有多少项目是高质量完成的？说是产品开发，其实都是小修小改就结束了。我们大吨位的产品搞了那么长时间，都出不来，为什么？就是因为难啃的骨头没有人啃。在技术部门，我也说不清谁的贡献大、谁的贡献小。其实，项目奖金拿的多的不一定是真有本事的，因为真正致力于研发的员工往往是拿不到那么多奖金的。为什么？因为创新是有风险的，不失败几次哪里能出东西。项目失败怎么还会有奖金，不倒扣就不错了。没有人愿意去啃难啃的骨头。我们目前的激励机制并没有真正鼓励创新活动，也没有激励到那些真正有想法、有能力、肯贡献的员工。还有，我们部门的大部分都是硕士、博士。读了这么多年的书、做了这么多研究，但是招聘进来以后，学历津贴也就比本科生多100元。如果不算项目奖金，每月的基本工资比老员工低很多。虽然有项目奖金，使这些高学历的员工每月的现金收入和一线生产、销售差不多，但这些人更需要的是认可。学历津贴只多100元，实际就表示企业只认为他们和其他人员只有100元的能力差距。如果采用技能工资制，可能就能够解决这个问题。

经营部部长：我认为这个工作难度较大。比如说，在操作职能型工资制时，怎么能确定这个岗位需要哪些技能？能力这个东西，太抽象了。我们怎么判定某个员工是几级能力？这个能力值多少钱呢？判定的标准又是什么？还有，这些知识、能力对企业有没有用，有没有为企业创造效益，这些都应该考虑。如果你能力强，对企业又有用，那自然在你的绩效成果里面会体现出来，我就按照你创造的成果给你激励，就不需要按你的技能水平给你激励了。如果你能力强，但在绩效里面没有反映出来，就说明你的能力对企业没有作用，我为什么要激励你？

生产副总：我是听说职能型工资制比较适合高科技企业，如IT研发人员。是否能够用在我们这种制造型企业，还不太清楚。就像刚才研发部经理说的那样，高学历、高素质的科研人员一方面很难进行有效的绩效考核，一方面需要进行技能评定让他们感到被尊重。但是，对于企业其他员工，是否有必要采用职能型工资制？我们目前有几类不同特征的岗位，比如说车间的一线工人、职能部门管理人员、中高层管理人员、技术人员、职能专业人员（如会计）。职能型工资制是否适合所有的这些岗位，还是只适用于技术人员？车间的工人和职能部门的员工能不能用职能型工资制度呢？

常务副总：如果所有员工都采用职能型工资制，是不是就等于薪酬政策向年轻、高素质、高学历的员工倾斜？众所周知，论学历、论能力，老员工肯定比不上新员工。但是，这些老员工的经验丰富，对企业内部熟悉，对企业忠诚，也为企业做出了很大的历史贡献，这些也是年轻员工比不上的。如果采用职能型工资制，会不会打击老同志的工作积极性，这也是要考虑的问题。还有一个就是如何让培训体系跟上的问题。用职能型工资制可以鼓励员工加强学习动力，自主学习，有助于企业内部培养员工，这是一件好事。但是，如果你一方面激励员工要去学习，提升能力，另一方面却又不给员工创造学习的机会，那么，这个体系建设就是枉然。还有，用了职能型工资制，还要不要进行绩效考核？职能型工资制能和绩效考核结果挂钩吗？如果挂钩，怎么挂？

【任务】

1. 你认为 GZ 公司适合实行职能型工资制吗？说出你的理由。

2. 如果该公司总经理决定实行职能型工资制改革，你能否给些建议？

任务四　认知组合型工资制

知识准备

一、组合型工资制的定义及特点

组合型工资制也称结构型工资制或多元型工资制，是把影响和决定劳动者工资的各种主要因素分解开来，然后根据各因素分别设置工资标准的一种工资制度。组合型工资制按不同的比例，将员工的工资划分为若干独立的部分，它们共同组成一个薪资综合体。

表 4-5 是某公司组合型工资制的各部分工资比例配置表，供参考。

表 4-5　　　　某公司工资比例配置表

项目 \ 部门	综合管理部		市场销售部		产品研发部		客户服务部	
	经理	员工	经理	员工	经理	员工	经理	员工
基本工资	25%	45%	20%	21%	20%	40%	25%	38%
岗位工资	32%	26%	22%	10%	27%	16%	20%	16%
津贴补助	8%	5%	8%	5%	8%	5%	8%	5%
固定薪酬所占比例	65%	76%	50%	36%	55%	61%	53%	59%
季度奖	13%	8%	18%	30%	20%	15%	22%	18%
年度奖	22%	16%	32%	34%	25%	24%	25%	23%
浮动薪酬所占比例	35%	24%	50%	64%	45%	39%	47%	41%

二、组合型工资制的常见组成

组合型工资制所包括的具体工资内容设计比较灵活，没有固定的要求，往往由各个企业根据自身情况确定，既可以按功能划分，也可以按激励程度划分，还可以按岗位划分。一般来说，组合型工资制主要包括基本工资、岗位工资、技能（能力）工资、绩效工资、年资工资等工资单元。需要说明的是，这不代表所有采用组合型工资制的企业都选用了上述所有的工资单元，而是说其工资来源于这几个工资单元中的某几种。

1. 基本工资

基本工资，有的企业也称基础工资，其设定一般是为了保障员工的基本生活需要，因此基本工资的金额一般不会太高，在工资中的绝对比例也不会太大。基本工资可以根据岗位等级确定，也可以根据工资总额的某一比例确定。根据岗位等级确定时，最低额度可以参考当地最低工资标准制定。根据工资总额确定某一比例时，可以根据激励的需要确定，比例越大，稳定性越高，激励性越小。

2. 岗位工资

岗位工资是根据企业的职位或岗位而确定的工资。一般来说，企业会通过工作分析、工作评价对企业所有的工作进行评定，并据此形成企业的岗位等级。依据岗位等级确定的工资即构成组合型工资制的岗位工资单元，它激励员工努力提高自身技能、尽力完成岗位工作要求。岗位工资可以分为一岗一薪制和一岗多薪制两种，即每个岗位对应固定的工资标准，或者每个岗位对应多个工资标准。

3. 技能（能力）工资

技能（能力）工资是根据员工的技能或能力而确定的工资。企业根据员工自身所具备的技能或能力来确定技能（能力）工资。在知识型企业以及以人力资源为核心资源的企业中，技能（能力）工资所占的比例会比较高。

4. 绩效工资

绩效工资是企业根据员工的实际工作业绩而支付给员工的工资。工资的作用在于激励员工努力提升业绩，为企业多做贡献，员工也获得更多的工资。绩效工资可分为个人绩效工资和团队绩效工资，也可以用提成、奖金、浮动工资等形式发放。绩效工资一般上不封顶、下不保底。

5. 年资工资

年资工资也称年功工资或工龄工资，是根据员工在企业的工作年限而确定的一种工资形式，它主要用来鼓励员工长期为企业服务。此外，它也可以作为补偿老员工工资差额的一种方法。年资工资有的按照固定金额发放，有的按照工资的一定比例发放。按照固定金额发放的，一般随着年数的增加而增加；按照工资的一定比例发放的，可以按照固定比例或者年数调整。

在组合型工资制中，除了以上常见的工资组成外，各个企业可能还会根据自身业务性质、岗位工作条件以及企业财力，设置一些其他的工资内容，如各种特殊津贴、驻外工资等。

三、组合型工资制的典型形式——3P 薪酬体系

1. 3P 薪酬体系的特点

3P 薪酬体系也称岗位资质绩效工资制，是组合型工资制中比较典型的一种形式，其岗位工资由岗位资质工资（岗位工资中的固定部分）和岗位绩效工资（岗位工资中的浮动部分）组成。3P 薪酬体系以“按岗位（Position）定酬、按资质（Person）定酬、按绩效（Performance）付酬”为主线进行设计。

（1）按岗位定酬

按岗位定酬是指按照员工任职的岗位等级决定工资等级，员工岗变薪变，岗位等级通过岗位评价确定。

（2）按资质定酬

按资质定酬是指根据职工个人资质条件（如专业技术/技能等级、技术年限或任职年限、工龄等）确定岗位资质工资档次。

综上，岗位资质工资标准按“一岗多薪”宽带设计。同一等级的员工，应当在按岗位定酬的基础上，再按人的资质定酬：技术职称/学历高的、工龄长的、经验丰富

的，纳入高档次工资标准；反之，纳入低档次工资标准。

（3）按绩效付酬

按绩效付酬强调的是工资组成中的岗位绩效标准，不能按标准固定支付，要与公司、部门、本岗位任职人员的绩效实现程度相联系。

一般来说，岗位绩效工资按“一岗一薪”窄带设计，纵向体现岗位的价值。当然，也有按“一岗多薪”设计的。

2. 案例示范

为了更好地说明3P薪酬体系的设计思路，特列出以下K公司岗位资质绩效工资制方案，供参考。

案例4-2

K公司岗位资质绩效工资制方案（摘录）

第二章　岗位资质工资

第九条　岗位资质工资等级

岗位资质工资等级根据职工任职的岗位等级确定。

岗位资质工资等级由公司岗位评价委员会按照《K公司岗位评价标准体系》，通过实施岗位评价评定。

《K公司岗位等级序列表》见附表1。

第十条　岗位资质工资标准

岗位资质工资是工资构成中的相对固定部分。

岗位资质工资标准实行“一岗多薪”制。档差按岗位资质工资基准线的5%设计。

岗位资质工资标准，纵向以岗位等级为基础，体现岗位的价值；横向以个人岗位资质为依据，体现员工个人人力资本的价值。

《K公司岗位资质工资标准表》见附表2。

第十一条　纳入岗位资质工资等级的办法

所有人员按照所任岗位评定的岗位等级，直接进入与本岗位等级相对应的工资等级。

第十二条　纳入岗位资质工资档次的办法

员工纳入工资档次的步骤和办法是：

（一）按照K公司规划发展战略的要求，明确每个岗位等级任职的专业技术资格等级或技术等级要求。

（二）正好符合任职专业技术资格等级或技术等级要求的，纳入岗位资质工资的4档工资标准。其中中层管理人员纳入5档。

（三）低于任职专业技术资格等级或技术等级条件的，低纳工资档次。

（四）高于任职专业技术资格条件或技术等级条件的，高纳工资档次。

（五）员工具有专业技术等级或技术等级的，按专业技术年限或技术年限增加工资档次；没有专业技术等级或技术等级的，按改制后的本企业工龄纳入工资档次。

《K公司岗位资质工资档次纳入表》见附表3。

（六）在按前述纳入工资档次的基础上，对于具有二级建造师认证的人员，高纳一个工资档次；具有一级建造师认证的人员，高纳两个工资档次。

（七）对于有学历，没有专业技术资格的人员，暂按视同对待：（1）高中、中专、中技毕业三年以上，大专毕业一年以上的，视同员级或中级工；（2）本科毕业一年以上的，视同助理级或高级工。

第十三条　纳入岗位资质工资档次若干问题的处理

（一）纳入工资档次专业技术年限或技术年限，从取得相应的专业技术资格或技术等级的当年算起。

（二）纳入工资档次的本企业工龄从K公司改制的当年算起，即从2005年算起。

（三）员工按照高一技术等级纳入的工资档次，低于按照低一技术等级纳入的工资档次的，按照就高等级纳入。

（四）按照学历和毕业年限视同专业技术资格的人员，其毕业年限，第一年按周年处理；满一周年以后，按虚年计算。

（五）实行“老人老办法”，对老人给予一定的保护。“老人”为2005年参加改制的人员，“老人”在按照本方案纳入新工资标准后，每月岗位资质工资与岗位绩效工资之和低于2006年每月四项工资（岗位职务工资+年功工资+职称津贴+住房补贴）之和的，或者在2006年每月四项工资基础上每月增加工资不到50元的，一律增加到每月50元。

第三章　岗位绩效工资

第十四条　岗位绩效工资等级

岗位绩效工资等级见附表1。

第十五条　岗位绩效工资标准

岗位绩效工资标准实行“一岗一薪”制，即每个岗位等级只有一个工资标准。

岗位绩效工资标准见附表2。

各等级月岗位资质工资和岗位绩效工资各自占岗位工资的比例见下表。

各等级月岗位资质工资和岗位绩效工资各自占岗位工资的比例

岗位等级	岗位资质工资占岗位工资比例	岗位绩效工资占岗位工资比例	岗位资质工资+岗位绩效工资
一至二	70%	30%	100%
三至五	65%	35%	100%
六至八	60%	40%	100%
九至十二	55%	45%	100%
十三至十六	50%	50%	100%

附表1　　K公司岗位等级序列表

岗位等级	01 开发部	02 经营部	03 工程部	04 财务部	05 人保部	06 党群部
一					炊事员，话务员，警卫，卫生工	
二					通信管理员，食堂管理员	
三						
四			试验员	出纳，档案管理		
五	开发管理员	成本会计，物资管理员	计划统计员，设备管理员，工程维修管理员，贯标管理员，工程劳务管理员		消防干事，调配管理员，武装干事，后勤管理员	宣传干事，综合干事，组织干事

续表

岗位等级	01 开发部	02 经营部	03 工程部	04 财务部	05 人保部	06 党群部
六	投标管理员	预算员		会计核算	干部管理员，工资管理员	
七			电气质检员，土建质检员，水暖质检员	成本管理		
八	开发主管		试验主管			
九		清欠副部长，预算主管	安全主管			
十			土建工程师，水暖工程师，电气工程师			纪检副部长，工会副部长
十一			贯标副部长	业务副部长，管理副部长	副部长	
十二		预算副部长	技术副部长			
十三						部长
十四	部长	部长		部长	部长	
十五			部长			
十六						

附表 2　　K 公司岗位资质绩效工资标准表　　单位：元/月

工资等级	工资标准	级差	岗位资质工资档差	岗位资质工资标准档次												岗位绩效工资标准	绩效工资系数
				1	2	3	4	5	6	7	8	9	10	11	12		
一	1 400	—	50	630	680	730	780	830	880	930	980	1 030	1 080	1 130	1 180	420	1
二	1 500	100	55	665	720	775	830	885	940	995	1 050	1 105	1 160	1 215	1 270	450	1.07

续表

工资等级	工资标准	级差	岗位资质工资档差	岗位资质工资标准档次												岗位绩效工资标准	绩效工资系数
				1	2	3	4	5	6	7	8	9	10	11	12		
三	1 700	200	55	718	774	829	884	939	995	1 050	1 105	1 160	1 216	1 271	1 326	595	1. 42
四	1 900	200	60	815	875	935	995	1 055	1 115	1 175	1 235	1 295	1 355	1 415	1 475	665	1. 58
五	2 100	200	65	805	870	935	1 000	1 065	1 130	1 195	1 260	1 325	1 390	1 455	1 520	840	2. 00
六	2 400	300	70	950	1 020	1 090	1 160	1 230	1 300	1 370	1 440	1 510	1 580	1 650	1 720	960	2. 29
七	2 800	400	85	1 085	1 170	1 255	1 340	1 425	1 510	1 595	1 680	1 765	1 850	1 935	2 020	1 120	2. 67
八	3 000	200	90	1 170	1 260	1 350	1 440	1 530	1 620	1 710	1 800	1 890	1 980	2 070	2 160	1 200	2. 86
九	3 200	200	90	1 130	1 220	1 310	1 400	1 490	1 580	1 670	1 760	1 850	1 940	2 030	2 120	1 440	3. 43
十	3 400	200	95	1 205	1 300	1 395	1 490	1 585	1 680	1 775	1 870	1 965	2 060	2 155	2 250	1 530	3. 64
十一	3 900	500	110	1 375	1 485	1 595	1 705	1 815	1 925	2 035	2 145	2 255	2 365	2 475	2 585	1 755	4. 18
十二	4 100	200	115	1 450	1 565	1 680	1 795	1 910	2 025	2 140	2 255	2 370	2 485	2 600	2 715	1 845	4. 39
十三	4 300	200	110	1 380	1 490	1 600	1 710	1 820	1 930	2 040	2 150	2 260	2 370	2 480	2 590	2 150	5. 12
十四	4 600	300	115	1 495	1 610	1 725	1 840	1 955	2 070	2 185	2 300	2 415	2 530	2 645	2 760	2 300	5. 48
十五	5 200	600	130	1 690	1 820	1 950	2 080	2 210	2 340	2 470	2 600	2 730	2 860	2 990	3 120	2 600	6. 19
十六	6 000	800	150	1 950	2 100	2 250	2 400	2 550	2 700	2 850	3 000	3 150	3 300	3 450	3 600	3 000	7. 14

注：本表月岗位工资标准=岗位资质工资标准（8 档）+岗位绩效工资标准。

附表 3　　　　K 公司岗位资质工资档次纳入表

岗位等级	专业技术/技术等级要求	任职人员实际具备专业技术/技术等级	专业技术/年限/工龄	专业技术/年限/工龄	专业技术/年限/工龄
			4 年以下/5 年以下	5~8 年/6~10 年	9 年以上/11 年以上
一级 二级	初级工	普通工	3	4	5
		初级工及以下	4	5	6
		员级/中级工	5	6	7
		助理级/高级工	6	7	8
		中级/技师	8	9	10
三级 四级	员级， 中级工	初级工及以下	3	4	5
		员级/中级工	4	5	6
		助理级/高级工	6	7	8
		中级/技师	8	9	10

续表

岗位等级	专业技术/技术等级要求	任职人员实际具备专业技术/技术等级	专业技术/年限/工龄	专业技术/年限/工龄	专业技术/年限/工龄
			4 年以下/5 年以下	5~8 年/6~10 年	9 年以上/11 年以上
五级 六级 七级 八级 九级	助理级，高级工	初级工及以下	2	3	4
		员级/中级工	3	4	5
		助理级/高级工	4	5	6
		中级/技师	6	7	8
		高级/高级技师	8	9	10
十级 十一级 十二级 十三级 十四级 十五级 十六级	中级，技师	初级工及以下	1	2	3
		员级/中级工	2	3	4
		助理级/高级工	3	4	5
		中级/技师	5	6	7
		高级/高级技师	7	8	9
		正高级	8	9	10

案例来源：肖红梅，康锋．薪酬管理业务综合训练［M］．上海：复旦大学出版社，2013.

四、组合型工资制的优缺点

1. 组合型工资制的优点

（1）具有很强的灵活性

组合型工资制吸收了职位型工资制与职能型工资制的优点，还专门引入了绩效工资单元，其各个工资单元分别对应体现劳动结构的不同形态和要素，因而比较全面地反映了按岗位、按技术、按劳分配的原则，能一定程度上调动员工的积极性，促进企业生产经营的发展和经济效益的提高。

（2）适用范围广

组合型工资制有利于实行工资的多元化管理，避免了其他工资制度单一、僵化的缺点，为企业提供了多种选择。因此，组合型工资制能够适应各行业、各企业的不同特点。

2. 组合型工资制的缺点

（1）设计的专业性要求高

组合型工资制由多个工资单元组成，每个工资单元的设计、彼此之间的比例关系、相互的关联，以及根据不同岗位、不同阶段、不同目标进行重新设计等工作专业性要求非常高，必须有高级专业人员才能设计适用于企业的组合工资系统，否则，仅仅照搬或者全部选择执行，反而不一定能够达到良好的激励员工的效果。

（2）日常管理中难度大

组合型工资制由于工资单元较多，并且各自独立运行，这就要求在日常的工资管理中分工资单元执行、维护与更新，薪酬的日常管理工作系统性强且比较复杂，必须配置专业人员才能保证执行的有效性。

从表面上看，组合型工资制是几种工资制度中效果最优的一种，它兼顾了灵活性与平衡性、保障性与激励性。但在企业管理实践中，过于复杂的组合型工资制往往不能实现设计的初衷。员工入职前，往往只关心最终能拿到多少工资而不清楚工资构成和工资计算过程。

五、组合型工资制的实施步骤

1. 全面分析与评估企业业务、岗位和人员情况

首先，要对企业的业务特点进行分析。分析企业业务是劳动密集型业务、技术密集型业务还是资本密集型业务等；分析企业业务的核心竞争力，以及在业务运行过程中的主要资源分配。

其次，要对所有岗位进行分析和评价。通过工作分析，了解企业中所有岗位所需的技能、所要承担的责任、任职资格条件等。在工作分析的基础上，通过对所有岗位进行分类、分级、分等，最终确定各个岗位在企业内的相对价值，形成岗位等级。

最后，还要对人员情况进行评估。对全体员工的学历、职称、技术技能等级、工龄、任职年限、业绩状况等详细信息进行统计分析，这是设计组合型工资制的基础。

2. 设计组合型工资方案

组合型工资方案要明确各个工资单元的选择、彼此的关系、占总体的比例以及每个工资单元的管理模式。

首先，确定组合型工资制中的各个工资单元。明确每个工资单元的选择目标是什么，是为了解决什么问题，或者会对员工产生哪些激励与保障。

其次，确定各工资单元的比例。反映企业核心竞争力的工资单元所占的比例应比较高，各个工资单元所占的百分比加起来是100%，各个单元工资额=工资总额×该工资单元所占百分比。

最后，明确每个工资单元的管理模式。例如，基本工资是为了保障员工的基本生

活，设置的等级参考岗位等级；制定绩效工资时需要明确考核的标准、与业绩挂钩的比例等。

3. 试点并调整组合型工资方案

根据初期设计的组合型工资方案，在企业内进行试点，试点的目标是保证组合型工资制能够真正与业务管理相结合，达到激励员工的目标。同时，在试点中可以摸索工资管理的具体流程、细节，保证大范围实施时的成功率。企业根据试点情况，对组合型工资制方案进行进一步的调整。

4. 实施组合型工资方案

在实施组合型工资制方案时，要密切关注企业整体实施组合型工资制方案后的人工成本总额情况、实施过程中存在的问题以及实施后的激励效果。企业应根据员工的变化情况和各个工资单元的执行情况对组合型工资总额的变化趋势和人员流动情况作出预测。

5. 不断完善与调整组合型工资制

企业要根据执行情况，定期对组合工资制中的工资单元、比例结构、具体金额、执行流程、激励作用等进行监控，并根据企业业务管理和发展情况不断调整与完善。

业务演练

任务：3P 薪酬体系认知

精读本节教材中案例《K 公司岗位资质绩效工资制方案（摘录）》，厘清案例中附表 1、附表 2、附表 3 的内在联系，并试着找出 K 公司以下两位职员的岗位资质工资标准和岗位绩效工资标准分别为多少？

1. 03 工程部技术副部长：高级工程师（高级）任职 3 年，本企业工龄 5 年，拥有一级建造师证书。

2. 05 人保部工资管理员：经济师（中级）任职 1 年，本企业工龄 4 年。

任务五 了解事业单位岗位绩效工资制

知识准备

一、事业单位工作人员工资制度沿革

1. 事业单位的定义与特征

事业单位是指国家为了社会公益目的，由国家机关或者其他组织利用国有资产举办的，从事教育、科技、文化、卫生等活动的社会服务组织。事业单位为社会提供公共事业产品，是保障国家政治、经济、文化生活正常运行的社会服务支持系统。事业单位属于非公共权力机构，接受政府领导，基本上由国家财政统一拨给各项事业经费。绝大多数事业单位是以脑力劳动为主体的知识密集型组织，专业人才是事业单位的主要人员构成。

按照《中共中央、国务院关于分类推进事业单位改革指导意见》，在清理规范基础上，按照社会功能将现有事业单位划分为承担行政职能、从事生产经营活动和从事公益服务三个类别。对承担行政职能的，逐步将其行政职能划归行政机构或转为行政机构；对从事生产经营活动的，逐步将其转为企业；对从事公益服务的，继续将其保留在事业单位序列、强化其公益属性。今后，不再批准设立承担行政职能的事业单位和从事生产经营活动的事业单位。同时，根据职责任务、服务对象和资源配置方式等情况，将从事公益服务的事业单位细分为两类：承担义务教育、基础性科研、公共文化、公共卫生及基层的基本医疗服务等基本公益服务，不能或不宜由市场配置资源的，划入公益一类；承担高等教育、非营利医疗等公益服务，可部分由市场配置资源的，划入公益二类。具体由各地结合实际研究确定。

2. 事业单位工资制度沿革

自 1956 年以来，我国事业单位工资制度改革经历了以下五个阶段。

（1）第一阶段（1956—1984 年）

1956 年 6 月，国务院通过了《关于工资改革的决定》，确立了国家机关、事业单位工作人员的职务等级工资制，以级别定工资。职务决定权责和任务，级别决定地位和

报酬。级别确定的依据一个是职务，另一个是资历，以参加革命时间来决定资历。这次工资改革实现了从供给制到货币制的跨越。

（2）第二阶段（1985—1992年）

1985年，中共中央、国务院印发了《国家机关和事业单位工作人员工资制度改革方案》。这次改革规定机关和事业单位人员工资由四部分组成：一是基础工资，所有人一样；二是职务工资，职务越高得到物质回报越多；三是工龄津贴，根据工作年限来定；四是奖励工资，奖励工作绩效好的工作人员。这次工资改革，职务工资所占比例较大，使得由原来的以级别定工资的职务等级工资制转到以职务工资为主要内容的结构工资制。

在这两个阶段，事业单位工作人员工资制度与公务员的工资制度完全一样。

（3）第三阶段（1993—2006年6月）

1993年，机关和事业单位工作人员工资制度开始分离。国务院发布了《关于机关和事业单位工作人员工资制度改革问题的通知》（国发〔1993〕79号），决定从1993年10月1日起，对机关和事业单位工作人员工资制度进行改革。根据事业单位工作特点的不同，其专业技术人员分别实行专业技术职务等级工资制、专业技术职务岗位工资制、艺术结构工资制、体育津贴奖金制和行员等级工资制五种不同类型的工资制度。以专业技术职务等级工资制为例：教育、科研、卫生、农业、林业、水利、气象、地震、设计、新闻、出版、广播电影电视、技术监督、商品检验、环境保护以及图书馆、博物馆、档案馆等事业单位的专业技术人员，根据工作性质接近，其水平、能力、责任和贡献主要通过专业技术职务来体现的特点，实行专业技术职务等级工资制。专业技术职务等级工资制在工资构成上，主要分为专业技术职务工资和津贴两部分。专业技术职务工资是工资构成中的固定部分和体现按劳分配的主要内容。专业技术职务工资标准是按照专业技术职务序列设置的，每一职务分别设立若干工资档次。津贴是工资构成中活的部分，与专业技术人员的实际工作数量和质量挂钩，多劳多得，少劳少得，不劳不得。

按照《国务院办公厅关于印发机关、事业单位工资制度改革三个实施办法的通知》（国办发〔1993〕85号），根据经费来源分类，不同类的事业单位固定工资部分、活的津贴部分执行不同的工资标准，见表4-6。

表4-6　各类事业单位固定工资部分与活的津贴部分组成一览表 单位：元/月

单位经费来源分类	固定部分比例和标准	活的部分比例和标准	合计
全额拨款单位 7∶3	70%	30%	100%
	500	210	710

续表

单位经费来源分类	固定部分比例和标准	活的部分比例和标准	合计
差额拨款单位 6：4	60%	40%	100%
	500	330	830
自收自支单位 5：5	50%	50%	100%
	500	500	1 000

（4）第四阶段（2006 年 7 月至 2014 年）

2006 年，人事部、财政部发布了《关于印发〈事业单位工作人员收入分配制度改革方案〉的通知》（国人部发〔2006〕56 号）、《关于印发〈事业单位工作人员收入分配制度改革实施办法〉的通知》（国人部发〔2006〕59 号），明确了事业单位实行岗位绩效工资制度，从 2006 年 7 月 1 日起施行。事业单位岗位绩效工资由岗位工资、薪级工资、绩效工资和津贴补贴四部分组成。

2014 年 2 月 26 日国务院第 40 次常务会议审议通过的《事业单位人事管理条例》（国务院令第 652 号）中提出，事业单位工作人员工资包括基本工资、绩效工资和津贴补贴，事业单位工资分配应当结合不同行业事业单位特点，体现岗位职责、工作业绩、实际贡献等因素。

（5）第五个阶段（2015 年至今）

2015 年 1 月 12 日，《国务院办公厅转发人力资源和社会保障部、财政部关于调整机关事业单位工作人员基本工资标准和增加机关事业单位离退休人员离退休费三个实施方案的通知》（国办发〔2015〕3 号）发布，决定从 2014 年 10 月 1 日起，调整机关事业单位工作人员基本工资标准。本次改革提高了事业单位工作人员基本工资标准。与此同时，也减少了事业单位工作人员绩效工资。

二、事业单位岗位绩效工资制改革

事业单位岗位绩效工资制改革自 2006 年 7 月 1 日开始，涵盖了前述的事业单位工资制度沿革的第四阶段、第五阶段。下面重点介绍改革的主要内容。

1. 事业单位岗位绩效工资的组成

事业单位岗位绩效工资由岗位工资、薪级工资、绩效工资和津贴补贴四部分组成，其中岗位工资和薪级工资为基本工资，其组成如图 4-1 所示。

（1）岗位工资

岗位工资主要体现工作人员所聘岗位的职责和要求。事业单位岗位分为专业技术

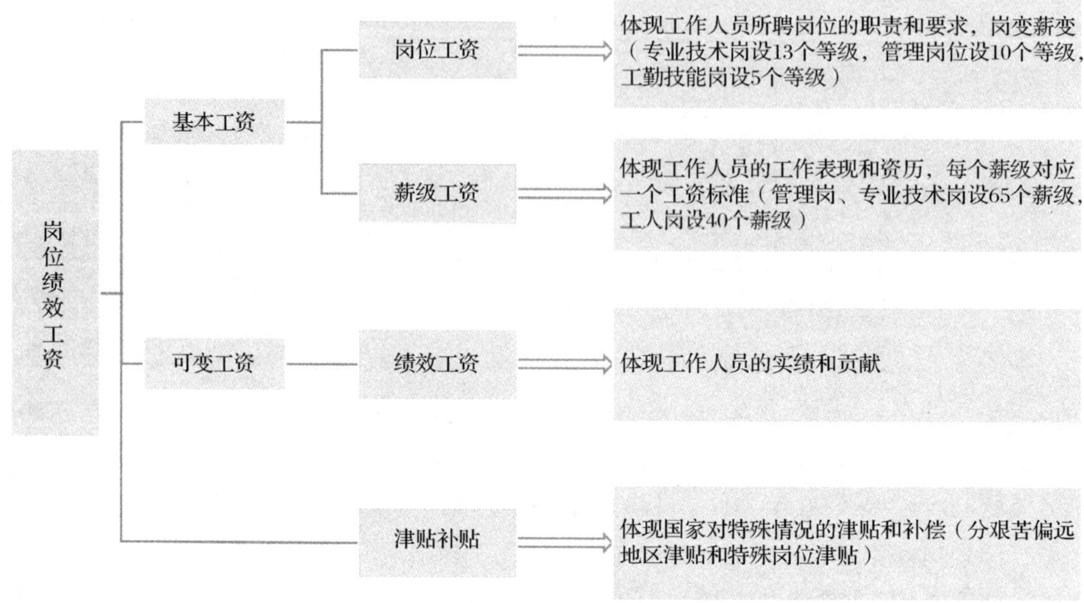

图 4-1　事业单位岗位绩效工资结构图

岗位、管理岗位和工勤技能岗位。专业技术岗位设置 13 个等级，管理岗位设置 10 个等级，工勤技能岗位分为技术工岗位和普通工岗位，技术工岗位设置 5 个等级，普通工岗位不分等级。2018 年 11 月 29 日，《国务院办公厅转发人力资源和社会保障部、财政部关于调整机关事业单位工作人员基本工资标准和增加机关事业单位离退休人员离退休费三个实施方案的通知》（国办发〔2018〕112 号），决定从 2018 年 7 月 1 日起，调整机关事业单位工作人员基本工资标准。本次调整后事业单位不同等级的岗位对应不同的工资标准，见表 4-7、表 4-8、表 4-9。工作人员按所聘岗位执行相应的岗位工资标准。

（2）薪级工资

薪级工资主要体现工作人员的工作表现和资历。对专业技术人员和管理人员设置 65 个薪级；对工人设置 40 个薪级，每个薪级对应一个工资标准。薪级工资标准见表 4-7、表 4-8、表 4-9，对不同岗位规定不同的起点薪级。工作人员根据工作表现、资历和所聘岗位等因素确定薪级，执行相应的薪级工资标准。

（3）绩效工资

绩效工资主要体现工作人员的实绩和贡献。国家对事业单位绩效工资分配进行总量调控和政策指导。事业单位在核定的绩效工资总量内，按照规范的程序和要求，自主分配。

表 4-7　　　　事业单位专业技术人员基本工资标准表　　　　单位：元/月

岗位工资		薪级工资									
岗位	工资标准	薪级	工资标准	薪级	工资标准	薪级	工资标准	薪级	工资标准	薪级	工资标准
一级	6 010	1	260	14	746	27	1 700	40	3 049	53	4 812
二级	4 650	2	286	15	800	28	1 790	41	3 168	54	4 969
三级	4 110	3	312	16	860	29	1 880	42	3 287	55	5 142
四级	3 530	4	338	17	920	30	1 979	43	3 406	56	5 315
五级	3 070	5	369	18	986	31	2 078	44	3 535	57	5 498
六级	2 710	6	400	19	1 052	32	2 177	45	3 664	58	5 681
七级	2 500	7	436	20	1 126	33	2 276	46	3 793	59	5 874
八级	2 200	8	472	21	1 200	34	2 385	47	3 934	60	6 067
九级	1 960	9	513	22	1 274	35	2 494	48	4 075	61	6 276
十级	1 810	10	554	23	1 356	36	2 603	49	4 216	62	6 485
十一级	1 640	11	600	24	1 438	37	2 712	50	4 357	63	6 714
十二级	1 620	12	646	25	1 520	38	2 821	51	4 498	64	6 943
十三级	1 510	13	692	26	1 610	39	2 930	52	4 655	65	7 204

说明：各专业技术岗位的起点薪级分别为一级岗位 39 级，二至四级岗位 25 级，五至七级岗位 16 级，八至十级岗位 9 级，十一至十二级岗位 5 级，十三级岗位 1 级。

表 4-8　　　　事业单位管理人员基本工资标准表　　　　单位：元/月

岗位工资		薪级工资									
岗位	工资标准	薪级	工资标准	薪级	工资标准	薪级	工资标准	薪级	工资标准	薪级	工资标准
一级	5 910	1	260	14	746	27	1 700	40	3 049	53	4 812
二级	4 780	2	286	15	800	28	1 790	41	3 168	54	4 969
三级	3 960	3	312	16	860	29	1 880	42	3 287	55	5 142
四级	3 360	4	338	17	920	30	1 979	43	3 406	56	5 315
五级	2 780	5	369	18	986	31	2 078	44	3 535	57	5 498
六级	2 360	6	400	19	1 052	32	2 177	45	3 664	58	5 681
七级	2 070	7	436	20	1 126	33	2 276	46	3 793	59	5 874
八级	1 840	8	472	21	1 200	34	2 385	47	3 934	60	6 067
九级	1 620	9	513	22	1 274	35	2 494	48	4 075	61	6 276
十级	1 510	10	554	23	1 356	36	2 603	49	4 216	62	6 485
		11	600	24	1 438	37	2 712	50	4 357	63	6 714
		12	646	25	1 520	38	2 821	51	4 498	64	6 943
		13	692	26	1 610	39	2 930	52	4 655	65	7 204

说明：各管理岗位的起点薪级分别为一级岗位 46 级，二级岗位 39 级，三级岗位 31 级，四级岗位 26 级，五级岗位 21 级，六级岗位 17 级，七级岗位 12 级，八级岗位 8 级，九级岗位 4 级，十级岗位 1 级。

表 4-9　　事业单位工人基本工资标准表　　单位：元/月

岗位工资		薪级工资							
岗位	工资标准	薪级	工资标准	薪级	工资标准	薪级	工资标准	薪级	工资标准
技术工一级	2 250	1	225	11	509	21	938	31	1 566
技术工二级	1 900	2	248	12	544	22	990	32	1 636
技术工三级	1 690	3	271	13	582	23	1 048	33	1 706
技术工四级	1 590	4	297	14	620	24	1 106	34	1 776
技术工五级	1 500	5	323	15	661	25	1 170	35	1 846
普通工	1 480	6	352	16	702	26	1 234	36	1 922
		7	381	17	746	27	1 298	37	1 998
		8	410	18	790	28	1 362	38	2 074
		9	442	19	838	29	1 426	39	2 150
		10	474	20	886	30	1 496	40	2 232

说明：各技术工岗位的起点薪级分别为一级岗位 26 级，二级岗位 20 级，三级岗位 14 级，四级岗位 8 级，五级岗位 2 级。普通工岗位的起点薪级为 1 级。

国办发〔2015〕3 号文决定从 2014 年 10 月 1 日起，提高事业单位工作人员基本工资标准，减少事业单位工作人员绩效工资。事业单位工作人员每月绩效工资减少额度，见表 4-10。

表 4-10　　事业单位工作人员绩效工资减少额度　　单位：元/月

专业技术人员		管理人员		工人	
岗位等级	减少额度	岗位等级	减少额度	岗位等级	减少额度
一级	655	一级	650	技术工一级	360
二级	555	二级	590	技术工二级	310
三级	515	三级	530	技术工三级	280
四级	485	四级	480	技术工四级	240
五级	450	五级	430	技术工五级	210
六级	415	六级	380	普通工	210
七级	390	七级	330		
八级	340	八级	290		
九级	325	九级	250		
十级	300	十级	220		
十一级	275				
十二级	250				
十三级	220				

事业单位实行绩效工资后，取消现行年终一次性奖金，将一个月基本工资的额度以及地区附加津贴纳入绩效工资。

（4）津贴补贴

事业单位津贴补贴分为艰苦边远地区津贴和特殊岗位津贴补贴。

艰苦边远地区津贴主要是根据自然地理环境、社会发展等方面的差异，对在艰苦边远地区工作生活的工作人员给予适当补偿。艰苦边远地区的事业单位工作人员，执行国家统一规定的艰苦边远地区津贴制度。执行艰苦边远地区津贴所需经费，属于财政支付的，由中央财政负担。2018 年，人力资源社会保障部、财政部联合印发《关于调整艰苦边远地区津贴标准的通知》（人社部规〔2018〕1 号），从 2017 年 1 月 1 日起（这里指的是执行从此时间点开始补发），调整艰苦边远地区津贴一至六类区标准（见表 4–11），符合条件的地区全国共 984 个。目前，一些省已经开始执行。

表 4–11　　事业单位工作人员艰苦边远地区津贴　　单位：元/月

岗位等级＼标准	一类区	二类区	三类区	四类区	五类区	六类区
一级专业技术岗位 一级至二级管理岗位	370	585	1 020	1 880		
二级至四级专业技术岗位 三级至四级管理岗位	325	505	840	1 530	2 630	4 160
五级至七级专业技术岗位 五级至六级管理岗位	280	440	710	1 280	2 280	3 700
八级至十级专业技术岗位 七级至八级管理岗位 一级至二级技术工岗位	235	380	615	1 100	2 030	3 320
十一级以下专业技术岗位 九级至十级管理岗位 三级及以下技术工岗位和普通岗位	185	320	545	1 000	1 870	3 120

注：一类区至六类区按国人部发〔2006〕61 号文中关于艰苦边远地区范围和类别的规定执行。

特殊岗位津贴补贴主要体现对事业单位苦、脏、累、险及其他特殊岗位工作人员的政策倾斜。国家对特殊岗位津贴补贴实行统一管理。

2. 纳入新工资标准的办法

事业单位从 2006 年 7 月 1 日开始施行岗位绩效工资制度。对于在 2006 年 7 月 1 日前进入事业单位工作的人员，必然涉及工资套改的问题。国人部发〔2006〕59号文规定了其纳入新工资标准的办法，主要内容如下。

（1）套改岗位工资

1）专业技术人员。专业技术人员按本人现聘用的专业技术岗位，执行相应的岗位工资标准。具体办法是：聘用在正高级专业技术岗位的人员，执行一至四级岗位工资标准，其中执行一级岗位工资标准的人员，需经人事部批准；聘用在副高级专业技术岗位的人员，执行五至七级岗位工资标准；聘用在中级专业技术岗位的人员，执行八至十级岗位工资标准；聘用在助理级专业技术岗位的人员，执行十一至十二级岗位工资标准；聘用在员级专业技术岗位的人员，执行十三级岗位工资标准。

在事业单位按国家有关规定设置专业技术岗位并完成岗位聘用前，专业技术人员岗位工资暂按以下办法执行：聘为正高级专业技术职务的人员，执行四级岗位工资标准；聘为副高级专业技术职务的人员，执行七级岗位工资标准；聘为中级专业技术职务的人员，执行十级岗位工资标准；聘为助理级专业技术职务的人员，执行十二级岗位工资标准；聘为员级专业技术职务的人员，执行十三级岗位工资标准。待完成规范的岗位设置并按规定核准后，专业技术人员再按明确的岗位等级执行相应的岗位工资标准。

2）管理人员。管理人员按本人现聘用的岗位（任命的职务）执行相应的岗位工资标准。具体办法是：聘用在部级正职岗位的人员，执行一级职员岗位工资标准；聘用在部级副职岗位的人员，执行二级职员岗位工资标准；聘用在局级正职岗位的人员，执行三级职员岗位工资标准；聘用在处级正职岗位的人员，执行五级职员岗位工资标准；聘用在处级副职岗位的人员，执行六级职员岗位工资标准；聘用在科级正职岗位的人员，执行七级职员岗位工资标准；聘用在科级副职岗位的人员，执行八级职员岗位工资标准；聘用在科员岗位的人员，执行九级职员岗位工资标准；聘用在办事员岗位的人员，执行十级职员岗位工资标准。

3）工人。工人按本人现聘用的岗位（技术等级或职务）执行相应的岗位工资标准。具体办法是：聘用在高级技师岗位的人员，执行技术工一级岗位工资标准；聘用在技师岗位的人员，执行技术工二级岗位工资标准；聘用在高级工岗位的人员，执行技术工三级岗位工资标准；聘用在中级工岗位的人员，执行技术工四级岗位工资标准；聘用在初级工岗位的人员，执行技术五级岗位工资标准；聘用在普通工岗位的人员，执行普通工岗位工资标准。

（2）套改薪级工资

工作人员按照本人套改年限、任职年限和所聘岗位，结合工作表现，套改相应的薪级工资（见表4-12、表4-13、表4-14、表4-15）。

表 4-12　事业单位专业技术人员薪级工资套改表

岗位	任职年限 \ 套改年限 / 薪级	3年以下	4年	5~6年	7~8年	9年	10~11年	12~13年	14年	15~16年	17~18年	19年	20~21年	22~23年	24年	25~26年	27~28年	29年	30~31年	32~33年	34年	35~36年	37~38年	39年	40~41年	42~43年	44年	45~46年	47~48年	49年	50~51年	52~53年	54年	55~56年	57~58年	59年以上
一级	15年以下																39	40	41	42	43	44	45	46	47	48	49	50	51	52	53	54	55	56	57	58
	16~20年																	41	42	43	44	45	46	47	48	49	50	51	52	53	54	55	56	57	58	59
	21年以上																		43	44	45	46	47	48	49	50	51	52	53	54	55	56	57	58	59	60
二级	2年以下									25	26	27	28	29	30	31	32	33	34	35	36	37	38	39	40	41	42	43	44							
	3~4年										27	28	29	30	31	32	33	34	35	36	37	38	39	40	41	42	43	44	45							
	5~6年											29	30	31	32	33	34	35	36	37	38	39	40	41	42	43	44	45	46							
三级	7~8年												31	32	33	34	35	36	37	38	39	40	41	42	43	44	45	46	47							
	9~10年													33	34	35	36	37	38	39	40	41	42	43	44	45	46	47	48							
四级	11~12年														35	36	37	38	39	40	41	42	43	44	45	46	47	48	49							
	13年以上															37	38	39	40	41	42	43	44	45	46	47	48	49	50							
五级	2年以下						16	17	18	19	20	21	22	23	24	25	26	27	28	29	30	31	32	33	34	35										
	3~4年							18	19	20	21	22	23	24	25	26	27	28	29	30	31	32	33	34	35	36										
	5~6年								20	21	22	23	24	25	26	27	28	29	30	31	32	33	34	35	36	37										
六级	7~8年									22	23	24	25	26	27	28	29	30	31	32	33	34	35	36	37	38										
	9~10年										24	25	26	27	28	29	30	31	32	33	34	35	36	37	38	39										
七级	11~12年											26	27	28	29	30	31	32	33	34	35	36	37	38	39	40										
	13年以上												28	29	30	31	32	33	34	35	36	37	38	39	40	41										
八级	2年以下			9	10	11	12	13	14	15	16	17	18	19	20	21	22	23	24	25	26	27	28	29	30	31										
	3~4年				11	12	13	14	15	16	17	18	19	20	21	22	23	24	25	26	27	28	29	30	31	32										
	5~6年					13	14	15	16	17	18	19	20	21	22	23	24	25	26	27	28	29	30	31	32	33										

续表

岗位	任职年限＼套改年限（薪级）	3年以下	4年	5~6年	7~8年	9年	10~11年	12~13年	14年	15~16年	17~18年	19年	20~21年	22~23年	24年	25~26年	27~28年	29年	30~31年	32~33年	34年	35~36年	37~38年	39年	40~41年	42~43年	44年	45~46年	47~48年	49年	50~51年	52~53年	54年	55~56年	57~58年	59年以上
九级	7~8年						15	16	17	18	19	20	21	22	23	24	25	26	27	28	29	30	31	32	33	34										
	9~10年							17	18	19	20	21	22	23	24	25	26	27	28	29	30	31	32	33	34	35										
十级	11~12年								19	20	21	22	23	24	25	26	27	28	29	30	31	32	33	34	35	36										
	13年以上									21	22	23	24	25	26	27	28	29	30	31	32	33	34	35	36	37										
十一级	2年以下		5	6	7	8	9	10	11	12	13	14	15	16	17	18	19	20	21	22	23	24	25	26	27	28										
	3~4年			7	8	9	10	11	12	13	14	15	16	17	18	19	20	21	22	23	24	25	26	27	28	29										
	5~6年				9	10	11	12	13	14	15	16	17	18	19	20	21	22	23	24	25	26	27	28	29	30										
十二级	7~8年					11	12	13	14	15	16	17	18	19	20	21	22	23	24	25	26	27	28	29	30	31										
	9~10年						13	14	15	16	17	18	19	20	21	22	23	24	25	26	27	28	29	30	31	32										
	11年以上							15	16	17	18	19	20	21	22	23	24	25	26	27	28	29	30	31	32	33										
十三级	3年以下	1	2	3	4	5	6	7	8	9	10	11	12	13	14	15	16	17	18	19	20	21	22	23	24	25										
	4~6年			4	5	6	7	8	9	10	11	12	13	14	15	16	17	18	19	20	21	22	23	24	25	26										
	7~9年					7	8	9	10	11	12	13	14	15	16	17	18	19	20	21	22	23	24	25	26	27										
	10~12年							10	11	12	13	14	15	16	17	18	19	20	21	22	23	24	25	26	27	28										
	13~15年								12	13	14	15	16	17	18	19	20	21	22	23	24	25	26	27	28	29										
	16年以上										15	16	17	18	19	20	21	22	23	24	25	26	27	28	29	30										

表 4-13　事业单位管理人员薪级工资套改表

岗位	任职年限＼套改年限	3年以下	4年	5~6年	7~8年	9年	10~11年	12~13年	14年	15~16年	17~18年	19年	20~21年	22~23年	24年	25~26年	27~28年	29年	30~31年	32~33年	34年	35~36年	37~38年	39年	40~41年	42~43年	44年	45~46年	47年以上
一级	3年以下																		46	47	48	49	50	51	52	53	54	55	56
	4~6年																			48	49	50	51	52	53	54	55	56	57
	7~9年																				50	51	52	53	54	55	56	57	58
	10~12年																					52	53	54	55	56	57	58	59
	13年以上																						54	55	56	57	58	59	60
二级	3年以下															39	40	41	42	43	44	45	46	47	48	49	50	51	52
	4~6年																41	42	43	44	45	46	47	48	49	50	51	52	53
	7~9年																	43	44	45	46	47	48	49	50	51	52	53	54
	10~12年																		45	46	47	48	49	50	51	52	53	54	55
	13年以上																			47	48	49	50	51	52	53	54	55	56
三级	3年以下											31	32	33	34	35	36	37	38	39	40	41	42	43	44	45			
	4~6年												33	34	35	36	37	38	39	40	41	42	43	44	45	46			
	7~9年													35	36	37	38	39	40	41	42	43	44	45	46	47			
	10~12年														37	38	39	40	41	42	43	44	45	46	47	48			
	13年以上															39	40	41	42	43	44	45	46	47	48	49			

续表

岗位 \ 任职年限 \ 薪级 \ 套改年限		3年以下	4年	5~6年	7~8年	9年	10~11年	12~13年	14年	15~16年	17~18年	19年	20~21年	22~23年	24年	25~26年	27~28年	29年	30~31年	32~33年	34年	35~36年	37~38年	39年	40~41年	42~43年	44年	45~46年	47年以上
四级	3年以下									26	27	28	29	30	31	32	33	34	35	36	37	38	39	40	41	42			
	4~6年										28	29	30	31	32	33	34	35	36	37	38	39	40	41	42	43			
	7~9年											30	31	32	33	34	35	36	37	38	39	40	41	42	43	44			
	10~12年												32	33	34	35	36	37	38	39	40	41	42	43	44	45			
	13年以上													34	35	36	37	38	39	40	41	42	43	44	45	46			
五级	3年以下							21	22	23	24	25	26	27	28	29	30	31	32	33	34	35	36	37	38	39			
	4~6年								23	24	25	26	27	28	29	30	31	32	33	34	35	36	37	38	39	40			
	7~9年									25	26	27	28	29	30	31	32	33	34	35	36	37	38	39	40	41			
	10~12年										27	28	29	30	31	32	33	34	35	36	37	38	39	40	41	42			
	13年以上											29	30	31	32	33	34	35	36	37	38	39	40	41	42	43			
六级	3年以下						17	18	19	20	21	22	23	24	25	26	27	28	29	30	31	32	33	34	35	36			
	4~6年							19	20	21	22	23	24	25	26	27	28	29	30	31	32	33	34	35	36	37			
	7~9年								21	22	23	24	25	26	27	28	29	30	31	32	33	34	35	36	37	38			
	10~12年									23	24	25	26	27	28	29	30	31	32	33	34	35	36	37	38	39			
	13年以上										25	26	27	28	29	30	31	32	33	34	35	36	37	38	39	40			

续表

岗位	薪级 套改年限 / 任职年限	3年以下	4年	5~6年	7~8年	9年	10~11年	12~13年	14年	15~16年	17~18年	19年	20~21年	22~23年	24年	25~26年	27~28年	29年	30~31年	32~33年	34年	35~36年	37~38年	39年	40~41年	42~43年	44年	45~46年	47年以上
七级	3年以下				12	13	14	15	16	17	18	19	20	21	22	23	24	25	26	27	28	29	30	31	32	33			
	4~6年					14	15	16	17	18	19	20	21	22	23	24	25	26	27	28	29	30	31	32	33	34			
	7~9年						16	17	18	19	20	21	22	23	24	25	26	27	28	29	30	31	32	33	34	35			
	10~12年							18	19	20	21	22	23	24	25	26	27	28	29	30	31	32	33	34	35	36			
	13年以上								20	21	22	23	24	25	26	27	28	29	30	31	32	33	34	35	36	37			
八级	3年以下			8	9	10	11	12	13	14	15	16	17	18	19	20	21	22	23	24	25	26	27	28	29	30			
	4~6年				10	11	12	13	14	15	16	17	18	19	20	21	22	23	24	25	26	27	28	29	30	31			
	7~9年					12	13	14	15	16	17	18	19	20	21	22	23	24	25	26	27	28	29	30	31	32			
	10~12年							15	16	17	18	19	20	21	22	23	24	25	26	27	28	29	30	31	32	33			
	13年以上								17	18	19	20	21	22	23	24	25	26	27	28	29	30	31	32	33	34			
九级	3年以下		4	5	6	7	8	9	10	11	12	13	14	15	16	17	18	19	20	21	22	23	24	25	26	27			
	4~6年			6	7	8	9	10	11	12	13	14	15	16	17	18	19	20	21	22	23	24	25	26	27	28			
	7~9年					9	10	11	12	13	14	15	16	17	18	19	20	21	22	23	24	25	26	27	28	29			
	10~12年							12	13	14	15	16	17	18	19	20	21	22	23	24	25	26	27	28	29	30			
	13年以上								14	15	16	17	18	19	20	21	22	23	24	25	26	27	28	29	30	31			

续表

岗位	任职年限＼套改年限 薪级	3年以下	4年	5~6年	7~8年	9年	10~11年	12~13年	14年	15~16年	17~18年	19年	20~21年	22~23年	24年	25~26年	27~28年	29年	30~31年	32~33年	34年	35~36年	37~38年	39年	40~41年	42~43年	44年	45~46年	47年以上
十级	3年以下	1	2	3	4	5	6	7	8	9	10	11	12	13	14	15	16	17	18	19	20	21	22	23	24	25			
	4~6年			4	5	6	7	8	9	10	11	12	13	14	15	16	17	18	19	20	21	22	23	24	25	26			
	7~9年					7	8	9	10	11	12	13	14	15	16	17	18	19	20	21	22	23	24	25	26	27			
	10~12年							10	11	12	13	14	15	16	17	18	19	20	21	22	23	24	25	26	27	28			
	13~15年								12	13	14	15	16	17	18	19	20	21	22	23	24	25	26	27	28	29			
	16年以上										15	16	17	18	19	20	21	22	23	24	25	26	27	28	29	30			

表 4-14　　事业单位技术工人薪级工资套改表

岗位	任职年限＼套改年限 薪级	4年以下	5年	6~7年	8~9年	10年	11~12年	13~14年	15年	16~17年	18~19年	20年	21~22年	23~24年	25年	26~27年	28~29年	30年	31~32年	33~34年	35年	36~37年	38~39年	40年	41年以上
技术工一级	2年以下														26	27	28	29	30	31	32	33	34	35	36
	3~4年															28	29	30	31	32	33	34	35	36	37
	5年以上																30	31	32	33	34	35	36	37	38

续表

岗位	薪级 / 套改年限 / 任职年限	4年以下	5年	6~7年	8~9年	10年	11~12年	13~14年	15年	16~17年	18~19年	20年	21~22年	23~24年	25年	26~27年	28~29年	30年	31~32年	33~34年	35年	36~37年	38~39年	40年	41年以上
技术工二级	2年以下											20	21	22	23	24	25	26	27	28	29	30	31	32	33
	3~4年												22	23	24	25	26	27	28	29	30	31	32	33	34
	5~6年													24	25	26	27	28	29	30	31	32	33	34	35
	7年以上														26	27	28	29	30	31	32	33	34	35	36
技术工三级	3年以下								14	15	16	17	18	19	20	21	22	23	24	25	26	27	28	29	
	4~6年									16	17	18	19	20	21	22	23	24	25	26	27	28	29	30	
	7~9年										18	19	20	21	22	23	24	25	26	27	28	29	30	31	
	10~12年											20	21	22	23	24	25	26	27	28	29	30	31	32	
	13年以上												22	23	24	25	26	27	28	29	30	31	32	33	
技术工四级	3年以下					8	9	10	11	12	13	14	15	16	17	18	19	20	21	22	23	24	25	26	
	4~6年						10	11	12	13	14	15	16	17	18	19	20	21	22	23	24	25	26	27	
	7~9年							12	13	14	15	16	17	18	19	20	21	22	23	24	25	26	27	28	
	10~12年								14	15	16	17	18	19	20	21	22	23	24	25	26	27	28	29	
	13年以上									16	17	18	19	20	21	22	23	24	25	26	27	28	29	30	

续表

岗位	薪级 / 套改年限 / 任职年限	4年以下	5年	6~7年	8~9年	10年	11~12年	13~14年	15年	16~17年	18~19年	20年	21~22年	23~24年	25年	26~27年	28~29年	30年	31~32年	33~34年	35年	36~37年	38~39年	40年	41年以上
技术工五级	3年以下	2	3	4	5	6	7	8	9	10	11	12	13	14	15	16	17	18	19	20	21	22	23	24	
	4~6年			5	6	7	8	9	10	11	12	13	14	15	16	17	18	19	20	21	22	23	24	25	
	7~9年				7	8	9	10	11	12	13	14	15	16	17	18	19	20	21	22	23	24	25	26	
	10~12年					9	10	11	12	13	14	15	16	17	18	19	20	21	22	23	24	25	26	27	
	13年以上						11	12	13	14	15	16	17	18	19	20	21	22	23	24	25	26	27	28	

表 4-15　　事业单位普通工人薪级工资套改表

岗位 / 薪级 / 套改年限	3年以下	4年	5~6年	7年	8~9年	10年	11~12年	13年	14~15年	16年	17~18年	19年	20~21年	22年	23~24年	25年	26~27年	28年	29~30年	31年	32~33年	34年	35~36年	37年	38~39年	40年以上
普通工	1	2	3	4	5	6	7	8	9	10	11	12	13	14	15	16	17	18	19	20	21	22	23	24	25	26

套改年限是指工作年限与不计算工龄的在校学习时间合并计算的年限，其中须扣除 1993 年以来除见习期外年度考核不计考核等次或不合格的年限。不计算工龄的在校学习时间是指在国家承认学历的全日制大专以上院校未计算为工龄的学习时间（只适用于这次分配制度改革，不涉及工龄计算问题）。在校学习的时间以国家规定的学制为依据，如短于国家学制规定，按实习学习年限计算；如长于国家学制规定，按国家规定学制计算。

任职年限是指从聘用到现岗位当年起计算的年限。

套改年限和任职年限的计算截至 2006 年 6 月 30 日。

工作人员按现聘岗位套改的薪级工资，如低于按本人低一级岗位套改的薪级工资，可按低一级岗位进行套改，并将现聘岗位的任职年限与低一级岗位的任职年限合并计算。

工作人员由较高等级的岗位聘用到较低等级的岗位，这次套改可将原聘岗位与现聘岗位的任职年限合并计算。

工作人员按套改办法确定的薪级工资，低于相同学历新参加工作人员转正定级薪级工资的，执行相同学历新参加工作人员转正定级薪级工资标准。

三、事业单位工资制度改革方向

随着事业单位分类改革的推进，事业单位工资制度将围绕以下四个方向进行改革。

1. 不同类型的事业单位将采取不同的工资分配模式

随着事业单位分类改革的推进，以及财政投入方式不同，不同类型的事业单位将采取不同的工资分配模式。2011 年《关于分类推进事业单位改革中财政有关政策的意见》指出，要根据不同公益事业单位的具体特点，采取经费保障、经费补助、购买服务等不同的投入和支持方式，促进公益事业发展。逐步建立健全与事业单位职能、责任目标相适应的经费使用绩效考评制度，提高财政资金使用效益。对于行政职能事业单位，其服务收入全部要纳入财政预算进行管理，收支彻底脱钩，其他各项事业经费由同级财政预算予以安排，其工资制度将按照公务员工资制度进行严格管理。转为企业的事业单位，财政部门原则上不再提供经费，单位收入要依法纳税，工资分配要在国家法律法规规定范围内，完全按照企业的分配模式进行管理，实行自主分配。公益一类事业单位，财政根据正常业务需要提供经费保障，工资制度实行国家统一规定的岗位绩效工资制度，绩效工资由国家进行总额管理。公益二类事业单位，财政进行经费补助，并通过政府购买服务方式予以支持，主体工资制度仍实行岗位绩效工资制度，但会采取更为灵活的分配方式。

2. 优化工资结构，提高基本工资比重

自2006年7月事业单位实行岗位绩效工资制改革以后，事业单位工作人员工资由基本工资（包括岗位工资和薪级工资）、绩效工资、津贴补贴三部分组成。此后，国家先后于2015年、2018年在此基础上两次调整基本工资：一是逐步提高基本工资标准，二是将部分绩效工资或津贴补贴纳入基本工资。调整后，事业单位工作人员基本工资所占比重提高到了45%左右，实现了工资结构的优化。今后国家将进一步优化事业单位工资结构，规范津贴补贴和分配秩序。

3. 建立健全工资正常调整机制，实现对工资的动态管理

长期以来，事业单位没有建立起工资正常调整机制，基本上是靠各地增加津贴补贴来调整，导致地区之间差距较大，分配秩序混乱，而且涨一次工资后，下次就不知道什么时候涨了。事业单位工作人员的工资水平应当与国民经济发展相协调、与社会进步相适应。对此，国家将建立健全事业单位工作人员工资正常增长机制，根据经济发展、财政状况、企业相当人员工资水平和物价变动等因素，定期调整事业单位工作人员工资。

4. 探索实行符合事业单位特点的差异化薪酬，分配形式更加多样化

2016年中共中央办公厅、国务院办公厅印发《关于实行以增加知识价值为导向分配政策的若干意见》明确提出，事业单位收入分配体现为基础工资、绩效工资和科技成果转化性收入。确立了增加知识价值分配的导向，在体现差异的同时，统筹激励不同岗位人员的收入分配，给予高校、科研机构收入分配上充分的自主权。同时允许采取长期激励手段，包括实行股权、期权、分红激励等。下一步将探讨在事业单位除岗位绩效工资制度外，建立其他工资分配形式，如项目工资、协议工资等作为岗位绩效工资制的有益补充。

业务演练

任务：认知事业单位岗位绩效工资制

今年28岁的小王是某事业单位员工，4年前硕士研究生毕业通过公开招考进入该事业单位。近两年来，小王每次参加完同学会回来后都会闷闷不乐，原来他很多在企业工作的同学每月能挣到一万元甚至几万元的工资，而他每月工资到手也就四千元出

头，在同学面前很抬不起头来。而据了解，小王所在的事业单位实行的是岗位绩效工资制，小王目前是管理岗九级，薪级工资为13级。

根据所学的事业单位绩效工资制知识，请你回答：

1. 小王每月基本工资为多少？

2. 如果让你来劝劝小王，你该怎么劝慰他呢？

任务六　了解公务员职务级别工资制

知识准备

一、公务员工资制度沿革

1. 公务员的职务、职级

根据《中华人民共和国公务员法》，公务员是指依法履行公职、纳入国家行政编制、由国家财政负担工资福利的工作人员。公务员职位类别按照公务员职位的性质、特点和管理需要，划分为综合管理类、专业技术类和行政执法类等类别。对于具有职位特殊性，需要单独管理的，可以增设其他职位类别。

国家实行公务员职务与职级并行制度，根据公务员职位类别和职责设置公务员领导职务、职级序列。根据中共中央办公厅印发的《公务员职务与职级并行规定》，职级是公务员的等级序列，是与领导职务并行的晋升通道，体现公务员政治素质、业务能力、资历贡献，是确定工资、住房、医疗等待遇的重要依据，不具有领导职责。公务员可以通过领导职务或者职级序列晋升。

公务员领导职务层次分为：国家级正职、国家级副职、省部级正职、省部级副职、厅局级正职、厅局级副职、县处级正职、县处级副职、乡科级正职、乡科级副职。领导职务对应的级别见表4-16。

综合管理类公务员职级序列分为：一级巡视员、二级巡视员、一级调研员、二级调研员、三级调研员、四级调研员、一级主任科员、二级主任科员、三级主任科员、四级主任科员、一级科员、二级科员。专业技术类公务员职级序列分为：一级总监、二级总监、一级高级主管、二级高级主管、三级高级主管、四级高级主管、一级主管、

表 4-16　　　　公务员领导职务与级别对应关系表

<table>
<tr><th>级别</th><th colspan="10">职务</th></tr>
<tr><td>一</td><td>国家级正职</td><td></td><td></td><td></td><td></td><td></td><td></td><td></td><td></td><td></td></tr>
<tr><td>二</td><td></td><td rowspan="3">国家级副职</td><td></td><td></td><td></td><td></td><td></td><td></td><td></td><td></td></tr>
<tr><td>三</td><td></td><td></td><td></td><td></td><td></td><td></td><td></td><td></td><td></td></tr>
<tr><td>四</td><td></td><td rowspan="5">省部级正职</td><td></td><td></td><td></td><td></td><td></td><td></td><td></td></tr>
<tr><td>五</td><td></td><td></td><td></td><td></td><td></td><td></td><td></td><td></td><td></td></tr>
<tr><td>六</td><td></td><td></td><td rowspan="5">省部级副职</td><td></td><td></td><td></td><td></td><td></td><td></td></tr>
<tr><td>七</td><td></td><td></td><td></td><td></td><td></td><td></td><td></td><td></td></tr>
<tr><td>八</td><td></td><td></td><td rowspan="6">厅局级正职</td><td></td><td></td><td></td><td></td><td></td></tr>
<tr><td>九</td><td></td><td></td><td></td><td></td><td></td><td></td><td></td><td></td></tr>
<tr><td>十</td><td></td><td></td><td></td><td rowspan="6">厅局级副职</td><td></td><td></td><td></td><td></td></tr>
<tr><td>十一</td><td></td><td></td><td></td><td></td><td></td><td></td><td></td><td></td></tr>
<tr><td>十二</td><td></td><td></td><td></td><td></td><td rowspan="7">县处级正职</td><td></td><td></td><td></td></tr>
<tr><td>十三</td><td></td><td></td><td></td><td></td><td></td><td></td><td></td></tr>
<tr><td>十四</td><td></td><td></td><td></td><td></td><td></td><td rowspan="7">县处级副职</td><td></td><td></td></tr>
<tr><td>十五</td><td></td><td></td><td></td><td></td><td></td><td></td><td></td></tr>
<tr><td>十六</td><td></td><td></td><td></td><td></td><td></td><td></td><td rowspan="7">乡科级正职</td><td></td></tr>
<tr><td>十七</td><td></td><td></td><td></td><td></td><td></td><td></td><td rowspan="8">乡科级副职</td></tr>
<tr><td>十八</td><td></td><td></td><td></td><td></td><td></td><td></td></tr>
<tr><td>十九</td><td></td><td></td><td></td><td></td><td></td><td></td><td></td></tr>
<tr><td>二十</td><td></td><td></td><td></td><td></td><td></td><td></td><td></td></tr>
<tr><td>二十一</td><td></td><td></td><td></td><td></td><td></td><td></td><td></td><td></td></tr>
<tr><td>二十二</td><td></td><td></td><td></td><td></td><td></td><td></td><td></td><td></td></tr>
<tr><td>二十三</td><td></td><td></td><td></td><td></td><td></td><td></td><td></td><td></td><td></td></tr>
<tr><td>二十四</td><td></td><td></td><td></td><td></td><td></td><td></td><td></td><td></td><td></td></tr>
</table>

二级主管、三级主管、四级主管、专业技术员。行政执法类公务员职级序列分为：督办、一级高级主办、二级高级主办、三级高级主办、四级高级主办、一级主办、二级主办、三级主办、四级主办、一级行政执法员、二级行政执法员。

综合管理类公务员、专业技术类公务员、行政执法类公务员职级对应的级别见表 4-17。

表 4-17　　公务员职级与级别对应关系表

级别	综合管理类	专业技术类	行政执法类
十三级至八级	一级巡视员	一级总监	—
十五级至十级	二巡视员	二级总监	督办
十七级至十一级	一级调研员	一级高级主管	一级高级主办
十八级至十二级	二级调研员	二级高级主管	二级高级主办
十九级至十三级	三级调研员	三级高级主管	三级高级主办
二十级至十四级	四级调研员	四级高级主管	四级高级主办
二十一级至十五级	一级主任科员	一级主管	一级主办
二十二级至十六级	二级主任科员	二级主管	二级主办
二十三级至十七级	三级主任科员	三级主管	三级主办
二十四级至十八级	四级主任科员	四级主管	四级主办
二十六级至十八级	一级科员	专业技术员	一级行政执法员
二十七级至十九级	二级科员	—	二级行政执法员

2. 公务员工资制度沿革

自 1956 年以来，我国公务员工资改革经历了以下四个阶段。

（1）第一阶段（1956—1984 年）：职务等级工资制

1956 年 6 月，国务院通过了《关于工资改革的决定》，确立了国家机关、事业单位工作人员的职务等级工资制，以级别定工资。职务决定权责和任务，级别决定地位和报酬。级别确定的依据是职务和资历，以参加革命时间来决定资历。这次工资改革实现了从供给制到货币制的跨越。

（2）第二阶段（1985—1992 年）：结构工资制

1985 年，中共中央和国务院印发了《国家机关和事业单位工作人员工资制度改革方案》。这次改革规定机关和事业单位人员工资由四部分组成：一是基础工资，所有人一样；二是职务工资，职务越高得到物质回报越多；三是工龄津贴，根据工作年限来定；四是奖励工资，奖励工作绩效好的工作人员。这次工资改革，职务工资所占比例较大，使得由原来的以级别定工资的职务等级工资制转到以职务工资为主要内容的结构工资制。

在这两个阶段，公务员（机关工作人员）与事业单位工作人员工资制度相同。

（3）第三阶段（1993 年—2006 年 6 月）：职级工资制

1993 年 10 月 1 日，《国家公务员暂行条例》正式实施。同年，《国务院关于机关和事业单位工作人员工资制度改革问题的通知》（国发〔1993〕79 号）和《国务院办公厅关于印发机关、事业单位工资制度改革三个实施办法的通知》（国办发〔1993〕85 号）相继颁布，规定：一是公务员实行职级工资制，公务员工资分为职务工资、级别工资、基础工资和工龄工资（职务工资和级别工资是职级工资制的主体，是体现按劳分配原则的主要内容）；二是建立正常增资制度；三是改革奖金制度；四是实行地区津贴和岗位津贴。

（4）第四阶段（2006 年 7 月至今）：职务与级别相结合工资制

《中华人民共和国公务员法》自 2006 年 1 月 1 日起施行，《国家公务员暂行条例》同时废止。为了配合《中华人民共和国公务员法》的正式实施，《国务院关于改革公务员工资制度的通知》（国发〔2006〕22 号）、《人事部、财政部关于印发〈公务员工资制度改革实施办法〉的通知》（国人部发〔2006〕58 号）两个文件相继发布，文件对公务员基本工资结构作了调整，由原来的职务工资、级别工资、基础工资和工龄工资四项调整为职务工资和级别工资两项，取消基础工资和工龄工资，级别工资权重有所加大。本次改革自 2006 年 7 月 1 日起执行。

2015 年 1 月 12 日，《国务院办公厅转发人力资源和社会保障部、财政部关于调整机关事业单位工作人员基本工资标准和增加机关事业单位离退休人员离退休费三个实施方案的通知》发布，决定从 2014 年 10 月 1 日起，调整机关事业单位工作人员基本工资标准。本次改革提高了公务员的基本工资标准，规范了公务员津贴补贴，规定了津贴补贴减少额度。

二、公务员职务级别工资制改革

下面重点介绍自 2006 年 7 月以来的公务员职务级别工资制改革的主要内容。

1. 公务员职务级别工资的组成

公务员职务级别工资包括基本工资、津贴补贴和年终一次性奖金。

（1）基本工资

基本工资包括职务工资和级别工资两项。职务工资主要体现公务员的工作职责大小，一个职务对应一个工资标准。级别工资主要体现公务员的工作实绩和资历。公务员的级别分为 27 个。

2018 年 11 月 29 日，《国务院办公厅转发人力资源和社会保障部、财政部关于调整机关事业单位工作人员基本工资标准和增加机关事业单位离退休人员离退休费三个实施方案的通知》发布，决定从 2018 年 7 月 1 日起，调整机关事业单位工作人员基本工资标准。公务员职务工资、级别工资标准分别见表 4-18、表 4-19。

表 4-18　　　　公务员职务工资标准表　　　　单位：元/月

职务	工资标准	
	领导职务	非领导职务
国家级正职	9 280	
国家级副职	7 240	
省部级正职	5 670	
省部级副职	4 390	
厅局级正职	3 370	3 150
厅局级副职	2 700	2 530
县处级正职	2 100	1 950
县处级副职	1 630	1 510
乡科级正职	1 260	1 170
乡科级副职	1 010	940
科员		780
办事员		640

注：按照 2019 年 6 月 1 日起施行的《公务员职务与职级并行规定》，科员套转为一级科员，办事员套转为二级科员。

表 4-19　　　　公务员级别工资标准表　　　　单位：元/月

级别	档次													
	1	2	3	4	5	6	7	8	9	10	11	12	13	14
一	7 109	7 631	8 153	8 675	9 197	9 719								
二	6 546	7 003	7 460	7 917	8 374	8 831	9 288							
三	6 028	6 445	6 862	7 279	7 696	8 113	8 530	8 947						
四	5 537	5 923	6 309	6 695	7 081	7 467	7 853	8 239	8 625					
五	5 082	5 448	5 814	6 180	6 546	6 912	7 278	7 644	8 010	8 376				
六	4 662	5 007	5 352	5 697	6 042	6 387	6 732	7 077	7 422	7 767	8 112			
七	4 296	4 609	4 922	5 235	5 548	5 861	6 174	6 487	6 800	7 113	7 426			
八	3 982	4 264	4 546	4 828	5 110	5 392	5 674	5 956	6 238	6 520	6 802			
九	3 705	3 959	4 213	4 467	4 721	4 975	5 229	5 483	5 737	5 991	6 245			
十	3 453	3 682	3 911	4 140	4 369	4 598	4 827	5 056	5 285	5 514	5 743			
十一	3 219	3 430	3 641	3 852	4 063	4 274	4 485	4 696	4 907	5 118	5 329	5 540		

续表

级别	档次													
	1	2	3	4	5	6	7	8	9	10	11	12	13	14
十二	3 000	3 197	3 394	3 591	3 788	3 985	4 182	4 379	4 576	4 773	4 970	5 167	5 364	
十三	2 795	2 980	3 165	3 350	3 535	3 720	3 905	4 090	4 275	4 460	4 645	4 830	5 015	5 200
十四	2 603	2 777	2 951	3 125	3 299	3 473	3 647	3 821	3 995	4 169	4 343	4 517	4 691	4 865
十五	2 424	2 588	2 752	2 916	3 080	3 244	3 408	3 572	3 736	3 900	4 064	4 228	4 392	4 556
十六	2 257	2 411	2 565	2 719	2 873	3 027	3 181	3 335	3 489	3 643	3 797	3 951	4 105	4 259
十七	2 102	2 246	2 390	2 534	2 678	2 822	2 966	3 110	3 254	3 398	3 542	3 686	3 830	
十八	1 959	2 093	2 227	2 361	2 495	2 629	2 763	2 897	3 031	3 165	3 299	3 433	3 567	
十九	1 827	1 951	2 075	2 199	2 323	2 447	2 571	2 695	2 819	2 943	3 067	3 191		
二十	1 706	1 820	1 934	2 048	2 162	2 276	2 390	2 504	2 618	2 732	2 846			
二十一	1 595	1 699	1 803	1 907	2 011	2 115	2 219	2 323	2 427	2 531				
二十二	1 494	1 588	1 682	1 776	1 870	1 964	2 058	2 152	2 246					
二十三	1 403	1 487	1 571	1 655	1 739	1 823	1 907	1 991						
二十四	1 322	1 396	1 470	1 544	1 618	1 692	1 766	1 840						
二十五	1 250	1 315	1 380	1 445	1 510	1 575	1 640							
二十六	1 185	1 244	1 302	1 360	1 418	1 476								
二十七	1 130	1 181	1 232	1 283	1 334	1 385								

（2）津贴补贴

在清理规范津贴补贴的基础上，实施地区附加津贴制度，完善艰苦边远地区津贴制度和岗位津贴制度。

1）实施地区附加津贴制度。地区附加津贴主要反映地区经济发展水平、物价消费水平等方面的差异。实施地区附加津贴制度的方案另行制定，适当时候出台。

2）完善艰苦边远地区津贴制度。艰苦边远地区津贴主要是根据自然地理环境、社会发展等方面的差异，对在艰苦边远地区工作生活的工作人员给予适当补偿。考虑自然地理环境和人文社会发展等因素，建立科学的评估指标体系，合理界定艰苦边远地区津贴实施范围和类别，适当增设津贴类别，合理体现地区之间艰苦边远程度的差异。依据评估指标体系对各地区艰苦边远程度的评估结果，综合考虑政策性因素，确定实施范围和类别。建立艰苦边远地区津贴水平正常增长机制和实施范围、类别的动态调整机制；根据经济发展和财力增长及调控地区工资差距的需要，适时调整艰苦边远地区津贴标准；根据评估指标体系，定期评估并适时调整实施范围和类别。执行艰苦边远地区津贴所需资金，属于财政支付的，由中央财政负担。

2018 年人力资源社会保障部、财政部联合印发《关于调整艰苦边远地区津贴标准的通知》，从 2017 年 1 月 1 日起（这里指的是执行从此时间点开始补发），调整艰苦边远地区津贴一类区至六类区标准（见表 4-20），符合条件的地区全国共 984 个。

表 4-20　　公务员艰苦边远地区津贴标准表　　单位：元/月

职务（技术等级）＼标准	一类区	二类区	三类区	四类区	五类区	六类区
省部级以上	370	585	1 020	1 880		
厅局级	325	505	840	1 530	2 630	4 160
县处级	280	440	710	1 280	2 280	3 700
乡科级（技师以上）	235	380	615	1 100	2 030	3 320
科员以下（高级工以下）	185	320	545	1 000	1 870	3 120

注：一类区至六类区按国人部发〔2006〕61 号文中关于艰苦边远地区范围和类别的规定执行。

3）完善岗位津贴制度。在特殊岗位工作的人员实行岗位津贴制度。国家对岗位津贴实行统一管理。除国务院和国务院授权的人力资源社会保障部、财政部外，任何地区、部门和单位不得自行建立岗位津贴项目或调整岗位津贴实施范围和标准。地区、部门和单位现自行建立的岗位津贴以及在国家规定之外自行扩大范围和提高标准的一律取消。

2015 年 1 月 12 日，《国务院办公厅转发人力资源和社会保障部、财政部关于调整机关事业单位工作人员基本工资标准和增加事业单位离退休人员离退休费三个实施方案的通知》发布，决定从 2014 年 10 月 1 日起，提高公务员基本工资标准，与此同时，也规范了公务员津贴补贴，其中公务员津贴补贴减少额度见表 4-21。

表 4-21　　公务员规范津贴补贴减少额度　　单位：元/月

职务	减少额度
省部级正职	650
省部级副职	590
厅局级正职	530
厅局级副职	480
县处级正职	430
县处级副职	380
乡科级正职	330
乡科级副职	290

续表

职务	减少额度
科员	250
办事员	220

注：按照 2019 年 6 月 1 日起施行的《公务员职务与职级并行规定》，科员套转为一级科员，办事员套转为二级科员。

（3）年终一次性奖金

公务员在定期考核中被确定为优秀、称职的，按照国家规定享受年终奖金，奖金标准为本人当年 12 月的基本工资。

2. 纳入新工资标准的办法

对于在 2006 年 7 月 1 日前进入机关单位工作的人员，必然涉及工资套改的问题。《人事部、财政部关于印发〈公务员工资制度改革实施办法〉的通知》规定了纳入新工资标准的办法，主要内容如下。

公务员按现任职务执行相应的职务工资标准。公务员的级别和级别工资档次，按现任职务、任职年限和套改年限确定，见表 4-22。现任职务是指按干部管理权限由任免机关正式任命的职务。任职年限是指从正式任命现任职务当年起计算的年限。套改年限是指工作年限与不计算工龄的在校学习时间合并计算的年限，其中须扣除 1993 年以来除试用期外年度考核不计考核等次或不称职的年限。不计算工龄的在校学习时间，是指在国家承认学历的全日制大专以上院校未计算为工龄的学习时间（只适用于这次工资制度改革，不涉及工龄计算问题）。在校学习的时间以国家规定的学制为依据，如短于国家学制规定，按实际学习年限计算；如长于国家学制规定，按国家规定学制计算。任职年限和工作年限的计算截至 2006 年 6 月 30 日。

公务员按现任职务套改的级别，如低于或等于按原任低一职务套改的级别，级别工资就近就高套入对应的工资标准；如高于按原任低一职务套改的级别，但级别工资额低于按原任低一职务套改的级别工资额，可先按原任低一职务套改，再就近就高套入按现任职务套改级别对应的工资标准。按原任低一职务套改时，现任职务的任职年限与原任低一职务的任职年限合并计算为低一职务的任职年限。

公务员套改的级别和级别工资额低于相同学历新参加工作人员转正定级的级别和级别工资额的，执行相同学历新参加工作人员转正定级的级别和级别工资额；套改的级别高于相同学历新参加工作人员定级的级别，但级别工资额低于定级的级别工资额的，可按相同学历新参加工作人员定级的级别工资额就近就高套改级别对应的工资标准。

表 4-22　　公务员级别工资套改表

职务	任职年限	套改年限																			
		3年以下	4~5年	6~7年	8~9年	10~12年	13~14年	15~17年	18~19年	20~22年	23~24年	25~27年	28~29年	30~32年	33~34年	35~37年	38~39年	40~42年	43~44年	45~47年	48年以上
省部级正职	1~5年													8—1	8—2	8—3	8—4	8—5	8—6	8—7	8—8
	6~10年														7—2	7—3	7—4	7—5	7—6	7—7	7—8
	11~15年															6—2	6—3	6—4	6—5	6—6	6—7
	16年以上																5—3	5—4	5—5	5—6	5—7
省部级副职	1~5年												10—1	10—2	10—3	10—4	10—5	10—6	10—7	10—8	10—9
	6~10年													9—2	9—3	9—4	9—5	9—6	9—7	9—8	9—9
	11~15年														8—2	8—3	8—4	8—5	8—6	8—7	8—8
	16年以上															7—3	7—4	7—5	7—6	7—7	7—8
厅局级正职	1~5年										13—1	13—2	13—3	13—4	13—5	13—6	13—7	13—8	12—8	12—9	11—9
	6~10年											12—2	12—3	12—4	12—5	12—6	12—7	12—8	12—9	12—10	11—10
	11~15年												11—2	11—3	11—4	11—5	11—6	11—7	11—8	11—9	11—10
	16年以上													10—3	10—4	10—5	10—6	10—7	10—8	10—9	10—10
厅局级副职	1~5年									15—1	15—2	15—3	15—4	15—5	15—6	15—7	14—7	14—8	13—8	13—9	12—9
	6~10年										14—2	14—3	14—4	14—5	14—6	14—7	14—8	14—9	13—9	13—10	12—10
	11~15年											13—2	13—3	13—4	13—5	13—6	13—7	13—8	13—9	13—10	12—10
	16年以上												12—3	12—4	12—5	12—6	12—7	12—8	12—9	12—10	12—11
县处级正职	1~5年							18—1	18—2	18—3	18—4	18—5	17—5	17—6	16—6	16—7	15—7	15—8	14—8	14—9	
	6~10年								17—2	17—3	17—4	17—5	17—6	17—7	16—7	16—8	15—8	15—9	14—9	14—10	
	11~15年									16—2	16—3	16—4	16—5	16—6	16—7	16—8	15—8	15—9	14—9	14—10	
	16年以上										15—3	15—4	15—5	15—6	15—7	15—8	15—9	15—10	14—10	14—11	
县处级副职	1~5年						20—1	20—2	20—3	20—4	19—4	19—5	18—5	18—6	17—6	17—7	16—7	16—8	15—8	—	—
	6~10年							19—2	19—3	19—4	19—5	19—6	18—6	18—7	17—7	17—8	16—8	16—9	15—9	—	—
	11~15年								18—2	18—3	18—4	18—5	18—6	18—7	17—7	17—8	16—8	16—9	15—9	—	—
	16年以上									17—3	17—4	17—5	17—6	17—7	17—8	17—9	16—9	16—10	15—10	—	—
乡科级正职	1~5年					22—1	22—2	22—3	21—3	21—4	20—4	20—5	19—5	19—6	18—6	18—7	17—7	17—8	16—8	—	—
	6~10年						21—2	21—3	21—4	21—5	20—5	20—6	19—6	19—7	18—7	18—8	17—8	17—9	16—9	—	—
	11~15年							20—2	20—3	20—4	20—5	20—6	19—6	19—7	18—7	18—8	17—8	17—9	16—9	—	—
	16年以上								19—3	19—4	19—5	19—6	19—7	19—8	18—8	18—9	17—9	17—10	16—10	—	—
乡科级副职	1~5年				24—1	24—2	23—2	23—3	22—3	22—4	21—4	21—5	20—5	20—6	19—6	19—7	18—7	18—8	17—8	—	—
	6~10年					23—2	23—3	23—4	22—4	22—5	21—5	21—6	20—6	20—7	19—7	19—8	18—8	18—9	17—9	—	—
	11~15年						22—2	22—3	22—4	22—5	21—5	21—6	20—6	20—7	19—7	19—8	18—8	18—9	17—9	—	—
	16年以上							21—3	21—4	21—5	21—6	21—7	20—7	20—8	19—8	19—9	18—9	18—10	17—10	—	—
科员			26—1	26—2	25—2	25—3	24—3	24—4	23—4	23—5	22—5	22—6	21—6	21—7	20—7	20—8	19—8	19—9	18—9	—	—
办事员		27—1	27—2	27—3	26—3	26—4	25—4	25—5	24—5	24—6	23—6	23—7	22—7	22—8	21—8	21—9	20—9	20—10	19—10	—	—

注：表中“—”前为级别，“—”后为档次。

三、公务员工资制改革方向[①]

公务员工资制度改革应围绕规范津贴补贴这个重点，调整工资结构，规范津贴补贴管理，设计科学合理的工资水平决定机制，建立工资调查制度等。

1. 提高基本工资所占比重，调整工资结构

长期以来，我国公务员基本工资比重较低，而津贴补贴占工资比例较高，且数量多，各地违规发放津贴补贴现象时有发生，严重扰乱了收入分配秩序，形成了不好的社会影响。为此，需要严格限制津贴补贴的范围和力度，明确津贴补贴的主要内容，规范津贴补贴的具体发放形式，严格执行统一的津贴补贴发放上限与下限。在此基础上，分阶段提高基本工资占比，逐步达到50%左右，长期目标是将基本工资占比提高到70%~80%。

2. 规范津贴补贴管理，缩小工资差距

我国地区间公务员工资差距较大的表面原因是各地区津贴补贴参差不齐，实际上则受制于各地区所掌握的财政资源，尤其是源于公用事业收入、市场管理收入等政府预算外收入。这就需要细化省、市、县级津贴补贴发放目录及标准，强化对各地方政府的财政预算监管和津贴补贴发放的监督、审核。地方需要增加的津贴补贴项目，要经过国务院批准。建立地区附加津贴补贴制度，将所有地区性津贴补贴纳入地区附加津贴补贴制度。建立地区附加津贴补贴制度性调整机制，限定地区间津贴补贴的差距。在受地方财力影响较大以及具有一般意义的津贴补贴项目上，确保中央财政转移支付的保障力度。针对省内津贴补贴差距扩大的状况，强化各省级政府对市县级政府的转移支付力度，确保地区间公务员工资水平大体公平。

3. 设计科学合理的工资水平决定机制，完善配套实施方案

公务员工资制度改革的重点不是讨论公务员工资要不要涨工资、怎么涨，也不是永远只升不降，而是要形成一个制度性的工资决定机制，来实时地调整公务员的工资标准。这就需要在设计科学合理的工资水平决定机制时，注意配套具体的、切实可行的实施方案。综合考虑公务员的学历、资历、工作性质、难易程度等因素，进行劳动力的经济成本分析。坚持“定期调控”原则，参考国家GDP、物价水平，根据国家财政状况和社会其他行业工资变化情况，对公务员工资进行综合调控。

---

① 孙德超，曹志立．公务员工资制度面临的挑战与改革方向［J］．理论探讨，2015（4）．

4. 建立工资调查制度，健全平衡比较机制

工资调查制度作为确定公务员工资水平的依据，为大部分国家和地区所普遍采用。《中华人民共和国公务员法》规定，国家实行工资调查制度，定期进行公务员和企业相当人员工资水平的调查比较，并将工资调查比较结果作为调整公务员工资水平的依据。这就需要在实践层面将上述规定操作化。由相关工资管理机构负责公务员工资的数据调查、统计和分析，建立历年、各地工资数据库系统，督促执行部门在规定周期内对企业展开具体调查工作。在调查对象选择上，应区分出横向上工作性质不同的部门类别，以及纵向上学历、资历基础上的层级，将公务员工资与企业近似部门和层级的人员工资进行比较。

业务演练

任务：国外公务员工资制度改革的经验与启示

深化公务员工资制度改革已成为全社会关注的焦点问题之一。对国外比较有代表性的国家公务员工资制度进行梳理，对于明确下一步我国公务员工资制度改革具有重要意义。

任务：请查阅相关文献，梳理英国、美国、德国、法国、日本、新加坡等国家公务员工资制度，并思考对于我国公务员工资制度改革有哪些值得借鉴的地方。

练习题

1. 对于年资型工资制，其确定劳动者工资等级的主要依据是（　　）。

A. 连续工龄　　B. 年龄　　C. 职业资格证书　　D. 职务

2. 年资型工资制的典型形式是日本企业在 20 世纪 50 年代形成的（　　）。

A. 年功序列工资制　　B. 年功序列型职位工资制

C. 年薪制　　D. 职位能力工资制

3. 年功序列工资制存在的首要前提条件是（　　）。

A. 灵活就业　　B. 企业财力雄厚　　C. 终身雇佣制　　D. 企业不断变革

4. 职位型工资制是基于（　　）来确定工资等级结构。

A. 职位等级　　B. 专业技术职称　　C. 工龄　　D. 任职年限

5. 职位型工资制有（　　）和（　　）两种基本形式。

A. 职位能力制　B. 一岗一薪制　C. 一岗多薪制　D. 职业绩效制

6. 职能型工资制以员工所具备的（　　）作为工资支付的基础。

A. 工龄　B. 年龄　C. 技术和能力　D. 职务

7. 职能型工资制包括（　　）和（　　）两种基本类型。

A. 技术工资制　B. 能力工资制

C. 岗位工资制　D. 职位能力工资制

8. 3P 薪酬体系中的 3P 分别是指（　　）。

A. 岗位（Position）　B. 资质（Person）

C. 可能性（Possibility）　D. 绩效（Performance）

9. 在事业单位岗位绩效工资中，基本工资包括（　　）和（　　）。

A. 岗位工资　B. 职务工资　C. 级别工资　D. 薪级工资

10. 事业单位岗位绩效工资制中，（　　）主要体现工作人员的工作表现和资历。

A. 岗位工资　B. 职务工资　C. 级别工资　D. 薪级工资

11. 事业单位岗位绩效工资制中，（　　）主要体现工作人员的实绩和贡献。

A. 岗位工资　B. 绩效工资　C. 级别工资　D. 薪级工资

12. 事业单位津贴补贴，分为（　　）和（　　）。

A. 艰苦边远地区津贴　B. 地区附加津贴

C. 地方财政补助津贴　D. 特殊岗位津贴补贴

13. 公务员职务级别工资制中，其基本工资包括（　　）和（　　）。

A. 岗位工资　B. 职务工资　C. 级别工资　D. 薪级工资

14. 公务员职务级别工资制中，（　　）主要体现公务员的工作职责大小。

A. 岗位工资　B. 职务工资　C. 级别工资　D. 薪级工资

15. 公务员职务级别工资制中，（　　）主要体现公务员工作实绩和资历。

A. 岗位工资　B. 职务工资　C. 级别工资　D. 薪级工资

16. 案例分析题

某天然气公司是一家集经营罐装液化气、管道天然气以及燃气具批发零售、燃气工程设计施工于一体的股份制有限责任公司。目前企业在职人员约 1 000 人，总资产达 5 000 多万元。公司未来的目标是在三四年的时间内使企业达到中型企业的规模，用 5 年的时间使企业的销售额达到 1.5 亿元，用 10 年的时间达到上市公司的标准，同时在管理上达到同行业一流水平。为提高管理水平，公司邀请管理咨询专家对企业管理体系进行全方位的诊断。经专家诊断，发现该公司薪酬体系主要存在如下问题：

（1）各部门只注重本部门利益，难以达成公司的统一目标。

(2) 公司的薪酬水平不能和公司的发展紧密联系，对优秀人才不具有较强的吸引力。

(3) 公司员工之间的收入差距不能科学反映工作性质和岗位重要性的不同。

任务：运用你所学的知识，对该公司的薪酬体系设计提出思路。

拓展阅读

1. 劳动定额的形式

参见智慧职教平台：

https://www.icve.com.cn/project/sourcematerial/editsourcematerial.html?docid=o02lalmpeyfcnfziibfjw&PJId=s6ytaueng65nwcw6mksxsw

2. 事业单位工资制度历史沿革

参见智慧职教平台：

https://www.icve.com.cn/project/sourcematerial/editsourcematerial.html?docid=pla1almphyhig11lnpfwgg&PJId=s6ytaueng65nwcw6mksxsw

3. 公务员职务级别工资制（上、下）

参见智慧职教平台：

https://www.icve.com.cn/project/sourcematerial/editsourcematerial.html?docid=vtmcazaor75auqzvguox6q&PJId=s6ytaueng65nwcw6mksxsw

https://www.icve.com.cn/project/sourcematerial/editsourcematerial.html?docid=uzydazaojzhf-absm-1q0w&PJId=s6ytaueng65nwcw6mksxsw

4. 《事业单位人事管理条例》（国务院令652号）

参见中华人民共和国中央人民政府网站。

5. 《中华人民共和国公务员法》

参见中华人民共和国中央人民政府网站。

6. 腾讯案例分析：高福利、好待遇所带来的弊病

HR案例网：

http://www.hrsee.com/?id=928

项目五

岗位评价

【项目说明】

本项目主要对岗位评价的概念、方法进行介绍，并重点对要素计点法这一科学的岗位评价方法的概念、模型建立及运用流程进行详细讲解及实训练习。本项目内容逻辑结构图示如下：

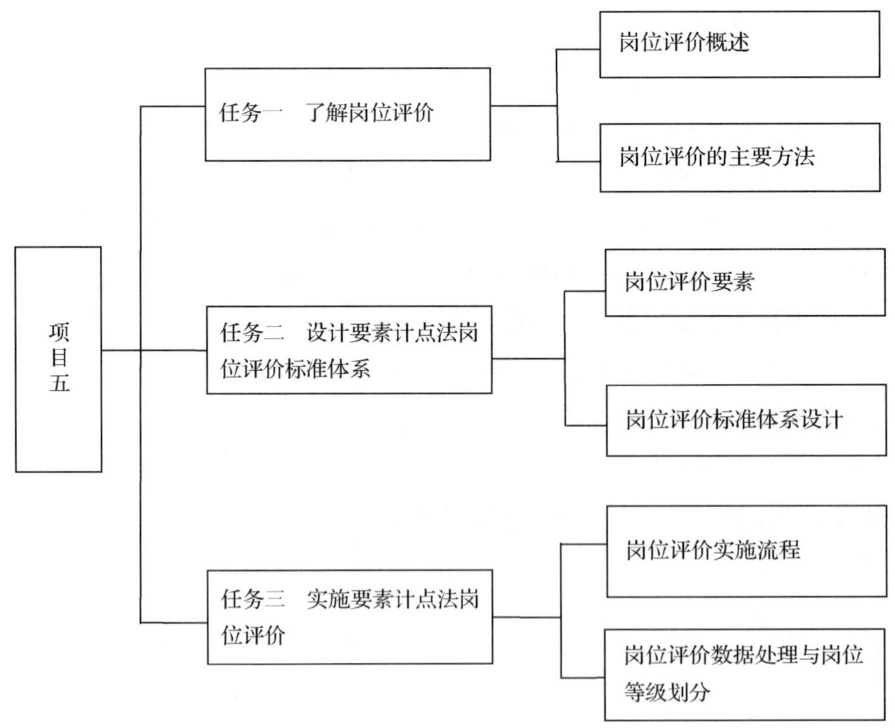

【项目导入】

一、主题案例

工资制度改革，岗位评价先行！

Z公司作为一家传统生产型家族企业，经过多年稳步发展，现已成为一家中等规模企业，在同行业中逐渐有了较高知名度。但随着企业不断发展壮大，也逐渐凸显出诸多问题。

第一，企业存在内部管理问题。由于家族企业时期内部管理缺乏制度化，长期积累问题较多，最突出的就是企业的工资体系。公司最初没有建立完善的工资等级和工资体系，因此随着部门、岗位、人员的增加，员工的工资确定和工资增长都比较随意，多是通过口头约定或谈判的形式，长期积累下来就造成了一人一薪、同岗不同薪等多种问题，缺乏内部公平性。

第二，随着近几年科研水平和生产现代化水平的逐渐提升，公司也在紧跟科技和生产发展的潮流不断优化内部组织机构和部门设置，企业内部变动较大，新的岗位急需确定相应的工资水平。

在这种情况下，公司痛下决心，决定进行一次全面的工资改革，一并解决工资方面多个历史遗留问题和面临的新问题。通过咨询相关专家，公司确立了工资改革的整体思路，从源头解决问题，首先优化组织机构和岗位设置，然后通过岗位评价的方式确定岗位等级，再最终确定工资。

优化后的企业组织机构和岗位设置如下：

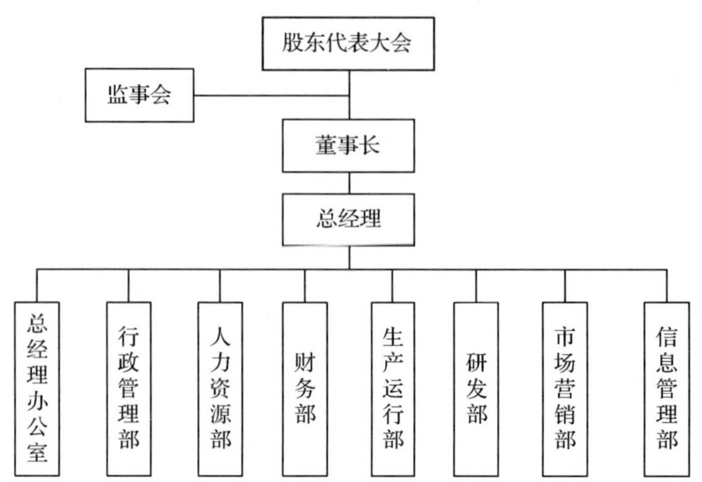

Z 公司岗位列表

序号	部门	岗位名称	序号	部门	岗位名称
1	财务部	财务部部长	18	总经理办公室	主任
2		会计	19		主任助理
3		出纳	20	信息管理部	信息管理部部长
4	人力资源部	人力资源部部长	21		信息工程师
5		招聘培训主管	22	市场营销部	市场营销部部长
6		绩效薪酬主管	23		销售大区总监
7		绩效专员	24		营销专员
8		薪酬专员	25	研发部	研发部部长
9		培训专员	26		高级研发工程师
10		招聘专员	27		研发工程师
11		员工关系管理专员	28		测试技术员
12		人事助理	29	行政管理部	行政管理部部长
13	生产运行部	生产运行部部长	30		行政主管
14		计划主管	31		文秘
15		设备管理员	32		前台接待
16		车间主任	33		门卫
17		操作工	34		司机

二、学习目标

1. 熟悉岗位评价的含义及所要实现的目标。

2. 了解岗位评价的主要方法。
3. 掌握因素比较法在岗位价值排序中的应用。
4. 掌握要素计点法岗位评价标准体系设计的技术要点。
5. 熟悉要素计点法岗位评价的实施流程和控制要点。
6. 掌握岗位评价数据处理和岗位等级划分方法。

任务一　了解岗位评价

知识准备

一、岗位评价概述

1. 岗位评价的含义

常见的企业内部的工资问题主要体现在某些岗位或职位的员工认为他们的工资水平或工资等级与他们所在的工作岗位不相匹配。但是，如果因在岗人员自体公平感的缺失就给他们提高工资，则会引起更多其他岗位员工的不满，因为其他岗位员工会认为自己的工资相对降低了，从而破坏了内部公平。企业内部工资体系是相对系统、完整且非常严肃的制度体系，如果根据个别意见对工资结构、工资水平进行频繁特殊调整，将失去工资制度的指导性和严肃性，会使企业员工对制度本身的合理性产生怀疑，并由此造成一系列的工资矛盾。

解决企业员工工资问题包括两个层面。第一层面是企业整体系统层面，通过运用系统科学的方法，对企业所有岗位进行准确评价，并以此为基础进一步确定岗位等级和工资等级，从而建立系统完善的工资体系；第二层面是通过员工晋升、工资晋档等方式为员工进行个别工资调整，需要有完善合理的工资体系和工资制度作保障。这其中，第一层面讲到的建立系统完善的工资体系是从整体上根本解决企业工资问题的方法。建立系统的工资体系，需要寻找并使用一种技术，以尽可能地使所有的工人和管理人员达成这样一种共识，即建立在这种技术基础上的工资结构是公正的、合理的。岗位评价正是提供了这样一种技术。

岗位评价也称工作评价、职位评价、职位评估、岗位劳动价值评估、岗位劳动价值测评等，是指在工作分析的基础上，对不同岗位的工作以统一的尺度进行评定和评估，从而确定各项工作的相对价值，并据此建立岗位价值序列的过程。著名薪酬管理专家米尔克维奇认为："职位评价是一个为组织制定职位结构而系统地确定每个职位相对价值的过程。这个评价是以工作内容、所需技能、对组织的价值、组织文化以及外部市场为基础的。"

因此，岗位评价可以定义为："岗位评价是对工作进行研究和分级的方法，以便为合理的工资结构奠定基础。它关心工作的分类，但不去注意谁在做或谁去做这些工作。""岗位评价不能消除供求关系对工资水平的影响，但它可以根据每种职业、每个工种的内在要求，把它们分类、定级。岗位评价并不对每个级别的合理工资制定标准，但它指出了什么级别应当获得较高工资。它力图为建立工资结构提供公正的方法。公正体现在：如果一项工作需要相同的努力、技术和责任心，劳动报酬就应相同；而如果需要的标准提高，工资也应当提高。岗位评价的目标是要实现同工同酬。"

岗位评价的核心是给工作标定级别，岗位评价的目标是要实现同工同酬。

岗位评价应遵循的原则是：①岗位评价的是岗位而不是岗位中的员工；②让员工积极地参与到岗位评价中来，以便他们认同岗位评价的结果；③岗位评价的结果应当公开。

2. 岗位评价的发展

岗位评价有一个形成过程，它是在西方国家中首先出现和发展起来的。

最初的工作等级形式是由工厂的习惯形成的。某些工作逐渐被认为是彼此有联系的，这种联系既来源于外部的接触，也来源于生产操作的顺序，还来源于协作劳动的工人由低级到高级所需要掌握的知识顺序。

工人在劳动实践中逐渐感到某种工作应比其他工作多付报酬。一旦这种思想形成并被大家所接受，这种不同工种的工资差别也就成为习俗而被保留下来。

可是单用习惯来解释工资等级表的形成，是不能令人满意的，于是为数众多的专家开始探讨确定岗位价值的方法，并逐步使岗位等级划分和岗位评价制度化。从 1915 年起，四种主要的岗位评价体系逐步建立起来，按时间顺序是排列法、分类法、因素比较法和要素计点法。前两种被认为是非数量的评价体系，后两种被认为是数量的评价体系。在西方发达国家中，最广泛采用的是要素计点法，其次是因素比较法。

进入 20 世纪 50 年代以来，国外一些大型管理咨询公司在上述评价方法的基础上，又创造了一些混合型的评价方法。这些混合型的评价方法大多使用的是定量分析技术，这为确定可与外部劳动力市场相比较的工资水平提供了方便，但在处理资料方面主要依靠计算机，耗资也通常较多。

3. 岗位评价与工资等级的关系

岗位评价是一项参与范围广、涉及人员多、结果影响大的工作。由于前期的宣传、讲解以及岗位评价的具体实施，员工对岗位评价的目的已经有了充分了解，对岗位评价结果对自身工资的影响程度有较为深刻的认识。岗位评价的结果可以是分值形式，也可以是等级形式，还可以是排序形式，但员工最关心的还是岗位与工资的对应关系。员工不仅关心岗位等级结果是否是自己工资的唯一决定因素，同时关心不同的岗位等级在工资对应上会有怎样的差距。

一般来讲，岗位等级与工资的对应关系可以是线性关系，如图 5-1 所示的曲线 A、曲线 B；也可以是非线性关系，如图 5-1 中的曲线 M。

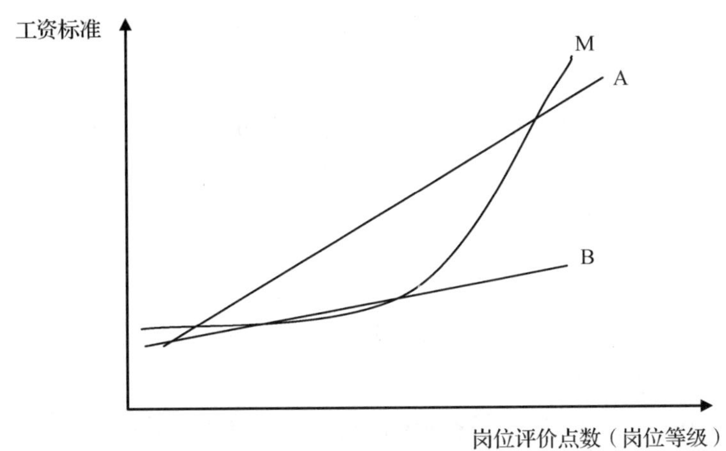

图 5-1　岗位等级与工资标准的比例关系

图 5-1 中岗位评价点数与多种工资线的关系说明，评价点数的多少与工资率的高低两者关系是正相关的，但不是正比例的。这说明：评价中所使用的点数是为了评价岗位和划分等级服务的，只要划分出了岗位等级，点数法就完成了作为一种评价方法的使命。至于测算工资标准所使用的点数或系数，将可能使用其他的办法来确定。在一些情况下，岗位之间评价点数的差距，并不能代表岗位之间应达到的工资差距。

打个比方，岗位评价的结果相当于把所有岗位的相对位置标注在一把尺子上，这些岗位通过评价有得分的高低，从而在尺子上有不同的位置，这个位置是根据岗位评价的得分结果进行排列的。当岗位排列完成后，评价分数的使命便完成了，该分数与最终的工资数额之间不存在必然联系。在此之后，我们把尺子摆放得陡一点（工资差距大，如曲线A）还是缓一点（工资差距小，如曲线B），甚至把它看作一把软尺，摆成非直线（工资递增幅度不固定，如曲线M）等，都不会影响尺子上各岗位之间的相对排序，这便是岗位评价结果的意义。而尺子如何摆放，则需要企业管理层综合考虑企业性质、内部稳定性、工资总额、激励诉求等多方面因素确定，但无论怎么摆放，都不能打破由岗位评价得出的岗位价值间的相对位置排序，否则岗位评价便失去了意义，工资确定也就失去了科学基础。

4. 岗位评价的优点和缺点

（1）岗位评价的优点

其一，岗位评价的突出优点是，以各个岗位在整体工作中的相对重要性来确定其工资等级，并且能够保证同工同酬原则的实现。因此，它有利于消除工资结构中的不公正因素，维护企业工资等级间的逻辑和公正关系。同时，这样建立起来的简单的工资结构，也易于为人们理解和接受。

其二，岗位评价中使用明确、系统而又简单的评价因素作为确定工资结构的基础，有助于减少在相对工资等级上的怨言。如数量评价体系，当工人对其现行工资有抱怨时，还可以提供一个核查和详细解释的基础，弄清其不公正所在之处，并通过重新评价纠正过来。

其三，岗位评价中所收集的信息和结果可以为范围较宽的人事管理提供依据，如确定招工条件和培训技术标准等。

其四，岗位评价为工会参与工资确定过程的各个方面提供了机会，并且为集体协商或谈判的内容之一——工资结构的确定提供了一个更准确、更值得信赖的基础。因此，岗位评价的实施还有利于改善劳动关系。

（2）岗位评价的缺点

其一，其适用范围会受到某些因素不同程度的制约。首先，岗位评价在确定评价因素、各因素权重以及评定各工作因素的级别上，都不可避免地带有某种程度的主观因素，这样就使评价缺乏完全客观和公正的结果。其次，岗位评价是一项需要很多时间（一般需要1~3个月）和资源的技术，本身既需要专业技术人员，又需要很多投资。最后，由于引进岗位评价所形成的新的工资结构可能会增加劳动成本，一旦工作评价计划实行，还必须常设维护机构。因此，引进岗位评价所花费的成本可能会超出它所带来的好处。

为了克服上述缺点，一方面，要力求较全面地确定影响岗位等级的因素。在确定因素权重时，要吸收工会和工人代表参与决策，并考虑同行业其他公司在确定权重上的流行趋势。凡能量化的因素要量化，以减少先入为主的偏见。另一方面，要根据本单位规模和生产经营特点来选择岗位评价方法，并精心计划和实施，以节约费用。

其二，岗位评价生成的工资结构显得过于僵化，难以充分适应生产和技术的变化。岗位评价的一个基本假定是，每个岗位工作的内容是大致固定不变的。而不少现代企业的趋势是使工作组织机构更加灵活，以充分适应生产和技术的变化。因此，再按照事先固定的任务来限定工作内容就有些牵强。岗位评价具有适应基本稳定的企业组织机构和工作组织机构的内在联系，如果工作组织机构不断变化，每个岗位的工作内容不断调整，就难以正式引进和应用岗位评价。而在已经引进岗位评价的情况下，就应注意对岗位评价系统进行定期检查和维护，使其适应随着时间推移由于引进新技术而使工作内容和工作组织发生变化的需要。对于这一点，无论怎样强调都不过分。

5. 岗位评价的完善与维护

（1）日常维护

日常维护工作之一是对产生的新岗位无一例外地按照建立起来的评价方案及时地把它们排列到等级结构中去。

日常维护工作之二是复评。复评是实行岗位评价之后，当某些岗位的情况发生变化后，需要对评价过的岗位进行重新评价，以经常保持岗位评价的准确性。

当下面四种情况出现时，就应做复评工作：

1）工作内容变了，新的工作内容加入已评定的工作；

2）工作内容变了，某些工作从已评定的工作中删除；

3）由于领导的不满，应重新评审；

4）由于员工的抱怨，应重新评审。

（2）定期检查

为了保持岗位评价制度能适应新情况并根据需要对其进行修改，通常要建立一个定期检查机构。定期检查的内容是：

1）代表性工作岗位是否还具有代表性，是否需要更新更具有代表性的岗位；

2）检查升级和降级情况；

3）检查等级堆积；

4）“红圈岗位”的处理情况；

5）要素及权重是否应作必要修改；

6）工资结构是否应进行调整，工资标准是否需要提高。

二、岗位评价的主要方法

1. 排列法

（1）排列法的概念

排列法也称简单排列法、序列法、部门重要次序法，是由岗位评价人员对各个岗位工作的重要性作出判断，并根据岗位工作相对价值的大小按升值或降值顺序排列，从而确定岗位等级的一种工作评价方法。

（2）排列法的步骤

1）进行岗位分析。岗位分析的内容在人力资源管理课程中有详细讲解和实训，在此不作赘述。岗位分析主要对企业所有岗位的工作职责、工作内容、工作流程、工作条件、工作负荷度、工作责任、工作难度等进行全面分析与说明，并最终形成岗位说明书，作为企业重要的职责标准体系文件和后续岗位评价的重要基础。

2）排列岗位顺序。由岗位评价委员会的全体委员分别根据岗位说明书，或者自己头脑中对该项工作的印象，对岗位按照难易或价值大小的次序进行排列。排列岗位顺序的方法有以下两种。

一种是卡片排列法，即将岗位说明书用简明文字写在小卡片上，按次序排列起来。难度或价值最大的工作应排在一等，难度或价值第二的排在二等。如果两个或更多个工作难度或价值相同，则这些岗位排列在同一等级。具体做法是：先确定最高和最低的岗位，再确定中等的，然后确定最高和中等以及最低和中等之间的等级。

另一种是成对比较排列法。例如，某部门有六个岗位的工作，分别称为甲、乙、丙、丁、戊、己。先将六项工作分别按横竖排列于表 5-1 内，然后运用 012 比较评价法对六项工作分别进行判断比较。具体办法是首先在对角线位置均标注“1”，因为对角线上是自己和自己比，故难度相同，记为“1”；然后将第一行的岗位“甲”与其他五个岗位逐一比较，需要注意的是，每一对比较完成后，都应当给两个岗位同时计分，以此确保评价计分不会混乱。当“甲”和“乙”比较，认为“甲”的难度更大时，则在“甲—乙”这一格中计“2”，同时说明“乙”跟“甲”比不难，则同时在“乙—甲”这一格中计“0”，见表 5-1。最后，所有的岗位两两比较完成后，每一岗位最后的计分总额就代表该岗位的得分，以此对岗位进行排序。

每一位评价委员经 012 成对比较后，都会针对所有岗位得出评价得分。将所有委员的评价得分进行平均，便可得出综合考虑各评价委员意见的岗位评价得分，并由此确定岗位排序。

表 5-1　　012 成对比较排列表

岗位	甲	乙	丙	丁	戊	己	总额
甲	1	2	1	2	2	2	10
乙	0	1	0	0	1	0	2
丙	1	2	1	0	0	1	5
丁	0	2	2	1	1	2	8
戊	0	1	2	1	1	2	7
己	0	2	1	0	0	1	4

应注意，在使用上述两个排列法时，每个评价者要在一星期内反复进行两三次，以避免一时的疏忽。

3）确定最终的自然岗位序列。根据全体评价委员个人评定的结果，确定最终自然岗位序列，见表 5-2。

表 5-2　　排列法岗位等级最终评定表

岗位	甲	乙	丙	丁	戊	己
赵委员评定	10	2	5	8	7	4
钱委员评定	8	2	5	6	—	4
孙委员评定	7	3	5	6	5	4
评价得分之和	25	7	15	20	12	12
参加评定人数	3	3	3	3	2	3
平均序数	8. 33	2. 33	5	6. 67	6	4
岗位相对价值次序	1	6	4	2	3	5

由表 5-2 可知，评定的六个岗位工作的相对价值，按价值排序为甲、丁、戊、丙、己、乙。

应注意的是，按前面两种方法得到的只是一个按重要性排列的岗位序列，显然，在一个较大的企业中，是不能直接把上百个或数百个岗位组成的岗位序列作为工资等级序列的。因此，还有必要把岗位序列分成一定数目的岗位等级，即划岗归级，以作为实际的工资等级数目。

划岗归级应掌握两个原则：一是岗位等级不宜过多，上一级岗位与下一级岗位之间应能比较出难易差别；二是难易程度大致相同的岗位，应划归为同一岗位等级。

（3）排列法的优点和缺点

排列法的主要优点是在理论与计算上简单，容易操作，省事省时，因而可以很快建立起一个新的工资结构。另一个优点是，每一个岗位是作为一个整体比较，是凭人们的直觉来进行判断的，因而可以吸收更多的人员参加，并且容易在岗位数量不太多的单位中获得相当满意的评价结果。排列法虽不很精确，但较易使用，特别适合于小企业和机关办公室的工作评价。一般来讲，如果评价委员通过日常的接触熟悉了他们要考察岗位的工作内容，那么，这种方法就可提供符合实际的岗位等级。

排列法的缺点也是明显的。其主要缺点是，岗位等级完全靠评价委员或主管人员的主观判断，而不同评定者往往有不同的标准，且难以清楚地回答“为什么这个岗位比那个岗位重要”“在多大程度上重要”等问题。由于这一缺点，岗位等级和工资标准不可避免地受到评价委员个人品质的影响。另外，运用排列法不易找到熟悉所有工作的评价人员，各评价委员评价结果有时差异很大，容易导致错误。再一个缺点是，排列法在大企业中使用很耗时，因为对数将随所要评价的岗位数的增加而成倍增长，就100个岗位来说，可能的对数接近5 000个。

2. 分类法

（1）分类法的概念

分类法也称分级法或等级描述法，是事先建立一连串的劳动等级，给出等级定义，然后根据劳动等级类别比较工作类别，把工作确定到各等级中去，直到安排在最合逻辑之处。

分类法不同于排列法，劳动等级是预先决定并建立的，然后参考岗位工作的内容对其分级。

（2）分类法的步骤

1）建立工作类别或级别。无论是对同一种性质的工作还是对包括各种性质工作在内的组织整体，都要确定等级数目。等级数目取决于工作的性质、组织规模大小、职能的不同和工资政策。在这一环节中，没有对所有单位都普遍适用的规则。

2）等级定义。等级定义是指给建立起来的岗位等级作工作分类说明。等级定义是在选定要素的基础上进行的。首先是确定基本要素，以便通过这些要素进行等级定义或分类说明。这些要素主要包括技术要求、智力要求、脑力和体力消耗程度、需要的培训和经验、工作环境。接下来的工作是在选定要素的指导下进行等级定义。等级定义要为岗位等级的评定分类提供标准，因此，要清楚地描述出不同等级工作的特征及其重要程度。一般等级定义的做法是从确定最低和最高等级的岗位开始的，因为这相对容易些。在分类定级中，对低级别的工作要求大致是：能够在领导者指导下处理简单的日常工作，很少或不要求工作人员具备独立判断、处理问题的能力。对较高级别的工作要求依不同程度而定，包括文化素质、管理能力、人际关系、责任以及独立分析和解决问题的能力。表 5–3 列出了五种分类等级，是根据工作名称并按升值顺序排列的，供参考。

表 5–3　　工作分类说明

五级职员	日常工作快速而准确，在监督下工作，可能或有可能对最后结果承担责任
四级职员	不受他人监督，对工作细节十分通晓，有特别的工作技能；思想高度集中，特别准确、快速
三级职员	必须具备二级职员的特点，同时承担更多的责任
二级职员	从事技术性和多种多样的工作，偶尔要独立思考并从事困难的工作。要求具有特殊的办公室工作能力，并对所在部门的工作原则和业务基础有透彻的了解，在任何范围内都不受他人监督，工作只受有限的检查。可靠，值得信赖，足智多谋，能够制定决策
一级职员	那些从事或有能力完成工作主要部分的人员。更能独立思考，而且能够超出监督或日常工作的范围去考虑更深入的问题

等级定义是分类法中最重要、最困难的工作，要求极高，它必须使两个等级之间的技术水平和责任大小显而易见。相对于其他工作来说，等级定义花费的精力最多、时间最长。

3）评价和分类。评价和分类是指由评价委员阅读工作分类说明，并依据评价委员对工作的相对难度、包括的职责以及必备的知识和经验的理解，来决定每项工作应列入哪一等级。

在评价和分类中，有一个比较容易的办法，是根据等级定义表明的特征，在每个等级中先选择一个代表性岗位，这样，评价委员便有了评价其余工作岗位的参照系。随着评价的进行，对单个岗位的划等就变得容易起来了，因为前面已划等的岗位会使后面未划等的岗位都归入了等级，这样就可以确定每个等级的工资标准。

（3）分类法的优点和缺点

分类法的优点是简便易行，容易理解，而且不会花费很多的时间，也不需要技术上的帮助。在单位较小，工作不太复杂或种类不多，以及受到时间和财力的限制不能采用其他方法时，就应采用分类法。分类法较排列法更准确、客观，因为等级定义都是以选定的要素为依据的。而且，由于等级的数目及其相互间的关系能在各个岗位划等之前就确定，等级结构能够真实地反映有关组织的结构。从实践上看，长期以来，分类法在工业部门中也曾被应用过，但最广泛地还是被用于薪水制的工作中，尤其是政府部门和服务行业中。

分类法的缺点一般表现为不能很清楚地定义等级。由于定义等级的难度较大，分类法经常给主观判断岗位等级留下了相当大的余地，这将导致许多争论。而且，在一些分类方案中，往往先对工作进行分级，之后再概括出等级定义。鉴于定义等级的困难，这也不失为一种切实可行的办法。

3. 因素比较法

（1）因素比较法的概念

因素比较法是1926年由本奇提出的。在因素比较法中，最重要的是先决定岗位评价的因素和关键岗位，再用评价因素和关键岗位制成关键岗位分级表；其余岗位以此表为尺度决定其地位。

（2）因素比较法的步骤

1）确定岗位评价所需要的因素。岗位评价因素一般包括脑力、技能、体力、责任和工作条件五项。

2）选择若干具有广泛代表性的现行工资比较合理的岗位，作为代表性岗位或关键性岗位，关键性岗位一般是从全部岗位中选出15~30项。

3）将各种代表性岗位按照各因素对各岗位的相对重要性，依次排列为代表性岗位分级表（这一步可以简称为将代表性岗位进行排列），见表5-4。

表5-4　代表性岗位分级表

等级顺序	脑力	技能	体力	责任	工作条件
1	材料搬运工	材料搬运工	记时工	材料搬运工	记时工
2	保卫	保卫	监督工	保卫	监督工
3	卡车司机	记时工	装配工	装配工	装配工
4	装配工	装配工	螺旋机工	油漆工	材料搬运工
5	油漆工	卡车司机	油漆工	卡车司机	保卫
6	磨料工	监督工	制动机工	制动机工	机工
7	制动机工	油漆工	车工	管子工	工具及制模工
8	管子工	管子工	管子工	磨料工	车工
9	车工	制动机工	卡车司机	记时工	卡车司机
10	木工	磨料工	木工	车工	木工

续表

等级顺序	脑力	技能	体力	责任	工作条件
11	机工	车工	保卫	木工	磨料工
12	记时工	木工	工具及制模工	机工	管子工
13	螺旋机工	机工	机工	螺旋机工	制动机工
14	工具及制模工	螺旋机工	磨料工	监督工	油漆工
15	监督工	工具及制模工	材料搬运工	工具及制模工	螺旋机工

注：监督工是指生产科的调度工人，其任务是巡回监督各车间的生产进度。

4）将各种代表性岗位的现行工资，按前面确定的五项因素予以适当分配，见表 5-5。

表 5-5　　代表性岗位工资资料表

岗位名称	脑力（分）	技能（分）	体力（分）	责任（分）	工作条件（分）	现行工资款（元/小时）
装配工	17	15	26	14	9	0.81
螺旋机工	34	40	28	26	25	1.53
制动机工	19	24	29	16	19	1.07
木工	26	32	36	21	17	1.32
监督工	39	19	24	28	8	1.18
保卫	12	10	38	8	12	0.80
机工	29	35	41	22	13	1.40
材料搬运工	9	8	50	6	10	0.83
磨料工	18	25	47	18	17	1.25
油漆工	18	20	28	14	23	1.03
管子工	19	23	33	17	18	1.10
记时工	32	11	24	20	8	0.95
工具及制模工	37	45	40	31	13	1.66
卡车司机	14	17	35	16	16	0.98
车工	24	31	33	20	16	1.24

5）根据表 5-5 代表性岗位工资资料表编制因素比较尺度表，见表 5-6。

表 5-6　　因素比较尺度表

每小时工资（元）	脑力	技能	体力	责任	工作条件
0.50	—	—	材料搬运工	—	—
0.49	—	—	—	—	
0.48	—	—	—	—	
0.47	—	—	磨料工	—	—
0.46	—	—	—	—	
0.45	—	工具及制模工	—	—	—
0.44	—	—	—	—	—
0.43	—	—	—	—	—
0.42	—	—	—	—	—
0.41	—	—	机工	—	—
0.40	—	螺旋机工	工具及制模工	—	—
0.39	监督工	—	—	—	—
0.38	—	—	保卫	—	—
0.37	工具及制模工	—	—	—	—
0.36	—	—	木工	—	—
0.35	—	机工	卡车司机	—	—
0.34	螺旋机工	—	—	—	—
0.33	—	—	车工、管子工	—	—
0.32	记时工	木工	—	—	—
0.31	—	车工	—	工具及制模工	—
0.30	—	—	—	—	—
0.29	机工	—	制动机工	—	—
0.28	—	—	螺旋机工、油漆工	监督工	—
0.27	—	—	—	—	—
0.26	木工	—	装配工	螺旋机工	—
0.25	—	磨料工	—	—	螺旋机工
0.24	车工	制动机工	记时工、监督工	—	—

续表

每小时工资（元）	脑力	技能	体力	责任	工作条件
0. 23	—	管子工	—	—	油漆工
0. 22	—	—	—	机工	—
0. 21	—	—	—	木工	—
0. 20	—	油漆工	—	车工、记时工	—
0. 19	制动机工、管子工	监督工	—	—	制动机工
0. 18	磨料工、油漆工	—	—	磨料工	管子工
0. 17	装配工	卡车司机	—	管子工	木工、磨料工
0. 16	—	—	—	制动机工、卡车司机	车工、卡车司机
0. 15	—	装配工	—	—	—
0. 14	卡车司机	—	—	装配工、油漆工	—
0. 13	—	—	—	—	机工、工具及制模工
0. 12	保卫	—	—	—	保卫
0. 11	—	记时工	—	—	—
0. 10	—	保卫	—	—	材料搬运工
0. 09	材料搬运工	—	—	—	装配工
0. 08	—	材料搬运工	—	保卫	监督工、记时工
0. 07	—	—	—	—	—
0. 06	—	—	—	材料搬运工	—

6）将代表性岗位以外的各项岗位逐项与刚建立起来的代表性岗位工资资料表或因素比较尺度表相比较。这一步是一个因素一个因素地判定与代表性岗位最类似的每项岗位，求得该项岗位的相应位置，并查出各项因素工资，再将各项因素工资相加，而得出该项岗位的工资的过程。

例如，对某项岗位进行评价时，就其五项因素逐一和代表性岗位比较为：脑力相当于木工 0.26 元；技能相当于机工 0.35 元；体力相当于装配工 0.26 元；责任相当于机工 0.22 元；工作条件相当于油漆工 0.23 元。五项合计 1.32 元，则该项工作工资为 1.32 元。

（3）因素比较法的优点和缺点

因素比较法的优点是：把各种不同岗位中的相同因素相互比较，然后再将各种因素工资累计，使各种不同岗位获得较为公平的岗位评价；此法用岗位说明书建立岗位比较尺度，这意味着任何人只要具备岗位评价知识，就能够遵循此法来制定合理的尺度；此法常用 5 个因素，在这些因素中很少有重复的可能，而且可以简化评价工作。

因素比较法的缺点是：因素定义比较含混，适用范围广泛，但不够精确；因有工资尺度存在，所以势必受现行工资的影响，很难避免不公平现象；此法使用起来比较困难，因为在排列代表性岗位顺序时，两端岗位虽容易决定，但中间部分难以安排；一个或更多的代表性岗位的职务可能变更或责任加重，这样会使这些代表性岗位失去代表性的作用；此法中岗位比较尺度的建立，步骤复杂，难以向职工说明。

4. 要素计点法

要素计点法也称点数法、要素分级计点法，我国也有称之为计分法的。使用此法，首先确定影响所有岗位的共有因素，并将这些因素分级、定义和配点，以建立起评价标准。其次，依据评价标准对所有岗位进行评价，并汇总出每一岗位的总点数。最后，根据岗位评价点数划分岗位等级。要素计点法是当今使用最广泛的岗位评价方法。关于要素计点法，我们将在下一任务中展开详细介绍。

总结来看，不同的评价方法在实施步骤、优缺点等方面存在不同，表 5-7 汇总了各种评价方法的优点和缺点。

表 5-7　　不同岗位评价方法优点、缺点以及适用范围比较表

评价方法	优点	缺点	适用企业
排列法	简单方便，易理解、操作，节约成本	没有明确的评价标准，完全依靠经验和主观判断；只能排列各岗位价值的相对次序，很难回答为什么一个岗位比另一个岗位等级高	岗位设置比较稳定；规模小

续表

评价方法	优点	缺点	适用企业
分类法	简单明了，易理解、接受，避免出现明显的判断失误	等级定义困难，给主观判断留下相当大的余地；成本相对较高	各岗位的差别很明显；公共部门和大企业的管理岗位
因素比较法	能够直接得到岗位的工资水平	应用最不普遍；要经常做工资调查，成本相对较高	能够随时掌握较为详细的市场工资标准
要素计点法	能够量化；可以避免主观因素对评价工作的影响；可以经常调整	设计比较复杂；对管理水平要求较高；成本相对较高	岗位不雷同；岗位设置不稳定；对精确度要求较高

业务演练

任务：运用 012 成对比较排列法完成岗位价值排序

某工厂供应处主要承担物资采购和供应以及备件和器材的入库、保管、发放等职责。该部门下设供应处处长、供应处副处长、会计统计员、仓库主任、保管班班长、计划采购员、保管员 7 个岗位，岗位说明书摘要见表 1 至表 7。

要求：以小组为单位，运用 012 成对比较排列法对供应处所属岗位进行评价，得出该部门的岗位价值序列，并将排序结果填入下表。如认为某些岗位的岗位价值相同，可以并列排序。

供应处岗位相对价值排序表

排序	岗位名称
1	
2	
3	
4	
5	
6	
7	

表 1　　供应处处长岗位说明书（摘录）

岗位名称	供应处处长		
岗位职责	1. 贯彻执行党和国家、上级机关关于物资管理的相关法律法规、方针政策，结合本厂实际情况，制定本厂物资管理规章制度。 2. 贯彻执行党和国家、上级机关有关财经制度、纪律，杜绝经济问题发生。 3. 组织制定采购合同，负责审核、签署合同，监督、督促合同的执行。 4. 组织编制物资的月份、季度、年度采购计划和经费计划，对计划进行审核、监督，督促计划的有效执行。 5. 负责分配采购任务，组织采购员按照计划进行采购。 6. 全面负责仓库物资入库、保管、发放、安全秩序稳定工作，及时了解仓库管理情况，组织解决仓库主任反映的问题。 7. 监督落实相关物资仓库管理和安全管理规定，定期对仓库管理工作和安全进行检查。 8. 负责本部门岗位责任制和各项规章制度的落实，主持本部门自身建设，做好日常行政管理工作。 9. 完成厂领导交办的其他工作。		
学历层次要求	本科		
对口专业	企业管理	相关专业	物流管理、仓储管理、采购与供应管理、行政管理、国际贸易、装备管理学、装备维修学
经验要求	工作满 10 年，并具有分厂工作经验	专业技术/技能等级要求	中级专业技术等级
业务能力要求	1. 掌握党和国家及上级主管部门制定的与本处室职责有关的法律法规及各项规章制度。 2. 具有较强的文字表达能力、业务领导能力，能够组织工厂物资的筹措、保管、供应管理工作。 3. 具有较强的组织协调能力，能够处理好本处室与其他处室的协调合作关系。		
直接上级岗位	生产副厂长		
直接下级岗位	供应处副处长、仓库主任		

表 2　　供应处副处长岗位说明书（摘录）

岗位名称	供应处副处长		
岗位职责	1. 贯彻执行本厂的管理方针、目标以及党和国家、上级机关关于物资管理有关的法规、政策、制度和规定。 2. 协助处长完成供应处物资筹措、采购、保管、发放工作。 3. 负责与供应商之间的业务洽谈、问题协商，以及与相关单位的业务沟通。 4. 负责组织安排本部门人员的培训和考核工作。 5. 负责本部门保密安全工作。 6. 负责本部门规章制度的监督落实和检查通报工作。 7. 负责本部门信息化建设工作。 8. 完成处长交办的其他工作。		
学历层次要求	本科		
对口专业	物流管理	相关专业	采购与供应管理、行政管理、国际贸易等
经验要求	工作满 10 年	专业技术/技能等级要求	中级专业技术等级
业务能力要求	1. 具有较高的政策理论水平，掌握党和国家及上级主管部门制定的与本处室职责有关的法律法规及各项规章制度。 2. 熟悉本处室职责和业务知识，了解全处人员思想状况，能够协助处长领导本部室人员按业务分工努力完成各项任务，搞好全厂的器材供应管理工作。 3. 具有较强的沟通协调能力，能够处理好本处室与其他处室的协调合作关系。		
直接上级岗位	供应处处长		
直接下级岗位	计划采购员、会计统计员		

表 3　　会计统计员岗位说明书（摘录）

岗位名称	会计统计员
岗位职责	1. 负责对物资采购相关票据的合法性进行审核，办理物资入库手续，开具入库凭证。 2. 负责全厂入库物资和全厂各部门领用物资的数量、金额统计，编制月份、年度报表。 3. 负责采购材料经费预算编制和票据报销工作。 4. 负责本部门人员工资、福利的请领、发放。 5. 完成处长、副处长交办的其他工作。
学历层次要求	本科

续表

对口专业	财务管理	相关专业	工商管理、企业管理、经济、金融等
经验要求	从事会计或相关工作4年以上	专业技术/技能等级要求	助理级专业技术等级
业务能力要求	1. 能够熟练运用会计方法操作财务业务，掌握计算机应用技术和财务软件的应用知识。 2. 具备较好的组织协调能力，能够独立完成材料成本核算工作。 3. 能够针对工厂材料核算中的各项数据作出准确的统计分析，并能根据分析结果和工作现状，对未来工作方向和趋势作出职业判断。 4. 熟练掌握各项办公软件。		
直接上级岗位	供应处副处长		
直接下级岗位	无		

表4　　仓库主任岗位说明书（摘录）

岗位名称	仓库主任		
岗位职责	1. 负责物资仓库的管理、保密工作。 2. 全面掌握仓库物资入库、出库、存储信息，及时提出物资采购合理建议。 3. 负责对库房积压、呆滞物资的统计、汇总和上报工作，并提出处理建议。 4. 负责仓库设备设施的维护、保养、管理工作。 5. 负责仓库人员和设备的安全管理工作。 6. 完成处长交办的其他工作。		
学历层次要求	本科		
对口专业	仓储管理	相关专业	物流管理、采购与供应管理、仓库管理
经验要求	具备6年以上仓储管理或相关管理工作经验	专业技术/技能等级要求	中级专业技术等级
业务能力要求	1. 熟悉本处室职责和业务知识，掌握仓库人员思想状况，能够领导仓库人员按业务分工完成仓库的各项任务，搞好全厂的物资保管、发放工作。 2. 具有较强的业务领导能力，能够组织工厂的物资保管、供应等管理工作。 3. 具有较强的组织协调能力，能够处理好本处室与其他处室的协调合作关系。		
直接上级岗位	供应处处长		
直接下级岗位	保管班班长		

表 5　保管班班长岗位说明书（摘录）

岗位名称	保管班班长		
岗位职责	1. 贯彻执行本厂的管理方针、目标和上级机关有关的政策、制度和规定。 2. 负责分管仓库物资保管各项工作。 3. 协助制定仓库各项管理规定和保管员岗位职责。 4. 协助仓库主任组织仓库盘点和物资清查工作。 5. 负责对保管员的日常工作进行检查。 6. 完成领导交办的其他工作。		
学历层次要求	本科		
对口专业	仓储管理	相关专业	物流管理等
经验要求	具备 4 年以上保管员或相关管理工作经验	专业技术/技能等级要求	助理级专业技术等级
业务能力要求	1. 具有丰富的物资知识，对所管的物资要充分熟悉，掌握其性质和保管要求。 2. 掌握现代化仓储管理技术及信息管理技术。 3. 具备一定的财务基础知识和统计知识。 4. 熟练掌握各项办公软件。		
直接上级岗位	仓库主任		
直接下级岗位	保管员		

表 6　计划采购员岗位说明书（摘录）

岗位名称	计划采购员		
岗位职责	1. 按时编制、送达处领导分配的所分管项目的物资采购计划，并按时完成采购任务。 2. 熟悉和掌握所负责各项物资的名称、型号、价格、质量要求以及生产厂家和供应商信息，准确了解市场供求行情。 3. 负责订货合同的执行和到货验收工作，按照合同要求，对采购物资的质量、时间进度、运输等事项进行跟踪落实。 4. 负责办理采购物资的入库手续，配合保管员做好入库物资的入库验收工作。 5. 完成处长、副处长交办的其他工作。		
学历层次要求	本科		
对口专业	物流管理	相关专业	统计、技术经济及管理、装备管理学、装备维修学等
经验要求	从事采购或相关工作 4 年以上	专业技术/技能等级要求	助理级专业技术等级

续表

业务能力要求	1. 具备良好的组织协调能力，善于沟通，能独立处理物资采购中出现的问题，并能对工作中出现的问题提出合理化建议。 2. 具有较强的学习理解能力和语言表达能力。 3. 有较强的创新能力、组织能力、谈判能力、分析判断能力和团队协作能力。
直接上级岗位	供应处副处长
直接下级岗位	无

表 7　　保管员岗位说明书（摘录）

岗位名称	保管员		
岗位职责	1. 负责仓库的物资保管、验收入库、出库工作。 2. 负责物资器材入库、发放数据的统计和编制报表工作。 3. 负责仓库区域内的治安、防盗、消防工作，发现事故隐患及时上报，对意外事件及时处理。 4. 负责定期对仓库物资盘点和清查，做到账、物、卡相符，协助做好盘亏、盘盈处理和调账工作。 5. 完成仓库主任交办的其他工作。		
学历层次要求	专科		
对口专业	仓储管理	相关专业	物流管理
经验要求	从事保管员或相关工作 2 年以上	专业技术/技能等级要求	员级专业技术等级
业务能力要求	1. 精通物资仓储知识，对所管的物资要充分熟悉，掌握其性质和保管要求，有针对性地采取保管措施，保证物资保管质量。 2. 掌握现代化仓储管理技术，特别是信息管理技术。 3. 具备一定的财务基础知识和统计知识。 4. 熟练掌握各项办公软件。		
直接上级岗位	保管班班长		
直接下级岗位	无		

任务二　设计要素计点法岗位评价标准体系

知识准备

一、岗位评价要素

1. 岗位评价要素的含义

1950年，国际劳工组织在日内瓦会议上把各种劳动对人的要求归纳为劳动的四个要素，即智能、责任、负荷、环境。这一归纳被称为日内瓦范本。

按照我国的习惯，劳动的四个要素包括劳动复杂程度、劳动责任、劳动强度、劳动条件。

在劳动要素确定之后，要进一步划分体现岗位评价要素的子因素。

一个行业、企业应把岗位评价因素细分为哪些子因素，应视行业、企业的不同具体情况而定。

四大要素能够概括岗位劳动所体现的各个方面，但由于其过于抽象、笼统，不利于进行比较评价，还需进一步在四大要素的基础上分解、提取更为具体的子要素。

2. 岗位评价要素的选取原则

（1）符合企业性质和整体战略定位与价值观导向

总体上，岗位评价要素虽然包括智能、责任、负荷、环境四大方面，但在选取上未必四大方面都面面俱到，可能会选取其中某几个方面。此外，因每个企业性质、整体战略定位和价值观的不同，每一个方面的岗位评价要素下具体的子要素也会有所不同。总之，岗位评价要素的选取应符合企业性质和整体战略定位与价值观导向。

（2）以岗位工作为基础

岗位评价要素的选取应符合组织内各岗位的实际情况，评价要素要具有较强的导向性，因此应选取符合工作本身的突出因素。

（3）以能够有效区分岗位价值差别为目标

岗位评价的目的就是要对组织内部的所有岗位价值进行科学有效的区分，因此评价要素的选取应注重体现岗位差别。也就是说，对于某一项评价要素，所有岗位在被其衡量的过程中有明显差别，那么这项要素才是有意义的；反之，对于某一项评价要素，所有岗位在这一要素上的评价得分都相同或几乎没有差距，那么这一要素选取的意义则不大，应考虑剔除该要素或重新明确要素分级标准及定义，使其能够对所有岗位产生差别。

举例来说，如“工作环境”这一常见要素，其分级标准常界定为“室内办公”“大部分在室内，偶尔需到较为恶劣环境工作”“长期在恶劣、危险环境工作”等。若针对新闻媒体企业，该项指标的区分意义就很明显，文职编辑类的岗位可能为“室内办公”，而前线记者则为“长期在恶劣、危险环境工作”。但若待评价企业是一家常规公司，所有岗位基本都在办公室内工作，并不接触恶劣、危险的工作环境，那么这项指标的设置就略显多余，可考虑剔除。再如“工作时间特征”这一常见要素，其分级标准常界定为“常白班”“倒班制”等，这对于有一线倒班业务人员的机构是适用的，但对没有倒班岗位的企业则不适用。可考虑重新区分分级标准，如改为“常规工作时间”“偶尔或定期需要加班”“经常甚至节假日需要加班”等，以便更好地区分岗位差别。

二、岗位评价标准体系设计

1. 岗位评价标准体系的定义

岗位评价标准体系是进行岗位评价的标准和依据，可以简单地形容为衡量岗位价值的标尺。它不仅包括岗位评价要素，还包括各评价要素所占的权重，以及子要素的分级、配点等。

2. 岗位评价标准体系的设计流程

下面以设计某电力物资公司的岗位评价标准体系为例，说明设计岗位评价标准体系的程序，见表5–8。

（1）选取评价要素

首先要确定选用哪些具体的评价要素对所有岗位进行评价。前文讲到，目前我国常用的岗位评价要素相对来说比较固定，即劳动复杂程度、劳动责任、劳动强度和劳动条件，该四项要素基本能够抽象概括与岗位工作相关的各项因素，故一般不轻易更改。因此在选取评价要素时，更重要的是选取评价子要素，或称评价因素，也就是表中第四列。

在子要素的选取中，有大部分要素相对来说是比较固定的，可应用于任何企业，如劳动复杂程度中常见的“学历”“经验”“专业”等，劳动强度中的“脑力劳动强

表 5-8　　某电力物资公司岗位评价要素、子要素及子要素分级、配点表

要素	配点	权重	子要素	一级	二级	三级	四级	五级
（第一列）	（第二列）	（第三列）	（第四列）	（第五列）	（第六列）	（第七列）	（第八列）	（第九列）
劳动复杂程度	390	39%	1. 学历	20	40	60	80	—
			2. 经验	22	44	66	88	110
			3-1. 专业技术水平	18	36	54	72	90
			3-2. 技能水平	16	32	48	64	80
			4. 创造性	12	24	36	48	60
			5. 岗位空缺替代难度	10	20	30	40	50
劳动责任	360	36%	6. 经济效益责任	20	40	60	80	100
			7. 服务责任	16	32	48	64	80
			8. 安全生产责任	14	28	42	56	70
			9. 精神文明建设责任	15	30	45	60	—
			10. 指导监督、协调沟通责任	10	20	30	40	50
劳动强度	200	20%	11. 脑力劳动强度	12	24	36	48	60
			12. 体力劳动强度	10	20	30	40	—
			13. 工作负荷率	10	20	30	40	50
			14. 心理压力	10	20	30	40	50
劳动条件	50	5%	15. 工作场所	5	10	15	20	25
			16. 危险性	5	10	15	20	25
合计	1000	100%	—	—	—	—	—	—

注：表中 3-1 专业技术水平适用于企业专业技术人员，3-2 技能水平适用于企业技术工人。此两项二选一。

度”“体力劳动强度”“心理压力”等，劳动条件中的“工作场所”“危险性”等，任何一家企业的岗位在这些因素方面都有差别要求，故可以直接应用。一般来讲，劳动责任这一大方面，除“经济效益责任”“成本控制责任”等普适性较强的因素外，还有些因素与企业性质或类型结合比较紧密。例如，大型生产型企业或能源类企业，如化工、电力、采矿等，需设置“安全生产责任”，而且应当是最重要的一项责任，但该指标对一些新兴企业可能并不适用。

总体来讲，评价子要素的选取可参考已有经验，选用常规要素，同时也需结合本企业实际情况设定特殊要素，以确保评价体系有效适用于本企业岗位。

（2）明确各评价要素的定义

需要对评价体系中各要素代表的含义有明确界定和说明，以便后续评价委员能够根据要素的定义对评价岗位作出正确的判断和评价。作为评价要素的定义与其本身的定义往往是不同的。

例如，“学历”这一要素，日常定义为一个人具备的知识水平，但在岗位评价体系中，其定义为“本要素衡量岗位任职人员顺利履行工作职责应具有的最低学历，最低学历应在从事本岗位工作之前通过学历教育获得，在从事本岗位工作后所获得的学业水平除外。”由此可知，根据这一定义，评价委员在打分时，应考虑的是某一待评价岗位所需要具备的“最低学历”，也就是达不到该学历层次将无法从事岗位工作，而不是岗位上的在岗人员自己具备的学历。

同样，“经验”这一要素在岗位评价体系中的定义为“本要素衡量岗位任职人员在具备岗位任职的基本要求可以上岗从事本岗位工作，到掌握工作技巧而完全胜任本岗位工作之间，一般所需要经历的最低实际工作时间”。

在对岗位评价要素进行定义时，应始终谨记是针对岗位工作在这一要素方面的要求和体现，与岗位上的从业人员自身水平无关。

（3）确定评价要素权重

在明确岗位评价要素和相关定义后，似乎还不能够对岗位进行评价，因为并不明确这所有评价指标间的相对重要关系，或者说不明确每一项指标代表的分值。因此，需进一步确定各项指标在整个评价体系中所占的比重或分数，也就是指标权重。

1）确定评价总点数。目前，英国、美国一般使用的总点数为 500 点。总点数多少，应以便于使用和划分工作等级为原则。在薪酬设计咨询中，采用的总点数一般为 1 000 点。设置较高的评价总点数，更有利于后续各子要素分配分级点数，故建议采用总点数为 1 000 点的设计方式。

2）确定四项大要素的权重和点数。评价要素的权重反映了组织对各要素重视程度的差别。确定要素的权重，企业领导的参与和决策非常关键，他们的参与往往通过评价委员会进行，也有的直接表达自己的意见。

由于四项大要素下均提炼了若干子要素，整体评价体系一般包括 15~18 个评价要素，若以 1 000 点为总分直接对 15~18 个子要素分配权重，将比较困难。故先对四项大要素（即劳动复杂程度、劳动责任、劳动强度和劳动条件）进行权重分配，因为大要素的数量较少，能够快速地区分出相对重要程度。在此之后，再针对每一大要素下包含的子要素进行权重分配即可。

在确定四项大要素权重的过程中，主要考虑要素本身对岗位价值的影响程度、要素所含子要素的数量等，综合考虑分配。

我国各行业、企业岗位评价中，各要素及子要素的权重及配点应根据各行业、企业的生产经营特点、企业的战略方向等确定。

确定各要素的权重及子要素配点的方法常用的有两种：一种是经验赋值法，另一种是计算法。

其一，经验赋值法，是直接以主观判断和相关经验确定各要素及子要素的权重和点数。

例如，某电力物资公司按经验赋质法确定的评价要素的权重与配点见表 5-9。

表 5-9　　经验赋质法确定评价要素的权重与配点

评价要素	配点	权重
劳动复杂程度	390	39%
劳动责任	360	36%
劳动强度	200	20%
劳动条件	50	5%
合计	1 000	100%

其二，计算法。对权重最高的要素赋值 100%；根据相对第一个要素重要性的百分比确定序列第二高要素的赋值，依此类推；分别计算每个评价要素权重占总权重的结构比例；确定各要素、各要素等级的点数。

同样以四大要素为例计算，见表 5-10。

表 5-10　　计算法确定评价要素的权重与配点

评价要素	重要程度	转化过程	权重	点数
劳动责任	100%	100%÷240%≈0. 416 7	41. 7%	1 000×41. 7%=417
劳动复杂程度	80%	80%÷240%≈0. 333 3	33. 3%	1 000×33. 3%=333

续表

评价要素	重要程度	转化过程	权重	点数
劳动强度	40%	40%÷240%≈0.166 7	16.7%	1 000×16.7%=167
劳动条件	20%	20%÷240%≈0.083 3	8.3%	1 000×8.3%=83
合计	240%	1.000 0	100%	1 000

备注：上表中总点数为 1 000 点。

3）确定各项子要素的权重和点数。四项大要素的权重明确后，进一步明确各项子要素的权重就相对容易些，同样可以采用上述经验赋值法或计算法。需要注意的是，各大要素下子要素的权重之和应当为该大要素的权重，所有子要素的点数之和应为 1 000 点。

（4）对各项子要素进行分级、定义及配点

在明确所有要素及其权重和点数之后，是否就可以对岗位进行评价了呢？似乎还不可以，因为虽然知道某一项要素的点数，但在评价时，还并不明确不同情况下应当给多少点数。举例来说，以“学历”这一要素为例，若该项指标的权重点数为 50 点，那么评价者在具体的评价过程中需要知道，什么情况下某一岗位在该项指标上能得多少分。假如某岗位要求的最低学历是“本科”，对应多少分？另一岗位最低学历要求是“专科”，又对应多少分？因此，需进一步对所有子要素进行分级，并对每一级进行详细定义并配点。以“学历”这一要素的分级配点进行说明，见表 5-11。

表 5-11　学历分级定义及配点表

分级	定义	点数
一级	高中及以下	15
二级	专科/高职	30
三级	本科	45
四级	研究生	60

1）确定要素分级数量。一般来讲，每一项指标应至少区分四级以上。等级区分越细致，越有利于在评价过程中对标至不同等级，从而对所有岗位作出有效区分。等级数量的确定还应综合考虑全部岗位的实际情况。例如，在“学历”这一项指标上，若组织内部所有岗位的最低学历分布在高中到研究生的区间内，则按照上述示例分级即可；若企业内岗位的最低学历要求分布更广，甚至一线操作岗位最低要求是初中或中专即可，则分级数量和等级标准需进一步细化。

2）确定每一等级的标准定义。明确等级数量后，应进一步对每一个等级进行明确的说明和定义，也就是确定每一个等级对应的具体标准。同样以“学历”为例，在确定分四级或五级后，还应进一步确定，什么水平是一级，什么水平是四级或五级。同样，确定等级标准也应综合考虑所有岗位的实际情况，对于一般企业，学历分布也许为高职（大专）—本科—研究生；对于人才供应充足的地区、人员整体素质要求较高的企业，学历分布也许为本科—硕士研究生—博士研究生；对于高新技术或科研单位，学历分布也许以硕士研究生为起点；对于小型生产型企业，学历分布也许从初中、中专到本科等。因此，分级标准必须结合待评价企业实际情况进行分级，避免设置空等级。

3）确定每一等级对应的点数。确定各等级标准后，还需确定各级别对应的点数。只有确定了点数，才能真正进行打分，才能将评价最终量化。确定各等级的点数时，最高等级的点数为该子要素的权重配点，例如，“学历”要素在整体 1 000 点中占 60 点，则最高一级配点为 60，以下等级逐级降低。可以采用等差形式，等差点数 = 要素点数÷要素等级数。例如，学历的点值为 60 点，分为四级，则：等差点数（一级点数）= 60÷4 = 15，二级点数 = 15×2 = 30，三级点数 = 15×3 = 45，四级点数 = 15×4 = 60。其他子要素的分级也是如此，见表 5-12。

表 5-12　　子要素分级配点

要素	配点	权重	子要素	一级	二级	三级	四级	五级
劳动复杂程度	390	39%	1. 学历	15	30	45	60	—
			2. 经验	22	44	66	88	110
			3-1. 专业技术水平	18	36	54	72	90
			3-2. 技能水平	16	32	48	64	80
			4. 创造性	12	24	36	48	60
			5. 岗位空缺替代难度	10	20	30	40	50

注：表中 3-1 专业技术水平适用于企业专业技术人员，3-2 技能水平适用于企业技术工人。此两项二选一。

（5）形成岗位评价标准体系

依据上述流程对每一项指标进行分级、定义和配点后，汇总即可形成完整的岗位评价标准体系。最终的岗位评价标准体系应是一份完善的文件，其主体内容为每一个评价要素的定义、权重、分级标准及配点，还应包括岗位评价的说明、打分要点、配点表总表等，作为岗位评价实施的主要指导与参考文件。

业务演练

任务：编制岗位评价标准体系

任务说明：本任务为系列任务，根据岗位评价标准体系设计流程，将设置多个子任务，通过完成各项子任务最终形成整体任务成果。

任务内容：为Z公司设计具有针对性的岗位评价体系，完成表中各项内容填写。需上机完成，样表由教师下发，可根据需要自行插行。

Z公司岗位列表

序号	部门	岗位名称	序号	部门	岗位名称
1	财务部	财务部部长	18	总经理办公室	主任
2		会计	19		主任助理
3		出纳	20	信息管理部	信息管理部部长
4	人力资源部	人力资源部部长	21		信息工程师
5		招聘培训主管	22	市场营销部	市场营销部部长
6		绩效薪酬主管	23		销售大区总监
7		绩效专员	24		营销专员
8		薪酬专员	25	研发部	研发部部长
9		培训专员	26		高级研发工程师
10		招聘专员	27		研发工程师
11		员工关系管理专员	28		测试技术员
12		人事助理	29	综合管理部	综合管理部部长
13	生产运行部	生产运行部部长	30		行政主管
14		计划主管	31		文秘
15		设备管理员	32		前台
16		车间主任	33		保安门卫
17		操作工	34		司机

特别说明：相应岗位说明书资料请参见本项目最后拓展阅读部分。

Z 公司岗位评价标准体系表

要素	权重	配点	子要素	子要素定义	子要素点数	子要素分级标准	子要素分级配点
（第一列）	（第二列）	（第三列）	（第四列）	（第五列）	（第六列）	（第七列）	（第八列）
劳动复杂程度							

续表

要素（第一列）	权重（第二列）	配点（第三列）	子要素（第四列）	子要素定义（第五列）	子要素点数（第六列）	子要素分级标准（第七列）	子要素分级配点（第八列）
劳动责任							

续表

要素	权重	配点	子要素	子要素定义	子要素点数	子要素分级标准	子要素分级配点
（第一列）	（第二列）	（第三列）	（第四列）	（第五列）	（第六列）	（第七列）	（第八列）
劳动强度							

续表

要素	权重	配点	子要素	子要素定义	子要素点数	子要素分级标准	子要素分级配点
（第一列）	（第二列）	（第三列）	（第四列）	（第五列）	（第六列）	（第七列）	（第八列）
劳动条件							

子任务1：选取评价要素并定义

任务内容：在研读并综合分析上述待评价岗位及其相应岗位说明书的基础上，结合岗位评价要素选取知识点讲解，为本次岗位评价提炼、选取恰当的评价要素，并明确各要素定义，完成任务表中“第四列”和“第五列”内容填写。

任务要求：评价要素选取从劳动复杂程度、劳动责任、劳动强度和劳动条件四个方面考虑，要素数量控制在15~18个；要素定义应易于理解，符合待评价岗位实际。常见评价要素示例见下表。

评价要素示例（子任务 1）

要素	权重	配点	子要素	子要素定义	子要素点数	子要素分级标准	子要素分级配点
（第一列）	（第二列）	（第三列）	（第四列）	（第五列）	（第六列）	（第七列）	（第八列）
劳动复杂程度			学历	本要素衡量岗位任职人员顺利履行工作职责应具有的最低学历。最低学历应在从事本岗位工作之前通过学历教育获得，在从事本岗位工作后所获得的学业水平除外			
			经验	本要素衡量岗位任职人员在具备岗位任职的基本要求、可以上岗从事本岗位工作，到掌握工作技巧而完全胜任本岗位工作之间，一般所需要经历的最低实际工作时间 提示：对于高等级岗位，是指从事本岗位工作之前应经历的实际工作时间，即经历阶梯岗位一般所必需的累计最低工作时间			
			……				

续表

要素	权重	配点	子要素	子要素定义	子要素点数	子要素分级标准	子要素分级配点
（第一列）	（第二列）	（第三列）	（第四列）	（第五列）	（第六列）	（第七列）	（第八列）
劳动责任			经济效益责任	本要素衡量岗位任职人员圆满完成本职工作，在实现公司经济效益目标过程中贡献的大小；或者岗位任职人员工作发生失误，对本公司收入、利润等经济效益指标造成的直接和间接损失的大小			
			指导监督、协调沟通责任	本要素衡量岗位任职人员在正常权限范围内，对工作进行指导、监督和帮助的责任。其责任的大小，根据所监督、指导人员的范围、层次和数量进行判断；或者为了保证公司赋予本岗位所承担职责的完成，需要在公司内部和外部协调沟通的层次、范围、难度的大小和频度			
			……				

续表

要素	权重	配点	子要素	子要素定义	子要素点数	子要素分级标准	子要素分级配点
（第一列）	（第二列）	（第三列）	（第四列）	（第五列）	（第六列）	（第七列）	（第八列）
劳动强度			脑力劳动强度	本要素指工作时所需要的脑力，即在进行本岗位工作时需要的思考深度、广度和强度			
			……				
			……				

续表

要素	权重	配点	子要素	子要素定义	子要素点数	子要素分级标准	子要素分级配点
（第一列）	（第二列）	（第三列）	（第四列）	（第五列）	（第六列）	（第七列）	（第八列）
劳动条件			工作场所	本要素衡量履行岗位职责是否需要到生产、建设现场以及接触不良环境的频度。是否需要夜间进行现场管理作为不良环境的因素之一考虑			
			……				
			……				

子任务2：确定要素权重

任务内容：综合考虑各项要素的重要程度，为要素确定权重，并以总分1 000点为前提确定各要素点数。

任务要求：结合前述关于确定权重的知识点和方法，可首先确定四项大要素的权重和配点，完成表中“第二列”和“第三列”内容，再针对每项大要素进行其下子要素的配点即分数分配，完成表中“第六列”内容填写。注意，四项大要素的配点之和应为1 000点，各大要素下子要素的配点之和应为该大要素的配点分数。

子任务3：确定子要素分级标准并逐级配点

任务内容：根据岗位实际情况，对各评价要素合理划分等级，并对各等级标准进行明确定义、配点，完成表中“第七列”和“第八列”内容。

任务要求：各要素等级数量应至少为四级；分级标准和定义应明确、具体、可直观衡量，避免笼统、含糊的说法；等级配点可参照前述所讲方法，也可灵活配置。

拓展任务：根据自己编制的岗位评价标准体系，尝试对上述任务中给出的典型岗位进行打分，并计算各岗位得分，以进一步深入体会岗位评价标准体系是否合理，以及评价结果是否符合自己预期。

任务三　实施要素计点法岗位评价

知识准备

一、岗位评价实施流程

1. 编制部门职能说明书和岗位说明书

编制部门职能说明书和岗位说明书是《人力资源管理基础》中的主要教学内容，本教材在此不赘述。编写部门职能说明书和岗位说明书作为岗位评价工作开展的重要前提和重要参考资料，本部分内容仅作简单概述。

（1）确定组织机构，编制部门清单

组织机构设计是依据企业的发展目标和经营环境等，对现行组织机构进行分析并提出改革、调整，进而重新设置的过程。

组织机构确定之后，编制部门清单。部门清单示例见表5-13。

表5-13　　Z公司部门清单（摘录）

部门名称	部门职责概述	岗位数目	人数
总经理办公室	通过分析企业内外部环境及经营情况，协助总经理制定公司发展规划，编制重大管理制度及经营管理计划，并推动、控制和考核计划，确保公司生产经营活动顺畅运行，持续提高公司运营效率	2	3
财务部	通过对公司经营活动进行核算、分析、控制，制定符合公司发展的财务方案，完成公司财务目标，实现公司财务的良好运转	3	4
人力资源部	依据公司战略目标及年度经营计划，建立和完善人力资源管理和制度流程体系，对人力资源进行有效配置并合理开发，实现企业规范化运作	3	5
行政管理部	通过建立相关员工管理制度、后勤行政管理制度并组织实施，为公司工作高效有序开展及员工正常工作生活提供行政支持和后勤保障	6	4
生产运行部	根据公司生产经营目标及客户需求，通过组织开展订单管理、生产管理、采购物流管理等各项工作，确保公司生产运行高效流畅，为公司经营目标的完成提供保障	5	32

（2）整合岗位，确定岗位清单

根据确定的部门职能和所属岗位、定员，整理岗位清单，岗位清单示例见表5-14。岗位清单的确定，必要时要经领导办公会通过。

（3）编制部门职能说明书与岗位说明书

在确定组织机构和岗位清单的基础上，按照企业各部门的职能和所属岗位，编制部门职能说明书和岗位说明书。基本流程是：

第一步，人力资源部启动编制部门职能说明书和岗位说明书的工作。

第二步，设计部门职能说明书、岗位说明书、岗位任职人员信息调查问卷的格式与内容，制定范本和填写说明。

部门职能说明书、岗位说明书示例见本项目拓展阅读材料。

第三步，人力资源部组织召开编写部门职能说明书与岗位说明书培训会。

会上印发部门职能说明书的格式、编写范本、填写说明，印发岗位任职人员信息调查问卷格式、填写说明，印发岗位说明书格式、范本和填写说明，提出编写要求和时间要求、提示注意事项。

表 5-14　　Z 公司岗位清单（摘录）

序号	所属部门	岗位名称	岗位编码	岗位类别	职责概述	学历要求	经验要求	定员
1	财务部	部长		管理	通过组织部门员工对公司经营活动进行核算、分析、控制，制定符合公司发展的财务方案，完成公司财务目标，实现公司财务的良好运转	本科	有同一层级、同类别岗位（或低一层级相同专业岗位）称职工作经历	1
2		会计		管理	通过对应收账款的核算和管理，及时反映企业流动资金的占用情况，为公司领导决策提供依据	高职/大专	需要岗前实习培训	2
3		出纳		管理	通过审核公司收支原始凭据、管理现金收支、办理银行转账结算业务等，确保公司资金安全流转、正常运作	高职/大专	需要岗前实习培训	1
4	总经理办公室	主任		管理	通过分析企业内外部环境及经营情况，协助总经理制定公司发展规划，编制重大管理制度及经营管理计划，并推动、控制和考核计划，确保公司生产经营活动顺畅运行，持续提高公司运营效率	本科	有同一层级、同类别岗位（或低一层级相同专业岗位）称职工作经历	1
5		主任助理		管理	通过对公司内外部环境数据、信息的收集汇总，协助总经办主任进行分析，为公司战略决策提供依据；协助总经办主任与外部支持单位联系，保证公司管理事务的正常进行	高职/大专	从事房屋经营工作及相关管理工作 6 年以上	2

第四步，由部门部署岗位任职人员填写岗位任职人员信息调查问卷，直接上级编制岗位说明书，部门负责人编制部门职能说明书。

第五步，部门负责人将本部门的部门职能说明书、岗位说明书审核无误后，交人力资源部。

第六步，人力资源部组织召开部门职能说明书、岗位说明书审核会，审核确定各部门部门职能说明书、岗位说明书。必要时，提交决策层讨论。

审核的要点是：

A. 部门职能说明书中的部门职责是否齐全，有无漏项；部门所属岗位数目、岗位名称、定员是否符合要求。

B. 岗位说明书中的职责是否齐全、清晰。

C. 岗位说明书中的任职资格要求，如最低学历要求、最低专业技术资格要求、最低经验要求是否合适，是否有过高或过低的情况。

必要时，应由人力资源部拟定一个统一的任职资格要求平衡表，以避免各部门根据自己的认识，将任职条件定得过高或过低，并最终影响岗位评价的结果。

2. 编制岗位评价标准体系

编制岗位评价标准体系作为岗位评价实施中最重要的一个环节，在任务二中详细讲解，在此不赘述。

3. 召开岗位评价会议，实施岗位评价

（1）岗位评价会议的准备

1）建立岗位评价委员会。岗位评价工作是决定企业薪酬体系和工资等级的重要一步，岗位评价委员会所有成员所给出的每一个分数，都将关乎全体员工的切身利益，因此，岗位评价委员会成员的组成应从岗位性质、管理层级、部门分布等全面考虑，能够代表全体员工的意见。一般来讲，最全面的岗位评价委员会的组成包括公司领导班子成员、全体中层部门负责人、各部门推荐的员工代表等。各层级的评价委员都具有其重要性，领导对全局把握比较准确深入，中层管理人员对部门内部岗位及业务协作密切的部门了解比较清楚，一线员工对自己及本部门的岗位认知最清楚，因此，多种人员构成的岗位评价委员会给出的评价结果才更为全面、准确。

岗位评价委员会的职责是：

A. 制定、讨论、通过岗位评价标准体系。

B. 依据岗位评价标准体系，实施岗位评价。

C. 讨论通过公司岗位等级序列表。

D. 以后遇有组织机构调整和岗位设置的变化时，对岗位等级序列表进行维护和复评。

2）编印岗位评价文件资料。

A. 岗位清单。

B. 部门职能说明书、岗位说明书。

C. 岗位评价标准体系。

D. 岗位评价记录表（手工版或电子版评价软件）。

E. 部门及所属岗位信息交流资料。

（2）印发召开岗位评价会议的通知

应在会议召开之前2~3周，印发《关于召开岗位评价会议的通知》，通知内容包括会议时间、地点、参会人员、会议发言人员名单和顺序、准备部门及所属岗位信息交流资料的主要内容和发言时限、需要携带的办公用具和具体会议议程等。

（3）召开岗位评价会议，实施岗位评价基本流程

岗位评价会议按照下列顺序进行：

1）岗位评价委员报到，发给岗位评价文件资料。

2）岗位评价会议开始，由会议主持人宣布开会，公司领导进行岗位评价会议动员。

3）顾问（或岗位评价委员会主任）对岗位评价委员进行岗位评价专业培训，宣讲岗位评价体系。

4）由各部门负责人代表本部门发言，交流部门及所属岗位信息。按照会议通知的发言顺序，由各部门负责人代表本部门介绍本部门及所属岗位的信息，并解答其他评价委员提出的询问或问题。

5）典型岗位试评，达到岗位评价练兵目的。

第一步，发给每位评价委员一张典型岗位评价试评记录表（8~10个典型岗位），要求对照岗位评价标准体系，依据岗位说明书、部门及所属岗位信息交流资料和日常积累的岗位信息，对典型岗位进行试评，并填写典型岗位评价试评记录表，时间为50分钟。

第二步，口头或书面汇总交流岗位试评信息。

第三步，顾问（或岗位评价委员会主任）对试评结果评析，进一步提出实施岗位评价注意事项、评价方法和技巧。

6）各评价委员独立实施岗位评价。时间要给足，平均每个岗位3~5分钟。评价方法采用以子要素为单位评价，突出每个子要素的横向比较。

7）各评价委员对自己的评价结果检查无误后，提交书面评价记录表；使用电子版评价软件的，就地打印，经本人签字后提交岗位评价办公室。

8）岗位评价工作会议结束。

二、岗位评价数据处理与岗位等级划分

岗位评价实施并不是目的，只是过程，其最终目的是依据科学、合理的方法，结合企业实际情况，对所有岗位在评价中得分进行数据处理并最终划分等级，以此作为

企业工资等级的重要参考依据。

1. 岗位评价数据处理

若岗位评价委员分布合理，岗位评价过程组织有序，一般来讲，得出的岗位评价数据就能够真实地反映出岗位间相对价值差距，但仍不能排除部分评价委员的个别评价数据不合格，故需要对评价数据进行处理。数据处理内容包括：

（1）录入或导入全部评价数据，包括每一位评价委员针对每一个岗位在每一个要素上的打分。

（2）剔除超范围数据。由岗位评价体系可知，每一个评价要素配点分数都有一个固定的分值范围，虽然分级配点给了每一级别的建议点数，但在实际打分过程中，允许评价委员在各等级配点之间任意打分。需强调的是，所给分数不能超过该要素配点范围的最高值和最低值，超出范围的数据记为无效数据，要剔除或以平均值替代。

（3）剔除一定范围的边界数据，用统计方法选取集中在一定范围内的数据为有效数据。

（4）计算平均值。针对最终留用的有效数据，计算每一个岗位在每一个要素上的平均值，再进一步求和得出岗位总体平均得分，一般情况下保留两位小数。

（5）对岗位进行排序。依据各岗位最终得分，按照升序或降序进行排序，作为下一步岗位归级的基础。

2. 岗位等级划分

岗位等级划分是指以岗位平均分排序为基础，按照一定计算规则对分数划分等级，并将与分数对应的岗位分别归至相应等级的过程。岗位等级是工资等级的重要基础。

岗位等级的划分一般常用的方法有等差点数划分、等比点数划分和差值点数划分。

三种方法在实际操作中都会用到，并且在实际划分岗位等级时，往往同时采用三种方法划分后进行比较，选择更符合实际的划分结果。

（1）等差点数划分法

等差点数划分法，顾名思义，各等级间的差值要相等。假设岗位评价最高得分为 a_n，最低得分为 a_1，拟划分的岗位等级数为 n，则等级间的点数幅度为：

$$d=\frac{a_n-a_1}{n-1}$$

那么，最低一级的分数区间为 $a_1 \sim a_1+d$；第二级的分数区间为 $a_2 \sim a_2+d$，其中，$a_2=a_1+d+0.01$；第三级的分数区间为 $a_3 \sim a_3+d$，其中，$a_3=a_2+d+0.01$；依此类推。在此要特别说明，$a_2=a_1+d+0.01$ 指第二级的最下限（a_2）与第一级的最上限（a_1+d）是

无缝衔接的，但若直接以 $a_2=a_1+d$，则可能存在压线分数无法确定归于哪一级的情况，故第二级起点增加0.01，以确保等级之间衔接但不重叠。此外，增加0.01是以岗位评价点数保留两位小数为前提，若点数为整数，则在作此处理时应增加1。等差点数划分法的岗位等级如图5-2所示。

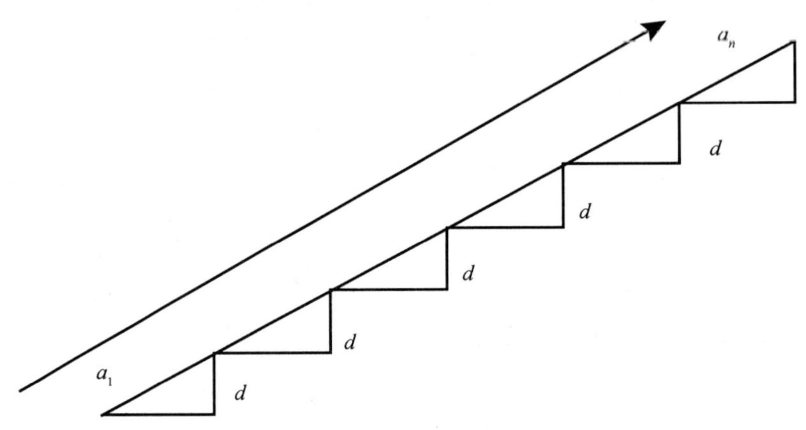

图5-2　等差点数划分法的岗位等级

（2）等比点数划分法

等比点数划分法是指各等级间的比值要相等。假设岗位评价最高得分为 a_n，最低得分为 a_1，拟划分的岗位等级数为 n，则等级间的比值为：

$$q=\sqrt[n-1]{\frac{a_n}{a_1}}$$

那么，最低一级的分数区间为 $a_1 \sim a_1q$；第二级的分数区间为 $a_2 \sim a_2q$，其中，$a_2=a_1q+0.01$；第三级的分数区间为 $a_3 \sim a_3q$，其中，$a_3=a_2q+0.01$；依此类推。等比点数划分法的岗位等级如图5-3所示。

（3）差值点数划分法

差值点数划分法是指划分岗位等级的点数幅度不同，是在等差点数划分法的基础上演变出来的一种在实际操作中常会变通使用到的岗位等级划分方法。

可以是低等级之间点数幅度小，如30点一个等级；高等级之间点数幅度大，如40点、45点一级。也可以是低等级之间点数幅度大，如40点、45点一个等级；而高等级之间点数幅度小，如30点一个等级。

3. 岗位归级

等级区间确定后，根据每一个岗位的平均分，分别将其归至相应的等级中，可以尝试多种划分方法，最终选择一套比较合理的方案，形成最终的岗位等级表（初评结

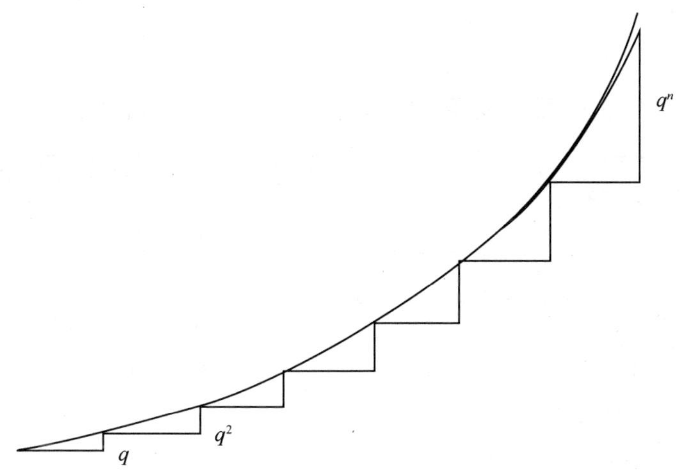

图 5-3　等比点数划分法的岗位等级

果）。由于岗位等级关乎员工的工资等级，故其最终确定需要相对慎重、谨慎。一般来讲，企业在得出最初的岗位等级表后，还需进行反复研讨甚至个别调整，包括以部门为单位征求部门负责人意见，汇总后再经公司领导整体讨论调整等。但需要强调的是，岗位评价结果是经过一系列科学、严谨的步骤得出的，该结果具有权威性和指导意义，后续调整仅限于由于评价委员对所评价岗位的信息盲点而造成的，有的岗位等级明显偏高或明显偏低的情况或个别意见集中的岗位。原则上不能作大幅度随意调整，否则将失去岗位评价过程的意义，从而在员工中丧失诚信。

业务演练

任务 3-1：岗位评价实施

任务内容：依据附件给出的 Z 公司岗位评价标准体系，对该公司岗位开展岗位评价打分。

任务说明：本任务要求上机完成，教师将岗位清单、岗位说明书、岗位评价体系等相关资料下发，学生完成打分后提交。

附件 1 为 Z 公司岗位评价要素、子要素分级及配点表，岗位清单与岗位说明书详见本项目拓展阅读材料。

附件1：

Z公司岗位评价要素、子要素分级及配点表

要素	配点	子要素	一级	二级	三级	四级	五级	六级
劳动复杂程度	310	1. 学历	10	15	25	35	45	—
		2. 专业技能	10	20	30	45	60	75
		3. 综合管理能力	10	20	35	50	65	—
		4. 工作经验	10	20	35	50	65	—
		5. 创造性劳动	20	40	60	—	—	—
劳动责任	420	6. 安全生产与管理责任	10	20	35	55	75	—
		7. 经济效益与成本控制责任	10	30	55	75	—	—
		8. 技术研发责任	10	25	40	55	70	—
		9. 市场开拓与维护责任	10	20	30	40	50	—
		10. 品质管理责任	10	20	30	40	50	—
		11. 管理指导与人才培养责任	10	20	35	55	—	—
		12. 管理体系建设、运作与维护责任	10	20	30	45	—	—
劳动强度	165	13. 心理压力	10	20	35	45	55	—
		14. 工作负荷度	10	25	40	60	—	—
		15. 体力劳动强度	10	20	35	50	—	—
劳动条件	105	16. 工作环境	15	30	45	65	—	—
		17. 工作时间特征	10	20	30	40	—	—
合计	1 000	—	—	—	—	—	—	—

附件2：

Z公司岗位评价子要素分级标准

特别说明：

第一，不得突破限值。

每一子要素都已设置“最高点数和最低点数”，评价委员“不得突破”限值，一旦突破即作无效数据处理。

例如：“学历”评价点数不能高于第五级所对应的点数45，或低于第一级所对应的点数10。

第二，在规定点数范围内，可任意取值。

参照分级定义，评价委员在进行打点时，如果认为某个岗位的某一子要素所得点数应处于两个等级之间，可以取相邻两个等级点数之间的任意点数。

例如：您认为某岗位“经济效益与成本控制责任”在二级（30）和三级（55）之间，可给30到55之间的任意值。

第三，17个子要素涵盖公司所有岗位劳动特点，但每个子要素侧重不同类型的岗位。

第四，各子要素分级是从研究角度提出的标准，评价委员须站在公司整体高度，审视所有岗位，逐一评价。

一、劳动复杂程度

1. 学历

本要素表示任职者上岗时必须具备的最低文化知识水平，是岗位要求的基本“门槛”学历，不是任职者学历。

分级		分级定义	点数
一	低	需要简单的知识水平，具备初中学历即可	10
二	中等偏低	需要一定知识水平，要求至少具备高中学历	15
三	居中	需要接受初级的专业技能训练，要求至少具备中专学历	25
四	中等偏高	需要掌握较为系统的专业知识，要求至少具备高职、大专学历	35
五	高	需要掌握系统、高、精的专业知识，要求至少具备本科学历	45

2. 专业技能

本要素表示任职者上岗时为顺利履行岗位职责所必须具备的专业知识的深度和广度、具体操作实务的技能水平。

分级		分级定义	点数
一	低	无特别的技能要求	10
二	中等偏低	要求具有简单的专业知识与技能，在他人指导下能够完成一般性工作	20
三	居中	要求具有基本专业知识、初级的技术水平或一般性技能，能独立完成一般性技术、技能或管理工作	30
四	中等偏高	要求具有一定的专业知识、中级的技术和技能水平，能够从事某一专业领域的技术、技能指导或管理工作，并对某专业领域内的具体问题能作出正确的专业判断和提供解决办法	45

续表

分级		分级定义	点数
五	高	要求具有生产、管理等综合知识，能够从事多领域、多专业的技术指导或管理工作，并对复杂的技术或管理问题能作出及时、正确的判断并组织处理	60
六	很高	要求具有深厚的专业知识、较高的技术水平及其应用能力，能够从事多领域、多专业的复杂和较高难度的技术组织或领导管理工作，经常需要处理没有先例可遵循的复杂问题	75

3. 综合管理能力

本要素衡量履行岗位职责所需要的计划、组织、协调、沟通等管理能力要求。

分级		分级定义	点数
一	低	从事简单操作性或事务性工作，具备一定的工作处理能力	10
二	中等偏低	从事职能部门一般性管理工作或生产部门内基层管理岗位，需对职责范围内常规业务、事务作出决定，需要一定的管理能力	20
三	居中	从事职能部门主要业务、管理工作或生产技术部门车间范围、项目团队内的管理工作，需要较强的综合管理能力	35
四	中等偏高	担任一般部门负责人，对本部门职责的有效履行承担责任，并配合其他部门开展工作，需要很强的综合管理能力	50
五	高	担任核心部门负责人岗位，牵头组织相关部门落实公司级主要生产经营管理工作，并负责督查督办，需要经常进行部门间横向、纵向业务协调与沟通，需要极强的综合管理、领导能力	65

4. 工作经验

本要素表示任职者上岗时所必须具备的劳动熟练程度要求，是岗位要求的基本必要条件。

分级		分级定义	点数
一	低	不做要求，可直接上岗	10
二	中等偏低	不需要专门的工作经验，仅需岗前实习或培训	20
三	居中	需要一定的专业经验，具有基层生产岗位或一般管理岗位称职工作经历	35
四	中等偏高	需要较高的专业和管理经验，具有部门主要管理岗位称职工作经历或低一层级同类别专业岗位称职工作经历	50

续表

分级		分级定义	点数
五	高	需要丰富的生产技术、经济、管理专业等多种经验，具有部门负责人岗位工作经历或低一层级相同专业岗位称职工作的经历	65

5. 创造性劳动

本要素表示任职者上岗时为顺利履行岗位职责，以及由于承担非制度性、非常规性工作所带来的创造性劳动要求。

分级		分级定义	点数
一	低	工作程序化、规范化，仅需按照规定行事，无须开拓创新	20
二	居中	大多数时间按照规定行事，有时要求根据工作具体情况作出非常规的判断和创造性的劳动来解决问题	40
三	高	经常有非制度性工作，需要对涉及面广、比较复杂的问题进行正确判断和适当处理，要有准确定位、创新思维才能胜任岗位工作	60

二、劳动责任

6. 安全生产与管理责任

本要素衡量岗位对贯彻落实公司安全生产与管理工作所承担的责任。

分级		分级定义	点数
一	低	对本公司安全生产没有直接责任，只有间接责任	10
二	中等偏低	1. 执行生产任务，一旦操作失误，对本岗位范围内的安全生产负有直接责任 2. 担任职能、业务部门一般执行性岗位，负责安全生产外围保障和服务的具体工作	20
三	居中	1. 担任生产车间主要技能、管理岗位，负责安全生产的执行、组织工作 2. 担任职能、业务部门主要管理性岗位，负责安全生产外围保障和服务的管理工作 3. 担任安全管理部门的一般执行性岗位，负责公司安全管理工作的具体落实	35

续表

分级		分级定义	点数
四	中等偏高	1. 担任职能、业务部门负责人岗位，承担安全生产外围保障和服务的领导管理工作 2. 负责生产部门内的安全生产具体组织、监督工作，一旦失职，对企业安全生产造成严重影响 3. 从事公司某专业领域安全制度的起草、执行情况的检查监督、培训等工作	55
五	高	担任公司核心安全、生产部门负责人岗位，对全公司范围内安全生产进行全局管控、监督落实	75

7. 经济效益与成本控制责任

本要素衡量岗位对公司经济效益、成本控制所造成的直接和（或）间接影响。

经济效益及成本控制的大小，内部以降低采购成本、人工成本、管理费用等成本指标及增加利润额或其他经济指标衡量，外部以为本公司争取的额外利益或减少的经济损失来衡量。

分级		分级定义	点数
一	低	承担一般、执行性工作，对公司经济效益和生产经营、管理成本有间接影响	10
二	居中	1. 负责小范围内资产管理、生产效益、物料成本的组织、管理控制工作，对经济效益与成本控制产生直接的较大影响 2. 具体负责部门内经济效益外围保障工作的一般业务管理岗位，对公司利润、产值、成本等经营经济指标产生较大影响	30
三	中等偏高	1. 担任一般部门负责人岗位，承担本部门财物、资产的管理责任，对部门内成本的控制（如管理费用、人工费用等）和效能监察负责，对公司成本控制等产生重要影响 2. 直接承担公司级生产经营质量（如市场拓展、技术支持、成本控制等）的关键岗位，对公司总体成本控制、业务拓展、提高经营收入负有重要责任，对经济效益和成本控制产生很大影响	55
四	高	直接决定公司生产经营质量的核心部门负责人，对公司的成本控制、业务拓展、提高经营收入负有直接管理责任，对经济效益和成本控制产生极大影响	75

8. 技术研发责任

本要素衡量岗位对新产品研发、技术创新、优化等方面所承担的责任。

分级		分级定义	点数
一	低	担任一般执行性工作，不直接参与公司产品创新、技术优化等工作	10
二	中等偏低	1. 担任公司某种产品或技术创新的中级技能岗位，在本专业范围内对贯彻落实公司技术工艺要求、完成创新转化承担相关责任 2. 担任一般部门主要岗位，负责技术研发与创新具体配合、支持、外围保障责任	25
三	居中	1. 担任公司高级技能岗位，组织协调所辖专业内技术工艺创新工作的生产转化 2. 担任公司某种产品或特定专业模块的技术创新与优化的中级技术岗位，协调指导、牵头承担某一专业模块的研发工作	40
四	中等偏高	1. 担任公司常规研发计划或某些产品的技术创新及优化的高级技术岗位，对研发计划或产品模块的整体研发成果负责 2. 担任公司生产工艺技术带头人，对公司级重大技术课题、创新引进的可行性论证、生产转化负责	55
五	高	担任公司技术创新与研发的部门负责人，负责公司技术创新与研发组织管理工作，对产品创新、技术优化的可行性研究、过程监督及成果验收负责	70

9. 市场开拓与维护责任

本要素衡量岗位为公司开拓新市场、提高客户服务质量、维护老客户等方面所承担的责任。

分级		分级定义	点数
一	低	对公司开拓与维护市场无直接责任，只有间接责任	10
二	中等偏低	担任一般部门的执行性岗位，负责市场开拓与维护的外围保障与服务具体工作，间接为客户提供技术、财务、人力、物质保障	20
三	居中	1. 担任一般部门核心管理岗位，对市场开拓与维护的外围保障和服务工作承担监督管理责任 2. 担任市场开拓与维护责任核心部门一般性岗位，负责市场开拓与维护的具体工作	30
四	中等偏高	1. 担任一般部门负责人岗位，承担市场开拓与维护的外围保障、服务的领导管理工作 2. 担任市场开拓与维护责任的核心部门高级管理、技术岗位，负责开拓新市场、创造市场份额、提高客户质量、提高市场竞争力的具体管理工作	40
五	高	担任市场开拓与维护责任的核心部门负责人岗位，对全公司范围内新市场开拓、现有市场维护承担核心责任	50

10. 品质管理责任

本要素衡量岗位对落实公司工作、作业质量及产品质量等所承担的责任。

分级		分级定义	点数
一	低	对落实、确保本公司工作、作业、产品质量没有直接责任，只有间接责任	10
二	中等偏低	1. 执行生产任务，一旦操作失误，对本岗位范围内的产品质量负有直接责任 2. 担任职能管理部门一般管理岗位，负责本岗位工作质量	20
三	居中	1. 承担生产部门车间班组内质量管理体系的执行、组织工作 2. 担任生产部门一般业务管理岗位，负责协助、支持生产质量管理体系的落实，对生产质量管理产生较大影响 3. 担任质量管理部门一般岗位，负责质量管理体系执行情况的检查、监督、培训等管理工作 4. 担任职能管理部门主要管理岗位，负责本部门局部管理工作的具体落实及专业领域内管理工作的落实和岗位工作质量的提升	30
四	中等偏高	1. 承担生产部门车间内质量管理体系的执行、组织工作 2. 担任生产部门主要业务管理岗位，负责协助、支持生产质量管理体系的落实，对生产质量管理产生很大影响 3. 担任质量管理部门主要管理岗位，负责质量管理制度的起草、执行情况的检查、监督、培训等管理工作 4. 担任职能管理部门负责人岗位，对本部门各项管理工作的落实和岗位工作质量的提升负有核心管理责任	40
五	高	1. 承担公司生产部门质量管理体系履行的组织、监督工作，一旦失职，对公司生产经营造成严重损害 2. 担任质量管理部门负责人岗位，承担公司质量管理体系运行的核心管理工作，对确保全公司质量管理体系顺利运行承担核心责任	50

11. 管理指导与人才培养责任

本要素衡量岗位在正常权限范围内，对所辖岗位人员进行监督、控制、指导及培养的管理责任，从任职岗位的层次和管理幅度两方面衡量。

分级		分级定义	点数
一	低	只对本岗位工作负责，无监督、指导及培养人才的管理责任	10
二	中等偏低	具备中等的业务管理水平，对专业范围内初级岗位负有一定的业务监督、指导及培养人才的责任	20

续表

分级		分级定义	点数
三	居中	1. 具备高级的专业管理水平、丰富经验，承担部门内本专业领域内重要技术、技能、管理人才指导监督及人才培养责任 2. 担任部门副职岗位，协助部门负责人在管辖范围内负有监督、指导及人才培养责任	35
四	高	1. 担任公司级技术带头人岗位，对公司范围内所辖专业研发、技能等人才队伍持续建设负有重大指导、培养责任 2. 担任部门负责人岗位，对部门内员工负有监督、指导及人才培养责任，且根据部门管辖人数、业务、工种数量等有所区分	55

12. 管理体系建设、运作与维护责任

本要素衡量岗位对公司各种管理体系建设、正常运作、动态维护过程中应承担的责任。

分级		分级定义	点数
一	低	在其他岗位指导下，具体执行管理体系各项标准及规章制度	10
二	居中	担任职能部门或生产车间管理岗位，负责部门内本专业管理制度的起草、具体落实、维护工作	20
三	中等偏高	1. 担任一般部门负责人岗位，对本部门各项管理工作的落实负有核心管理责任，组织制定职能范围内的管理制度，并承担运行、维护及监督落实工作 2. 担任公司核心管理体系的关键专业岗位，负责公司范围内核心管理体系运作、维护工作	30
四	高	担任公司核心管理体系部门负责人岗位，牵头组织全公司正常生产经营秩序的控制管理体系或对影响公司战略实施的核心管理体系负有建设、运作、维护及体系优化责任	45

三、劳动强度

13. 心理压力

本要素衡量在履行本岗位职责时，由于工作范围、工作节奏、责任大小、精力集中程度等方面的综合因素对岗位任职者所造成的心理紧张程度。

分级		分级定义	点数
一	低	较小的心理压力：工作单一，不需要或很少作出决定，工作常规化，工作节奏有一定的要求	10
二	中等偏低	一般的心理压力：工作有较快节奏的要求，需要短时集中精力，偶尔需要处理一些应急性、临时性事宜	20
三	居中	较大的心理压力：工作任务较重、繁杂，需要长时间集中精力，思考解决对策，作出一些决定	35
四	中等偏高	很大的心理压力：工作任务艰巨、复杂，需要集中精力处理，独立作出决策或提出预案，并需要承担工作失误的主要责任	45
五	高	超常的心理压力：需要持续、长久地承受很大的心理压力，经常需要在制度工作时间以外系统考虑深层次的问题，独立作出重要决定，并需要独立承担工作失误的责任	55

14. 工作负荷度

本要素表示完成岗位工作所需的有效劳动时间与制度工作时间（8 小时/天）的比率（制度工作时间内的“忙闲程度”）。在确定有效劳动时间时，对工作量分布均衡的岗位，以工作日为单位评估；对工作量分布不均衡的岗位，以月、季或年为周期评估。

分级		分级定义	点数
一	中等偏低	较低，工作负荷度平均保持在 60%以下，即有效劳动时间在 5 小时以下	10
二	居中	一般，工作负荷度平均保持在 60%~75%，即有效劳动时间约在 5~6 小时	25
三	中等偏高	较高，工作负荷度平均保持在 75%~90%，即有效劳动时间约在 6~7 小时	40
四	高	高，工作负荷度经常保持在 90%以上	60

15. 体力劳动强度

本要素衡量任职者从事岗位工作时体能消耗程度。

分级		分级定义	点数
一	中等偏低	轻劳动：岗位劳动没有给劳动者带来明显的心率加快、排汗率增加等机能反应，体能消耗较少	10
二	居中	中等强度劳动：阶段性从事体力劳动，工作时体能消耗适度，偶尔出现心率加快［超出正常生理范围（大于 90 次/分钟）］、排汗率增加等机能反应	20

续表

分级		分级定义	点数
三	中等偏高	较高强度劳动：长时间从事体力劳动，工作时需要消耗较多的体能，经常出现心率加快［超出正常生理范围（大于110次/分钟）］、耗氧增加等机能反应	35
四	高	高强度劳动：长时间从事体力劳动，工作时体能消耗很大，劳动者出现明显疲劳；或阶段性从事高强度劳动，出现心率大大超出正常生理范围情况（大于140次/分钟）	50

四、劳动条件

16. 工作环境

本要素主要衡量岗位工作环境因存在危险或危害因素而对任职者可能造成的人身伤害或效能降低等方面的影响。

分级		分级定义	点数
一	正常	工作环境不存在特别明显的健康影响因素，不需要专门的安全预防措施	15
二	稍差	阶段性在不良环境下或短时间在不良环境下工作，造成劳动者明显的不舒适感	30
三	较差	劳动者长期在不良环境下工作，对身体健康存在一定的危险因素，经过一般的健康保护措施后，可有效避免对劳动者身体健康的损害	45
四	差	劳动者长期在明显职业危害因素环境下或阶段性在恶劣环境下工作，虽然采取严格安全保护措施，但仍然有职业病发生	65

17. 工作时间特征

本要素主要衡量非正常化的岗位工作时间特征（如倒班、加班）给劳动者带来的影响。

分级		分级定义	点数
一	正常	常白班，但偶尔需要加班加点处理本职岗位的工作	10
二	稍高	常白班，但按岗位职责经常需要在制度工作时间外到岗工作	20
三	较高	常白班，但需要经常超越岗位工作要求，放弃节假日等休息时间加班加点工作（基本上平均每周出现）	30
四	高	非常白班，按制度要求需要倒班工作	40

任务3-2：岗位评价数据处理与岗位等级划分

任务内容：根据任务3-1岗位评价得分，依据相关知识和方法，对汇总后的数据进行相应处理，并最终对岗位进行归级，形成《岗位等级序列表》和《岗位等级分布表》。

任务说明：本任务为任务3-1的接续任务，由若干系列子任务构成，全部任务上机操作完成。由教师汇总3-1任务中所有学生提交的岗位评价结果后统一下发给学生，作为本任务的原始数据。

子任务1：计算各岗位平均得分，并按照从高到低的顺序排序。该步骤完成后，仅需保留岗位及其对应的平均分数，各评价委员给出的原始分可以略去（平均分需保留至小数点后两位）。

子任务2：运用多种方法划分岗位等级。分别按照等差点数划分法、等比点数划分法和差值点数划分法划分分数区间，并对岗位进行初步归级，最终选定一套你认为最合理的方案，并说明理由。

子任务3：制作《岗位等级序列表》和《岗位等级分布表》。根据自己最终选定的岗位归级方案，编制相应的《岗位等级序列表》和《岗位等级分布表》，并提交。

练习题

1. 工作评价的核心是（　　），工作评价的目标是（　　）。

A. 为每个级别的工作规定工资标准

B. 为每项工作规定工资标准

C. 为每项工作规定工资级别

D. 保证同工同酬的实现

2. 在012比较排列法中，有甲、乙两种工作，下面关于甲、乙两种工作的比较判断结果中，只有（　　）是正确的。

A. 甲不如乙难，对甲记“1”　　B. 甲不如乙难，对甲记“0”

C. 甲比乙难，对甲记“1”　　D. 甲与乙难度相同，记“0”

3. 不同的工作评价方法的优缺点是什么？各自适用于什么企业？

4. 简要说明工作评价与工资等级的对应关系？

5. 对岗位评价的成果如何维护？

6. 什么是分类法？分类法工作评价的步骤是什么？

7. 因素比较法的工作评价一般包括哪五个因素?

8. 什么是要素计点法岗位评价?

9. 实施要素计点法岗位评价的基础是__________、__________、__________。

10. 运用要素计点法设计岗位评价标准体系，需要经过哪些步骤的工作?

11. 按照我国的习惯，岗位评价要素包括________、________、________和________。

12. 简述选择岗位评价因素的原则。

13. 在岗位评价标准体系设计中，确定各评价要素权重和配点的方法有__________和__________。

14. 简述岗位评价委员会的人员组成包括哪几类人员。

15. 简述岗位评价委员的职责。

16. 简述岗位等级划分的几种形式。

17. 请列出等差法和等比法确定点数幅度的计算公式。

18. 简述岗位等级调整的两种方法。

19. 《__________》为岗位评价的最终成果，《__________》确定之时，标志着岗位相对价值的确定，岗位评价结束。

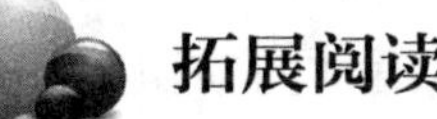

拓展阅读

本项目业务演练所列岗位的岗位清单和岗位说明书参见智慧职教平台人力资源管理专业《薪酬管理综合训练》课程教学资源库:

http://www.icve.com.cn/portal/courseinfo?courseid=diwbaiant5jo-c9gvhvekg

项目六

薪酬体系优化与制度设计

【项目说明】

企业薪酬管理对企业管理和发展具有重要意义。薪酬改革涉及全体员工的切实利益，应从合情、合法、合理的角度充分考虑和谨慎实施。因此，薪酬改革必须符合相关法律法规政策要求，必须通过民主程序，避免引起劳动争议问题，坚持为企业负责、为员工负责的态度开展该项工作。

本项目基于企业薪酬管理“现状分析—发现问题—解决问题”的逻辑，从部分问题的针对性解决到整体问题的统筹解决，从个别工资模块的优化到整体薪酬结构的优化与薪酬管理制度设计，逐步完成薪酬体系优化与薪酬管理制度设计的知识学习和技能操练。本项目内容逻辑结构图示如下：

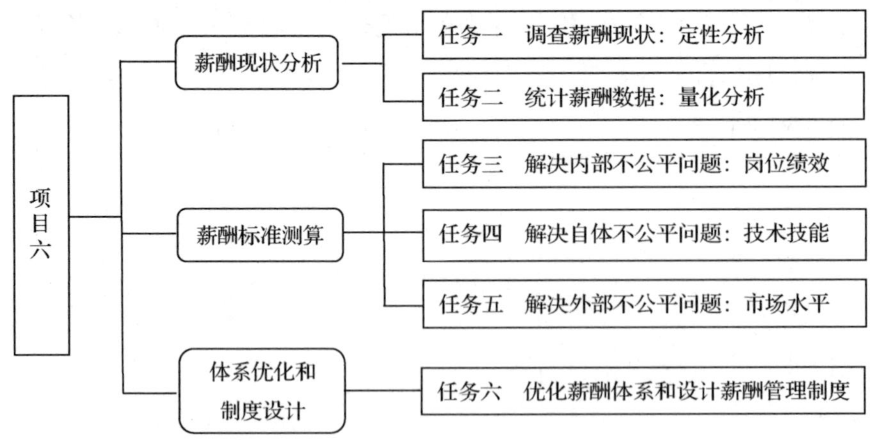

【项目导入】

一、主题案例

H银行总部薪酬现状分析报告（摘录）

1. 企业背景

H银行是一家股份合作制地方性金融机构，下辖1家总行营业部、13家支行、40家分理处、5家农村金融服务点，共59家营业网点。截至2011年9月底，全行存贷款余额达220亿元。近年来，H银行注重加强金融创新，目前已与国家开发银行、中国农业发展银行、中国民生银行及杭州联合银行等省内外银行机构建立业务合作伙伴关系，先后开办了丰收银行卡、丰收贷记卡等业务，开通了全国跨行实时汇兑等结算业务。

经营范围主要包括：吸收公众存款；发放短期、中期和长期贷款；办理国内结算业务；办理票据承兑和贴现；代理发行、代理兑付、承销政府债券；买卖政府债券、金融债券；从事同业拆借；代理收付款项业务及代理保险业务；从事借记卡业务；办理保函业务；办理外汇存款，外汇贷款，国际结算，外汇拆借，资信调查、咨询和见证业务，经外汇管理机构批准的结汇、售汇业务；经中国银行业监督管理机构批准的其他业务。

截至2010年年末，该行在岗员工724人，按学历划分，其中研究生及以上学历9人，占比1.24%；大学本科学历370人，占比51.10%；大专学历172人，占比23.76%；中专、高中及以下学历173人，占比23.90%。

2. 调查问卷分析报告（摘要）

（1）影响员工个人收入水平的因素高低排序：本行效益、岗位本身的劳动价值、员工的工作绩效表现、员工的个人能力水平、员工的资历。

（2）75.66%的员工认为同级岗位存在明显的劳动差别，其中93.90%的员工认为有必要在分配上反映这种差别。

3. 部室员工薪酬分配问题

（1）干得难干得简单，工资待遇差不多。如薪酬管理岗位与综合管理岗位员工岗位工资均为十级办事员岗位工资标准，未能体现岗位价值（工作复杂性、责任等）的大小。

（2）能干的和不能干的，工资待遇差不多。如同为审计员岗位工作30年员工和工作2年的员工，薪酬水平基本一致，高级职称与无职称的薪酬水平差别不大，不能体现员工能力差异，不能激励员工提高个人能力水平。

（3）干得好干得差，工资待遇差不多。如培训管理岗位，员工将人力资源部培训工作完成得好与不好，发放薪酬总额基本恒定，与其所在部室的绩效水平无关。如审计员岗位，有的员工可以完成3个项目的工作量且完成得很好，有的员工只能完成一个项目的工作量且水平一般，获得薪酬却基本一致，无法激发员工工作的积极性。

4. 部室员工薪酬分配组成

员工月度薪酬组成=岗级工资+薪级工资+保留津补贴+职务岗位津贴+高出30%津贴部分+煤气误餐补贴+考勤工资80元+预发奖金2 000元+通信费300元+扣除养老保险、失业保险、医疗保险48元+扣除住房公积金940元。

……

H银行薪酬现状分析报告给我们留下了很多思考：

（1）针对目前员工薪酬分配存在的实际问题，下一步员工薪酬结构应该如何优化？

（2）企业负责人希望通过薪酬改革，激励员工不断提升个人能力水平以及绩效表现水平，具体的薪酬模块和设计思路是什么？

（3）企业薪酬改革必然会打破原来“差不多”的水平，但是员工薪酬差异过大又会引起争议，如何在薪酬改革中避免该问题？

（4）如何从工资改革测算的角度来解决人才流失特别是业务骨干流失问题？

（5）如何确保薪酬改革组织程序上合情、合法、合理，保障制度的实施落地？

带着上述问题，请你开始第六个项目的学习。

资料来源：编者根据教学实践中收集的案例改编整理。

二、学习目标

1. 掌握企业薪酬现状分析的常用方法，包括定性和量化方法。
2. 能够根据薪酬现状问题，探索判断薪酬制度的优化方向。
3. 熟练掌握基础的工资标准测算方法，包括一岗一薪、一岗多薪等。
4. 熟练掌握工资薪档的各类套入条件，包括条件的设置和套入方法。
5. 能够通过套改测算，对比套改前后数据，进行分析判断和优化调整。

任务一　调查薪酬现状：定性分析

知识准备

一、调查思考与准备

1. 调查原因

薪酬调查是为了充分了解企业现存薪酬问题、问题的根源以及问题涉及的范围等，为薪酬体系的改革奠定基础，基于此目的，首先需要思考的问题如下：

（1）回顾薪酬的职能是什么？企业发薪、设计的目的是什么？

（2）现行薪酬制度是否起到了相应作用（吸引人才、培养人才、留住人才）？

（3）薪酬满意度低带来的影响有哪些？薪酬制度改革完善对于企业发展的意义是什么？

（4）薪酬满意度低的根源在哪里？如何改进提升？

（5）如何优化现有薪酬体系，提升员工工作积极性和工作效率？

从劳动关系风险的角度，薪酬制度这一类的劳动标准规章的修改和调整，一定要进行风险评估，首要的是修改必要性和可行性评估，即对现行制度的运行情况进行评估，制度中哪些合理？哪些不合理？为什么不合理？有多少员工迫切要求修改或调整？做好这些是后续工作的前提和方向，也是确保薪酬制度调整的技术水平、员工接受度的前提基础。

2. 调查对象

如果企业薪酬分配出现问题，那我们调查谁可以发现问题呢？秉着“谁了解谁回答”的基本原则，我们必须在薪酬改革测算前清楚了解企业现存问题，这是保障改革成功的必要前提。只有真正抓准企业的问题，才能设计出适合企业的薪酬方案，解决企业的问题。

企业薪酬体系面向全体员工，不同层级员工的问题不同，因此均应进行调查，并将结果进行分层分类统计，方能真正抓住关键问题，对症下药，进行优化调整。

3. 调查方法

调查问题的方法有多种，包括访谈法、问卷法、资料分析法、观察法等，这些方法的特点和关键点也均在人力资源基础技能中介绍过。薪酬问题是面向全体员工，现场观察、访谈等方法耗时耗力，因此我们一般采取全员问卷调查的方式，同时针对中高层领导和业务骨干进行调研访谈，并研读薪酬管理相关制度，来完成全面的薪酬现状调查。

4. 调查内容

回顾整合薪酬管理相关知识，从薪酬认知、薪酬核算、各类型工资制度、岗位评价等，思考如何判断一个企业的薪酬制度是否是个好制度。我们还可以基于企业员工日常普遍反映的薪酬问题，设计相关问题来征求意见。问卷调查内容设计主要包括基本信息调查、薪酬现状调查和薪酬问题调查。

（1）基本信息调查

企业的管理制度一般很难让所有员工都满意，因此当出现冲突矛盾的时候，我们需要分类分析和判断问题性质，有针对性地提出解决方案。因此，为了确定各类问题的来源群体，我们需要了解填写问卷的员工的基本信息。

基于薪酬一般保密性原则，以及员工不愿暴露个人真实信息，或者一旦暴露就不太愿意呈现真实问题的心理，我们一般选择匿名填写的方式，仅要求员工填写相应类别，从薪酬相关的信息角度进行询问。

1）必备信息（与薪酬直接相关的）：工龄、层级、岗位类别、学历、职称/技能等级等。

2）可选信息：部门类别、年龄、性别、用工类型等。

（2）薪酬现状调查

第一，调查各层级员工的工资水平，来确定企业该层级员工的工资水平是否具有竞争力、各层级的工资差异是否合理等，如“您的工资水平目前属于哪个薪酬区间”。

第二，调查现有薪酬的组成结构，了解福利的组成和水平，判断企业目前的福利是否能够有效激励员工，使得员工具有企业归属感、增强幸福感等。

（3）薪酬问题调查

薪酬问题调查主要基于需求理论和公平理论，了解目前薪酬分配是否公平，员工的不满意感来源于哪里，如“薪酬是否与个人能力相对等”“是否与个人的付出相对等”“薪酬发放的依据一般都有哪些”等。还可以多选的方式或者开放式提问，来征求员工认为更好的激励方式或者薪酬优化的意见等，收集以上问题中未涉及的部分，全面广泛地征集意见。

二、调查问卷样例

薪酬满意度调查问卷（样例1）

1. 您的性别：

A. 男

B. 女

2. 您的婚姻状况：

A. 未婚

B. 已婚

3. 您的学历：

A. 专科

B. 本科

C. 硕士

D. 博士

4. 您的工龄：

A. 0~5年

B. 5~10年

C. 10~15年

D. 15年以上

5. 您的职务：

A. 普通员工

B. 中层管理

C. 高层管理

6. 您的职能：

A. 产品、技术或工程

B. 运营或客服

C. 销售或交易

D. 人力资源、法务或财务

7. 您的薪资水平：

A. 3 000~4 000元

B. 4 000~5 000 元

C. 5 000~6 000 元

D. 6 000~7 000 元

E. 7 000~8 000 元

F. 8 000~9 000 元

G. 9 000~10 000 元

8. 您所在公司的工资结构：（多选）

A. 技能工资

B. 绩效工资

C. 全勤奖

D. 底薪

E. 其他

9. 您所在公司的福利结构：（多选）

A. 岗位补贴

B. 五险一金

C. 带薪假期

D. 集体娱乐活动和旅游

E. 节日福利

F. 年终奖金

G. 交通补贴

H. 就餐补贴

I. 加班补贴

J. 打车补助

K. 出差补助

L. 住房补贴

M. 子女教育

N. 子女医疗报销

O. 节假日补助

P. 其他

10. 您认为您的付出与回报是对等的吗？

A. 付出与回报成正比

B. 付出得多但回报明显太少

C. 付出少回报少

D. 曾经付出很多，但因为没有对等回报而不愿付出

E. 不愿付出但希望得到回报

11. 您认为您的绩效表现与所得薪酬是对等的吗？

A. 绩效薪酬成正比

B. 绩效远远高于所在薪酬水平

C. 几乎得不到绩效工资

薪酬满意度调查问卷（样例2）

1. 在同行业中，您对您的薪资水平满意吗？

A. 满意

B. 比较满意

C. 不知道其他薪资水平

D. 不满意

E. 非常不满意

2. 您是否获得过提升岗位价值、技能水平的技能证书？（若有请说明）

A. 有

B. 无

3. 目前的工作哪些方面让您比较满意？（多选）

A. 工作趣味性、丰富性和挑战性

B. 工作的价值感和责任感

C. 良好的团队氛围

D. 领导的信任和认可

E. 培训和辅导

F. 晋升机会和前景

G. 企业文化和制度

H. 公司办公环境和条件

I. 免费体检、旅游和节日礼品等福利

J. 文化娱乐活动

K. 其他

4. 公司提供哪些方面的福利制度使您感到满意？

A. 五险一金缴纳

B. 绩效工资发放

C. 食堂就餐条件

D. 员工住宿

E. 法定节假日

F. 年终奖

G. 其他

5. 如果您工作出色，您最希望得到以下何种奖励？

A. 工资提高

B. 期权增加

C. 职位晋升

D. 表扬和嘉奖

E. 培训机会

F. 带薪休假

G. 其他

6. 哪些方面可以激发您的工作积极性？（选 1~3 个选项）

A. 工作趣味性、丰富性和挑战性

B. 工作的价值感和责任感

C. 良好的团队氛围

D. 领导的信任和认可

E. 培训和辅导

F. 晋升机会和前景

G. 企业文化和制度

H. 公司办公环境和条件

I. 免费体检、旅游和节日礼品等福利

J. 文化娱乐活动

7. 公司目前哪些福利做得不到位？（多选）

A. 岗位补贴

B. 绩效奖金

C. 五险一金

D. 带薪假期

E. 集体娱乐活动和旅游

F. 过年福利

G. 年终奖金

H. 交通补贴

I. 就餐补贴

J. 加班补贴

8. 您对您的薪酬不满时如何处理？

A. 面对面沟通

B. 电话沟通

C. 微信、短信沟通

D. 邮件沟通

E. 会议沟通

9. 您觉得公司薪酬体系存在什么问题？有什么建议？

答：

三、调查结果分析

薪酬调查分析，可以从工资水平、结构设计、分配公平性（自体公平、内部公平、外部公平）、分配依据等多个角度进行分析，通过交叉分析，获取不同部门、不同层级、不同岗位员工对于薪酬存在的不满意及原因分别是什么。

下面以×××酒店薪酬调查分析报告为例来说明薪酬调查分析怎么做。

XXX 酒店薪酬调查分析报告（摘录）

本次调查通过网络问卷和现场抽样问卷调查两种方式相结合进行。本次调查共抽取 60 名公司员工填写问卷。

……

（四）员工工作岗位与年薪的统计结果

因为本次调查所在城市为四线不太发达的城市，工资水平较低，所以员工年薪大多不是很高。其他岗位的员工包括后勤保障人员（保安、保洁等）和办公文员（人事专员、行政专员、财务专员等）。85%的员工年薪在 5 万元以下，年薪达到 10 万元到 15 万元的高层管理者只有一人，年薪在 7 万元至 10 万元的员工处于技术岗位。

（五）本公司员工工资水平和本地同行业其他企业相同职位相比的结果统计

由下表可以看出 83%的员工对于公司的工资水平不是很满意，认为公司的工资和本地同行业其他企业相同职位相比工资相差较多，工资水平偏低，只有 10 位员工对自己的工资水平较满意。这就表明公司应该关注整个市场上同行业的员工工资水平，进而适当调整本公司的工资，争取与现在市场上相关行业的员工平均工资水平持平，预防员工大肆跳槽从而影响公司目标的实现。

员工对公司工资与本地其他公司工资比较结果统计表

		工资水平和本地同行业其他企业相同职位相比					合计
		非常高	较高	一般	较低	非常低	
工作岗位	一线工人	0	4	7	4	5	20
	技术人员	1	0	4	0	0	5
	基层管理者	0	1	5	1	0	7
	中层管理者	0	2	2	0	0	4
	高层管理者	0	1	1	0	0	2
	其他	1	0	11	6	4	22
合计		2	8	30	11	9	60

……

（八）员工努力工作是否在薪酬中有回报

员工对于自己努力工作在薪酬中得到的回报情况差异较大，公司应针对该情况采取改进措施。员工努力工作在薪酬上的回报是对员工工作的肯定和鼓励，薪酬回报体现明显则员工自然会产生较大的工作积极性，公司应重视此项激励方式。

员工努力工作在薪酬中是否有回报统计表

		员工努力工作在薪酬中是否有回报				合计
		是的，有明显回报	有回报，但是不完全体现我的努力	不确定的，有时有回报	完全没有回报	
工作岗位	一线工人	4	4	4	8	20
	技术人员	2	1	1	1	5
	基层管理者	0	1	3	3	7
	中层管理者	2	0	1	1	4
	高层管理者	2	0	0	0	2
	其他	2	2	8	10	22
合计		12	8	17	23	60

业务演练

任务1-1：薪酬调查问卷设计

练习：请为导入案例中的H银行设计一份薪酬调查问卷，要求能够充分了解该企业的薪酬现状、薪酬存在问题、员工对于薪酬的期望和优化建议等。

任务1-2：薪酬现状调查分析

练习：以实习/兼职/很熟悉的企业为调查对象，通过访谈和调查相结合的方式，确定薪酬调查目的和调查对象，设计薪酬调查问卷，发布并回收数据，统计分析该企业现行薪酬制度存在的问题，并从专业角度提出薪酬制度优化建议。要求提交内容如下：

1. 调查企业背景介绍。
2. 薪酬调查问卷。
3. 薪酬调查分析报告。

任务二　统计薪酬数据：量化分析

知识准备

一、薪酬总量统计分析指标

企业工资统计指标一般分为总额类、平均水平、结构比例等。不同类的企业关注的重点指标也不同。如国有企业关注的重点是依法合规性，对于工资总额、福利总额、各类型人工成本的比例等控制比较严格，会重点分析此类指标；而民营企业的工资总额灵活性比较强，更多关注的是能否留住人才，因此更关注各类员工的平均工资（与市场水平相比）、最低工资水平等。

我们首先学习常用的工资分析指标，并就各类型企业的统计指标进行实操练习。了解这些指标有什么含义？为什么统计这些指标？指标水平的高低代表什么问题？以便了解企业薪酬制度现状，判断存在的问题，作为未来薪酬体系优化改革的参考数据。

薪酬统计分析指标主要分为基础信息类指标、工资总额类指标、工资水平类指标、结构比例类指标等。

1. 基础信息类指标

基础信息类指标主要用于各类、各层级职工人数的统计和分类，便于后续计算分析各类各层级职工的工资水平的合理性。常用的指标如下：

（1）职工平均人数，特指当年整体平均人数，企业因为职工的入职、离职、调动、退休等各类情况会引起人数变动，掌握这个指标有利于把握企业的整体人员流动情况，且有利于计算人均工资水平。

（2）月平均职工人数=（月初职工人数+月末职工人数）/2。

（3）年平均职工人数=各月平均职工人数之和/12。

2. 工资总额类指标

工资总额类指标便于企业开展人工成本分析、制定下一年成本预算等。工资总额占企业成本等财务指标的比例，也在一定程度上体现企业的支付能力。常用的指标如下：

（1）企业年度工资总额和分公司年度工资总额。

（2）各类人员的年度工资总额。

人员分类包括在岗职工/不在岗职工、长期/短期、劳务派遣等。

（3）各类工资模块的年度工资总额。

模块分类包括基本工资、绩效工资、年功工资、津贴、补贴、加班工资等。

3. 工资水平类指标

工资水平类指标便于与同类型企业、地方平均工资水平、消费水平等进行比较，特别是人才流失的时候更应重点关注。同时各层级职工的工资水平也便于企业判断人工成本分配的合理性，是否与不同层级职工的价值贡献水平相匹配。一般主要从平均值、中位值、最高值、最低值 4 个关键水平点进行分析，便于企业判断各类职工或各层级职工的工资标准设置是否合理、是否存在过高或过低的问题。常见的指标如下：

（1）职工平均工资水平=职工工资总额/年度平均职工人数。

（2）各层级职工平均工资水平=各层级职工工资总额/该层级年度平均职工人数。

（3）各类职工年度工资水平的最高值、最低值、中位值、平均值。

（4）各层级职工年度工资水平的最高值、最低值、中位值、平均值。

（5）各模块工资的最高值、最低值、中位值、平均值。

4. 结构比例类指标

结构比例类指标便于企业判断各部分工资划分合理性，特别是浮动部分工资模块的占比，与对职工绩效的激励息息相关，但占比过高也会影响到职工的归属感。不同模块的工资发放依据不同，因此不同模块的工资比例也体现了企业工资制度设计的导向。常见的指标如下：

（1）各类职工的工资占比。

（2）各层级职工的工资占比。

（3）各模块工资的占比（绩效工资占比、固浮比）。

（4）各类/各层级职工的各模块工资占比。

5. 统计报表样例

统计报表样例见表6-1、表6-2、表6-3。

表6-1　　企业职工薪酬信息

项目	2018年年度			
	平均人数	薪酬总额应发数（万元）	薪酬总额实发数（万元）	收入增长的人数
（一）从业人员				
（二）职工				
（三）在岗职工				
1. 经营管理人员				
2. 专业技术人员				
3. 一线职工				
4. 其他人员				
（四）不在岗职工				
内退、下岗人员				
（五）劳务派遣工				

表 6-2　　　　集团总部职工薪酬信息

序号	岗位类型	岗位级别	基准代码	人数	薪酬数值	年度基本工资（元）	年度奖金（元）	年度福利（元）	年度其他收入（元）	年度总薪酬（元）
1	三总师	—	JT1		最高值					
					中位值					
					最低值					
					平均值					
2	部门负责人	正职	JT2		最高值					
					中位值					
					最低值					
					平均值					
3		副职	JT3		最高值					
					中位值					
					最低值					
					平均值					
4	部门内设机构负责人	正职	JT4		最高值					
					中位值					
					最低值					
					平均值					
5		副职	JT5		最高值					
					中位值					
					最低值					
					平均值					
6	专业技术人员	专家级	JT6		最高值					
					中位值					
					最低值					
					平均值					
7		高级	JT7		最高值					
					中位值					
					最低值					
					平均值					

续表

序号	岗位类型	岗位级别	基准代码	人数	薪酬数值	年度基本工资（元）	年度奖金（元）	年度福利（元）	年度其他收入（元）	年度总薪酬（元）
8	专业技术人员	中级	JT8		最高值					
					中位值					
					最低值					
					平均值					
9		初级	JT9		最高值					
					中位值					
					最低值					
					平均值					
10	一线职工	高级技师	JT10		最高值					
					中位值					
					最低值					
					平均值					
11		技师	JT11		最高值					
					中位值					
					最低值					
					平均值					
12		高级工	JT12		最高值					
					中位值					
					最低值					
					平均值					
13		中级工	JT13		最高值					
					中位值					
					最低值					
					平均值					
14		初级工	JT14		最高值					
					中位值					
					最低值					
					平均值					

续表

序号	岗位类型	岗位级别	基准代码	人数	薪酬数值	年度基本工资（元）	年度奖金（元）	年度福利（元）	年度其他收入（元）	年度总薪酬（元）
15	一线职工	普工（操作工）	JT15		最高值					
					中位值					
					最低值					
					平均值					
16	其他人员	—	JT16		最高值					
					中位值					
					最低值					
					平均值					

表 6-3　子公司职工薪酬信息

序号	岗位类型	岗位级别	基准代码	人数	薪酬数值	年度基本工资（元）	年度奖金（元）	年度福利（元）	年度其他收入（元）	年度总薪酬（元）
1	企业负责人	正职	ZG1	1	最高值					
					中位值					
					最低值					
					平均值					
2		副职	ZG2	6	最高值					
					中位值					
					最低值					
					平均值					
3	中层管理人员	正职	ZG3	8	最高值					
					中位值					
					最低值					
					平均值					
4		副职	ZG4	6	最高值					
					中位值					
					最低值					
					平均值					

续表

序号	岗位类型	岗位级别	基准代码	人数	薪酬数值	年度基本工资（元）	年度奖金（元）	年度福利（元）	年度其他收入（元）	年度总薪酬（元）
5	中层管理人员	其他	ZG5		最高值					
					中位值					
					最低值					
					平均值					
6	专业技术人员	专家级	ZG6		最高值					
					中位值					
					最低值					
					平均值					
7		高级	ZG7	6	最高值					
					中位值					
					最低值					
					平均值					
8		中级	ZG8	20	最高值					
					中位值					
					最低值					
					平均值					
9		初级	ZG9	4	最高值					
					中位值					
					最低值					
					平均值					
10	一线职工	高级技师	ZG10		最高值					
					中位值					
					最低值					
					平均值					
11		技师	ZG11		最高值					
					中位值					
					最低值					
					平均值					

续表

序号	岗位类型	岗位级别	基准代码	人数	薪酬数值	年度基本工资（元）	年度奖金（元）	年度福利（元）	年度其他收入（元）	年度总薪酬（元）
12	一线职工	高级工	ZG12		最高值					
					中位值					
					最低值					
					平均值					
13		中级工	ZG13		最高值					
					中位值					
					最低值					
					平均值					
14		初级工	ZG14		最高值					
					中位值					
					最低值					
					平均值					
15		普工（操作工）	ZG15		最高值					
					中位值					
					最低值					
					平均值					
16	其他人员	—	ZG16	107	最高值					
					中位值					
					最低值					
					平均值					

二、薪酬数据统计工具

目前企业薪酬数据统计分析主要通过 Excel 数据分析、ERP 系统统计分析、服务外包等方式开展。小微企业大多是通过 Excel 统计表进行数据统计分析，但是在这个互联网信息时代，通过系统统计分析则是一种更为高效、可靠的方式。

各企业的薪酬结构和设计方式都具有其特殊情况，没有统一的方法步骤等，且职工薪酬涉及全体职工的基础数据（属于保密数据），而且或多或少每个月都会有一些特殊情况，是系统所无法把握而需要通过人工解决的，因此市场上人力资源信息化更多普及的是职工基础信息设置变更、绩效考核功能、数据报送功能、考勤统计功能等，薪酬模块信息化则更多的是基础核算功能，真正的分析和测算依然主要通过人工使用Excel统计表进行。

作为企业薪酬岗位工作人员，无论是否有ERP系统，通过Excel或数据库方式统计分析都是必备的能力之一，必须具有基础的统计分析能力、日常工资核算能力、人工成本统计分析能力、基础的工资测算能力等。

在统计分析和工资测算过程中，Excel常用功能主要包括统计类、查询合并类、图表显示类。

（1）统计类：用于统计各类人数、工资水平类指标，具体包括计数、合计、平均、最大值、最小值、条件格式、排序筛选等。

（2）查询合并类：用于查询引用不同表格中的数据或进行表格合并等，具体包括一维表查询引用、二维表查询引用等。

（3）图表显示类：用于显示各类工资结构占比、工资水平比较等，具体包括柱状图显示高低水平、饼状图显示结构比例、趋势图显示近几年工资变化趋势等。

其中，Excel的数据透视功能是一种非常高效的统计能力，可以高效实现多个表格多项数据统计的功能。数据透视表是一种交互的、交叉制表的Excel报表，用于对多种来源（包括Excel的外部数据）的数据（如数据库记录）进行汇总和分析。数据透视图提供交互式数据分析的图表，与数据透视表类似，可以更改数据的视图，查看不同级别的明细数据，或通过拖动字段和显示或隐藏字段中的项来重新组织图表的布局。

以上功能在此不再讲述具体操作方法，同学们可通过计算机课程、统计分析课程、Excel高级应用课程等进行重点训练。

业务演练

任务：薪酬总量统计分析

练习：根据H银行上年度工资原始数据（见项目六附件3），完成以下统计分析任务。

1. 完成以下统计表统计任务。

2. 用图表方式直观显示关键指标的情况，对应付薪酬进行分析说明。

3. 根据数据分析结构，归纳该企业的薪酬现状问题。

提示：薪酬分析既要看统计分析数据，又要关注原始数据中职工的个体数据分布情况。

工资总额水平分析统计表

分类		工资总额水平					
		人数	工资总额（元）	各类别工资占比	人均工资水平（元）	最高工资水平（元）	最低工资水平（元）
合计							
按岗位性质分类	管理类						
	技术类						
	技能类						
按层级分类	高层领导						
	中层正职						
	中层副职						
	基层干部						
	普通员工						
按部门分类	领导班子						
	行政办公室						
	人力资源部						
	……						
重点关注关键岗位	支行行长						
	分理处主任						
	客户经理						
	综合柜员						

工资结构分析统计表

分类		工资结构占比					
		岗位工资	绩效工资	……	岗位工资占比	绩效工资占比	……
合计							
按岗位性质分类	管理类						
	技术类						
	技能类						

续表

分类		工资结构占比					
		岗位工资	绩效工资	……	岗位工资占比	绩效工资占比	……
按层级分类	高层领导						
	中层正职						
	中层副职						
	基层干部						
	普通员工						
按部门分类	领导班子						
	行政办公室						
	人力资源部						
	……						
重点关注关键岗位	支行行长						
	分理处主任						
	客户经理						
	综合柜员						

分类工资水平分析统计表

分类		分类工资水平分析						
		岗位工资			绩效工资			……
		人均水平	最高水平	最低水平	人均水平	最高水平	最低水平	
合计								
按岗位性质分类	管理类							
	技术类							
	技能类							
按层级分类	高层领导							
	中层正职							
	中层副职							
	基层干部							
	普通员工							

续表

分类		分类工资水平分析						
		岗位工资			绩效工资			……
		人均水平	最高水平	最低水平	人均水平	最高水平	最低水平	
按部门分类	领导班子							
	行政办公室							
	人力资源部							
	……							
重点关注关键岗位	支行行长							
	分理处主任							
	客户经理							
	综合柜员							

任务三　解决内部不公平问题：岗位绩效

知识准备

一、岗位工资测算

1. 工资标准

企业的工资标准体系，一般包含工资等级个数、工资标准、工资级差。本节主要学习如何确定工资等级个数和工资标准。

（1）一级工资标准

一级工资标准，即最低等级的工资标准，一般依据行业、企业、地方工资水平确定，还要考虑工资总额中是否有其他工资模块。

（2）工资等级个数

工资等级个数一般根据选择的岗位归级方案确定。在项目五中，一般会形成2~3套岗位归级方案，供企业选择。企业需要根据企业现状、文化、员工接受程度等进行选择。一般来说，等级多的方案，将各岗位工资拉开的差距比较大；等级少的方案，则相近的岗位可能会对应一个岗位等级。这就类似考核结果，分 5 级（优秀、良好、称职、基本称职、不称职），还是 2 个等级（合格、不合格），对员工的冲击会有所不同。而激励过程中并非冲击程度越大越好，冲击大容易带来员工间的矛盾，冲击小可能对员工向上的激励程度又会较小，因此我们需要根据情况，进行效率和管控的博弈，充分研读岗位分布情况和人员岗位对应情况，来选择合适的归级方案（见项目六附件 1），确定工资等级个数。

工资等级个数确定依据包括企业规模、岗位数量、发展阶段、管理能力、管理倾向和文化等。

（3）工资级差

工资级差是指每级之间的工资标准差。一般普通员工的薪酬级差会小于干部的薪酬级差，即工资等级越高，差异越大，这也充分体现了体力劳动和脑力劳动水平变化的难度。

工资级差确定依据包括市场水平、内部职位升迁的机会、企业管理能力、收入的宽度、价值变化程度等。极差的设置一般常用的方法是等差法、等比法。工资标准呈等差序列分布或呈等比序列分布，也可两种模式相结合，分层级采用不同的方式。

2. 岗位工资制度设计原则

岗位工资标准包括一岗一薪、一岗多薪两种方式。

一岗一薪即直接按照岗位对应的岗位等级套入相应的岗位工资标准。

一岗多薪是考虑一岗多人的情况下，同岗员工不同能力水平的情况，不同能力的人可能对同岗位相同工作呈现的价值不同，因此一岗位对应多个工资标准，并根据同岗位不同员工的能力依据条件套入不同的工资等级。这里一岗多薪也分为两种情况，一种是一岗对应一个岗位工资区间；另一种是将这个岗级内部区分多个薪级，员工根据不同情况套入同岗级不同的薪级。

岗位工资制度设计原则是：选择一岗一薪还是一岗多薪，需要根据激励导向和企业现有人员情况的数量和能力素质分布状况选择，在满足现有员工需求的情况下尽可能地简洁、易操作，使员工易理解，以确保后续薪酬制度的实施落地。

3. 一岗一薪工资标准测算方法

一岗一薪即一个岗位对应一个岗位等级，一个岗位等级对应一个岗位工资标准。一岗一薪式岗位工资标准示例见表 6-4。

表 6-4　　XXX 企业岗位工资等级及标准表

岗级	岗级系数	岗位工资标准（元/月）
20	4.00	8 800
19	3.59	7 898
18	3.18	6 996
17	2.77	6 094
16	2.36	5 192
15	2.25	4 950
14	2.14	4 708
13	2.03	4 466
12	1.92	4 224
11	1.81	3 982
10	1.70	3 740
9	1.56	3 432
8	1.42	3 124
7	1.28	2 816
6	1.14	2 508
5	1.00	2 200

企业工资测算一般是在一定额度的工资总额控制之下，同时考虑各层级人员平均工资水平的差异或者倍数，如领导工资不高于员工的 6 倍等。

因此，一般工资测算的满足条件是工资总额、最高和最低工资倍数、平均工资水平等要素。我们可以通过等比或等差方法确定级差，再根据点数法或系数法确定一级工资标准或者薪点值，最终确定各等级工资标准。

（1）点数法

点数法是用薪点数多少代表岗位价值的高低，薪点数多，岗位价值高，对应工资标准高。具体计算方式见项目四工资等级制度中的岗位薪点制内容。点数法的优势是便于根据企业利润高低进行工资联动分配，通过企业效益高低调整点值大小，即一点值多少钱，员工分享企业利润增长。

$$薪点值 = 工资总额 \div 全体员工薪点数之和$$

$$岗位等级工资标准 = 薪点值 \times 岗位等级薪点数$$

其中，各级薪点数可以根据最高工资倍数和等差法或等比法确定。

(2) 系数法

系数法是用系数高低代表岗位价值的高低，系数大，岗位价值高，对应的工资标准高。系数法常用于绩效工资分配，即不同的绩效考核等级对应不同的绩效系数，根据绩效工资总额和员工对应的绩效系数进行工资分配。

$$系数值 = 工资总额 \div 全体员工系数$$

$$岗位等级工资标准 = 系数值 \times 岗位等级系数$$

(3) 测算样例

测算条件是工资总额为 1 000 000 元。

1) 一岗一薪工资标准——等差点数法（已知工资总额、工资倍数、薪点数）。

第一步，根据岗位薪点数最高点、最低点、工资等级个数，按照等差法计算各级薪点数。

$$点数级差=（最高点-最低点）\div（岗位等级数-1）$$

第二步，根据各级在岗人数和岗级点数，计算点数和。

$$某级点数和=岗级点数\times该级在岗人数$$

$$企业点数和 = \sum 各级点数和$$

第三步，根据工资总额及点数和，计算薪点值。

$$薪点值=工资总额\div企业点数和$$

第四步，根据薪点值和岗级点数，计算各级工资标准，个位四舍五入。

$$工资标准=薪点值\times岗级点数$$

测算结果见表 6-5。

表 6-5　　　　等差点数法（已知最低和最高岗级点数）

岗位等级	在岗人数	岗级点数	点数和	点值	工资标准（元/月）（个位四舍五入）
15	2	800	1 600	20. 898 64	33 440
14	3	750	2 250	20. 898 64	47 020
13	2	700	1 400	20. 898 64	29 260
12	5	650	3 250	20. 898 64	67 920
11	8	600	4 800	20. 898 64	100 310
10	12	550	6 600	20. 898 64	137 930
9	15	500	7 500	20. 898 64	156 740
8	18	450	8 100	20. 898 64	169 280

续表

岗位等级	在岗人数	岗级点数	点数和	点值	工资标准（元/月）（个位四舍五入）
7	11	400	4 400	20. 898 64	91 950
6	7	350	2 450	20. 898 64	51 200
5	8	300	2 400	20. 898 64	50 160
4	5	250	1 250	20. 898 64	26 120
3	4	200	800	20. 898 64	16 720
2	5	150	750	20. 898 64	15 670
1	3	100	300	20. 898 64	6 270
合计	—	—	47 850	—	—

同理，进行以下其他三种一岗一薪制工资标准测算。

2）一岗一薪工资标准——等差系数法（已知工资总额、工资倍数、岗级系数）。测算结果见表 6-6。

表 6-6　　等差系数法（已知最低和最高岗级系数）

岗位等级	在岗人数	岗级系数	系数和	岗位工资标准	工资标准（元/月）（个位四舍五入）
15	2	8	16	33 437. 826 54	33 440
14	3	7. 5	22. 5	47 021. 943 57	47 020
13	2	7	14	29 258. 098 22	29 260
12	5	6. 5	32. 5	67 920. 585 16	67 920
11	8	6	48	100 313. 479 6	100 310
10	12	5. 5	66	137 931. 034 5	137 930
9	15	5	75	156 739. 811 9	156 740
8	18	4. 5	81	169 278. 996 9	169 280
7	11	4	44	91 954. 022 99	91 950
6	7	3. 5	24. 5	51 201. 671 89	51 200
5	8	3	24	50 156. 739 81	50 160
4	5	2. 5	12. 5	26 123. 301 99	26 120
3	4	2	8	16 718. 913 27	16 720
2	5	1. 5	7. 5	15 673. 981 19	15 670
1	3	1	3	6 269. 592 476	6 270
合计	—	—	478. 5	—	—

3）一岗一薪工资标准——等比点数法（已知工资总额、工资倍数、薪点数）。测算结果见表 6-7。

表 6-7　　等比点数法（已知最低和最高岗级点数）

岗位等级	在岗人数	岗级点数	点数和	点值	工资标准（元/月）（个位四舍五入）
15	2	600	1 200	35. 245 27	42 290
14	3	491. 803 3	1 475. 41	35. 245 27	52 000
13	2	403. 117 4	806. 234 9	35. 245 27	28 420
12	5	330. 424 1	1 652. 121	35. 245 27	58 230
11	8	270. 839 5	2 166. 716	35. 245 27	76 370
10	12	221. 999 6	2 663. 995	35. 245 27	93 890
9	15	181. 966 8	2 729. 503	35. 245 27	96 200
8	18	149. 153 2	2 684. 757	35. 245 27	94 620
7	11	122. 256 7	1 344. 824	35. 245 27	47 400
6	3	100	300	35. 245 27	10 570
合计	—	—	17 023. 56	—	—

4）一岗一薪工资标准——等比系数法（已知工资总额、工资倍数、岗级系数）。测算结果见表 6-8。

表 6-8　　等比系数法（已知最低和最高岗级系数）

岗位等级	在岗人数	岗级系数	系数和	岗位工资标准	工资标准（元/月）（个位四舍五入）
15	2	6	12	42 294. 329 84	42 290
14	3	4. 918 033	14. 754 1	52 001. 225 21	52 000
13	2	4. 031 174	8. 062 349	28 415. 970 06	28 420
12	5	3. 304 241	16. 521 21	58 229. 446 85	58 230
11	8	2. 708 395	21. 667 16	76 366. 487 67	76 370
10	12	2. 219 996	26. 639 95	93 893. 222 54	93 890
9	15	1. 819 668	27. 295 03	96 202. 072 28	96 200
8	18	1. 491 532	26. 847 57	94 624. 989 12	94 620
7	11	1. 222 567	13. 448 24	47 398. 673 97	47 400
1	3	1	3	10 573. 582 46	10 570
合计	—	—	170. 235 6	—	—

4. 一岗多薪工资标准测算方法

一岗多薪工资标准测算，一般是在测定一岗一薪工资标准基础上，将该标准作为一岗多薪标准中的中位值，然后根据该工资标准的一定比例作为档差，不同的档差确定不同的工资标准。档差可以根据工资标准水平以及工资激励实际需求进行调整。

（1）一岗多薪工资测算

先将一岗一薪工资标准（等差法）放在第 7 档，再按照一岗一薪工资标准的 3% 计算档差，档差个位四舍五入，个位为 0。在第 7 档工资标准基础上分别计算并填入 1～6 档和 8～12 档的工资标准，见表 6-9。

表 6-9　　　　　　　　一岗多薪测算表　　　　　　　　单位：元

岗级	级差	档差	工资档次											
			1	2	3	4	5	6	7	8	9	10	11	12
一	4 340	651	17 794	18 445	19 096	19 747	20 398	21 049	**21 700**	22 351	23 002	23 653	24 304	24 955
二	4 340	780	21 360	22 140	22 920	23 700	24 480	25 260	**26 040**	26 820	27 600	28 380	29 160	29 940
三	4 340	910	24 920	25 830	26 740	27 650	28 560	29 470	**30 380**	31 290	32 200	33 110	34 020	34 930
四	4 340	1 040	28 480	29 520	30 560	31 600	32 640	33 680	**34 720**	35 760	36 800	37 840	38 880	39 920
五	4 340	1 170	32 040	33 210	34 380	35 550	36 720	37 890	**39 060**	40 230	41 400	42 570	43 740	44 910
六	4 340	1 300	35 600	36 900	38 200	39 500	40 800	42 100	**43 400**	44 700	46 000	47 300	48 600	49 900
七	4 340	1 430	39 160	40 590	42 020	43 450	44 880	46 310	**47 740**	49 170	50 600	52 030	53 460	54 890
八	4 340	1 560	42 720	44 280	45 840	47 400	48 960	50 520	**52 080**	53 640	55 200	56 760	58 320	59 880
九	4 340	1 690	46 280	47 970	49 660	51 350	53 040	54 730	**56 420**	58 110	59 800	61 490	63 180	64 870
十	4 340	1 820	49 840	51 660	53 480	55 300	57 120	58 940	**60 760**	62 580	64 400	66 220	68 040	69 860
十一	4 340	1 950	53 400	55 350	57 300	59 250	61 200	63 150	**65 100**	67 050	69 000	70 950	72 900	74 850
十二	4 340	2 080	56 960	59 040	61 120	63 200	65 280	67 360	**69 440**	71 520	73 600	75 680	77 760	79 840
十三	4 340	2 210	60 520	62 730	64 940	67 150	69 360	71 570	**73 780**	75 990	78 200	80 410	82 620	84 830
十四	4 340	2 340	64 090	66 430	68 770	71 110	73 450	75 790	**78 130**	80 470	82 810	85 150	87 490	89 830
十五	4 340	2 470	67 650	70 120	72 590	75 060	77 530	80 000	**82 470**	84 940	87 410	89 880	92 350	94 820

一岗多薪分为两种形式：一种是完全无重叠的工资标准区间；另一种则是有重叠的工资标准区间，即如果低等级员工绩效表现非常突出，其工资水平有可能突破，与更高等级的工资水平一致甚至更高，相当于一种工资等级晋升，但岗位不变，有助于

激励同级别人员之间的良性竞争。

（2）工资档次套入条件设计

一岗多薪工资标准相比一岗一薪工资标准套入更复杂一些，需要设置相应条件来区分同一岗位不同员工的价值差异。企业一般选取工作经验、任职年限、绩效表现或岗位胜任力等条件，套入不同的薪级，积分越高套入薪级越高，并预留一定的升级空间。因此，套入方法一般分为硬件条件（学历、工龄或者综合岗位任职资格）套入法、岗位胜任力（胜任力评价）套入法、绩效表现水平（考核等级）套入法、综合积分套入法。设置样例见表6-10至表6-13。

表6-10　　硬件条件套入表

普通工人	连续工龄	5年以下	6~10年	11~15年	16~20年	21年以上
	工资档次	1	2	3	4	5
初级工	技术年限	4年以下	5~8年	9~12年	13~16年	17年以上
	工资档次	2	3	4	5	6
中级工	技术年限	4年以下	5~8年	9~12年	13~16年	17年以上
	工资档次	3	4	5	6	7
高级工	技术年限	4年以下	5~8年	9~12年	13~16年	17年以上
	工资档次	5	6	7	8	9
技师	技术年限	4年以下	5~8年	9~12年	13~16年	17年以上
	工资档次	6	7	8	9	10
高级技师	技术年限	4年以下	5~8年	9~12年	13~16年	17年以上
	工资档次	8	9	10	11	12

表6-11　　岗位胜任力套入表

岗位胜任力	非常胜任	胜任	基本胜任	不胜任
薪档	3	2	1	实习档

表6-12　　绩效表现水平套入表

绩效等级	优秀	良好	称职	不称职
薪档	3	2	1	实习档

表 6-13　　　　综合积分套入表

<table>
<tr><th colspan="2">积分维度</th><th>等级划分</th><th>积分值</th><th>初始套级规则</th></tr>
<tr><td rowspan="8">工作经验</td><td rowspan="4">任职年限（中层干部）</td><td>5 年及以下</td><td>1</td><td rowspan="11">当综合积分≥6 分时，套入所在岗级第 3 薪级
当 4 分≤综合积分≤5 分时，套入所在岗级第 2 薪级
当综合积分<4 分时，套入所在岗级的第 1 薪级</td></tr>
<tr><td>5~10 年（含）</td><td>2</td></tr>
<tr><td>10~20 年（含）</td><td>3</td></tr>
<tr><td>20 年以上</td><td>4</td></tr>
<tr><td rowspan="4">工龄（一般员工）</td><td>5 年及以下</td><td>1</td></tr>
<tr><td>5~10 年（含）</td><td>2</td></tr>
<tr><td>10~20 年（含）</td><td>3</td></tr>
<tr><td>20 年以上</td><td>4</td></tr>
<tr><td colspan="2" rowspan="3">工作表现</td><td>优秀</td><td>4</td></tr>
<tr><td>良好</td><td>3</td></tr>
<tr><td>称职</td><td>1</td></tr>
</table>

5. 企业岗位工资改革

从企业薪酬改革优化的角度，适用的是最好的，并不是完美的就好，且不可将一套看似完美的薪酬方法原封不动地搬到不同的企业直接使用，否则将会水土不服，从而导致严重的问题。而且不同企业由于历史原因在人力资源现状上存在不同的特殊情况，虽然从科学的角度应该一视同仁，但从合情合理的角度考虑，改革初期需要为员工提供过渡阶段，帮助员工逐渐从原来的制度环境（大锅饭）过渡到激励环境，否则将会激化企业与员工的矛盾，对改革造成很大的阻碍，也不利于人才队伍的稳定，甚至为生产带来阻碍。因此要从组织的角度，充分考虑企业及当地文化等实际情况，选择合适的方案，并做好改革的过程工作。

通过科学的岗位价值评价形成岗位归级方案后，需要根据不同企业的实际情况进行选择和优化，然后基于归级方案进行工作标准的测算。

方法步骤建议如下：

第一步，根据项目五岗位评价结果，进行岗位等级归级，对比选择方案。

第二步，结合企业实际情况，进行岗位等级分布的个别调整，如政策性岗位、稀缺性岗位、未来需求培养的岗位等。

第三步，结合企业实际情况，设计岗位工资结构，确定套级标准。

第四步，结合工资总额、历史水平、行业水平等，测算岗位工资标准，选择一岗多薪或一岗一薪。根据岗位工资总额、岗位工资等级数、岗位工资倍数等，测算工资标准。

第五步，套入测算，优化调整。

二、绩效工资测算

1. 绩效工资

（1）发放依据

绩效工资、绩效奖金、年终奖金等概念，在本书中的项目一均有讲述，此处不再赘述，在此主要从发放依据上进行区分讲解。

从劳动角度考虑，不同能力和努力程度的人做同样的工作会呈现不同的价值，因此我们从岗位工资或者说从体现岗位工作价值的补偿中分离出一部分，用于体现不同绩效表现的工资。绩效工资标准一般可以岗位工资标准的一定比例设置，即不同岗位绩效工资标准不同，与岗位价值相对应。依据不同的绩效表现发到员工手里即为绩效奖金，奖金按照周期不同一般分为月度奖金、季度奖金、年度奖金，根据不同周期的绩效考核结果进行发放。

（2）固浮比

在此需要专门讲解的是岗位工资固定发放和用于绩效发放的比例即为固浮比。固浮比越高，则固定发放的工资额度越高，越有利于员工队伍稳定性；固浮比越低，则浮动发放的工资额度越高，即岗位价值待遇中越多部分是需要根据本周期员工的实际表现来发放，如果表现突出发放额度会远高于原岗位绩效工资标准，如果表现糟糕可能远低于工资标准。因此固浮比越低，员工稳定性越低，越缺乏安全感、压力越大。

一般固浮比的比例选择需要根据岗位工作性质、岗位层级、企业文化等确定，举例如下。

1）销售类岗位：工作性质与个人努力相关度非常高，因此与业绩挂钩的工资比例越高，越有利于激励员工努力工作。

2）研发类岗位：工作性质决定了短时间内不能保证有直接的业务输出，如果固浮比过低，可能降低员工积极性，没有保障，无法安心科研。

3）管理类岗位：管理层级越高，可能对于企业的业绩水平影响越大，因此固浮比比例可以相对越高。

以上是基于岗位性质的区别，同时还需要考虑当地人文文化以及企业的历史情况，如果从未设置过绩效工资，或者绩效工资本就与实际表现相关度不大，可以逐步过渡，先设计较低比例额度与绩效挂钩发放，激励员工多劳多得，待适应这种管理模式以后，再逐步扩大绩效工资比例，更大程度地激励员工发挥主观能动性。

在此需要特别强调的是，绩效考核的公正合理与否将直接影响到绩效工资的激励效果，也是能够发挥激励效果的前提条件，否则可能适得其反，导致员工对于薪酬管理的不满意程度增强。

2. 绩效工资标准测算

（1）岗位—绩效比例法

绩效工资标准测算方法同岗位工资标准测算方法，可以直接从岗位工资标准中切出一部分来作为绩效工资，即以岗位测评价值为依据的绩效工资标准。样例见表 6–14，根据一岗一薪制，确定岗位工资标准+绩效工资标准，并提取一定的比例确定为绩效工资，即固浮比为 3 ∶ 4，绩效工资按照员工实际绩效成绩浮动发放。

表 6–14　　H 银行总行部室岗位—绩效工资等级及标准表　　单位：元/年

岗位等级	岗级系数	岗位工资标准+绩效工资标准	级差	岗位工资标准	绩效工资标准
24	1.349	102 520	2 400	43 937	58 583
23	1.317	100 120	2 400	42 909	57 211
22	1.286	97 720	2 400	41 880	55 840
21	1.254	95 320	2 400	40 851	54 469
20	1.223	92 920	2 400	39 823	53 097
19	1.191	90 520	1 200	38 794	51 726
18	1.175	89 320	1 200	38 280	51 040
17	1.159	88 120	1 200	37 766	50 354
16	1.144	86 920	1 200	37 251	49 669
15	1.128	85 720	1 080	36 737	48 983
14	1.114	84 640	1 080	36 274	48 366
13	1.099	83 560	1 080	35 811	47 749
12	1.085	82 480	1 080	35 349	47 131
11	1.071	81 400	1 080	34 886	46 514
10	1.057	80 320	1 080	34 423	45 897
9	1.043	79 240	1 080	33 960	45 280
8	1.028	78 160	1 080	33 497	44 663
7	1.014	77 080	1 080	33 034	44 046
6	1.000	76 000	1 080	32 571	43 429

（2）层级分类系数法

绩效工资标准也可根据绩效工资总额、人数、岗位层级/职务等级/职级等确定，即不同层级设计不同的绩效工资系数，对应不同的绩效工资标准，见表6-15。

表6-15　　层级分类系数对应的工资标准测算表　　单位：元/月

岗位层级	层级绩效系数	层级绩效标准	优秀	良好	称职	基本称职	不称职
			1.20	1.10	1.00	0.80	0.50
总师	1.35	4 900	5 880	5 390	4 900	3 920	2 450
部门正职	1.30	4 700	5 640	5 170	4 700	3 760	2 350
部门副职	1.16	4 200	5 040	4 620	4 200	3 360	2 100
普通员工	1.00	3 600	4 320	3 960	3 600	2 880	1 800

岗位—绩效比例法的区分标准更为精细。但如果在分配过程中，企业未开展过岗位价值评价，则更多选择按照层级分类系数法来确定浮动部分的额度。具体选择哪种方法，主要还是根据企业实际情况、激励导向、计算效率、管理水平等确定。

业务演练

任务3-1　开展岗位工资标准测算

练习：在H银行工资总额保持不变的前提下，根据岗位归级方案（见项目六附件1、附件2），测算岗位工资标准。并根据员工基本情况（见项目六附件3）选择合适的套档方式，将岗位工资标准套入员工，进行套改前后工资总额变化分析。要求提交以下材料：

1. 岗位工资标准表。
2. 岗位工资套入条件表。
3. 员工岗位工资套改表（计算员工套入新标准后的工资总额）。

任务3-2　开展绩效工资标准测算

练习：根据H银行背景及主营业务，测算业务部门本月10名员工的奖金分配额度。建议采用两种以上方法进行测算，并进行对比，说明选择哪种方法更优。

H 银行业务部门员工岗位等级及历史绩效成绩

序号	姓名	岗位工资等级	绩效等级
1	殷玉来	16	称职
2	张唯娣	24	优秀
3	高治佩	23	称职
4	焦建	7	称职
5	冀小红	10	不称职
6	张西文	11	称职
7	穆君	9	优秀
8	杨婷晨	11	基本称职
9	陈银	22	称职
10	王玉锋	24	称职

任务四　解决自体不公平问题：技术技能

知识准备

一、职业发展序列设计应用

职业发展序列主要分为两类：一类是通用的，适用于各行业，包括技术、技能、管理三类序列，如图 6-1 所示；另一类是根据企业特殊情况，为激励核心业务岗位或者未来发展转型需要的岗位人才的发展和引入，而建立的岗位发展序列。

工资等级的设计是告知员工价值贡献越大工资待遇越高，但是却无法告知员工如何具有更大的价值或贡献，难以具体指导员工如何成长。而岗位发展序列的设计有效地解决了同类发展过程中的提升引导问题，不同发展序列的任职资格或晋升标准可引导员工去学习相关知识、提高相关技能水平、提升相关职业素质等，更加明确地引导员工发展、如何发展、做到什么程度才能发展，而单一的工资数差异则无法达到这样的指导效果。

相比职务层级，职业发展序列更关注技术技能人员等普通员工的发展，即在初入职到能够承担部门负责人之前这段时间的发展，更关注无心行政之路或不擅长管理员工但个人专业或岗位技能水平较高的人，使他们专心岗位工作、提高个人工作水平，不会因为中层岗位短缺或个人个性特质等到达职业天花板。双通道发展或多通道发展，可引导员工结合个人需求以及企业需求选择适合自己的发展方式，从而挖掘员工的发展潜力，提升员工的满意度。

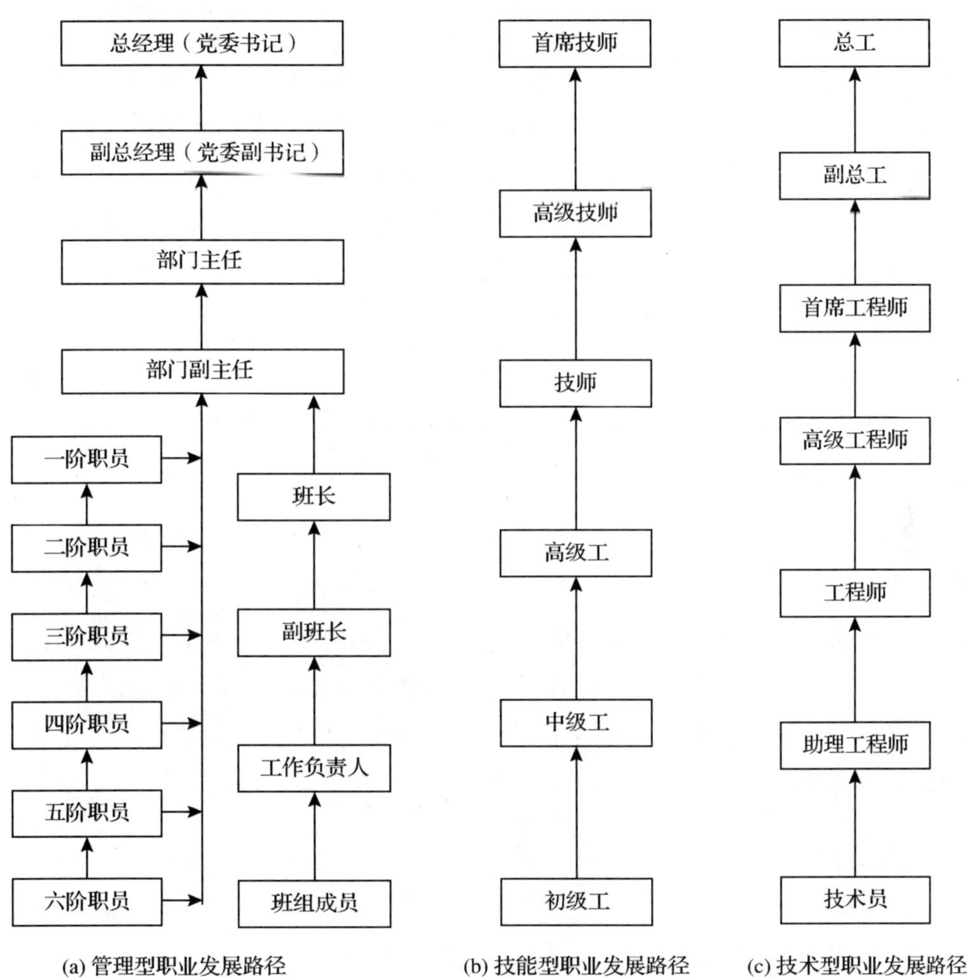

图 6-1　岗位发展序列图（技术+技能+管理）

资料来源：张奇峰，张立刚．供电企业新员工职业发展的路径选择与目标设计［J］．中国电力教育，2009（15）．

二、技能等级制工资标准测算

技能等级制工资一般适用于技能类的工作人员，如工厂的工人，不同技能水平的工人的熟练程度不同，单位时间内的价值贡献也不同。

技能等级制工资是以员工与工资相关的技能水平程度高低来区分员工的工资水平，即依据技能类型和水平，而非所任职岗位的特征。需要提前做的工作是员工技能水平的评定。

岗位工资制度在实施过程中的一个突出的问题就是，在部门内部，承担低价值岗位的员工不愿意主动承担更多的工作，认为既然他价值高，那么他就多干，自己即使收入少也不愿意承担那么多工作。更为突出的问题是，当一个岗位缺员，在企业内部需要调动人员时，员工不愿意被调往岗位等级低的岗位，影响了人员安排的灵活性以及合作的效率。但是技能等级制以人的技能水平来确定工资等级，就能够很好地解决这个问题。岗位变化时，如果员工技能水平不变，工资水平则不变，从而可以灵活调动人员。

技能等级制工资标准测算主要包括确定技能等级个数、基准工资、工资级差。

1. 技能等级个数

技能等级主要是根据技术判定结果确定，基于不同工种工作对技能要求的区分确定，常见的是按照初级工、中级工、高级工、技师、高级技师 5 个等级区分，或者再补充资深技师来激励，个数主要还是取决于技能人员数量多少。如果人数很少，5 个等级即可，如果技师等级的员工就有数十个，且价值贡献差异较大，那么还可以在级内分档，或者一个技能等级对应多个工资等级，来激励职工不断地提升个人技能水平，增强激励的可持续性。

2. 基准工资

结合本企业历史工资水平、行业工资水平、地方消费水平等，确定最低等级工资水平，基准工资就是企业最低技能的员工的工资水平。

3. 工资级差

各级之间的工资差异，需要根据工资总量和最低最高倍数进行确定，可使用等差和等比方法确定。

4. 测算样例

技能等级制工资标准样例见表 6-16。

表 6-16　　技能等级制工资标准　　单位：元/月

技能等级	工资标准												
	一	二	三	四	五	六	七	八	九	十	十一	十二	十三
高级技师	498	524	550	583	616	649	682	715	748	781	814		
技师	425	447	469	491	519	547	575	603	631	659	687	715	
高级工	378	396	414	432	455	547	501	524	547	570	593	616	639
中级工	339	354	369	384	404	424	444	464	484	504	524	544	564
初级工	315	328	341	354	372	390	408	426	444	462	480	498	516

根据企业薪酬结构不同，采用不同的测算方法。

一种情况是如果技能工资是企业工资的主体部分，那么可以根据技能等级数和技能等级工资总额，运用点数法、系数法，结合等差、等比方法进行测算，测算方法同岗位工资标准测算，只是员工套入依据不同，是根据员工判定的技能等级套入相应的等级，而非所任职的岗位。不同的是岗位工资等级个数直接根据岗评归级方案确定，技能等级评定结果一般为 5~7 级，如果员工个数较多，且留足一定的等级内晋升空间，则可以一个序列等级对应多个工资等级，或采用一级内分多个薪档的方式，测算方法同一岗多薪方法。

另一种情况是如果技能工资作为企业工资其中的一个模块，即与岗位工资或岗位—绩效工资结合，辅助体现企业内部技能类岗位员工的技能水平差异，那么可以直接将技能等级结合技能类员工工资水平及员工历史工资水平，套入相应的岗位工资区间即可。

5. 等级套改

根据员工评定的技能等级套入相应的工资标准，进行工资总额变动的比较，就工资总额变动较大的员工进行逐个分析和归类，并从制度设计调整和个别情况两个方面进行调整优化。样例见表 6-17。

表 6-17　　等级套改表

普通工人	连续工龄	5 年以下	6~10 年	11~15 年	16~20 年	21 年以上
	工资等级	1	2	3	4	5
初级工	技术年限	4 年以下	5~8 年	9~12 年	13~16 年	17 年以上
	工资等级	2	3	4	5	6

续表

普通工人	连续工龄	5年以下	6~10年	11~15年	16~20年	21年以上
	工资等级	1	2	3	4	5
中级工	技术年限	4年以下	5~8年	9~12年	13~16年	17年以上
	工资等级	3	4	5	6	7
高级工	技术年限	4年以下	5~8年	9~12年	13~16年	17年以上
	工资等级	5	6	7	8	9
技师	技术年限	4年以下	5~8年	9~12年	13~16年	17年以上
	工资等级	6	7	8	9	10
高级技师	技术年限	4年以下	5~8年	9~12年	13~16年	17年以上
	工资等级	8	9	10	11	12

6. 等级晋升调整

套改实施后，员工根据技能等级进行动态晋升调整即可。

三、技术等级制工资标准测算

技术等级制工资一般适用于专业技术人员，如企业的工程类人员和事业单位的教师、医生，都属于专业技术人员，根据评定的职称（技术等级）对应不同的技术工资等级。

技术等级制工资制度由工资等级表、工资标准表和技术等级标准等组成。技术等级制工资标准表同技能等级制工资标准表，需要确定技术等级个数、基准以及各级极差，方法同上节。根据技术等级套入相应的工资标准。套改实施后，根据员工技术等级（职称）认定级别的变化进行动态晋升调整。

技术等级制工资制度方案（含工资标准、套入条件等）样例如下。

工程技术人员薪酬方案

一、原则与假设

1. 同工同酬。

2. 鼓励先进。

3. 浮动工资。

4. 在完成下一年销售目标与技术目标的前提下，工程技术人员年均薪酬为24000元。

二、薪酬构成

薪酬=技术等级工资+工龄工资+可控费用考核工资+绩效考核工资+各类补贴、奖罚和代扣代缴费用

1. 技术等级工资。绩效考核工资=6∶4。

2. 技术等级工资见第三条。

3. 工龄工资参照公司员工统一标准。

4. 可控费用考核工资核定基数每人50元，考核办法见第五条。

5. 绩效考核工资基数见第六条。

三、技术等级工资（分为四等16级）

等级		技术等级工资（元）	月工资测定基数（元）	年薪（元）
员级	1	800	1 383	16 600
	2	850	1 467	17 600
	3	900	1 517	18 600
	4	950	1 600	19 600
助理级	5	1 100	1 883	22 600
	6	1 150	1 967	23 600
	7	1 200	2 050	24 600
	8	1 250	2 133	25 600
中级	9	1 450	2 467	29 600
	10	1 500	2 550	30 600
	11	1 550	2 633	31 600
	12	1 600	2 717	32 600
高级	13	1 850	3 133	37 600
	14	1 900	3 217	38 600
	15	1 950	3 300	39 600
	16	2 000	3 383	40 600

说明：1. 以后按50元/级类推增设更多等级。

2. 外部高级职称：高级工程师、教授、副教授、硕士学位、博士学位。

外部中级职称：工程师、讲师、会计师。

外部助级职称：助理工程师、大学本科一年、相关专业大专毕业且工作三年。

外部员级职称：技术员、相关专业专科毕业且工作未满一年。

四、技术等级评定

1. 评定标准

内部评定，外部职称作为依据。

（1）对于有外部职称人员的评定标准

1）获得内聘专业员级职称的人员，技术等级在1至2级评定。

2）获得外部专业员级职称的人员，技术等级在3至4级评定。

3）获得内聘专业助理级职称的人员，技术等级在5至6级评定。

4）获得外部专业助理级职称的人员，技术等级在7至8级评定。

5）获得内聘专业中级职称的人员，技术等级在9至10级评定。

6）获得外部专业中级职称的人员，技术等级在11至12级评定。

7）获得内聘专业高级职称的人员，技术等级可享受13至14级。

8）获得外部专业高级职称的人员，技术等级可享受15至16级。

（2）对于职称人员的评定标准

1）在公司技术岗位工作1年内的人员，技术等级在1至4级评定。

2）在公司技术岗位工作1年内且为公司服务满3年以上的人员，技术等级在2至5级评定。

3）在公司技术岗位工作1~3年且为公司服务满3年以上的人员，技术等级在4至7级评定。

4）在公司技术岗位工作3~5年的人员，技术等级在6至9级评定。

5）在公司技术岗位工作3~5年且为公司服务满5年以上的人员，技术等级在8至11级评定。

6）在公司技术岗位工作5年以上的人员，技术等级在9至12级评定。

7）依此类推。

2. 评定细则

见《技术等级评定标准》。

3. 评定程序

（1）个人自愿，每年11月向人力资源部提出书面申请（申请材料包括申请书、个人本年度工作总结和提升理由）。

（2）人力资源部组织评定组，于12月对申请进行评定。

（3）评定组由3人组成，技术部主管1名、技术人员1名、人力资源部主管1名。

4. 评定程序

A. 以员工年度绩效考核的月平均值为考核依据。

B. 以同类人员的年绩效考核的月平均值为统计对象。

C. 分档：将所有数据平均分为较高的和较低的共两组，计算两组的平均值 A1（较高的）和 A3（较低的）。在 A1 和 A3 中平均分为三档，分别为 A1、A2、A3。

D. 大于等于 A1 的人员资历工资晋升二级；小于 A1 但大于等于 A2 的人员工资晋升一级；小于 A2 但大于等于 A3 的人员工资不晋升；小于 A3 降低一级。

5. 评定结果

评定结果报总经理核准、同意。

6. 降级

当该人员连续或经常出现误工或质量问题时，应给予降低 2 至 4 个等级，直至调岗。

五、可控费用考核工资

以部门可控费用当月节超数+部门所属人员本项工资核定基数之和为发放额。发放额为零或负数时则不发放，也不计入下月。

发放额经部门主管核实后，由工资核算员按配比原则发放。

六、绩效考核工资

1. 考核额度

以技术等级工资的 2/3 为基数。

2. 考核方式

以绩效考核表进行百分考核。

员工和领导共同考核，员工考核权重占 40%，技术部长占 30%，总工占 30%。

具体考核见《工程技术人员内部考核评分表》。

七、新上岗员工技术等级工资确定

1. 试用期为 3 至 6 个月。

2. 技术等级工资评定办法

新上岗员工视有无从事相关技术岗位的经历确定起点技术等级。高中学历及非相关专业中专毕业生，起点等级为 1 级；相关专业中专及非相关专业大专毕业生，起点等级为 2 级；相关专业大专及非相关专业本科毕业生，起点等级为 3 级；相关专业本科毕业生，起点等级为 4 级；多专业学历毕业生，起点等级为 5 级。

有相关经历的员工，其起点可比同等学历人员高一个等级。

四、职员等级制工资标准测算

职员等级制工资是一种体现综合能力表现的工资制度，适用于综合管理类工作人员，即针对难以明确衡量其技能水平或技术水平的工作，这些工作对于人员的要求更偏重综合管理能力，以职员等级的方式区别，而职员等级一般根据员工的学历、职称、工龄等综合评定，见表6-18。

表6-18　　企业职员等级工资标准表　　单位：元/年

职员等级	一档	二档	三档	四档	五档	六档	档差
首席							
高级							
十三级							
十二级	80 400	81 480	82 560	83 640	84 720	85 800	1 080
十一级	73 920	75 000	76 080	77 160	78 240	79 320	1 080
十级	68 340	69 240	70 140	71 040	71 940	72 840	900
九级	62 940	63 840	64 740	65 640	66 540	67 440	900
八级	57 840	58 680	59 520	60 360	61 200	62 040	840
七级	52 800	53 640	54 480	55 320	56 160	57 000	840
六级	48 060	48 840	49 620	50 400	51 180	51 960	780
五级	43 680	44 400	45 120	45 840	46 560	47 280	720
四级	39 660	40 320	40 980	41 640	42 300	42 960	660
三级	36 000	36 600	37 200	37 800	38 400	39 000	600
二级	33 000	33 480	33 960	34 440	34 920	35 400	480
一级	30 720	31 080	31 440	31 800	32 160	32 520	360

在企业实际应用中，不同类型岗位需要不同能力要求的员工。对于一些综合类企业，职称高的员工不一定能力强，技能鉴定等级高的员工不一定工作能力强，员工获取高级别的证书后获得更高等级的工资待遇，却不能为企业好好工作，将个人的能力真正体现在岗位工作中。针对此类情况，也可以采取综合能力水平评估的方式，以职员等级的方式区分不同价值贡献员工的不同工资等级，主要包括综合评价法和综合积分法。

1. 综合评价法

综合评价法是指员工取得的可以代表工作水平的等级，可以作为参考依据，同时体现员工能力变化后的薪酬激励，见表6-19。

表 6-19

综合评价法

职员等级	员工区间	主任区间	副职区间	正职区间	总监区间	一档	二档	三档	四档	五档	六档	职称	学历	备注
						工龄/任职年限（年）								
首席					总监									
高级														
十三级				正职		13~14	15~16	……				助理级加 1 档；中级加 2 档；高级加 4 档		根据任职年限套入
十二级						1~2	3~4	5~6	7~8	9~10	11~12			
十一级			副职			13~14	15~16	……						
十级						1~2	3~4	5~6	7~8	9~10	11~12			
九级		主任										助理级加 1 档；中级加 3 档；高级加 5 档		
八级						13~14	15~16	……						
七级						1~2	3~4	5~6	7~8	9~10	11~12			
	一般员工					37	38	39	40			助理级加 3 档；中级加 6 档；高级加 9 档	本科加 1 档；毕业于 211 高校加 2 档；研究生加 4 档	根据工龄套入
六级						31	32	33	34	35	36			
五级						25	26	27	28	29	30			
四级						19	20	21	22	23	24			
三级						13	14	15	16	17	18			
二级						7	8	9	10	11	12			
一级						1	2	3	4	5	6			

2. 综合积分法

综合积分法是指根据员工的学历、职称、技能等级、历史绩效表现等进行分类积分，根据综合积分套入不同的职员等级，对应不同的工资标准，见表6-20。

表6-20　　　　　　　　　　综合积分法

<table>
<tr><th colspan="2">积分维度</th><th>等级划分</th><th>积分值</th><th>初始套级规则</th></tr>
<tr><td rowspan="8">工作经验</td><td rowspan="4">任职年限（中层干部）</td><td>5年及以下</td><td>1</td><td rowspan="11">当综合积分≥6分时，套入所在岗级第3薪级
当4分≤综合积分≤5分时，套入所在岗级第2薪级
当综合积分<4分时，套入所在岗级第1薪级</td></tr>
<tr><td>5~10年（含）</td><td>2</td></tr>
<tr><td>10~20年（含）</td><td>3</td></tr>
<tr><td>20年以上</td><td>4</td></tr>
<tr><td rowspan="4">工龄（一般员工）</td><td>5年及以下</td><td>1</td></tr>
<tr><td>5~10年（含）</td><td>2</td></tr>
<tr><td>10~20年（含）</td><td>3</td></tr>
<tr><td>20年以上</td><td>4</td></tr>
<tr><td colspan="2" rowspan="3">工作表现</td><td>优秀</td><td>4</td></tr>
<tr><td>良好</td><td>3</td></tr>
<tr><td>称职</td><td>1</td></tr>
</table>

业务演练

任务：职员等级工资标准测算

练习：请从员工价值贡献影响因素分析的角度，设计H银行员工综合贡献积分标准和套入标准。要求：

1. 参考H银行背景情况（人数、历史工资等，见项目六附件3），确定职员职级个数。

2. 参考员工价值贡献相关论文研究成果（员工价值贡献从哪些方面可以体现，不同学历、不同绩效、不同职称），根据影响程度不同，采用专家法确定积分权重。

3. 确定积分套入区间（多少分可以套入多少级）。

4. 根据员工历史工资水平和等级个数，测算工资标准。

5. 根据员工基本信息进行套改，分析工资增长幅度，从而进行个数、条件、标准的微调。

任务五　解决外部不公平问题：市场水平

知识准备

一、薪酬分位值

薪酬分位值表示被调查群体薪酬水平有 n%的薪酬水平低于此水平。n 的大小反映市场的不同水平。一般使用 P10、P25、P50、P75、P90 来表示市场的不同水平。

P10：表示有 10%的薪酬低于此薪酬水平，反映市场的低端水平。

P25（下四分位）：表示有 25%的薪酬低于此薪酬水平，反映市场的较低端水平。

P50（中位）：表示有 50%的薪酬低于此薪酬水平，反映市场的中等水平。

P75（上四分位）：表示有 75%的薪酬低于此薪酬水平，反映市场的较高端水平。

P90：表示有 90%的薪酬低于此薪酬水平，反映市场的高端水平。

以项目六附件 3 H 银行原始数据中历史工资数据为研究对象进行薪酬分位值统计，统计数据见表 6-21。

表 6-21　　工资总体情况分析

统计指标	数据	指标含义	Excel 操作公式
计数	76	职工人数	=COUNT（K28：K103）
求和	9 291 658	工资总额	=SUM（K28：K103）
平均值	122 259	平均工资水平	=AVERAGE（K28：K103）
最大值	178 781	最高工资水平	=MAX（K28：K103）
最小值	90 296	最低工资水平	=MIN（K28：K103）
P10	111 656	低端水平	=PERCENTILE（K28：K103，0.10）
P25（下四分位）	121 598	较低端水平	=PERCENTILE（K28：K103，0.25）
P50	122 606	中等水平	=PERCENTILE（K28：K103，0.50）
P75（上四分位）	126 815	较高端水平	=PERCENTILE（K28：K103，0.75）
P90	130 718	高端水平	=PERCENTILE（K28：K103，0.90）

市场薪酬线描述外部市场为类似岗位支付的工资水平，对薪酬设计具有重要的指导意义，为未能参加市场薪酬调查的岗位薪酬确定提供依据，以解决外部竞争性问题及内部公平问题。市场薪酬线一般选择薪酬数据中的平均值或中位值作为该典型岗位的薪酬数，也可以分别绘制25%分位、50%分位、75%分位市场薪酬线。

二、薪酬水平同行业对比

市场薪酬水平调查，一方面可以参考同行业内其他企业的薪酬水平调查，另一方面可以参考政府发布的同行业不同类型职务的平均工资水平。

本节的薪酬调查不同于任务一中的薪酬调查，任务一中的薪酬调查是对内，侧重于企业内部薪酬调查，是为发现员工对于薪酬制度实施效果的感受；本节提到的薪酬调查则是对外，侧重于了解本行业其他企业同类型岗位的工资水平，以参照判断本企业工资水平高低，作为基准调整依据。企业薪酬调查流程如图6-2所示，企业薪酬调查统计分析样例见表6-22，企业关键岗位薪酬水平与地区市场薪酬水平比较样例如图6-3所示。

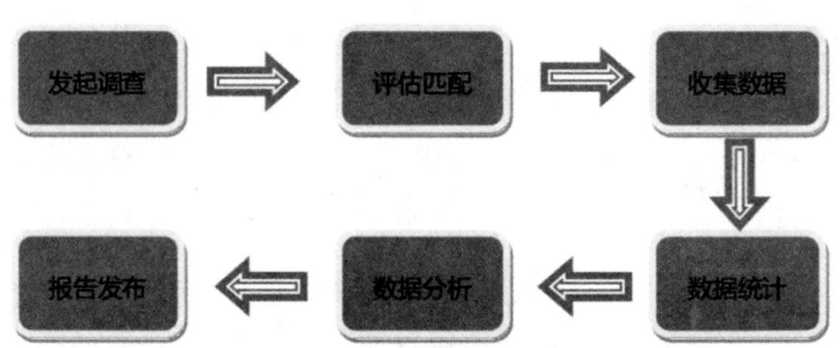

图6-2　企业薪酬调查流程

表6-22　企业薪酬数据统计分析样例　单位：元

薪酬项目名称		P10	P25	P50	P75	P90	平均值	会员数据	享有比例	偏离度
月度基本（固定）工资		2 000	2 000	2 500	5 000	7 000	3 486	2 000	100%	-42.63%
月度固定津贴	膳食津贴	0	0	68	100	100	69	0	54.55%	-100%
	交通津贴	0	0	0	200	200	127	0	27.27%	-100%
	通信津贴	0	0	30	200	200	102	0	54.55%	-100%
	住房津贴	0	0	0	0	250	204	0	18.18%	-100%
	职务津贴	0	0	0	100	100	290	0	27.27%	-100%
	技能（工资）津贴	0	0	0	0	0	181	0	9.09%	-100%

续表

薪酬项目名称		P10	P25	P50	P75	P90	平均值	会员数据	享有比例	偏离度
月度固定津贴	学历（工资）津贴	0	0	0	0	0	9	0	9.09%	-100%
	年功（工资）津贴	0	0	0	0	50	13	0	18.18%	-100%
	环境津贴	0	0	0	0	0	0	0	0	0
	轮班津贴	0	0	0	0	0	2	0	9.09%	-100%
	其他	0	0	0	0	0	45	0	9.09%	-100%
月固定津贴总额		0	30	350	650	2 068	1 048	0	81.82%	-100%
月度平均浮动收入		0	0	0	300	750	250	200	36.36%	-20.00%
月度总收入		2 200	2 500	3 030	5 650	8 000	4 784	2 200	100%	-54.01%
季度平均浮动收入		0	0	0	0	0	9	0	9.09%	-100%
年中浮动收入		0	0	0	0	300	118	0	18.18%	-100%
年底浮动收入		0	0	0	0	300	1 390	0	18.18%	-100%
年度其他收入		0	0	0	0	0	0	0	0	0
年度总现金收入		26 400	30 000	36 960	75 816	97 000	58 957	26 400	100%	-55.22%
年度非现金收入		0	0	0	500	5 000	954	0	27.27%	-100%
年度总收入		26 400	30 000	36 960	80 816	102 000	59 912	26 400	100%	-55.94%
该职位下年度总现金收入预测		0	0	10%	10%	10%	6%	5%	72.73%	-16.67%
该职位下年度总收入预测		0	0	10%	10%	10%	6%	5%	72.73%	-16.67%
月法定福利	月度基本医疗保险	0	0	50	78	120	51	78	54.55%	52.94%
	月度养老保险	0	0	100	200	300	114	182	54.55%	59.65%
	月度失业保险	0	0	0	20	30	9	0	36.36%	-100%
	月度工伤保险	0	0	0	20	20	9	0	45.45%	-100%
	月度住房公积金	0	0	0	0	0	32	0	9.09%	-100%
年度法定福利总额		0	0	1 920	4 080	6 840	2 604	3 120	63.64%	19.82%
年度企业自定福利	年度意外伤残保险	0	0	0	0	0	0	0	0	0
	年度个人人寿保险	0	0	0	0	0	0	0	0	0
	年度体检津贴	0	0	0	0	0	6	0	9.09%	-100%
	年度置装津贴	0	0	0	0	0	0	0	0	0
	年度防暑降温/取暖补助	0	0	0	0	0	0	0	0	0
	年度带薪假期补助	0	0	0	0	500	318	0	18.18%	-100%
	年度教育培训补助	0	0	0	0	0	21	0	9.09%	-100%
	年度商务活动补助	0	0	0	0	0	0	0	0	0
	年度其他	0	0	0	0	0	0	0	0	0

续表

薪酬项目名称	P10	P25	P50	P75	P90	平均值	会员数据	享有比例	偏离度
年度自定福利总额	0	0	0	310	500	346	0	27.27%	-100%
该职位年度薪酬福利总额	29 520	30 000	37 820	85 206	109 080	62 864	29 520	100%	-53.04%
该职位下年度薪酬福利总额预测	0	0	10%	10%	15%	6%	1%	63.64%	-83.33%

注：1. 各分位值不能进行纵向或横向相加减、求平均值等逻辑运算。

2. 享有比例表示有多少比例的人享有这项待遇。

3. 偏离度=（会员值-平均值）/平均值。

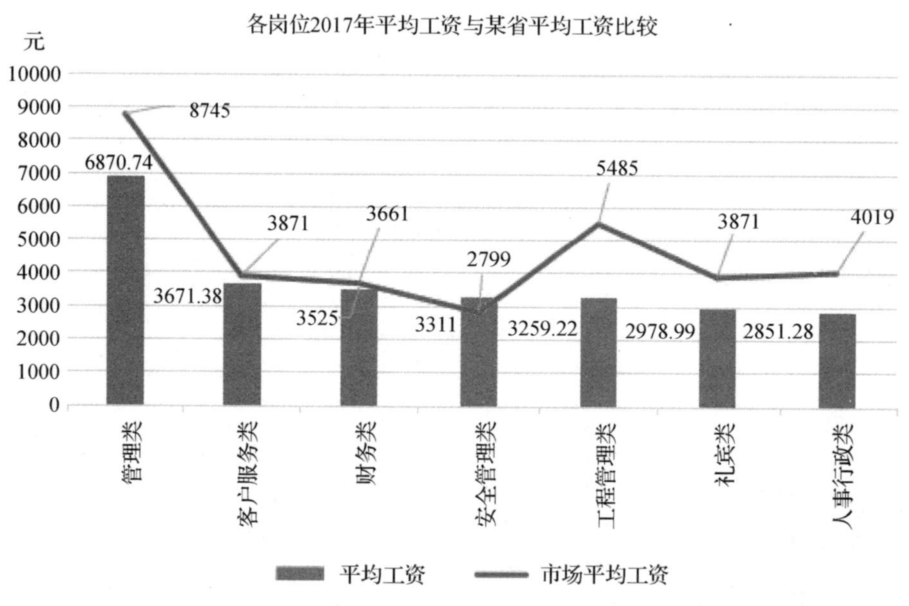

图 6-3　企业关键岗位薪酬水平与地区市场薪酬水平比较样例

众所周知，工资是一项保密数据，能否获取真实数据是此项调查的关键。因此在调查前，需要做好充分的调查准备，否则数据真实性缺失反而易造成错误导向，为企业薪酬改革带来误导。

企业薪酬水平相对于市场水平过高，将为企业带来较大的成本负担；企业薪酬水平过低，会失去对外部人才的吸引力和对内部员工的激励作用，进而造成人才短缺和流失。这两种情况都会使得企业运行效率下降，从而失去企业在市场上的竞争优势。

随着经济全球化以及信息化水平的发展，企业内部的薪酬水平市场化将是大势所趋。

三、工资政策

国家统计局、地方统计局每年会发布工资水平相关数据，便于企业进行工资水平调整的指导，包括企业工资指导线、社平工资、最低工资标准、不同类岗位平均工资水平等，供企业参考。

1. 企业工资指导线

企业工资指导线是政府根据当年经济发展目标，向企业发布的年度工资增长水平的建议，是市场经济条件下政府宏观调控国民收入分配的一种基本方式。企业工资指导线是企业进行工资调整的参照依据之一，是企业与工会开展工资集体协商及确定工资增长水平的重要依据，同时也是国有企业实现工资总额管理的重要手段。企业工资指导线结合地区生产总值、居民消费价格指数、年末城镇登记失业率等确定。

2. 最低工资标准

最低工资标准是劳动者在法定工作时间内或依法签订的劳动合同约定的工作时间内提供了正常劳动的前提下，用人单位依法应当支付的最低劳动报酬，其组成不包含延长工作时间工资，劳动者在夜班、高温、低温、井下等特殊工作环境、条件下的津贴，以及法律、法规和国家规定的劳动者福利待遇等。

全国各地最低工资标准是在综合考虑各地居民每年的生活费用水平、职工平均工资水平、经济发展水平、职工缴纳社保和住房公积金水平、失业率等因素的基础上得出的。由于各地经济发展水平、物价水平、收入水平有较大差别，各地区最低工资标准差异也会较大。

以北京市为例，2012—2018 年最低工资标准变化趋势如图 6-4 所示。

3. 社平工资

社平工资是社会职工平均工资的简称，通常指某一地区或国家一定时期内（通常为一年）全部职工工资总额除以这一时期内职工人数后所得的平均工资，通过该时期该范围全体职工的工资总额与职工平均人数之比而得到。社平工资通常由政府根据上年度的情况公布。

社平工资在一定程度上反映了社会发展程度和人民生活水平。社平工资和许多社会保险和福利制度相关，因此知道社平工资能够更好地理解国家社会保障相关制度。以北京市为例，近年来社平工资变化趋势见表 6-23。

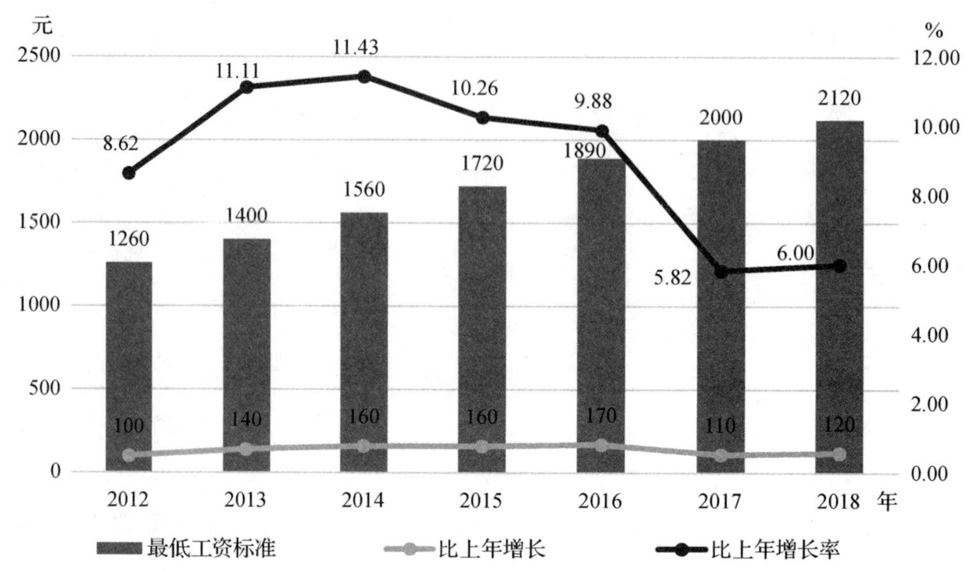

图 6-4　北京市 2012—2018 年最低工资标准变化趋势图

表 6-23　　北京市社平工资变化趋势分析表

年份	月社平工资（元）	平均数（元）	比上年增长（元）	平均增长量（元）	比上年增长率（%）	平均增长率（%）
2013	5 793	7 103	570	648. 8	10. 91	10. 15
2014	6 463		670		11. 57	
2015	7 086		623		9. 64	
2016	7 706		620		8. 75	
2017	8 467		761		9. 88	

相关链接 6-1

2018 年规模以上企业法人单位不同岗位平均工资情况

来源：北京市统计局　　日期：2019-05-30

根据国家统计制度规定，北京市统计局在全市范围内对规模以上工业、有资质的建筑业、限额以上批发和零售业、限额以上住宿和餐饮业、全部房地产开发经营业、规模以上服务业共 16 个行业门类的 3. 2 万家企业法人单位 2018 年不同岗位的工资情况进行了调查。调查单位的就业人员按岗位分为中层及以上管理人员、专业技术人员、办事人员和有关人员、社会生产服务和生活服务人员、生产制造及有关人员5类。

调查数据显示，调查单位就业人员平均工资为126 476元，其中，中层及以上管理人员319 343元，专业技术人员175 614元，办事人员和有关人员100 722元，社会生产服务和生活服务人员73 836元，生产制造及有关人员82 620元。

四、工资水平调整原则

在工资设计中，可考虑根据城镇居民生活费用增长情况、企业经济效益情况和同行业工资水平等因素，调节员工的工资基数，建立工资基数动态调整机制，提高员工为企业发展而努力的积极性，同时提高企业工资的市场竞争力。

业务演练

任务：企业工资水平调整比例测算

练习：研读2019年政府发布的工资指导线文件，并分析近年来本市社平工资以及最低工资水平的变化趋势，结合H银行历史工资数据及统计分析，分析确定今年各层级员工（总师、中层正职、中层副职、普通员工）的工资水平调整比例设置的合理范围，并说明原因。

任务六　优化薪酬体系和设计薪酬管理制度

知识准备

一、薪酬体系优化

1. 薪酬体系优化的流程

从流程上来看，薪酬体系优化主要包括工资总额、岗级、职级及对应工资标准的调整。

（1）工资总额及工资标准调整

根据全年利润水平、成本控制情况等确定工资总额，并相应统一调整各类工资基准。

（2）岗级调整

一岗一薪，岗位不变，岗级不变，岗位工资不变；岗位变，岗级变，岗位工资变。若出现新的岗位，则组织了解岗位的专业人员对岗位价值进行评估，并将岗位补充归入岗位等级序列。

（3）职员等级调整

根据年度绩效考核成绩，对员工的职员等级进行调整，例如，优秀一次，提升一个职级；合格一次，提升一个档级。根据一个职级中设置的档级个数，调整升降条件，前提是确保优秀的员工能够每年升一级，连续不合格的员工降级，以便 根据员工在岗绩效水平体现其能力水平，并通过工资真实反映员工的能力水平。

（4）工资基数调整

建立工资基数动态调整机制，原则上每年对工资基数进行相应调整。在地区消费物价水平变动基础上，根据企业经济效益情况和同行业工资水平等，提出工资基数调整方案，报企业领导班子决策后执行。

2. 薪酬方案实施关键

（1）薪酬方案实施，是一个反复测算、反复分析确认的循环过程

因为企业薪酬体系涉及所有员工，而员工的情况各不相同，甚至有很多特殊情况，但是只要存在一个员工的工资分配不合理问题，就可能会为后续薪酬体系的实施带来阻碍，会引起员工的质疑，会无法真正产生薪酬激励的效果，无法激励员工真正努力提高个人能力、提高个人绩效水平。

（2）薪酬方案实施工作很烦琐，要耐心又细心

一个企业的薪酬方案实施前，可能要反复测算几十遍甚至上百遍，反复对比确认，将每一个员工的情况了如指掌，将每一个员工的薪酬变化多少都处理得基本合理，方可实施方案。

正式发文前，要征求各部门的意见，特别是中高层管理人员和业务骨干的意见，整理意见，进行分类，并通过数据验证或对比确认该问题是否真实存在，是否真正影响到企业人力资源管理效能提升，是否可以通过薪酬调整有效解决。如果是则需要纳入考虑范围，再次修改方案，进行测算，直到问题解决。

征求意见完成后，通过合法民主程序，发布实施薪酬方案的试行版。注意，这里强调必须是试行版，以确保在试行过程中，如果存在问题，则继续收集整理，以备再次测算调整，最终形成薪酬方案的正式版，再发文实施。

（3）薪酬方案实施，一定要慎重再慎重

需要强调的是，薪酬方案与其他业务管理方案不同的是，薪酬方案涉及企业全体员工，面向范围广，人员复杂多样，因此一定要慎重再慎重。薪酬改革将原有的“大锅饭”模式改革为激励能力强、绩效表现好的员工，必然会拉开薪酬差距，必然有人薪酬升，有人薪酬降，那么必然会有员工不满意或者不支持。而作为人力资源工作者，在实施薪酬方案之前以及实施过程中，一定要做好员工的宣传和引导工作，甚至还可以用过渡的方式，将改革力度逐步拉开，确保员工队伍稳定性。通过宣传和引导帮助员工意识到薪酬改革对于企业、对于每一个员工的重要意义，并告知员工未来可以通过何种方式获得发展、获得更高水平的薪酬等。宣传企业对于优秀员工的认可和需要，对于优秀行为和文化的认可和补偿，帮助员工认识到薪酬改革是企业外部环境的竞争需要以及企业内部成长的必然需要，帮助员工充分认识到薪酬改革的意义，使员工逐步接受并认同，这样将极大地提升薪酬方案实施的效率和效果。

二、薪酬管理制度设计

1. 薪酬管理制度的类别

现代企业的薪酬管理制度是由基本工资分配制度、补充工资分配制度和福利制度构成的。从横向分类看，薪酬管理制度又是各种单项薪酬管理制度的组合，这些单项薪酬管理制度包括工资制度、奖励制度、福利制度和津补贴制度，其中最主要的是工资制度。

（1）工资制度

工资制度是薪酬管理制度中最基本的制度，它关系到员工的切身利益，也是吸引优秀人才的重要方面。工资从计量的形式来看，可分为计时工资和计件工资。

（2）奖励制度

奖励性薪酬一般是指对员工超额劳动或完成工作高绩效的一种货币形式的劳动报酬。在实践中，许多企业都根据自身需要设立了奖励制度，以比较全面地贯彻按劳分配原则，激励员工努力工作，为实现企业的目标做出更大的贡献。奖励的种类分为绩效奖、建议奖、特殊贡献奖、节约奖以及超利奖等。

（3）福利制度

福利是企业对员工劳动贡献的一种间接补偿，福利制度是企业薪酬管理制度的一个重要的组成部分。员工福利项目的类型可从不同的角度划分。根据福利的内容，员工福利可以分为法定福利与补充福利；根据福利享受的对象，员工福利可以分为集体福利和个人福利；根据福利的表现形式，员工福利可分为经济性福利和非经济性福利。

（4）津补贴制度

津补贴是对员工额外的劳动消耗或因特殊原因而支付的劳动报酬，是员工薪酬的一种补充形式。津补贴是国家对工资分配进行宏观控制的手段之一。根据津补贴的性质，大体可分为三类：岗位性津贴、地区性津贴、保证生活性补贴。

2. 设计单项薪酬管理制度的基本程序

薪酬管理制度是企业管理制度中一项重要组成部分，因为薪酬涉及每个员工的切身利益，也关系到企业能否吸引并留住人才，以及发挥出人才的最大潜能为企业做出贡献。起草单项薪酬管理制度的工作程序如下：

（1）准确标明制度的名称，如工资总额计划与控制制度、工资构成制度、奖金制度、劳动分红制度、长期激励制度等；

（2）明确界定单项工资制度的作用对象与范围；

（3）明确工资支付与计算标准；

（4）涵盖该项工资管理的所有工作内容，如支付原则、等级划分、过渡办法等。

下面，以岗位工资或能力工资为例，说明其制定程序。

岗位（能力）工资制度的制定包括如下步骤：

（1）根据员工工资结构中岗位工资或能力工资所占比例和工资总额，确定岗位工资总额或能力工资总额；

（2）根据企业战略等确定岗位工资或能力工资的分配原则；

（3）岗位分析与评价或对员工进行能力评价；

（4）根据岗位（能力）评价结果确定工资等级数量以及划分等级；

（5）工资调查与结果分析；

（6）了解企业财务支付能力；

（7）根据企业工资策略确定各工资等级在所有工资标准的中位点所对应的标准；

（8）确定每个工资等级之间的工资差距；

（9）确定每个工资等级的工资幅度，即每个工资等级对应多个工资标准（工资幅度是指各等级的最高工资标准与最低工资标准之间的幅度）；

（10）确定工资等级之间的重叠部分大小；

（11）确定具体计算办法。

案例6-1

某股份有限公司（上市公司）工资管理制度

以工资为杠杆激励员工为公司创造更高的价值是人力资源管理工作中的一项重要内容。为此，特作规定如下。

第一条　基本原则

第1款　本公司的工资分配制度必须贯彻按劳分配、奖勤罚懒和效率优先并兼顾公平的基本原则。

第2款　根据激励、高效的原则，在工资分配中要把员工的收入与其为公司创造的效益及工作业绩挂钩，实行浮动考核。

第3款　根据简单实用的原则，公司在建立平等竞争、能者上庸者下的用人制度及相应的岗位职务系列基础上，倡导实行岗位薪点薪酬制以及其他符合公司生产经营实际需要的薪酬分配办法。

第二条　管理规则

第1款　根据聘任、管理、考核、分配四权一体化的原则，公司总部各类人员，各分公司、事业部的经理、副经理，以及其他总公司直接聘任员工，其工资统一由总公司人力资源部管理，并实行统一的薪点薪酬制。

第2款　各分公司、事业部聘任的人员工资分配办法由聘任单位根据本单位的工作实际需要，自行确定。

第3款　总公司的年度实发工资总额由董事会决定。总公司人力资源部根据总经理的指令对总公司的年度工资总额与总公司年度经济效益指标挂钩，实行浮动考核管理。

第4款　总公司对所属各分公司、各事业部的工资总额与经济效益挂钩，实行浮动考核管理，并要求各分公司、事业部对所属单位实行工效挂钩考核管理。

第三条　工资总额的管理

第1款　总公司的年度工资总额计划由总公司人力资源部根据总公司主要经济指标完成情况，实施总量管理。工资总额及经济效益指标的核定分别由总公司人力资源部和监控部负责，由人力资源部汇总后于执行年度前两个月内报公司总经理审定，经董事会批准后发布实施。

第2款　公司总部及各分公司、事业部的工资总额均要严格执行总公司年度分解计划。超工效挂钩指标支付工资或未经公司总部批准在工资总额外向员工个人发放钱物，均应视为越权行为，除追究有关人员的责任外，责任人还要受到经济处罚。

第四条　工资总额及效益指标基数的核定

第 1 款　全公司的工资总额挂钩基数以各单位实际发生工资总额的汇总额为基础加以调整确定。全公司的效益指标为税后净利润。税后净利润指标基数以公司下达给各二级单位的计划指标为准。

第 2 款　各分公司、事业部的工资总额在各单位实际执行额度基础上经总公司人力资源部、监控部审核后做调整。调整的依据是全公司的平均利润工资率，即：

全公司平均利润工资率=全公司员工实际年度薪酬总额/全公司计划完成年度利润总额

当二级单位的利润工资率与公司的利润工资率发生在±5%以上的差异时，就应对其进行调整。在调整工作中，要考虑该单位所在地区年度工资水平、该单位历年创利情况及员工构成等因素。

第 3 款　全公司的工资总额基数及公司总部、各分公司和事业部的工资总额基数确定后报公司总经理审定，经公司董事会批准后发布实施。

第 4 款　经审核确定的各单位工资总数基数一般不再调整。

凡因特殊情况确需调整的，要经总公司总经理审定，董事会批准，由总公司人力资源部修订。

第五条　工效挂钩的计算

第 1 款　员工工资总额的增长必须以经济效益较大增长为前提条件。只有全公司每年的净资收益率在 10%以上，全公司的工资总额才能增加；各分公司、事业部的净资产收益率在 11%以上，才能增加本单位的工资总额。

第 2 款　在完成前款净资产收益率基本指标基础上，工资总额与税后净利润紧密挂钩，上下浮动，上不封顶，下不保底。

第 3 款　核定各单位下年度工资总额计划指标的计算依据是各单位的利润工资率，即：

二级单位的利润工资率=已核定的本单位薪酬总额基数/已核定的本单位税后利润基数

所有分项基数的加权平均即为全公司的利润工资率。

已核定的利润工资率相对固定，当实现净利润指标增长或下降时，工资总额指标相应自动调整。

第 4 款　税后净利润指标的调整和完成情况以总公司监控部门的核定为准。人力资源部提出工资总额挂钩决算方案，报总公司总经理批准后执行。

第5款　工效挂钩实行半年预算、年终决算。在计划执行年度，如上半年的利润指标不能完成公司下达的进度计划时，本单位要扣发所有人员的半年奖金；当税后净利润比前一年下降时，除扣发奖金外，还要按其利润工资率调减其下半年的工资总额。全公司的利润指标下降或增速下降时，全公司所有员工都要调减工资和扣发奖金。

第六条　工资构成

第1款　本公司员工的工资由以下三个单元构成。

1. 基本工资（岗位薪点工资等）。

2. 岗位工作津贴，包括：①岗位职务津贴；②公务车津贴；③住房津贴。

3. 奖金。

第2款　工资各单元考核结果相加为员工月实得工资。

奖金为年中和年末根据半年和全年经济效益指标完成情况发放。

总公司高级管理人员和分公司、事业部的总经理及销售人员不参加本单位员工的奖金分配，根据公司预先规定的经营销售标准，实行经营者年薪制或经营目标责任制奖金制度，其奖惩兑现与本单位奖金分配同步实施。

第七条　基本工资制度

第1款　岗位薪点工资制是本公司首选基本工资制度。

员工的月实得基本工资=本单位薪点值×本人工资薪点×本期考核结果×职责系数

月考核系数为月工作目标完成情况考核结果，职责系数取值0.8，另外0.2对应的基本工资根据年终工作结果决定是否兑现。

第2款　本单位薪点值是根据员工所在单位的工资总额与本单位全体员工薪点数之和计算出来的，即：

本单位薪点值=本单位本年度（或半年）核定的薪酬总额/本单位本年度（或半年）全体员工薪点数之和

各单位薪点值变动情况要在实施前报总公司人力资源部备案。

第3款　员工个人工资薪点是根据员工个人的条件或工作业绩决定的下列七个方面工资薪点之和。

1. 岗位职务薪点（详见附表1）。岗位职务薪点根据员工所在工作岗位或所担任的职务确定。

岗位职务发生变动，其岗位职务薪点从第2个月1日起调整。

2. 学历薪点（详见附表2）。

（1）为吸引高素质人才并鼓励在职员工提高自己的素质，特设学历薪点。

（2）学历薪点以教育部正式承认学历为准。

（3）学历薪点从中专开始计算。

（4）学历薪点从人力资源部正式认定之日开始享受。

（5）员工有义务向人力资源部提供真实有效的相关证件。凡因弄虚作假享受相应待遇的，一经查实即刻追偿，并给予相应处分。

3. 岗位年功薪点。岗位年功薪点只限于在本级别岗位最高薪点档位上工作满 2 年的员工。增薪的标准是：

（1）年终工作业绩考核优秀者，可增加相当于本岗位现档位级差 100%的薪点。

（2）年终工作业绩考核良好者，可增加相当于本岗位现档位级差 50%的薪点。

（3）年终工作业考核称职者，不增加薪点。

（4）年终工作业绩考核不称职者，可减少相当于本岗位现档位级差 30%的薪点。

（5）凡因本人责任给公司造成较大损失者，除予以相应处分和赔偿经济损失外，还要从处罚之日起减少相当于本岗位现档位级差 50%~300%的薪点。

岗位年功薪点从满岗 2 年起实施，至调整到高级别岗位为止。调整到高级别岗位以后，其原岗位职务薪点按有关规定正常调整，保留岗位年功薪点。

4. 兼职薪点。兼职薪点是对在工作量满岗岗位上工作的员工兼职工作的兼职报酬。标准是：

（1）兼任一个满岗业务工作岗位，平均需要每天加班 4 小时以上者，其兼职薪点为所兼岗位薪点中档档位标准的 100%。

（2）兼任一个满岗业务工作岗位，平均需要每天加班 4 小时以下者，其兼职薪点为所兼岗位薪点中档档位标准的 50%。

（3）一个员工从事两个半岗业务工作或所兼工作不需要经常占用非工作时间者，不享受兼职薪点。

（4）兼任党政工作，需要占用非工作时间每周 3 小时以上者，兼职薪点为本岗位现档位 1 个级差的薪点。

（5）兼职薪点从兼岗工作的第 2 个月起执行。兼岗工作结束，兼职薪点即取消。

5. 技能薪点（详见附表 3）。

（1）为鼓励员工积极钻研业务和提高专业技术水平，特设技能薪点。每个员工都可以根据本人的专业技术资格或技术等级取得相应的技能薪点。

（2）技能薪点的取得，需要本人申请，以人力资源部考核或审查认定结果为准。

6. 奖励薪点。奖励薪点是有分配权的业务领导对所属员工工作表现的临时性奖励。

（1）奖励范围

①非兼职工作无报酬的加班或兼职工作超量加班。

②近期工作表现优异。

③对公司工作做出了突出贡献。

④在社会生活中有见义勇为等高素质行为，为公司赢得了社会声誉。

⑤其他需要表彰奖励的行为。

（2）奖励幅度从一个本档位级差的薪点至一个本岗位满岗薪点。一般不应奖励过多，以免造成管理单位的薪点值下降。

（3）奖励期限分别为1个月、3个月、6个月、12个月共四种。期满奖励自行结束。

7. 特聘薪点。特聘薪点是对社会热门人才、高新技术人才、有特殊才能的经营管理人才及其他公司需要的各类急需人才在工资方面的补偿。

（1）补偿幅度为该员工应聘岗位全部工资与当期此类劳动力市场价格的差额。

（2）特聘薪点由有聘任权的单位（主管）负责确定。

第八条　岗位工作津贴

第1款　岗位工作津贴包括：①岗位职务津贴；②公车使用津贴；③工龄津贴。

实行销售包干提成工资等承包工资、计件包干工资制的员工，其包干工资中包含了岗位职务津贴和公车使用津贴，因此不再享受此两项津贴。

岗位工作津贴是工资以外对员工自费支付工作费用的补偿，因此不与工资一起发放，应根据公司经营情况和员工业务范围，核定标准另行按月制表计发。

第2款　岗位职务津贴根据员工的业务工作范围和等级按实际出勤工作日计发，非因公未到岗工作均不发放岗位职务津贴，特殊情况由本单位主管审批。岗位职务津贴标准详见附表4。

第3款　工龄津贴按照员工实际工龄每年增发一个薪点。

第九条　奖金

第1款　本公司每半年发放一次奖金。公司根据半年和年终业绩报告对企业当期经济效益做出较大贡献的员工给予奖励。

第2款　奖金兑现的前提标准是，净资产收益率等经济效益指标达到了董事会的要求。凡未达到分解标准要求的单位一律不得发放奖金，除销售人员外，一般不再补发。

第3款　奖金支付的标准。

1. 签订经营目标责任书的经营管理人员和销售人员按照事先约定的标准兑现奖惩。

2. 其他员工的发放标准：个人本期月实得平均工资额×加发月数。

3. 加发月数由各分配单位根据实际应分配奖金总额自行决定。

第4款　各单位应分配奖金总额根据本单位工效挂钩预算结果在应增资额中列支。

第十条　试用及新到岗人员的工资待遇

第1款　公司新进人员在试用期内工资标准按本岗位本档位工资标准的70%执行。

第2款　新到岗人员工资标准从本级别岗位最低档位执行，满1年考核良好以上，晋升一个档位，至满岗为止。同级别转岗执行原岗位工资标准。满岗2年后没有晋级晋岗的，可依照本规定第七条第3款的有关规定增加岗位年功工资。

第十一条　特殊情况下的工资计算

第1款　加班工资。

1. 直接生产、经营、技术服务人员因工作需要，经有工资支付权的领导批准加班加点，可以依照其加班加点时间计发加班工资。

非直接生产经营技术服务人员执行综合计算工时和不定工时工作制，每月请病事假3个工作日以内不扣发工资，在正常工作日和休息日加班加点一般也不计发加班工资。在节假日加班，经有工资支付权的领导批准可以按照法定标准计发加班工资。但应尽量先给予休息补偿。

2. 加班工资的计算标准为：正常工作日加班工资为本人小时工资的150%；休息日加班为本人日工资的200%；节假日加班工资为本人日工资的300%。

3. 因为公司施行薪点工资制，所以加班工资也按薪点计算，统一到月工资中计发。

第2款　公司安排员工参加社会活动或经有工资支付权的领导批准参加的各类社会活动应视为正常到岗工作，可享受一切在岗工作的工资待遇。

第3款　员工依法享受本公司规定的休假、探亲假、婚丧假，假期不扣发本人工资。但不得因休假影响公司正常工作。

第4款　员工请病事假，依据本制度第十一条第1款规定标准扣发工资。

第十二条　工资支付

第1款　支付时间。

本公司执行下发月薪制度，每月5日根据上月的工作业绩考核结果向员工支付上月的工资。各独立发薪单位可根据本地区的特殊情况适当调整发薪时间，并及时把发薪时间报总公司人力资源部备案。

第2款　支付形式。

总公司要求采取银行代发工资的形式。各独立发薪单位可以根据本地区的特殊情况逐步向银行代发工资的形式过渡。

第3款　支付责任。

1. 工资要支付给员工本人或受其委托的本公司员工，本人亲属以及持有员工委托书的其他有关人员。

2. 公司为每个员工设立独立的工资支付清单。工资领取人要在工资支付清单上签章。工资支付清单每年一张，长期保存。

3. 工资计发人员及其他各类公司员工均不得随意打听、传播他人的工资收入情况，更不得以此要挟公司为其加薪。违者，按严重违章违纪处罚。

第 4 款　代扣缴责任。

1. 各独立工资支付单位都有义务代扣缴个人所得税及代扣缴其他法定工资。

2. 因员工个人原因给公司造成损失应赔偿的，可以在本人月工资总额 20% 范围内扣缴。

第 5 款　最低工资标准。

1. 在员工正常到岗并完成本职工作前提下，月工资支付总额不得低于当地政府规定的最低工资标准。

2. 如发生非员工个人原因一个月以上停工，公司要保证支付给员工不低于当地政府规定的最低生活费标准。

第十三条　附则

第 1 款　本规定经公司总经理批准，从发布之日起实施。

第 2 款　本规定各条款由公司总经理办公室负责解释。部分条款修订时，报经总经理批准后发布执行。

附表 1　　岗位职务薪点等级表

<table>
<tr><th>等级</th><th>档位</th><th>薪点数</th><th>岗位职务</th></tr>
<tr><td rowspan="3">1</td><td>A</td><td>150</td><td rowspan="2">部门经理</td></tr>
<tr><td>B</td><td>130</td></tr>
<tr><td>C</td><td>110</td><td rowspan="9">项目主管</td></tr>
<tr><td rowspan="8">2</td><td>A</td><td>85</td></tr>
<tr><td>B</td><td>80</td></tr>
<tr><td>C</td><td>75</td></tr>
<tr><td>D</td><td>70</td></tr>
<tr><td>E</td><td>65</td></tr>
<tr><td>F</td><td>60</td></tr>
<tr><td>G</td><td>55</td></tr>
<tr><td>H</td><td>50</td></tr>
</table>

附表 2　　学历薪点等级表

学历	薪点数
博士研究生	75
硕士研究生	55
双学士	45
大学本科	35
大专	25
中专	15

附表 3　　技能薪点等级表

专业技术等级	薪点数
正高级	80
副高级	60
中级	40
初级	20

附表 4　　岗位职务津贴标准

岗位职务等级	津贴标准（元）	缺勤扣除标准（元/工作日）
正高级	900	45
副高级	600	30

业务演练

任务：企业薪酬体系优化—套改测算

练习：以导入案例 H 银行为演练对象，根据其薪酬现状分析报告内容，结合历史工资数据分析，提出综合全面的薪酬优化方案框架，并结合该企业工资历史数据，进行工资测算套入，并就改革前后的数据进行对比分析，就高低情况进行说明，确定优化调整方向。

练习题

1. 薪酬体系设计的重要理论基础之一是公平理论，公平理论包括（　　）。

A. 自体公平　　B. 内部公平　　C. 外部公平　　D. 公正公开公平

2. 一岗一薪制工资标准测算的常用数学方法包括（　　）。

A. 等差法　　B. 比较法　　C. 等比法　　D. 统计法

3. 一岗多薪的薪档套入条件主要包括（　　）。

A. 随机法　　B. 硬件条件套入法

C. 绩效表现套入法　　D. 综合积分套入法

4. 薪酬现状分析的方法有哪些？

5. 工资标准测算的常见方法有哪些？

6. 确定一级工资标准需要考虑哪些因素？

7. 确定工资等级个数需要考虑哪些因素？

8. 确定各级工资极差需要考虑哪些因素？

9. 工资套改前后需要对比哪些指标的变化？

10. 薪酬体系改革落地实施过程中需要开展哪些工作？

拓展阅读

1. 本项目电子资源参见智慧职教平台人力资源管理专业《薪酬管理综合训练》课程教学资源库

http://www.icve.com.cn/portal/courseinfo?courseid=diwbaiant5jo-c9gvhvekg

2. 薪酬测算的一般流程

http://www.icve.com.cn/study/directory/dir_course.html?courseId=diwbaiant5jo-c9gvhvekg&chapterId=fsabaianc75a6gl9i8h6ng&sort=1.01#xcv-ayinplrbk7flyzlsyw

3. 薪酬调查的一般程序

http://www.icve.com.cn/study/directory/dir_course.html?courseId=diwbaiant5jo-c9gvhvekg&chapterId=nyabaiany75ozwjltuna6g&sort=3.001#nrseayinrrvjleblynqfoq

4. 某大型制造企业整体工资标准调整的案例

http://www.icve.com.cn/study/directory/dir_course.html?courseId=diwbaiant5jo-c9gvhvekg&chapterId=vyabaianu59pqerwmpsf2q&sort=2.002#5dloafp4ovdgi8dref8pw

附件 1：

H 银行岗级系数表

岗位等级	岗级系数	分值范围	
		下限	上限
24	2.71	833.89	881.32
23	2.56	789.00	833.88
22	2.42	746.53	788.99
21	2.29	706.34	746.52
20	2.17	668.32	706.33
19	2.05	632.35	668.31
18	1.94	598.31	632.34
17	1.84	566.10	598.30
16	1.74	535.63	566.09
15	1.65	506.80	535.62
14	1.56	479.52	506.79
13	1.47	453.70	479.51
12	1.39	429.28	453.69
11	1.32	406.17	429.27
10	1.25	384.31	406.16
9	1.18	363.62	384.30
8	1.12	344.05	363.61
7	1.06	325.53	344.04
6	1.00	308.01	325.52

注：本表为岗位等比归级系数表（6~24 级），等比系数 $\gamma=0.0569$。

附件2：

H银行岗位等级分布表

岗位等级	各层级岗级跨度分布表	行政办公室	人力资源部	运营维护部	公司金融部	个人金融部	合规风险部	计划财务部	科技信息部	内部审计部	支行	岗级
24	正职 24	主任	总经理		总经理	总经理	总经理	总经理	总经理	总经理	行长	24
23	正职 23			总经理								23
22												22
21	副职 21				副总经理	总经理助理	副总经理	副总经理			副行长	21
20	副职 20	副主任	总经理助理	总经理助理						总经理助理		20
19	基层管理岗 19										营业部主任	19
18	基层管理岗 18				小企业服务中心主任 资金营运中心主任	银行卡中心主任					分理处主任	18
17	基层管理岗 17				国际业务中心主任	农村金融服务中心主任						17
16	基层管理岗 16			监察室主任				清算中心主任 业务监督中心主任			分理处农贷中心主任	16
15	基层管理岗 15 一般员工岗 15			后勤保障中心主任	授信管理岗 资金计划管理岗			总行财务主管岗 支行财务主管岗 会计检辅岗			营业部网点主管 营业部对公客户经理	15

续表

岗位等级	各层级岗级跨度分布表	行政办公室	人力资源部	运营维护部	公司金融部	个人金融部	合规风险部	计划财务部	科技信息部	内部审计部	支行	岗级
14	基层管理岗 14 一般员工岗 14	文字秘书岗	绩效管理岗	加钞中心主任	资金营运中心债券业务岗	城镇业务拓展管理岗	合规管理专员	财务数据分析岗	软件开发岗	信贷审计岗	分理处网点主管	14
				工会办主任	资金营运中心同业合作岗	农村金融服务中心农村业务拓展管理岗	授信审查岗	装修预算管理岗	网络硬件管理岗	计算机审计岗		
					国际业务中心国际结算岗	农村金融服务中心中间业务管理岗	信贷审查岗		数据分析岗	财务审计岗		
									村镇银行项目管理岗			
									村镇银行运维管理岗			
									数据管理岗			
13	13	宣传秘书岗	薪酬管理岗		国际业务中心外汇会计岗	银行卡中心审查岗	不良信贷资产管理岗	清算中心主办会计岗		综合管理岗	分理处对私客户经理	13
			培训管理岗		综合管理岗	综合管理岗	信贷系统管理操作岗					
			招聘管理岗			银行卡中心建档岗	信贷操作风险预警排查岗					
						银行卡中心开户岗						
12	12	网点标化与行风建设管理岗					综合统计员（1104A 岗）	报表统计岗			分理处农贷中心农业客户经理	12

续表

岗位等级	各层级岗级跨度分布表	行政办公室	人力资源部	运营维护部	公司金融部	个人金融部	合规风险部	计划财务部	科技信息部	内部审计部	支行	岗级
12	12	文书岗		后勤保障中心押运组长			综合统计员（1104B岗）				营业部联行员	12
				基建办大楼基建主管岗								
11	11			基建办大楼基建管理岗							营业部主出纳	11
											综合统计员	
				监察室监察管理岗							分理处综合柜员	
				安全保卫科非现场检查岗							营业部综合柜员	
				安全保卫科综合管理岗								
10	10	出纳岗		安全保卫科监控管理岗		客户服务中心客户服务岗						10
		接待主管岗		后勤保障中心网点设备维护岗								
				后勤保障中心网点装修管理岗								
				安全保卫科监控操作岗								
				加钞中心加钞员								

续表

岗位等级	各层级岗级跨度分布表					行政办公室	人力资源部	运营维护部	公司金融部	个人金融部	合规风险部	计划财务部	科技信息部	内部审计部	支行	岗级
10					10			后勤保障中心经济护卫管理岗								10
9					9	总务岗		后勤保障中心驾驶员 后勤保障中心押运员 工会办工会管理岗 后勤保障中心业务交接岗				业务监督中心重点监督与补录人岗 业务监督中心扫描录入岗			抵押登记员	9
8					8											8
7					7	驾驶员									驾驶员	7
6					6	前台接待岗										6

附件 3：

H 银行员工信息及历史工资数据

基础信息							原始工资数据				
姓名	部门名称	岗位名称	入行年份	工龄（年）	学历	职称	基础工资（元）	年工资（元）	奖金系数	奖金（元）	工资总额（元）
蔡玲生	合规风险部	不良信贷资产管理岗	2012	8	本科	助理经济师	2 526	30 312	1.45	94 250	124 562
陈光亮	人力资源部	薪酬管理岗	2003	17	本科	中级经济师	2 998	35 976	1.45	94 250	130 226
陈娟	个人金融部	农村金融服务中心中间业务管理岗	2015	5	本科	助理经济师	2 263	27 156	1.45	94 250	121 406
陈善斌	计划财务部	支行财务主管	2015	5	本科	无	2 295	27 540	1.45	94 250	121 790
陈永军	运营维护部	安全保卫科综合管理岗	2001	19	本科	中级经济师	3 054	36 648	1.55	100 750	137 398
陈重庆	科技信息部	软件开发岗	2017	3	本科	无	2 263	27 156	1.45	94 250	121 406
崔安胜	个人金融部	银行卡中心审查岗	2016	4	本科	无	2 279	27 348	1.45	94 250	121 598
党彦华	计划财务部	支行财务主管	2015	5	本科	助理经济师	2 295	27 540	1.45	94 250	121 790
丁兵奇	科技信息部	村镇银行项目管理岗	2019	1	研究生	无	2 331	27 972	1.45	94 250	122 222
丁刘洁	计划财务部	支行财务主管	2015	5	本科	助理经济师	2 295	27 540	1.45	94 250	121 790
豆文普	行政办公室	驾驶员	2010	10	大专	无	2 486	29 832	1.3	84 500	114 332
段开	运营维护部	安全保卫科综合管理岗	1997	23	本科	助理经济师	2 858	34 296	1.45	94 250	128 546
段明玲	计划财务部	支行财务主管	2013	7	本科	助理经济师	2 526	30 312	1.45	94 250	124 562
冯磊喜	计划财务部	会计检辅岗	1996	24	本科	助理经济师	2 796	33 552	1.45	94 250	127 802
高利远	内部审计部	财务审计岗	2001	19	本科	中级经济师	3 168	38 016	1.45	94 250	132 266
高秋亮	公司金融部	资金营运中心同业合作岗	2015	5	本科 211	无	2 279	27 348	1.45	94 250	121 598
郝震庆	计划财务部	支行财务主管	2001	19	大专	助理经济师	2 710	32 520	1.45	94 250	126 770
侯东	个人金融部	农村金融服务中心农村业务拓展管理岗	2000	20	本科	会计员	2 673	32 076	1.45	94 250	126 326

续表

基础信息							原始工资数据				
姓名	部门名称	岗位名称	入行年份	工龄（年）	学历	职称	基础工资（元）	年工资（元）	奖金系数	奖金（元）	工资总额（元）
侯欢	计划财务部	财务数据分析岗	2017	3	研究生	无	2 331	27 972	1. 3	84 500	112 472
黄国映	内部审计部	信贷审计岗	1997	23	大专	助理经济师	2 756	33 072	1. 45	94 250	127 322
黄娟	行政办公室	文字秘书岗	2018	2	研究生	无	2 313	27 756	1. 3	84 500	112 256
姬立都	公司金融部	国际业务中心外汇会计岗	2019	1	研究生	无	2 351	28 212	1. 45	94 250	122 462
金利维	合规风险部	综合统计员	2016	4	本科	统计员	2 279	27 348	1. 45	94 250	121 598
金小欢	公司金融部	授信管理岗	2014	6	本科	无	2 399	28 788	1. 45	94 250	123 038
孔迎	运营维护部	工会办工会管理岗	1986	34	大专	助理经济师	700	8 400	1. 7	170 380. 8	178 780. 8
寇保珠	合规风险部	授信审查岗	2002	18	本科	中级经济师	3 060	36 720	1. 45	94 250	130 970
雷永喜	合规风险部	信贷操作风险预警排查岗	2000	20	本科	中级经济师	3 018	36 216	1. 45	94 250	130 466
李彩升	计划财务部	支行财务主管	2013	7	本科	助理经济师	2 526	30 312	1. 45	94 250	124 562
李飞	合规风险部	综合统计员（1104B 岗）	2016	4	本科	无	2 279	27 348	1	65 000	92 348
李洁洲	个人金融部	银行卡中心开户岗	2015	5	本科	助理经济师	2 263	27 156	1. 45	94 250	121 406
李伟院	计划财务部	支行财务主管	2013	7	本科	无	2 526	30 312	1. 45	94 250	124 562
李新民	董事会办公室	综合管理员	1989	31	大专	中级经济师	3 401	40 812	1. 45	94 250	135 062
李亚	行政办公室	总务岗	1984	36	中专	助理经济师	3 111	37 332	1. 45	94 250	131 582
李志	公司金融部	资金计划管理岗	2008	12	本科	无	2 361	28 332	1. 45	94 250	122 582
梁利运	行政办公室	宣传秘书岗	2014	6	本科	无	2 399	28 788	1. 45	94 250	123 038
刘军明	人力资源部	绩效管理岗	2017	3	本科	无	2 263	27 156	1. 3	84 500	111 656
刘攀侠	公司金融部	资金营运中心债券业务岗	2014	6	本科	助理会计师	2 499	29 988	1. 45	94 250	124 238
刘启涛	内部审计部	综合管理岗	2017	3	研究生	无	2 331	27 972	1. 45	94 250	122 222

续表

基础信息							原始工资数据				
姓名	部门名称	岗位名称	入行年份	工龄（年）	学历	职称	基础工资（元）	年工资（元）	奖金系数	奖金（元）	工资总额（元）
罗志	公司金融部	授信管理岗	2015	5	本科 211	无	2 295	27 540	1. 45	94 250	121 790
马明军	计划财务部	支行财务主管	2016	4	本科	无	2 279	27 348	1. 45	94 250	121 598
秦思超	科技信息部	数据管理岗	2016	4	本科 211	无	2 279	27 348	1. 45	94 250	121 598
邱小辉	合规风险部	合规管理专员	2012	8	本科	无	2 508	30 096	1. 45	94 250	124 346
邵国庆	计划财务部	报表统计岗	1992	28	大专	无	2 892	34 704	1. 45	94 250	128 954
申立生	公司金融部	授信管理岗	2015	5	本科	助理经济师	2 263	27 156	1. 3	84 500	111 656
盛小仔	计划财务部	支行财务主管	2016	4	本科	无	2 279	27 348	1. 45	94 250	121 598
宋明	公司金融部	资金营运中心债券业务岗	2017	3	研究生	无	2 331	27 972	1. 45	94 250	122 222
宋亚	运营维护部	基建办大楼基建管理岗	1996	24	中专	无	2 796	33 552	1. 45	94 250	127 802
孙佳军	合规风险部	授信审查岗	1997	23	本科	助理经济师	2 756	33 072	1. 45	94 250	127 322
孙社建	公司金融部	综合管理岗	2013	7	本科	助理经济师	2 526	30 312	1. 45	94 250	124 562
孙西胡	人力资源部	招聘管理岗	2016	4	本科 211	无	2 279	27 348	1. 45	94 250	121 598
王凯安	科技信息部	网络硬件管理岗	2016	4	本科	无	2 279	27 348	1. 45	94 250	121 598
王文	内部审计部	信贷审计岗	2000	20	本科	助理经济师	2 756	33 072	1. 45	94 250	127 322
王云仁	计划财务部	支行财务主管	1996	24	大专	无	2 725	32 700	1. 45	94 250	126 950
魏小	个人金融部	综合管理员	2013	7	本科	助理经济师	2 526	30 312	1. 45	94 250	124 562
徐剑峰	行政办公室	驾驶员	2005	15	中专	无	2 542	30 504	1. 3	84 500	115 004
杨勃根	计划财务部	支行财务主管	2014	6	本科	助理经济师	2 399	28 788	1. 45	94 250	123 038
杨宏林	科技信息部	村镇银行运维管理岗	2017	3	研究生	无	2 331	27 972	1. 45	94 250	122 222
杨应	个人金融部	农村金融服务中心中间业务管理岗	2015	5	本科	无	2 295	27 540	1. 45	94 250	121 790

续表

基础信息							原始工资数据				
姓名	部门名称	岗位名称	入行年份	工龄（年）	学历	职称	基础工资（元）	年工资（元）	奖金系数	奖金（元）	工资总额（元）
张东凤	董事会办公室	综合管理员	2017	3	本科 211	无	2 263	27 156	1.3	84 500	111 656
张广	行政办公室	文书岗	1996	24	本科	会计员	2 756	33 072	1.45	94 250	127 322
张康宏	科技信息部	数据分析岗	2019	1	研究生	无	2 193	26 316	1	65 000	91 316
张亮风	计划财务部	支行财务主管	2001	19	本科	助理工程师	2 644	31 728	1.45	94 250	125 978
张明伟	运营维护部	监察室监察管理岗	1995	25	高中	无	3 034	36 408	1.7	100 892.89	137 300.892
张少利	董事会办公室	综合管理员	2015	5	本科	无	2 279	27 348	1.45	94 250	121 598
张铁海	计划财务部	装修预算管理岗	2016	4	本科	无	2 279	27 348	1.45	94 250	121 598
张炜虎	科技信息部	数据分析岗	2019	1	本科 211	无	2 108	25 296	1	65 000	90 296
张小海	合规风险部	信贷审查岗	2008	12	大专	无	2 365	28 380	1.45	94 250	122 630
张运冰	运营维护部	基建办大楼基建主管岗	1986	34	中专	无	3 080	36 960	1.7	110 500	147 460
张哲明	行政办公室	网点标化与行风建设管理岗	2017	3	研究生	无	2 331	27 972	1.45	94 250	122 222
赵军仔	行政办公室	网点标化与行风建设管理岗	2008	12	本科	助理经济师	2 499	29 988	1.45	94 250	124 238
赵贤超	合规风险部	信贷系统管理操作岗	2006	14	本科	助理会计师	2 648	31 776	1.45	94 250	126 026
赵战	行政办公室	宣传秘书岗	2019	1	本科 211	无	2 108	25 296	1	65 000	90 296
周东锋	计划财务部	支行财务主管	2006	14	本科	助理会计师	2 602	31 224	1.45	94 250	125 474
左军	计划财务部	支行财务主管	2008	12	本科	助理会计师	2 496	29 952	1.45	94 250	124 202

项目七

特殊群体薪酬管理

【项目说明】

本项目主要针对企业中的经营管理者、销售人员、技术研发人员三个特殊群体的薪酬管理模式进行介绍，重点阐述年薪制、提成工资制和项目制薪酬方案设计。本项目内容逻辑结构图示如下：

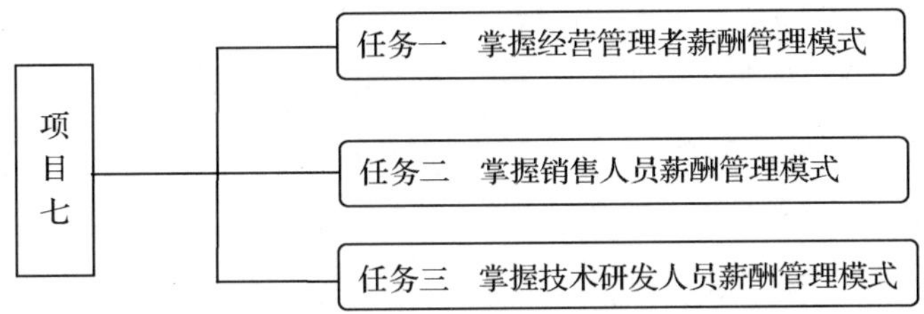

【项目导入】

一、主题案例

IT企业的薪酬激励

新的财年一开始，微软便抛出一个重型炸弹：微软将废弃原定赋予执行经理和公司员工的股票期权制，从而让他们有机会获得真正意义上的股份。微软并不是第一家改变期权策略的公司，关于期权的争论也已经进行了很久。但微软此次举动引起强烈反响，甚至有相当一些人推测：微软的决定可能是高科技企业改变报酬策略的一个信号。

股票期权曾经让数千名微软员工变成亿万富翁，并且多年来是科技企业文化最大特点之一，现在正面临可能终结的考验，更具吸引力的报酬方式正在出现。微软的态度是给员工期望不如给员工实惠。微软的执行总裁斯蒂芬·鲍默表示：公司收到雇员对股票期权制度极度不满的反映之后，决心作出此项调整措施。

近两年，随着科技股泡沫的破裂，股价持续低迷，持有期权的员工很难再从中获利，这种制度自然而然会引发员工的不满。这项声明发布之时，微软正面临着来自投资者和政策调整者的双重压力，他们警告说，遍布美国的各大公司都存在不同程度的管理欺诈，尤其是传出不少老板通过解雇员工、误导持股人让自己从中渔利的丑闻。

鲍默称终止期权制度将舒缓员工的“焦虑”。从期权到限制性股票，微软的做法变得更加务实。一位微软中国的员工在接受本报记者采访时表示：“期权制度目前在国际上都没有一个定论，特别是在经济不稳定和形势不太好的情况下，大家都在寻找更好的激励方式，以留住最优秀的员工。微软的做法可以给员工更多的回馈，是一种更实际的激励方式。”

微软即将执行的限制性股票计划也与其他公司不尽相同，大多数发行限制性股票的公司只将这类股票发放给管理层人员，而微软打算面向所有普通员工，也就是微软的股票奖励政策将从原有的面向经理和业务骨干转而面向 5 万名员工，从而调动起全员的工作热情。鲍默认为这是比期权更好的激励方式：“我们的回报态度是很简单的，我们希望通过给予员工主人翁的身份和长期的经济刺激来吸引员工，同时也保证了高级人员的回报与我们客户的数量和满意程度挂钩。以考虑股东的态度来考虑员工的需要，这是一个很好的做法。”

尽管限制性股票计划将面向全体员工，但是微软表示，对公司 600 多名高层人士发放的股票中，有一部分将视微软用户的数量和满意度而定，这就将他们的薪酬与公司的业绩更紧密地联系在一起。鲍默在写给员工的信中称，新的限制性股票计划还将把员工利益和其他股东的利益联系在一起，相较期权奖励计划而言，新计划更稳定，可预测性更强。

微软的转变对于高科技企业是一个信号，期权制度不再是唯一的、最好的报酬方式，高科技企业正准备尝试更多的、新的报酬形式来替代期权制度的作用。几乎与微软同时，全球第三大软件厂商 SAP 公司表示，他们正在考虑改变其雇员的股票期权计划。SAP 公司发言人表示，在微软宣布其决定的时候，SAP 的审查工作已经开始进行了。他强调指出，SAP 公司并不是根据微软的转变而作出这种反应的。不过，他并不排除微软的举措最终会影响该公司的策略。

上述小故事提示我们：对于企业管理而言，薪酬是重要的保留和激励员工的手段，而具体的激励方法随着企业的发展、激励对象的不同要不断调整变化。那么，针对不同类型的员工群体如何实施薪酬激励呢？

带着上述问题，请你开始第七个项目的学习。

二、学习目标

1. 了解经营管理者、销售人员和技术研发人员三种特殊群体的工作特点。
2. 识别三种特殊群体的薪酬构成。
3. 熟悉年薪制、提成工资制和项目制薪酬三种薪酬管理模式的实施要点。

任务一　掌握经营管理者薪酬管理模式

知识准备

一、经营管理者工作特点

1. 经营管理者的界定

这里的经营管理者是指公司的高级管理人员（以下简称高管人员）。《中华人民共和国公司法》明确规定：公司高级管理人员，是指公司的经理、副经理、财务负责人、上市公司董事会秘书和公司章程规定的其他人员。考虑到我国国有企业的特殊性质，我们规定高管人员是指需要对整个组织管理全面负责的人，其主要职责是根据组织内外部环境，制定组织的总战略和总目标，管理和评价整个组织的绩效，主要包括董事长、副董事长、董事、总经理、副总经理以及实际履行上述职责的其他高级管理人员，如董事会秘书、公司财务负责人等。

2. 经营管理者的工作特点

高管人员作为企业的高层管理者，其日常工作涵盖了企业经营的方方面面，需要为企业的发展掌舵护航，工作内容十分复杂，这就导致了其日常工作会呈现短暂性、变动性以及不连续性等特点。具体而言，高管人员工作的主要特点如下：

第一，高管人员主要负责企业宏观层面发展决策的拟定。这项工作主要涉及一些战略性决策的制定。高管人员不仅要制定政策，还要对决策执行负领导责任。

第二，高管人员的工作绩效具有滞后性和长期性。高管人员的管理工作对企业发展影响甚为关键，对企业的经营业绩有重要影响，但其工作效益具有滞后性，短时间内难以进行评判，其管理工作的成果与失误可能需要经过若干年后方能显现。

第三，高管人员的工作责任风险系数高。高管人员的工作业绩不单单是受个人的努力程度、能力素质的影响，还会被公司内外管理环境的复杂多变所局限。相对而言，高管人员的管理工作要承担更大的风险。

第四，高管人员的素质和能力要求较高。由于他们所从事的战略性管理工作对高管人员的素质、管理能力提出了更高要求，其人力资本投入往往远远大于一般管理人员的人力资本投入，相应地，其人力资本的收益要求也远远高于一般管理人员。

二、经营管理者薪酬决定的影响因素

高管人员主要负责企业战略发展规划的制定和推行，因此其个人综合素质和管理水平的高低对企业的整体执行力有着重要的影响，直接关系到企业的生死存亡。而要吸引和激励高素质的优秀高管人才，离不开合理的薪酬设计，因此，高管人员的薪酬管理已成为现代企业薪酬管理制度的一个重要组成部分。在进行高管人员激励性薪酬方案设计的时候，既要考虑企业自身的实际经营状况、支付能力高低，也要考虑企业所处外部环境、薪酬市场竞争力，还要考虑人力资本薪酬公平。

1. 外部因素

（1）人力资源市场人才供求现状

按照古典的边际生产力理论，商品的供求关系影响商品的价格，人才作为一种商品也不例外，人力资本的价格是由劳动力市场的供求交点决定的。在企业经营实践中，优秀高管人才在劳动力市场上的稀缺性越来越凸显，而在市场交易中，越稀缺的资源，其获得成本越高。因此企业要想通过吸引和留住高端、稀缺人才提升自身内在能力，就必须认真分析高管人才市场供应现状，为薪酬确定提供正确的参考。

（2）企业所处外部环境

企业所处外部环境，主要是指一个企业所处的地域、行业和所面对的竞争市场圈。当劳动力充分自由流动的条件下，其报酬标准主要由“市场工资率”确定，而“市场工资率”和企业外部环境关联密切。如果企业处于竞争激烈、高风险性行业，高管人员所承担的风险和责任更大，其薪酬水平较其他行业也要偏高，如金融行业高管人员薪酬水平普遍高于制造业。公司所处的地区也在很大程度上影响高管人员的薪酬水平，一般来说，经济发达地区高管人员的薪酬水平要比经济不发达地区偏高，如北京、上海、广州等一线城市高管人员薪酬要高于其他城市。

2. 内部因素

（1）公司绩效

根据委托代理理论，委托人认为把代理人的薪酬和公司经营业绩直接关联，建立在绩效考核的基础之上，可以有效地预防代理人的自私行为对企业整体利益的损害。因此，股东在对高管人员进行薪酬激励的时候，为了实现财富的最大化，通常会选择和公司关系紧密同时又易于观测的公司业绩指标，作为决定高管人员薪酬的重要因素。因此，高管人员为了获得较高的报酬，不得不想方设法来提升企业的业绩。

（2）企业规模

一方面，企业规模越大，其内部的组织结构越复杂，相应的经营管理难度也就越大，对管理人员专业技能、管理能力和综合素质要求越高，就需要为其支付较高的薪酬。另一方面，企业规模越大，抗风险能力越强，因此大企业往往有较强的报酬支付能力，为了吸引优秀的高级人才，也愿意支付较高的薪酬。

（3）企业偿债能力

企业偿债能力是反映企业财务状况和经营能力的重要标志，是企业偿还到期债务的承受能力或保证程度，是企业能否健康生存和发展的关键。在一定程度上高管人员可以通过对公司资金的管理运营改变公司的资本结构，进而提高公司的偿债能力，企业的偿债能力越强则高管人员薪酬越高。

3. 人力资本水平

人力资本理论认为，高管人员作为企业决策者和领导者在企业生产经营中扮演着不可替代的角色，他们通过个人积累的知识、技能和管理经验等“人力资本”参与企业经营与管理，在企业中属于人力资本投入最高的一群人。因而，对企业高管的薪酬激励应从其作为人力资本的定位开始，考虑人力资本的投资回报，实现对高管人员自身行为的激励和约束双重作用。

三、高管人员的薪酬构成

高管人员的薪酬可以有多种多样的形式，如现金薪酬、股权薪酬、利润分红以及住房、境外培训、境外度假等。就某种程度而言，现金薪酬是高管人员的“薪酬点心”，而持股计划、期权计划和利润分红才是他们的“薪酬正餐”。下面对高管人员薪酬的主要构成部分进行介绍。

1. 岗位工资

岗位工资是根据高管人员所从事的管理序列岗位价值而确定的基本收入，是其现金薪酬的一部分，其比例一般在高管人员的总体薪酬中占35%～70%为宜。岗位工资对于高管人员来说属于固定收入部分，主要是为其提供可靠的生活保障，但是岗位工资在激发高管人员工作积极性方面的作用不够明显。

2. 效益奖金

效益奖金是针对高管人员的短期激励方式。高管人员的决策和领导能力对于企业效益的影响起着主导作用，因此，可将其在企业短期效益变化中的实际贡献大小作为其奖金的发放标准，让高管人员在企业经营效益的进步中获取自己努力的成果。

当然，在薪酬结构中，要注意现金薪酬和效益奖金所占比重应适度，如果这两部分的比重过大，容易导致经营者只追求短期利益，而忽视企业的长期发展，有时甚至不惜以牺牲企业的长期发展为代价来换取短期目标的实现。

3. 股权激励

对于高管人员，他们往往承担着企业经营决策方面的巨大风险，效益奖金这种短期的激励方式已经无法满足其更高的利益需求，因此要通过长期的激励来予以弥补。长期激励可以将企业的总体利益和高管人员的个人利益相联系起来，从而激励他们关注企业的长期发展，持续不断地达到更高的绩效水平。比较流行的对高管人员的长期激励形式主要是股权激励，常见的有直接持股、期股、虚拟股权、期权等具体形式。

（1）直接持股

对于高管人员来说，直接持股是一种最简单直接的长期激励方式。一般做法是大股东低价转让股份给高管人员，或者由高管人员作为新进股东对公司进行增资。转让股份或增资之后，高管人员就真正成了公司的所有者之一，那么其工作努力结果在很大程度上就转变为自己的利益。股东如果想激励高管人员长久地在企业工作下去，直接持股无疑是非常理想的激励方法，不仅激励程度最强，而且时效最长。

直接持股的缺点也很明显：在高管人员成为股东之后，身份的变化是否会带来管理上的困境、将来离职时股权的回购或转让价格如何确定等都是不得不面临的棘手问题。

（2）期股

期股是对高管人员进行长期激励的另一种常见模式。一般做法是公司贷款给高管人员作为其股份投入，如此一来，高管人员就可以享有股份的所有权、表决权和分红权。其中所有权是虚的，只有把购买期股的贷款还清后才能实际拥有；表决权和分红权是实的，但是分得的红利不能拿走，需要先用来偿还期股贷款。

例如，某公司贷款给总经理认购 50 000 元期股，假设当年每股收益为 20%，那么可分得红利 10 000 元，可以先将这 10 000 元红利转成持股，还余下 40 000 元期股贷款需要偿还。期股奖励模式是目前国内上市公司中比较流行的一种股权激励办法。例如，湖南的电广传媒从年度净利润中提取 2%作为公司董事会成员、高层管理人员及有重大贡献的业务骨干的激励基金，基金只能用于为激励对象购买公司的流通股票，并做相应冻结，离职半年后才可以抛售。

（3）虚拟股权

虚拟股权也称“干股”，不是真正意义上的股票认购权，它本质是一种现金奖励的计算方式，是将奖金延期支付，并把奖金转换成普通股票，这部分股票享有分红、转增股等权利，但在一定时期内不得流通，只能按规定分期兑现。这种方式和法律上的股权或期权激励有本质区别，只是财务部门的一种内部结算方式，不涉及法律上的股权变更。虚拟股权的资金来源与期股奖励模式不同，它来源于企业积存的奖励基金。当然如果员工愿意接受，这种方法实现起来最简单，风险最小，员工能够尽早地拿到奖励。

（4）期权

期权是指经公司股东大会同意，股份有限公司与高管人员签订合同，承诺高管人员可以在一定期限内（期权的有效期）按固定的价格（行权价格）购买一定数量的企业股份。期权是公司给予高管人员的一种权利，在行权以前高管人员没有任何的现金收益；行权以后个人收益为行权价与行权日市场价之间的差价。期权所带来的收入是一种预期收入，它的价值取决于行权人经营企业的业绩，经营业绩好，股票市场价高，行权人所获得的差价收益就大，反之则小。

4. 利润分享

利润分享是一种直接的、有强大激励性的薪酬模式，通过合同约定，它牢牢地抓住了双方的需求：公司需要发展，员工需要发财。在这种需求之下，利润分享就凸显出其优势，被激励对象会高度关注收入和成本，既要关心怎么让收入足够高，又必须考虑成本和费用的节约和控制。利润分享在一定时期内不失为一种好的企业高管人员激励方法。当然事情都有两面性，利润分享也可能导致被激励对象为了最大限度地降低成本而做出一些短期行为，从而影响企业的长远发展。

5. 福利

这是赋予高管人员的一种特殊的待遇，目的是对高管人员在工作中需要承担的一定的企业风险进行补偿。留住高管人员对于组织而言是至关重要的，而特定内容的福利在这方面有着不可低估的功效，并且可以激励高管人员在短期决策时也能着眼于企业长期利益。针对高管人员的福利可分为在职福利和退休福利两大类。在职福利通常包括为高管人员提供舒适的工作环境、上班的通勤服务、优裕的生活条件、合理的休假安排等，解决高管人员在生活上可能遇到的各种问题。退休福利主要是指建立高管人员社会保障制度，涉及各种形式的福利待遇，是对其所要承担的企业管理风险提供的一定的补偿。

四、高管人员常见的薪酬激励模式——年薪制

因为高管人员对整个公司的总体效益有直接、重大影响，其决策往往会影响企业的发展方向甚至成败，所以对高管人员进行薪酬激励的关键就是把他们的个人收入和整个公司的效益紧密挂钩，将两者结成利益共同体，实现利益同享、风险共担。

1. 高管人员年薪制的构成

(1) 年薪制的基本构成

高管人员实施年薪制激励，从构成来看，主要包括以下几个部分，用公式表示如下：

年薪总收入=基本年薪+绩效年薪+专项奖+超额利润奖金+福利

总体来说，高管人员年薪制收入主要是基本年薪、绩效年薪和超额利润奖金三部分，其中绩效年薪的设置是关键。

首先，基本年薪是高管人员的“保底”收入，与企业经营绩效无关，而主要根据高管人员个人能力、社会消费水平和企业的经营难度等确定，是对经营者付出劳动的回报，用于满足其基本生存需求。它具有“按劳付酬”的性质，其水平不能过高，否则将是另一种变相的“大锅饭”。基本年薪在年初确定具体金额后，按月以现金的形式发放。

其次，绩效年薪是年薪里的浮动薪资，与绩效目标的完成情况相挂钩，是对高管人员年度经营业绩的奖励，主要考虑的因素不是经营者的“投入”，而是企业的“产出”。企业整体绩效完成得好，高管人员就可以多拿绩效年薪，否则，就拿得少，甚至不拿。影响绩效年薪高低的因素主要有岗位年薪总额及浮动比例、公司年度考核系数、个人绩效年度考核系数，其计算公式为：

绩效年薪=岗位年薪总额×浮动比例×公司年度考核系数×个人年度考核系数

最后，超额利润奖金是当公司的经营效益超过了预期目标时给予高管人员的一种

奖励；或者是当企业的整体薪酬水平缺乏市场竞争力的时候，通过发放超额利润奖金来提升薪酬对高管人员的吸引力。例如，某公司总经理的报酬采取年薪制，一年的收入计算下来是30万元。但是调查发现，当地市场的薪酬水平是每年45万元，如果公司此时的效益比较好，就可以考虑用超额利润奖金的方式把总经理的收入补足，以便于能够更好地激励和留住总经理。

（2）年薪制常见的几种构成模式

表7-1是年薪制常见的几种构成模式。

表7-1　　年薪制常见的构成模式

模式类型	薪酬结构	特点	适用范围	优缺点
准公务员型模式	基薪+津贴+养老金计划	年薪的高低取决于所管理企业的性质、规模以及高管人员的行政级别，一般基薪为职工平均的2～4倍，正常退休后的养老金水平为平均养老金水平的4倍以上	承担政策目标的大型、特大型国有企业的高管人员	优点： 1. 职位升迁机会、较高的社会地位是重要的激励来源 2. 退休后稳定体面的高生活水准可以有效制约在职时的短期行为 缺点：无法调动经营者的长期行为
“一揽子”型模式	单一固定数量年薪	年薪相对较高，和年度经营目标挂钩	面临特殊问题亟待解决的企业的经营者，如亏损国有企业的总经理或兼职董事长	优点：对扭亏为盈成效显著 缺点：易引发短期行为
非持股多元化型模式	基薪+津贴+风险收入（效益奖金）+养老金计划	基薪的确定要综合考虑企业的资产规模、销售收入、职工人数等多方面的因素；风险收入的确定，则受净资产增长率、实现利润增长率、销售收入增长率、上缴税利增长率、职工工资增长率等因素的影响	非股份制国有企业的经营者	优点：多元化结构的报酬方案更具有激励作用 缺点：有可能影响企业的长期发展

续表

模式类型	薪酬结构	特点	适用范围	优缺点
持股多元化型模式	基薪+津贴+含股权、期权等形式的风险收入+养老金计划	基薪取决于企业经营难度和责任，一般为职工平均工资的 2～4 倍；含股权、期权形式的风险收入取决于其经营业绩、企业的市场价值	股份制企业，尤其是上市公司	优点：保证了经营者行为的规范化、长期化 缺点：具体操作相对复杂，对企业具备的条件要求相对苛刻

2. 高管人员年薪制设计

对高管人员实施年薪制，精髓就在于激励性。而要实现激励性，就必须和绩效考核对接起来，也就是说，在年薪制构成项目中，能够凸显年薪制激励效果的就是绩效年薪。没有绩效考核，年薪制就毫无价值。因此，根据绩效年薪的计算公式“绩效年薪=岗位年薪总额×浮动比例×公司年度考核系数×个人年度考核系数”，绩效考核系数就是绩效和薪酬两者之间的对接口，通过它就可以将薪酬方案和绩效方案挂钩。在高管人员的绩效考核指标里，兼顾结果性指标和过程性指标，可以有效引导高管人员在决策时考虑企业的中长期利益，保证企业的长远发展。

（1）确定岗位年薪总额和浮动比例

在介绍重要的考核系数设定之前，先来看看岗位年薪总额和浮动比例的确定。岗位年薪总额及浮动比例（绩效年薪在岗位年薪总额中占的比重）两者的乘积相当于绩效年薪收入的一个基数。例如，某高管人员的岗位年薪为 50 万元，浮动比例为 40%，那么绩效年薪的基数就是 20 万元（50 万元×40%＝20 万元），剩余的 30 万元就是固定的基本年薪，按月发放。

第一，岗位年薪总额越高，岗位越有吸引力。民营企业主要是参照市场薪酬水平，结合本企业的薪酬战略，决定高管人员的岗位年薪总额；国有企业的年薪总额主要依据相关的政策，根据企业所在的区域、企业的性质、各地国资委对于年薪总额的限制等多方面因素来决定，各国有企业的年薪总额不太可能自己调整。

第二，绩效年薪浮动比例越大，薪酬激励效果越强。例如，浮动比例为 40%，岗位年薪总额是 100 万元，那么与绩效挂钩的绩效年薪的基数就是 40 万元。如果公司的考核结果非常好（假设公司绩效系数是 2），个人的考核结果也非常好（假设个人绩效系数是 1.2），高管人员应得到的绩效年薪为 96 万元（40 万元×2×1.2）。如果其他条件保持不变的情况下，将浮动比例变为 60%，那么这个人的绩效年薪收入就是 144 万元

（60 万元×2×1.2）。

因此，在进行高管人员岗位年薪和浮动比例确定时，如果外界经济情况良好，高管人员个人的努力和能力高低对企业的绩效影响更大的情况下，可以将年薪总额设得高些，浮动比例高一点，这样更有利于吸引能力强的人。在经济形势不好的情况下，公司要控制成本、稳定人心，就可以将年薪总额降低些，浮动比例也设得相对低一点。

（2）确定公司年度考核系数和个人年度考核系数

公司年度考核系数和个人年度考核系数是根据绩效考核的结果，按照公司制定的相关绩效考核制度计算出来的，是连接绩效和薪酬的关键。前者体现的是公司的整体年度绩效好坏对高管人员薪酬的影响，后者体现的是高管人员个人的绩效好坏对薪酬的影响。个人年度考核系数确定见表 7-2。

表 7-2　　个人绩效考核得分、等级划分及绩效系数对应表

绩效考核得分	(100，120]	(90，100]	(80，90]	(70，80]	(60，70]	(50，60]	≤50
绩效考核等级	A	B	C	D	E	F	G
绩效系数	1.2	1.0	0.9	0.8	0.6	0.4	0

表 7-2 中的绩效考核得分是根据员工在绩效考核周期内的实际表现，在考核期末根据评分标准计算出来的原始得分。绩效考核等级是公司人力资源部设定的考核结果等级划分，不同等级对应不同的考核得分。考核系数也是公司自己设定的，是可以调整的，在考核系数设计时要注意以下几点。

一是最低考核等级对应的绩效系数确定。如果觉得员工毕竟做了一些付出，要给予一点激励，设计的时候就宽容点，可以将绩效系数调整为 0.2 左右；反之，为了更好地凸显公司奖优罚劣的绩效导向，可以再狠一点，只要是考核得分没达到 60 分的，绩效系数都为 0。对于国有企业来说，通常会将各考核等级的绩效系数设计得平滑一点，先适当地拉开一点差距，等大家心理上、观念上都接受了，再考虑拉大差距。

二是最高考核等级对应的绩效系数确定。最高考核等级的绩效系数一定要超过 1，如果等于或小于 1，容易给员工一种心理暗示，公司的绩效考核只是为了减薪，做得再好也只能保本，这在一定程度上会打击员工的工作积极性。因此，在设计绩效系数的时候，可以适当慷慨一点，只要超过绩效目标就可以多获得一点回报，绩效系数设得稍微高一点。员工越能干，得到的回报就越多，这样的设计会将员工的潜力激发出来。

三是公司考核系数和个人考核系数的大小处理。在设定高管人员的年薪制时，通常需要设计“公司绩效考核得分、等级划分及绩效系数对应表”和“员工评价结果、考核等级及绩效系数转化表”两个表，见表 7-3、表 7-4。

表 7-3　　公司绩效考核得分、等级划分及绩效系数对应表

公司绩效考核得分	>200	(150, 200]	(110, 150]	(90, 110]	(70, 90]	(50, 70]	≤50
绩效考核等级	A	B	C	D	E	F	G
绩效系数	2.0	1.5	1.2	1.0	0.8	0.6	0

表 7-4　　员工评价结果、考核等级及绩效系数转化表

考核分数	根据部门考核等级和员工的考核分数，进行强制性正态分布				
考核等级	优秀	良好	合格	需改进	不合格
等级代号	A+	A	B	C	D
员工绩效系数	1.3	1.1	1	0.85	0.8

在高管人员绩效年薪收入中，公司考核结果对年薪的影响应该远远大于个人绩效考核结果的影响。上面几个表中公司考核结果为最高等级 A 时，对应绩效系数为 2；个人绩效考核结果为最高等级 A+时，对应绩效系数为 1.3。这样，公司的整体业绩考核结果对高管人员的年薪收入影响更大，会有效地激励高管人员把公司整体利益置于个人利益之上。反之，高管人员为了增加个人的绩效年薪收入，就会更多地考虑个人业绩，公司的业绩虽然也会考虑，但因为其影响度小，也就不那么重要了。如果所有的高管都这么想，公司就不可能发展壮大了。

业务演练

任务：经营者年薪制方案设计

练习 1：某主要经营者认购 6 万元期股，4 万元实股，计划用 4 年转为实股，每年须转实股 1.5 万元。

(1) 假设每股收益为 15%。

(2) 假设每股收益为 25%。

(3) 假设每股收益为 30%。

(4) 假设每股收益为 5%。

那么，经营者的实股、期股、现金收支的情况如何？

练习 2：

A 市晨良电脑科技开发有限公司是以系统集成为主营业务的现代科技公司，为客户提供全面的信息产品和完整的信息系统解决方案，并同世界许多著名 IT 企业有着合作关系。

公司自创建以来一直致力于为客户提供高质量、高可靠性、高性价比的信息产品，以及为客户提供全面的信息解决方案，在当今激烈的市场竞争中，公司确立了“服务、创造、卓越、合作、进取”的企业员工行为准则，力求以勤勉的工作、诚信的行为来赢取客户的信赖和支持。

公司管理层深知，公司经营理念贯彻来源于公司为员工提供具有行业竞争力的薪酬，而目前的年薪制充分体现了薪酬的基本保障职能与薪酬的激励职能。因此，自2000年以来，公司开始在薪酬制度上进行创新尝试，并对全日制员工全面实施年薪制。

1. 假设你是人力资源部经理，请设计年薪发放方案，在部门经理助理以上人员的年薪基本收入中提取一定比例的考核收入，并说明考核收入的发放标准与形式。

2. 试对员工基本年薪的按月发放折算形式作简要说明。

任务二　掌握销售人员薪酬管理模式

知识准备

一、销售人员工作特点

销售人员是企业从事销售业务的人员，是企业和外界、客户联络的主要执行人。在日益激烈的市场竞争中，一个企业能不能持续发展，能不能做大做强，销售是最关键的要素。销售人员能否迅速捕捉市场信息，及时作出反应，将在极大程度上影响企业的经营成败。

从人力资源管理角度来看，只有有效地进行销售人员的激励，激发和提高销售人员的工作积极性，提高产品销售能力和业绩，才有可能保证不被竞争对手和市场所吞噬，不断提升企业的竞争力。而要保证对销售人员的激励效果，就必须具体分析销售人员的工作特点。销售人员和企业管理者、专业技术人员相比有明显的群体特征，主要体现在以下几个方面。

1. 工作时间不稳定，过程难以监督

销售人员在进行产品销售的时候，一般都是独立开展工作，并且工作时间难以确定，要根据客户的需求灵活调整安排，其工作时间相对比较自由。同时销售人员的工

作过程多发生在企业外部，因此对其工作过程难以进行有效控制和监督，其工作结果很大程度上取决于销售人员个体的自觉和主观努力。如果一个销售人员本身对销售工作没有兴趣，那么再多的监督也不会有任何效果。

2. 工作业绩考核周期短，稳定性差

销售人员的工作业绩一般在短期内就能体现出来，而且容易进行量化管理，其业绩考核指标非常具体，主要表现为一定时期内的销售额、新客户开发数、货款回收额等。

销售人员的工作业绩会受多方面因素的影响，如社会政治环境、社会舆论、流行趋势、季节变化、消费者心理等都会影响客户的购买能力或购买需求，从而影响销售人员的工作业绩。因此，销售人员的工作业绩具有较大的不可控性，除销售人员个人的主观努力以外，很大程度上还取决于企业所处的行业市场、社会经济等外界环境因素，非常不稳定。

3. 工作的安定性需求低，跳槽频繁

销售人员的岗位进入壁垒较低，导致很多人在没有找到心仪的工作时，就选择暂时从事销售工作来解决生存问题。因此，销售人员的队伍日渐庞大，但是成员却鱼龙混杂，当工作成果不理想时，他们经常借助跳槽以改变自己的工作环境。同时，他们也试图想通过不断跳槽来找到最适合自己的工作，从而使自己对未来的职业生涯有所规划。总之，销售人员对于行业、对于工作的归属感较低。

二、销售人员的薪酬构成

企业业绩的持续增长离不开营销团队，而要激发营销团队的动力，离不开一套好的、科学的薪酬制度。基于销售人员工作离职率高、工作成果容易量化等特点，在进行薪酬设计的时候，要侧重与工作业绩相挂钩的激励薪酬的设计。并且工作业绩短期之内就可以呈现，因此激励薪酬的兑现要及时，这样才能有效地实现对销售人员的激励。同时，对于其工作时间不稳定、需要经常出差的情形，要给予相应的补偿，可以更好地提高他们对企业的情感归属。

销售人员的薪酬构成主要有以下几个部分。

1. 基本工资

销售人员的基本工资，通常称为“底薪”，按月发放，主要是保障其基本生活需要。销售人员底薪设计的基本原则是“就低不就高”，但是要高于当地的法定最低工资标准。例如，青岛 2019 年最低工资标准是 1 910 元，那么销售人员的底薪可以设定为

1 950 元。低底薪只能维持销售人员基本生活，如果没有业绩就只能维持基本生存，这种方式可以有效地激励优秀、淘汰落后。

当然底薪的高低还会受销售周期长短、公司所处发展阶段、公司市场地位等因素的影响。一般情况下，销售周期长、公司发展初期、市场地位较低的时候，销售人员的底薪要高一点，以保证其在签单成功前能够存活下来。销售人员底薪的确定大概分为三种类型。

第一种是“无责任底薪”或“无业务底薪”，这种底薪与销售人员的业务完成情况无关，只与出勤有关，只要销售人员出勤，考核合格，就可以全额发放。

第二种是“有责任底薪”或“有业务底薪”，这种底薪发放兼顾销售人员的业务完成情况和日常出勤情况，基本工资会有浮动。可以根据当月或当季的市场占有状况，核定销售人员的底薪（见表 7–5）。

表 7–5　　有责任底薪发放标准表

销售额/利润（万元）	基本工资（元）
0~2（不含）	1 900
2~4（不含）	2 000
4~6（不含）	2 200
6~8（不含）	2 500
8~10（不含，个人或团队）	2 800
10~25（不含，团队）	3 100
……	……

第三种是“混合制底薪”，这种底薪模式通常是把底薪分成两部分，一部分为“无责任底薪”，另一部分为“有责任底薪”。“无责任底薪”部分只要员工按要求上班了，就可以发放；而“有责任底薪”部分则要进行考核，考核合格了才能发放。这部分的考核指标通常是销售人员的工作行为，如客户满意度、客户开拓数量、客户维持率等，因此习惯上称为“考核工资”。这种发放方式可以有效地避免销售人员因为底薪较高而混日子。

如果销售人员的底薪较低，则难以吸引优秀的人才。因此，为了销售团队的稳定，对于新录用的销售人员，可以设定入职保护期，保护期内给予较高的底薪，使其能够全心投入产品销售工作中，不必为生活困扰。例如，给普通销售人员设定 2 个月的入职保护期，保护期工资 3 000 元/月，保护期后按照浮动工资表核定底薪；给销售管理人员 4 个月的入职保护期，保护期工资 6 000 元/月，保护期结束后按照浮动工资表核定基本工资。

2. 岗位津贴

销售人员由于岗位工作的特殊性，工作过程中经常会面临出差、加班等安排，甚至还有些销售人员需要长期驻外，这样的工作特点就导致销售人员在作息时间、精力投入和情感付出等方面与“朝九晚五”的定时工作岗位完全不同。基于销售人员这种特殊的工作付出，在确定其工作报酬的时候，除了加班费之外，通常还会另外设置一定的差旅津贴、交通津贴、探亲津贴、餐费津贴等岗位津贴作为补偿。

3. 销售提成

销售提成也称佣金，是根据销售人员的销售业绩发放的那部分收入，主要是为了激励销售人员不断提升销售业绩而设置。销售提成是销售人员收入的主要构成部分。具体的销售提成模式，需要根据行业、市场、产品特性、管理体制、客户群体等不同而有所不同。根据销售提成收入在整体薪酬中所占比重不同，日常实践中主要有“低提成”和“高提成”两种模式。“低提成”是指销售提成收入在整体薪酬中占比较小，这种模式能够稳固和维持企业现有的客户和市场，保持企业的外部稳定，有利于企业平稳发展；“高提成”则正好相反，销售提成收入在整体薪酬中占比较大，这种模式能够激励销售人员市场开发和扩大销售的积极性，有利于企业开拓新业务、快速占领市场。

一般而言，销售提成计算公式如下：

$$销售提成=提成基数\times提成比例$$

（1）销售提成基数设计

销售提成基数的确定有以下两种常见方式。

第一种是按照公司销售的实际回款金额计算。这种方式的好处是能够有效避免销售人员一味地追求销售合同金额、发货量或成交量的持续增长，忽略销售账款回收，而造成公司产生大量呆账、坏账等现金流风险。

第二种是直接根据销售合同、发货量或成交量的金额计算。这种方式通常适用于公司急于开拓市场的时候。如公司推出新产品、希望快速推广时，或公司发展新业务、希望快速得到市场的认可时，这种方式就相对比较有效。

有时候可能会将上述两种提成基数确定方法结合运用，这样既能考虑新产品或新业务的拓展，又考虑了公司现金流的风险。一般来说，销售提成基数的选择可以参考表7-6。

表 7-6　　公司发展不同阶段销售提成基数的选择

提成基数	公司战略	公司发展阶段	公司经营风险
按回款额提成	稳定经营 降低财务风险 持续的现金流	成熟期	较小
按合同额提成	迅速推广应用 快速抢占市场	成长期	较大
按回款额和合同额相结合提成	保障当前的现金流 创造未来的现金流	成长期	中等

（2）销售提成比例设计

提成比例是计算销售人员佣金的重要影响因素，因此提成比例的设计对激发销售人员工作积极性具有非常敏感的作用，哪怕极微小的变化也可能会对销售人员的佣金产生显著的影响，精心设计销售人员的提成比例非常必要。

提成比例的设置通常会参考公司所处的行业、公司业务情况、产品的特性等多种因素来综合决定。一般情况下，不同种类的商品提成比例会有差异，即使是同种产品，销售给不同的客户或在不同的地区销售，提成比例也可能不一样。

首先，根据产品来设定提成比例，产品不同提成比例不同。不同的产品在公司的营销战略中地位有所不同，对于重点推销、急于开拓市场的产品，提成比例可以设得高一些；对于不再主推、即将要淘汰的产品，提成比例就可以低一些。通过提成比例的不同设置，来引导销售人员对不同产品予以不同重视，合理进行时间投入的分配。这样的提成制度就需要首先对公司产品划分等级，按照产品等级的高低适用不同的提成比例。

其次，考虑销售区域的差异，对于同样的产品，销售区域不同提成比例不同。在产品销售的过程中，不同的销售区域攻克难度不一样，对销售市场份额提升战略意义不同，因此对于那些对销售目标实现影响较大、企业志在必得的销售区域，公司可能会给予更高的提成比例，激励员工占领该区域市场。同样，首先需要对销售区域进行等级划分，级别不同提成比例也不同。

最后，考虑销售客户的差异，对于同样的产品，客户不同提成比例不同。当销售同一种产品时，对于一些重要的战略性客户的销售订单，可以设置高提成比例，来激励销售人员克服困难，大胆开拓市场。同时，为了避免老销售员因为手头的客户资源丰富而不愿意去开拓新客户，实践操作中，会根据时间推进对已开发的老客户产生的销售业绩实行累退式提成比例处理，即对同一客户，第一年形成的销售收入提成比例会设计得高一点，以后逐年降低。例如，第一年提成比例为5%，第二年降为4.5%，第三年降为4%。这样的设置，就会激励销售人员在维持已有客户的同时，努力去开发新客户。

4. 专项奖

很多企业为了更好地激励销售人员，会在销售提成的基础之上，再设置额外的奖金制度。常见的专项奖有以下几项。

（1）签约奖

这是对开拓新客户的一种奖项设置，只要签订一个新客户并提交公司规定数额的订金，就可以享受该奖项，奖励具体数额根据客户的规模、订单成交难度来确定。

（2）季度奖

这是对于季度内销售额排名靠前的员工的一种奖项设置。将超过公司规定销售额的所有销售人员当季度的销售额进行排序、划分等级，根据公司的规定，获得相应等级的奖励金额。

（3）年终奖

这是对于那些超出年度销售目标的销售人员给予的一次性奖励设置。一般是根据超出绩效目标的销售金额划分不同的等级，对应设置不同的奖励比例。

例如，某公司销售主管级销售人员的平均年度绩效目标为100万元，年终奖发放比例设置见表7-7。销售员甲当年销售额为140万元，销售员乙销售额为220万元，那么他们的年终奖分别为2万元［（140万元-100万元）×5%］、8.5万元［（150万元-100万元）×5%+（200万元-150万元）×8%+（220万元-200万元）×10%］。

表7-7　　年终奖发放比例表

目标销售额（万元）	实际销售额（万元）	奖金比例
100	100~150	超出部分，奖励5%
	150~200	超出部分，奖励8%
	200以上	超出部分，奖励10%

三、销售人员薪酬管理模式——提成工资制

在众多职位中，销售人员的薪酬结构设计比较复杂。销售人员是企业获取利益的直接工作者，人员流动较大，因此，建立一项高效实用的薪酬制度非常重要。科学合理的薪酬结构可以有效地调动销售人员的工作积极性，在不断激励销售人员创造业绩的同时满足他们对工作的成就感，达到对销售人员最大的激励作用。和销售业绩相挂

钩的提成构成了销售人员的主要收入，因此适用于销售人员的薪酬模式称为“提成工资制”。在这里，将销售人员根据工作特点分成销售管理人员、销售业务人员和销售辅助人员三类来介绍。

1. 销售业务人员的薪酬模式

（1）销售业务人员薪酬激励设计导向

销售业务人员是销售人员群体的中坚力量，是企业销售目标实现的主要责任执行人。对销售业务人员进行薪酬激励设计的时候主要有以下三种导向。

第一种是以业绩导向为主。这种设计首先要对销售目标进行分级，不同等级对应不同的激励制度。将员工的销售业绩纳入考核体系，作为激励工资发放的依据。采用此种设计理念，管理者要注意和员工做好绩效沟通和辅导，在员工无法完成绩效目标的时候能够及时进行调整，切实帮助销售人员完成绩效目标。

第二种是以能力导向为主。这种设计的思路是保证不同能力的员工能够得到不同的激励工资。实践中一般是通过设置奖金系数来体现员工能力的差异，根据员工奖金系数的差异获得不同的激励工资，最终实现能者多劳，即能力越强，奖金系数越高，获得的激励工资越多。如此设计可以有效地激励员工不断提升个人的销售能力，从而激发工作积极性、提高个人绩效，进而带动企业整体绩效的提升。

第三种是以团队导向为主。多数产品的销售都需要销售业务人员以团队的形式来进行，强调销售人员的团队精神。此时实行在团队内部进行提成分享的激励薪酬设计，可以有效地调动员工的积极性，促进团队成员间的交流和协作，能够在更大程度上较好地提高团队整体的销售业绩。

以团队为导向的销售人员激励薪酬设计可以采取数字比例法，即将业务员的销售提成按规定的比例在个人、团队之间进行重新分配。在确定个人、团队之间分配比例时必须综合考虑员工工作的独立性和结构性，如果工作体现高独立性、低结构性，应多考虑个人价值，放大个人比例，如7∶3；反之，则提高团队比例，如4∶6。

这种模式下的提成基数确定也有三种不同方法：一是以个人的实际销售额作为提成基数计算提成额；二是根据个人能力及市场情况确定个人销售目标，以实际销售额扣除销售目标额为提成基数计算提成额；三是不影响个人直接利益的计提，在进行团体分配时以团体实际销售额扣除销售目标额为提成基数计算提成额。

（2）销售业务人员的具体薪酬激励模式

具体来讲，销售业务人员常见的薪酬结构如下：

销售业务人员收入=底薪（固定工资+考核工资）+提成+专项奖+福利

以上薪酬结构中各构成部分的比例和组合形式因企业不同会产生一定差异。目前，销售人员有效的薪酬结构主要有以下几种模式。

1）纯薪金制。这种模式的薪酬结构主要由底薪和福利组成，其设计主要以岗位为基础，在销售部门内部按照岗位不同确定对应的薪酬水平，可以较好地体现企业内部薪酬体系的公平性。同时，这样的薪酬结构还可以比较直观地反映薪酬水平和岗位价值之间的变化规律。当销售人员在内部岗位发生变动时，其对应的薪酬水平也很容易进行修改。这种薪酬模式下，销售人员的报酬不会随着销售额、市场份额以及其他销售指标的变动而变动，从销售人员的观点看，这种报酬形式虽然没有风险，但激励性弱。

当然上述模式也存在一定的缺陷。由于员工工资与其业绩之间没有直接关系，导致员工工作的积极性会降低。员工整体业绩不高则会造成企业在市场上存在很大风险。这种模式适用于类似超市这样的企业对于薪酬结构的选择。

2）纯佣金制。这种模式的薪酬结构主要由销售提成组成，完全按销售收入的一定比例提成作为销售业务人员的销售收入。此外销售人员没有任何固定工资，收入是完全变动式的。

这种模式对于销售人员来说具有很大的风险，因为他们的薪酬完全由自己的业绩来决定，缺乏一定的稳定性，导致初期无法吸引人才，不利于企业薪酬市场竞争性的提升。同时员工薪酬只与绩效相关会让员工产生一种自己只是受雇于企业，难以形成一定的归属感。但是这种模式中绩效提成的比例一般比较高，激励作用比较明显，也能有效降低企业成本。因此，这种模式可以应用于企业扩张期，需要大量销售人员为其开拓市场的阶段。

当然，在具体实践当中，为了更好地激励销售人员的销售行为与公司销售战略保持一致，往往会对销售的提成比例进行技术处理，形成不同类型的佣金制度。

第一种，固定佣金制。销售同类产品的销售人员，无论其销售业绩是多少，都按照统一的提成比例计算应获销售提成。例如，销售同一产品的甲、乙、丙三位销售员，他们在2018年12月的销售收入分别为25万元、30万元和42万元，企业对该种产品的销售实行固定提成比例5%，那么他们的销售提成则分别为1.25万元（25万元×5%）、1.5万元（30万元×5%）、2.1万元（42万元×5%）。固定佣金制模式下，员工的佣金和销售收入的增长呈现正比的变化趋势，如图7-1所示。

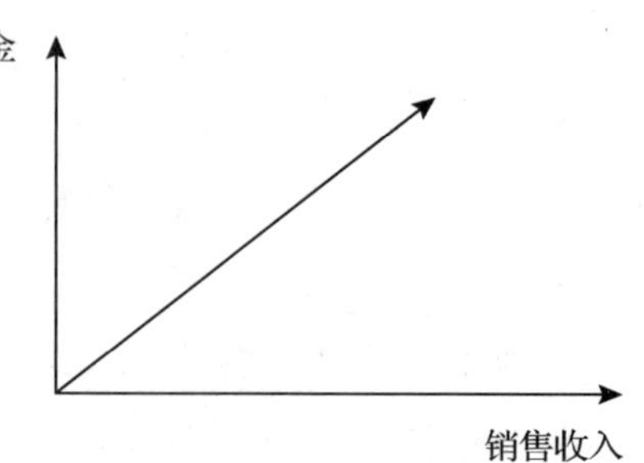

图7-1　固定佣金制佣金和销售收入的关系

第二种，累进佣金制。这种处理方式

是根据台阶进行提成，员工的销售业绩越高，对应的提成比例越高。

例如，销售同一产品的甲、乙、丙三位销售员，他们在2018年12月的销售收入分别为25万元、30万元和42万元，按照公司规定，该产品的销售提成比例设计见表7-8。

表7-8　销售提成比例标准表

月销售收入（万元）	佣金率
<30	5%
30～40	5.5%
40～50	6%
≥50	6.5%

那么三人的销售提成分别为1.25万元（25万元×5%）、1.65万元（30万元×5.5%）、2.52万元（42万元×6%）。

累进佣金制模式下，提成比例是分段设置，每过一个业绩拐点，就会实行一个更高的提成比例，此种设计的导向是鼓励销售人员大干快上，不断提升销售业绩。佣金增长曲线图如图7-2所示。这种佣金制度一般是新开发市场，需要鼓励员工勇往直前时采用，对于比较成熟的市场，通常不建议使用该方法，容易养成员工只是向"钱"看的不良导向。

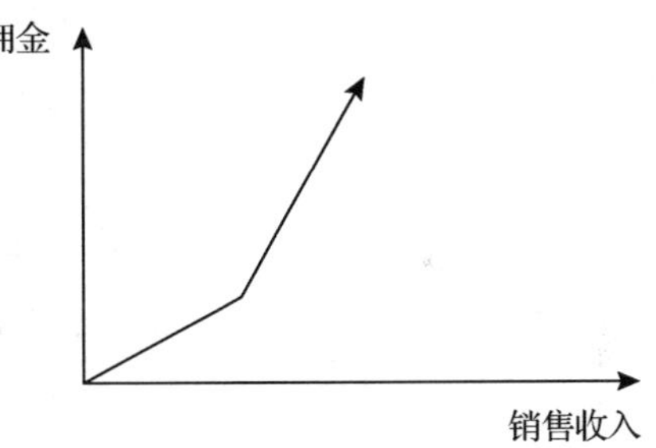

图7-2　累进佣金制佣金和销售收入的关系

第三种，累退佣金制。这种处理方式，当销售人员的销售业绩达到一个顶点之后，随着销售业绩的提高，提成比例会逐步降低，如图7-3所示。采用这种模式时，通常公司除销售以外还有新的绩效目标要达成，如客户维护，这个时候不希望销售人员在市场上太冒进，要把握适当的度。因此，这种模式比较适合守护市场时使用，守护市场要控制成本。

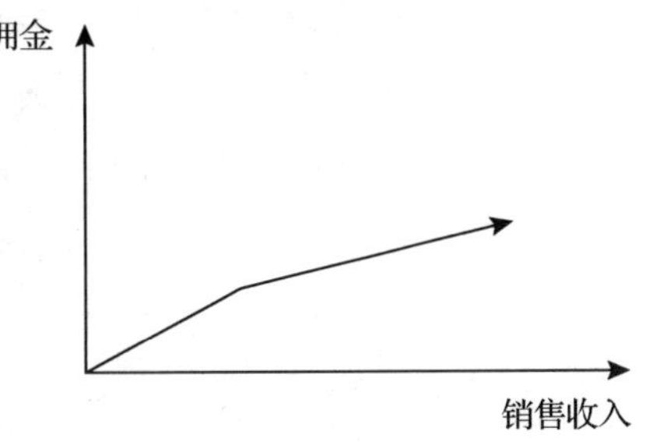

图7-3　累退佣金制佣金和销售收入的关系

3）复合薪酬。多数公司对销售业务人员实施复合形式的薪酬制度，即采取固定薪酬和激励薪酬的组合模式。比较常见的搭配比例是20%固定薪酬搭配80%的激励薪酬，或30%

和 70%的搭配比例，或 40%和 60%的搭配比例。最常见的有以下三种复合方式。

第一种：底薪+佣金。

这种模式是销售业务人员应用最广泛的一种薪酬模式，主要是在销售人员基本工资的基础上，按照一定的提成比例向销售人员支付与其业绩成正相关关系的激励工资。这种模式优势在于销售人员不论业绩如何，都可以享受到基本工资，对其生活有一个基本保障；并且它也能完全体现出员工在工作中对企业的贡献程度和收入之间的关联，能有效地激励员工，对他们的工作予以肯定，在员工中建立一种“付出和回报相对应”的观念，形成一种正向的指引，同时也有利于控制企业成本。表 7-9 所示为某企业销售业务人员薪酬标准。

表 7-9　　某公司销售业务人员薪酬标准表

薪酬构成	佣金计算方式			
❖ 基本薪酬：3 万元/年 ❖ 目标佣金：7 万元/年，每月根据实际销售业绩浮动计发 ❖ 目标薪酬：10 万元/年，上不封顶	实际完成销售目标的百分比	佣金占销售额的百分比		
		产品 A	产品 B	产品 C
	100%以下	3%	5%	8%
	100%以上	5%	9%	12%

从表 7-9 中可以看出，该企业销售业务人员每年有 3 万元的底薪，这个和业绩不挂钩，按月发放；另外还有 7 万元的佣金计划，该部分是根据每月的销售业绩来浮动发放，佣金比例会随着销售额的高低和销售产品类别的不同而有差异。

上面案例中的佣金设计没有封顶，即销售员的佣金会随着销售额增长而成正比提升。但是在实践中，不少企业会在给予底薪保障的同时设置封顶，即给予员工底薪，销售业绩超过底薪要求的时候给予佣金，但佣金封顶，如图 7-4 所示。佣金封顶的原因有两个：一是禁止盲目扩张；二是去除偶然因素。这一薪酬制度的缺点是必须事先告知，做到某种程度上的透明，否则很难给员工以公平感。另外，在销量以外，公司可能要考虑客户维系等，所以佣金有保底，也有封顶。

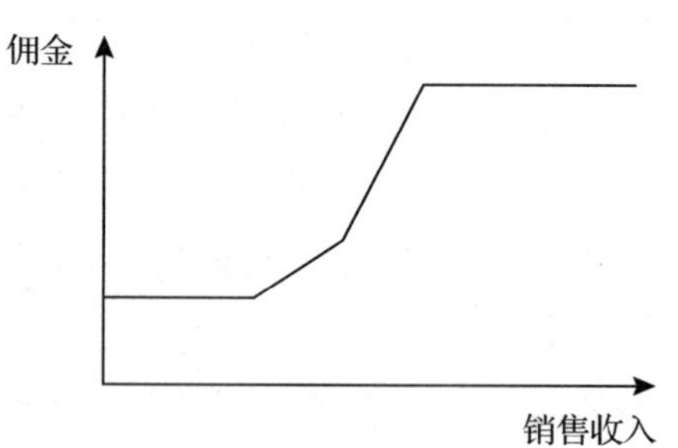

图 7-4　保底和封顶佣金设计

第二种：底薪+奖金。

这种薪酬制度与前一种有些类似，但还是存在一定区别。这种区别主要体现在，佣金直接由绩效表现决定，而奖金和业绩之间的关系却是间接的。通常销售人员的业绩只有超过了某一销售额，才能获得一定数量的奖金。表 7-10 所示为某企业销售业务人员的薪酬标准。

表 7-10　　某企业销售业务人员薪酬标准表

<table>
<tr><th>薪酬构成</th><th colspan="2">奖金计算方式</th></tr>
<tr><td rowspan="8">❖基本薪酬：4.2 万元/年
❖目标奖金：1.8 万元/年，每月根据销售业绩浮动计发
❖目标薪酬：6 万元/年，上限封顶，最高不超过 9.84 万元</td><td>实际完成销售目标的百分比</td><td>每月目标奖金百分比</td></tr>
<tr><td>70%</td><td>0</td></tr>
<tr><td>80%</td><td>50%</td></tr>
<tr><td>90%</td><td>75%</td></tr>
<tr><td>100%</td><td>100%</td></tr>
<tr><td>110%</td><td>120%</td></tr>
<tr><td>120%</td><td>140%</td></tr>
<tr><td>130%</td><td>160%</td></tr>
</table>

从表 7-10 中可以看出，该企业销售业务人员每年有 4.2 万元的底薪，按月发放，和业绩不挂钩；另外有 1.8 万元的目标奖金，随业绩浮动发放，但是只有实际销售业绩达到销售目标的 80%以上（含 80%），才有资格享受销售奖金激励，奖金会随着销售目标完成率的增加而不断提升，但是奖金有最高封顶，5.64 万元（9.84 万元-4.2 万元=5.64 万元）。

第三种：底薪+提成+奖金。

这种提成和奖金两者结合较强的薪酬结构对员工的激励效果更显著，能更好地调动员工的积极性。表 7-11 所示为某企业销售业务人员的薪酬标准，由基本薪酬、佣金和奖金三部分构成，佣金采用销售额的 6%比例提取，奖金的发放和毛利率挂钩，它有效地促进了员工为自己设定一个更高的目标，增强了员工与企业之间的紧密联系，培

表 7-11　　某企业销售业务人员薪酬标准表

<table>
<tr><th>薪酬构成</th><th colspan="2">季度利润奖金</th></tr>
<tr><td rowspan="4">❖基本薪酬：4.2 万元/年
❖佣金：每月发放，佣金比例为销售额的 6%
❖奖金：季度发放，相当于佣金的百分比
❖目标薪酬：6 万元/年，上不封顶</td><td>毛利率</td><td>奖金比例
（相当于佣金的百分比）</td></tr>
<tr><td>15%</td><td>0</td></tr>
<tr><td>20%</td><td>10%</td></tr>
<tr><td>25%</td><td>25%</td></tr>
</table>

养了员工对于企业的归属感。虽然这种模式的优势非常明显，但还是要注意，使用这种模式时一定要有一种科学理性的量化指标对员工进行绩效考核。这种模式一般可以在企业进入稳定期，稳定市场占有率并逐步提升企业效益时采用。

2. 销售管理人员的薪酬模式

销售管理人员通常指的是销售部经理，或者销售总监，其薪酬结构如下：

收入＝基本工资+绩效工资+提成+年度效益奖+专项奖+福利

与销售业务人员相比，销售管理人员的薪酬结构中固定收入比较高，也就是基本工资占比较大。他们收入中特有的两部分是绩效工资和年度效益奖。

其中，绩效工资主要根据绩效考核结果发放。在销售管理人员的薪酬结构中，为什么设置了提成，还要再设置绩效工资呢？因为他们除了要完成个人负责的销售任务，还要承担一定的管理职责和上级交办的其他事情。而且这些工作做不好，最终会影响公司的业绩和发展。因此，需要通过设置绩效工资的形式来激励销售管理人员做好这一部分工作。

销售管理人员的提成计算相对比较复杂，主要分为两种典型情况。一种情况，销售管理人员管辖拥有多个业务人员的团队，这种情况下，其主要工作职责是带好团队，帮助团队成员提升能力、提高业绩。他的提成就是下属团队业绩总和乘以提成比例。另一种情况，管辖的团队只有几个业务人员，这个时候，他既要管理团队，个人又要做销售，也就是说，这个时候销售管理人员的提成既有个人提成又有团队提成。

年终效益奖一般只有销售总监才能享受到。销售总监岗位的工作会影响公司的整体利益，因此，设置一部分收入与公司的总体效益挂钩，形成利益共享、风险共担。

3. 销售辅助人员的薪酬模式

销售辅助人员的工作主要是支持销售业务人员、销售管理人员，他们的很多工作可能没有直接和销售业绩挂钩，其常见的薪酬结构如下：

薪酬收入＝基本工资+绩效工资+提成+专项奖+福利

在三类销售人员当中，销售辅助人员的固定薪酬比例最高。因为销售辅助人员通常都是一些刚参加工作的年轻人，不愿意有太大的工作压力，希望收入稳定。

销售辅助人员的提成基数主要看其在工作中的覆盖面，也就是服务对象的数量，基数一般是销售辅助人员所支持的所有业务人员的业绩之和。而提成比例则要看提成基数如何设置。

业务演练

任务：销售人员工资计算

练习 1：

下表是某公司销售人员奖金系数确定表（依据考核等级与薪酬档级确定）。

考核等级	薪酬档级/区间				
	80%~87%	88%~95%	96%~103%	104%~111%	112%~120%
（A）卓越 4.3~5	1.4	1.3	1.2	1.1	1.0
（B）超过要求 3.5~4.2	1.3	1.2	1.1	1.0	0.9
（C）达到要求 2.6~3.4	1.2	1.1	1.0	0.9	0.8
（D）需要改进 1.8~2.5	1.1	1.0	0.9	0.8	0.7
（E）不能接受 1.0~1.7	0	0	0	0	0

假设固定工资和浮动工资（奖金）的比例为 7：3，每级分为 5 个区间。

有张三、李四、王五、赵六 4 人，在经过岗位评估后均在同一个职级里，该职级的中位点工资为 3 000 元，幅宽为 50%；张三的基本工资为 2 500 元；李四为 2 800 元；王五为 3 000 元；赵六为 3 500 元。

上述四人的考核结果均为 B 等，即“超过要求”。

试计算他们四人应该得到多少工资？

练习 2：

某销售公司下设销售一部（甲、乙），销售二部（丙、丁）。对于销售人员销售提成采取数字比例法进行分配，在个人、部门和公司三个层面分配比例为 5：3：2。公司本月销售额如下：甲 30 000 元，乙 25 000 元，丙 20 000 元，丁 15 000 元。提成比例 10%。试计算甲、乙、丙、丁四位销售人员的提成工资。

任务三　掌握技术研发人员薪酬管理模式

知识准备

一、技术研发人员工作特点

如何激励技术研发人员不断实现技术创新，不断为企业创造价值，合理的薪酬激励制度是关键因素。而合理的薪酬制度的构建，离不开对技术研发人员工作特性的分析。

与其他类型工作岗位相比，技术研发人员一般都拥有高技术、高学历的背景，其在工作方面表现出来的特征有着明显不同，大体有以下几个方面的特征。

1. 重视自我价值实现

技术研发人员的工作过程就是创新创造的过程，通常都是独立自主开展，以脑力劳动为主，既没有具体的思维模式，也没有固定的工作流程。他们对工作本身的认同和热爱是影响其工作投入的最关键因素，相对于工作环境和工作时间等因素，他们更在意自身价值的实现。他们一般都有明确的奋斗目标，工作不仅仅是为了挣得工资，更重要的是能够发挥自己的特长，工作成果被社会认可，有成就事业的追求。但是市场存在许多不确定性因素，这些在一定程度上会影响技术研发人员的自我价值实现，会对其创新形成一定的风险压力。

2. 组织忠诚度低

技术研发人员的工作成果主要是借助自身所掌握的知识资本转化而来，而知识资产等生产工具可以跟随技术研发人员自由转移。因此在职业生涯发展过程中，他们对组织本身的依赖性较小，选择相对自由，不容易受外界的环境局限。这样一来，他们对组织的忠诚度就比较低，在各组织中的流动率比较高。

3. 工作绩效难以有效观察

技术研发人员的工作过程大多依靠大脑的思维而进行，其工作过程中的很多投入无法被观察，导致难以量化评估。因此，对技术研发人员考核主要是实行目标管理，关注产品开发的结果。但是技术研发人员的工作成果难以短期呈现，往往需要时间检验才能见分晓，其工作的创新性也无法很快得到组织和社会的认可。

4. 工作开展多采用团队工作模式

在企业技术研发实践过程中，如果技术研发人员之间缺乏交流、相互保守秘密、经验无法共享，那就无法形成共用技术和产品平台，一旦负责人中途离开，可能会导致整个研发项目的停摆，不利于产品开发技术的传承。因此，通常情况下，高难度、复杂的产品开发与设计需要多个领域的专家一起协作，组建创新团队进行研发活动。研发团队内部的合作氛围、成员之间的冲突以及外部的环境支持，都会影响到研发人员积极性和创造性的发挥。

5. 需要持续不断的人力资本投资

技术研发人员依靠丰富的专业知识研发新产品、新技术，为企业带来利润。他们虽然在工作上拥有较高的自主性与弹性，是所在领域的专家，但是在科学技术日新月异、知识和技术更新不断加快的背景之下，他们已拥有的知识和能力将面临贬值风险。因此技术研发人员还必须不断地学习、培训，以保持其人力资本价值，维持个人的竞争能力。

二、技术研发人员的薪酬构成

在市场经济发展迅速、产品更新迭代周期越来越短的时代，商业机遇往往稍纵即逝，谁能够第一时间吸引更多的优秀技术研发人才，谁就能抢占到市场，在激烈的市场竞争中占据头筹。而对技术研发人员进行更加有效的合理薪酬分配，是企业吸引和调动其积极性的最重要和最直接的方式。由于技术研发人员的需求复杂多样，任何单一角度的需求分析都无法客观揭示研发人员的需要状况，而过多维度又会显得繁杂与琐碎，不利于主导性需要的揭示与分析。通过综合比较分析研发人员的薪酬偏好，在对技术研发人员进行薪酬激励时，主要考虑以下几个方面：技术研发人员的岗位工作特性；技术研发人员的能力差异；技术研发人员的业绩表现。

基于此，技术研发人员的薪酬构成主要包含以下几个部分。

1. 岗位工资

岗位工资是技术研发人员相对固定的基本工资。岗位工资主要体现不同技术岗位的差异，通常是由企业自主决定的，一般是受企业的经济承受能力、市场行情、岗位对人员的知识和技能要求、岗位责任等因素综合影响而确定的薪资水平。在薪酬结构中，降低岗位工资的权重是使工资更有弹性和激励作用的一种手段。

2. 专业技术工资

专业技术工资是技术研发人员另一部分固定工资，主要体现同一岗位上不同人员技术水平等级的差异，通过专家能力评估的方法来确定。

首先，组织专家进行不同专业技术等级的能力标准开发，设定专业技术职级工资标准表（见表7-12）；其次，对照不同等级的标准和技术研发人员的实际工作表现确定出专业技术水平等级；最后，根据员工不同的专业技术水平发放能力工资。这种薪酬设置可以体现出企业对技术研发人员的职业发展导向以及专业技术水平的认可，帮助其构建良好的职业发展通道，从而激励优秀的技术研发人员专注于技术工作，通过不断提升个人的专业技术水平等级实现薪酬的增长。

表7-12　　专业技术人员职级工资标准表

职级	专业技术水平	薪资范畴（元）	评定标准
P1	技术员	5 000~8 000	1. 技术评定标准 2. 培训指导能力 3. 行业领域资历 4. 基本素质素养 ……
P2	助理工程师	7 000~12 000	
P3	工程师	10 000~15 000	
P4	高级工程师	13 000~22 000	
P5	资深工程师	18 000~30 000	
P6	专家级工程师	25 000~40 000	
P7	首席级工程师	30 000~60 000	

3. 项目奖金

技术研发人员自身的特点决定了在制定薪酬制度的时候，一定要考虑激励薪酬的设计，有成绩就能得到高额薪酬，不出成绩就只能拿基本工资，这样才能让技术研发人员以更大的热情去投入研究。项目奖金就是为技术研发人员设计的激励薪酬，主要是体现不同技术研发人员对企业经营绩效或研发绩效的价值贡献差异。但是要注意项目奖金在工资中的占比，如果激励薪酬占比过大，会让技术研发人员有一种不稳定的感觉，可能不利于研发团队的稳定发展。

在大部分企业，研究与开发活动是以项目小组的形式来开展的，因此，习惯采取项目奖金的形式来对个人或团队工作进行奖励。

（1）团队项目奖金设计

确定团队项目奖金主要有以下两种模式。

一种是以项目完成的销售收入，提取一定比例奖金额度作为项目激励薪酬。例如，某企业2018年第二季度研发的项目产品实现销售收入500万元，根据事先约定，提取10%作为项目激励薪酬，那么该项目的激励薪酬总额为50万元（500万元×10%）。这种模式适合研发产品周期短，上市后能很快产生销售业绩的项目。

另一种是研发项目立项时，根据项目的难度、团队规模、研发周期等确定出整个研发项目的奖金总额，可采用公式：

项目奖金总额=项目预算×项目价值系数

这种模式适合战略型项目、开拓型项目、短期内不容易见成效的项目。这种模式实施的关键就是要确定项目价值系数，必须事先制定相关薪酬制度，明确企业的项目价值影响要素及各要素的等级差异设计。下面以某家公司的项目奖金价值系数设定为例。

该公司的项目价值系数一共有项目研究周期、承担项目来源、项目研究模式和技术难度四个影响要素（见表7-13），因此其计算公式如下：

项目价值系数=项目研究周期系数×权重+承担项目来源系数×权重+项目研究模式系数×权重+技术难度系数×权重

表7-13　影响团队项目奖金的要素及对应权重

要素	释义	权重
1. 项目研究周期	由于项目研究周期长短的不同而形成的项目完成难度	25%
2. 项目研究模式	由于项目研究模式的不同而形成的项目完成难度，分独立研究和外部协作研究两种	15%
3. 承担项目来源	按照承担项目的不同来源分为三类：国家项目、行业项目、公司内部项目	20%
4. 技术难度	由于项目所属类型、专业和技术要求而形成的项目完成难度	40%

其中，项目研究周期、项目研究模式等影响要素等级系数设置规则见表7-14、表7-15、表7-16。

表7-14　项目研究周期系数设置

周期（年）	$X<1$	$1<X<2$	$2<X<3$	$3<X<4$	$4<X$
系数	0.80	1.00	1.20	1.35	1.40

表7-15　项目研究模式系数设置

模式	独立研究	外部协作研究
系数	1.25	1.05

表 7-16　　项目来源系数设置

项目来源	国家项目	行业项目	公司内部项目
系数	3	2	1

对于技术难度系数的计算相对较为复杂，见表 7-17、表 7-18、表 7-19。具体计算公式如下：

技术难度系数=研究类别系数×研究专业系数×技术创新系数

表 7-17　　研究类别系数对应表

类别	应用基础	技术开发	推广应用	其他
系数	1.05	1.25	0.95	0.9

表 7-18　　研究专业系数对应表

专业	材料研究	工艺改进	技术革新	材料化学	其他
系数	1.50	1.35	1.40	1.65	1.10

表 7-19　　技术创新系数对应表

项目技术	技术创新系数
常规项目，技术难度小	1.0
常规项目，技术难度大	1.01~1.15
公司技术储备项目，技术难度小	1.05~1.20

（2）个人项目奖金设计

团队项目奖金发放核算到项目小组，就可以确定个人项目奖金，主要是根据每个项目成员的项目绩效考核结果，计算出每个人所获得的项目奖金。这样，每个成员在项目中的作用就体现于其自身的努力与否，不需要别人的催促与强制管理，自觉性地去完成工作，使得项目负责人在项目管理中更为轻松自如。因此，要想精准计算每个成员的项目奖金，首先要制定公司的绩效考核系数设定原则。绩效考核系数常见的设计模式有以下三种。

第一种模式，在绩效考核时设定绩效目标值。当员工完成绩效目标值时，对应给 1 的绩效考核系数；在未完成绩效目标值时，对应给 0 的绩效考核系数。也就是说，绩效目标完成就可以拿到 100%的绩效工资，否则，一分绩效工资也没有。

第二种模式，绩效考核系数和绩效考核分数呈正相关性。根据具体设计特点又可以分成两种形式：一种是不同等级的绩效考核系数差距不大，见表 7-20；另一种是不同绩效等级对应的绩效考核系数差距较大，见表 7-21。前一种设计倾向于减小不同员工绩效工资差异，适用于对绩效工资比较敏感的企业；后一种设计则是要凸显不同绩效考核结果的工资差距，适用于强调“多劳多得、少劳少得”的强绩效文化的企业。

表 7-20　　员工绩效考核系数设定

考核分数	根据部门考核等级和员工的考核分数，进行强制性正态分布				
考核等级	卓越	优秀	合格	需改进	不合格
等级代号	A	B	C	D	E
员工绩效考核系数	1.3	1.15	1.0	0.85	0.8

表 7-21　　绩效考核得分等级划分及绩效考核系数对应表

绩效考核得分	(100，120]	(90，100]	(80，90]	(70，80]	(60，70]	(50，60]	≤50
绩效考核等级	A	B	C	D	E	F	G
绩效考核系数	1.2	1.0	0.9	0.8	0.6	0.4	0

第三种模式，是在第二种模式的基础上进行一点调整。当绩效考核结果超出了挑战值的时候，绩效考核结果超过 100 分，对应的绩效考核系数有一个大比例的提升，如 1.3；如果超过 120 分，对应的绩效考核系数可以是 1.5，以此来激励员工突破绩效挑战值。

明确了绩效考核系数的确定规则，就可以来计算团队成员的项目奖金了。例如，某项目团队中共有技术研发人员 10 人，该项目共提取团队项目奖金 100 000 元，在本项目周期 10 位成员的绩效考核系数结果见表 7-22。

表 7-22　　某项目团队项目成员绩效考核系数表

项目成员	A	B	C	D	E	F	G	H	I	J
绩效考核系数	1.0	1.2	1.0	0.6	0.8	1.0	0.9	0.8	0.4	1.2

那么成员 D 可分享的个人项目奖励金额为 6 742 元，即［0.6/（1.0+1.2+1.0+0.6+0.8+1.0+0.9+0.8+0.4+1.2）×100 000≈6 742（元）］。

在项目奖金发放方式上，并非要等待项目最后通过验收时一次性提取，通常是结合《项目研发责任书》中计划结点的考核情况分段进行支付。但是要注意，在分段支付的时候，每一个项目阶段的提成不是平均分配，遵循的基本原则是“工作难度大的结点提成比例较多，难度小的提成比例较少；项目前期的提成比例较少，后期的提成比例较多”。

除上面几个薪酬构成以外，针对技术研发人员还可以设置综合效益奖、专项奖和福利，把技术研发人员的报酬和公司总体效益、创新及节约等相挂钩。

4. 综合效益奖

综合效益奖指的是与公司的总体效益挂钩的奖金，多数是在年终核算和发放，也称为年终奖。通常有以下三种设计模式。

第一种模式，奖金额度以每个人的月工资为基数，根据公司的业绩拿 n 月的工资。一般，公司效益越好，n 值越大。例如，公司效益从低到高分成五档，1、2、3、4、5。那么，每个人的年终奖也分成五档，对应公司的效益分别为0、1、3、6、12个月的工资作为年终奖。例如，张三的月工资为8 000元，公司的效益还不错，达到了4档，张三的年终奖对应6个月的工资，就是8 000元×6＝48 000元。

第二种模式，年终奖由公司业绩及个人绩效决定，年终奖＝n 个月的工资×k（个人绩效系数）。此种模式在第一种模式的基础上增加了个人绩效系数，作为年终奖的依据。也就是说，这种模式下年终奖的多少同时受公司效益和个人绩效考核结果两个因素影响，在其他条件一致的情况下，个人绩效考核结果优秀的人就可以多拿一点年终奖。

第三种模式，年终效益奖＝效益奖金额度×个人效益奖金分配系数（本人年度薪酬基数×本人年度考核系数）/ $\sum$（参与年度效益奖金分配个人年度薪酬基数×个人年度考核系数）。

5. 专项奖

专项奖主要体现公司对员工行为的引导，把公司鼓励的行为或结果转换成奖项，引导员工向着公司期望的方向去努力。奖项的设置主要体现公司的战略意图和价值取向。常见的专项奖主要有开拓奖、创新奖、节约奖、质量奖、引荐人才奖等。例如，项目完成后如果研发费用没有用完，企业可以设定统一的奖励标准，拿出被节约费用的50%或30%对研发小组进行额外奖励，引导技术人员在实践工作中向节约成本的方向努力。

6. 福利

与其他类型的员工相比，技术研发人员是一个特殊的群体，他们的知识文化素养水平较高、自我管理意识较强，对于人生有着自己的规划，因此，企业要想很好地激励研发人员，除上述的各项薪酬构成以外，还要考虑提供有特色的、富有吸引力的福利项目，来满足技术研发人员特殊的需求。

技术研发人员常见福利项目包括：第一，弹性计划，主要包括弹性工作时间、弹性工作操作、弹性工作与组织边界；第二，家庭支持计划，主要包括信息提供、孩子托管、老人照顾和家庭生活咨询与培训；第三，培训提升计划，由于知识技术的不断更新，技术研发人员的知识和能力总是面临贬值风险，因此可通过提供多样化的培训帮助其保持人力资本价值。

三、技术研发人员的薪酬管理模式——项目制薪酬

进行技术研发人员薪酬管理模式设计的时候，首先要考虑其职业发展，因为技术研发人员更注重自我价值的实现。根据技术人员技能成长规律，为其设置技术和管理双通道成长模式：一条以职位等级提升为主线，另一条以专业技术提升为主线。鼓励擅长搞技术研究的专业技术人员，在“双序列”体系中找到合适位置，不用靠“行政职务”也能实现自身价值，使其沉下心在技术的道路上做专做精。

技术研发人员的工作性质、方式和环境与众不同，使得他们形成了独特的思维方式、情感表达和需求特征。如果单纯采用一种薪酬体系对所有人进行激励很难达到理想的效果，因此需要针对其个性化、多元化的需求采取不同的薪酬管理模式。

1. 技术研发人员的薪酬结构设计

按照所处的技术研发层次，根据技术研发人员掌握的技术水平的高低、贡献的大小，可分为核心层技术研发人员、中坚层技术研发人员以及辅助层技术研发人员三大类。在进行薪酬管理的时候，对于这三类技术研发人员的激励侧重点不同，因此其薪酬结构设计会有差异。

（1）核心层技术研发人员

核心层技术研发人员的主要作用在于为企业赢得竞争优势，一般采取股权激励为主的长期激励模式对其进行薪酬激励，通过让其共同分享研发成果的经济回报，构建利益共同体，来稳定这个团队。同时给予他们拓展个人能力、发展事业的机会，激发其追求项目成功的欲望。薪酬结构如下：

总体薪酬=基本工资（岗位工资+能力工资）+各种补贴+项目奖金+特殊贡献工资+股权

（2）中坚层技术研发人员

中坚层技术研发人员的研发实力是企业的核心竞争力，他们的工作成果直接影响企业发展和企业产品的市场占有率。对于这部分群体的薪酬激励，一方面将收入和业绩挂钩，强调干多得多；另一方面注重企业和研发人员共担研发风险。薪酬结构设计如下：

总体薪酬=基本工资（岗位工资+能力工资）+各种补贴+项目奖金+
特殊贡献工资+技术股份

项目奖金是体现业绩的重要方面，据此与辅助层研发人员拉开距离。项目资金主

要根据项目开发难度、进度等由企业和研发人员共同商议决定。企业在项目进行中要对各项指标的达成度进行考核，完成情况不同，计发比例也不同。技术股份不同于普通股份，不可转让，研发人员在非正常情况下离开企业时，他所拥有的这部分所有权将自动转给企业。这种方法不仅能减少研发人员流失，还可以降低研发风险。

（3）辅助层技术研发人员

辅助层技术研发人员在研发团队中的主要作用是辅助中坚层研发人员，主要任务是学习相关知识和积累经验，他们在这一阶段并不能为企业创造太多价值，并且学习中有较强的人力资本积累效应。因此，在设计这类人员的薪酬时，可采取水平较低的固定薪金模式，对项目有特殊贡献时进行特别奖励。常见的薪酬结构设计如下：

总体薪酬=基本工资（岗位工资+能力工资）+各种补贴+特殊贡献工资

2. 技术研发人员项目制薪酬常见实施模式

关于对技术研发人员进行激励的项目奖金的设计前面已经详细介绍，此处不再赘述。大部分企业面对研发人员最头痛的还是效率的问题，都希望研发人员能按时按质按节点地完成新的产品或项目，然后再继续开始另外一个新的产品或项目。项目的进度决定了项目能否如期上市，能否赢得抢占市场的大好时机。但是现实中，很多研发人员的效率跟不上公司或客户需求的节奏，导致公司产品在市场竞争中长期处于弱势水平。因此，对研发人员进行薪酬绩效体系的变革是非常重要的，要将基本工资的发放尽可能与项目进度紧密结合。

下面介绍比较常见的几种项目制薪酬实施模式。

（1）项目跟进制

首先，从技术研发人员的原基本工资中拿出30%左右作为绩效工资，主要用于项目进度管理，如原来基本工资10 000元，现在就是：7 000元（固定）+3 000元（项目进度管理，弹性）。

其次，制定项目进度表（见表7-23）。

表7-23　　项目进度表

序号	项目名称/项目节点	项目定价	完成标准	完成时间	激励办法	月结工资

说明：1. 所有项目定价合计不能超过×××元。

2. 每月28日前制定次月进度时间及激励方案。

最后，每个月月初将3 000元根据项目紧急和重要程度分配到各个项目或项目节点上，并制定出每个项目或节点的激励标准。

在这种发放模式下，员工薪酬的高低由是否按时按质完成项目决定，这种操作方式激励点相对单一，只针对项目进度进行激励。

（2）项目基点制

首先，从技术研发人员的基本工资中拿出50%左右用于项目进度管理，如原来基本工资为10 000元，现在就是：5 000元（固定）+5 000元（基点工资，弹性）。

其次，制定项目基点标准，一般包括人工、时间、难易程度三个维度，分别设定常规基点标准和其他基点标准。

最后，设计基点激励标准。

在这种发放模式下，以基点作为衡量、考核、激励员工的唯一标准，员工最后拿到多少工资由基点的数量来决定。后期还可以把基点与员工的晋升、年终奖、合伙人、股权等未来激励捆绑在一起，快速全面地提升员工的工作积极性。

（3）项目承包制

首先，从技术研发人员的基本工资中拿出80%左右用于项目进度管理，如原来基本工资为10 000元，现在就是：2 000元（固定工资）+8 000元（项目承包，弹性）。

其次，每一个项目分发到项目组时，都把项目组当成是另外一家公司，相当于把项目外包，然后把项目根据方式二进行定价、交期。

再次，根据项目节点，建立再次分配规则，谁按时完成了节点谁就拿到对应的薪酬。

最后，定制项目结算规则。如提前或按期完成，项目定价款全部分给相对应的员工，如未完成，则按相关员工的每人每天成本进行核算，项目组共同向公司交纳超期成本。

这种发放模式会是未来的主流之一，把员工当成项目合伙人，员工直接从每一个项目中获得收益。

业务演练

任务：研发人员薪酬体系设计

2009年，钱旺财一手创办了即发公司，从事化工原材料的研发、生产和销售。他依靠敏锐的市场嗅觉，经过8年的发展，使公司上升到了行业第四名。但是，最近两年行业竞争越来越激烈，和前几年相比，公司发展速度明显放慢。而更让他头疼的是，他的研发部居然变成了行业的“黄埔军校”，公司内部有经验的研发人才纷纷流失。并且钱旺财还发现：研发人员只对自己开发的产品负责，对其他事情毫无兴趣；老员工不愿意共享经验，新的研发人员来了以后只能自己摸索，从头做起，浪费大量时间和试验材料，每次员工离职都给公司带来重大创伤；公司想发展的产品没有人开发，难度大销售量小的产品也没有人开发。

钱旺财通过与员工闲聊发现了症结所在，原来研发人员一直对公司的薪酬体系有颇多不满。

即发公司研发人员的待遇由基本工资和提成奖金组成。基本工资在业界处于中流，一般在研发人员主动要求加薪的情况下，公司才会考虑给其加薪；有经验的员工、老员工和新员工之间工资差距比较小。在奖金方面，按照研发人员参与开发出来的产品销售后毛利的一定百分比进行提成奖励。但研发人员认为这个薪酬体系不公平：开发什么产品是上级分配的，而产品在市场上的表现由市场容量和销售人员的努力决定，与研发人员关系不大；并且，产品的毛利和产品开发难度没有对应关系，很多非常难开发的产品市场容量很小，导致提成很少。很多研发人员，尤其是销量小的产品的研发人员认为付出和收益不成正比，纷纷提出要开发其他市场容量大的产品，并放言说合同期满就辞职。研发人员对公司目前的基本工资晋升制度也颇多抱怨，认为其不能反映有经验的员工对公司的贡献。

发现这些问题后，为了激励研发人员开发公司战略产品和难度大的产品，钱旺财对重点新产品开发项目进行评估“定价”，产品开发成功后按照“定价”进行奖励。但该项政策效果不甚明显，研发人员的新品开发效率依然没有提高。

根据本章所学知识内容，分析一下即发公司的薪酬体系存在哪些问题？如果你是钱旺财，你会如何调整？

练习题

1. 对于高层经营管理者常见的长期激励形式包括________和________。

2. 基于销售人员离职率高、工作成果容易量化等特点，在进行薪酬设计的时候，要侧重和________相挂钩的激励薪酬的设计。

3. 由于在大部分的企业，研究与开发活动是以项目小组的形式来开展，因此，习惯采取________的形式来对个人或团队工作进行奖励。

4. 下列对企业高层管理人员薪酬结构判断不准确的一项是（　　）。

A. 企业高层管理人员的基本薪酬通常由以董事会主席为首的薪酬委员会来决定

B. 决定高层管理人员薪酬的依据是企业上年度的总体经营业绩和对外部市场薪酬调查数据分析的结果

C. 短期奖金激励在薪酬总额中的比重逐渐加大

D. 福利和服务在高层管理人员的薪酬收入中起着越来越重要的作用

5. 进行高管人员激励性薪酬方案设计的时候，需要考虑的因素有（　　）。

A. 企业自身的实际经营状况

B. 企业所处外部环境

C. 人力资源市场人员供求现状

D. 人力资本薪酬公平

6. 福利和服务在高层管理人员的薪酬收入中起着越来越重要的作用，这些福利主要体现在三个方面：一是企业内部福利，二是企业外部福利，三是属于个人福利。联合利华集团为企业高层管理人员提供豪华办公室、高层管理人员餐厅、特定的停车位、免费体检的福利项目，此类福利项目称为（　　）。

A. 企业内部福利计划　　B. 企业外部福利计划

C. 个人福利计划　　D. 特殊福利计划

7. 在短期奖金激励方面，管理人员奖金的具体数额的决定性因素是（　　）。

A. 企业上年度的利润水平　　B. 企业资本和资产回报率

C. 管理人员对经营结果的实际贡献大小　　D. 管理人员基本薪酬水平的高低

8. 基本年薪是高管人员的“保底”收入，与企业经营绩效无关，其发放参考因素有（　　）。

A. 企业规模大小　　B. 高管人员个人能力

C. 社会消费水平　　D. 企业的经营难度

9. 基于销售人员有经常出差、加班这种特殊的工作付出，在确定其工作报酬的时候，除加班费以外，通常还会另外设置（　　）作为补偿。

A. 销售提成　　B. 专项奖金　　C. 岗位津贴　　D. 底薪

10. 在设计销售人员的提成比例时，经常参考的因素有（　　）。

A. 销售产品的差异　　B. 销售区域的差异

C. 销售客户的差异　　D. 销售收入的差异

11. 对销售业务人员进行薪酬激励设计的时候主要有三种导向，包括（　　）。

A. 以产品为导向　　B. 以业绩为导向

C. 以能力为导向　　D. 以团队为导向

12. 技术研发人员常见福利项目包括（　　）。

A. 弹性工作时间和灵活工作地点　　B. 项目奖金

C. 家庭支持计划　　D. 培训提升计划

13. 在设计技术研发人员的个人项目奖金时，首先要确定个人奖金发放系数，其主要确定依据是（　　）。

A. 公司销售业绩　　B. 个人绩效目标

C. 个人绩效考核结果　　D. 研发项目难度

14.（判断题）实行年薪制的公司，当公司的经营效益超过了预期目标时，一般给高层管理人员发放绩效年薪进行奖励。

15.（判断题）为了有效保证销售队伍的稳定性，在对销售人员进行激励时，销售提成的发放周期一般设计得要长一点。

拓展阅读

为什么越来越多的公司都要推行股权激励

相信看过《乔家大院》这部电视剧的朋友一定对乔致庸这个角色印象深刻。

其中一集讲的就是乔致庸有名员工叫马荀，非常优秀能干，钱庄80%的生意都是他经手办理的，可以说是店里的核心骨干了。可突然有一天马荀提出了辞职，乔致庸非常不理解为什么如此能干的伙计要想着离开，于是就问师爷。师爷笑着说："这还不简单吗？掌柜的有股份，年底有分红。伙计没有股份也没有分红，干活没动力，所以但凡有能力的伙计都想当掌柜，想离开也许就是希望能到别的店里当个二掌柜或者三掌柜，总比一直当个伙计要强吧。"

一席话让乔致庸恍然大悟，经过深思熟虑后，他在某次会议中提出了在自家店规里加上这么一条：以后凡是学徒四年出师，愿意留在店里当伙计的，一律顶一厘的股份，并且逐年按劳绩增加。按照这个新制度，马荀满足条件，可以在店里顶二厘的股份，年底分红能够分到240多两银子，这是他平时工资的十倍！规定一出，马荀立即找到乔致庸要回辞职信，说什么也不愿意辞职了……

这个故事与现代企业的股权激励如出一辙。推行股权激励，能够为企业留住核心人才，让激励对象从打工者变为企业主人翁，将员工自身利益与股东利益紧密结合。

归纳起来说，企业推行股权激励，可以起到以下四个方面的作用：

一是有利于端正员工的工作心态，提高组织的凝聚力和战斗力。从雇员到股东，从代理人到合伙人，这是员工身份的一种质变，会带来工作心态上的改变。

二是规避员工的短期行为，维持企业战略的连贯性。根据马斯洛需求理论，除钱以外，“缺乏安全感”往往是导致人才流失的一个关键因素，也是这种“不安全感”使员工产生短期性行为，进而危及企业的长期利益。

三是吸引外部优秀人才，为企业不断输送新鲜血液。对于员工来说，其身价不仅取决于固定工资的高低，更取决于其所拥有的股权的数量与价值。

如果两家同行业公司给候选人开出同等薪酬的 offer，但一家有股权，一家没有股权，相信有股权的这家公司的 offer 会具有明显的吸引力。

四是解放企业高层管理者。如果你有心观察，但凡做到一定规模的公司，其高管人员多半分身乏术，迫切需要有更多的人来分担工作。因此推行股权激励，尤其是做好核心骨干的股权激励，能使企业高管人员从烦琐的业务和管理中解脱出来，做更有长远意义的战略规划和顶层设计。

项目八

薪酬管理发展前沿速览

【项目说明】

伴随着经济全球化和大数据时代的到来，传统薪酬管理体系和模式面临着新的机遇和挑战，可以说薪酬管理正处于不断变革中，以顺应时代发展的潮流。本项目主要探讨了薪酬管理发展的新趋势，并对大数据时代下的薪酬管理以及国际化对薪酬管理的影响等前沿问题作了简要介绍。本项目内容逻辑结构图示如下：

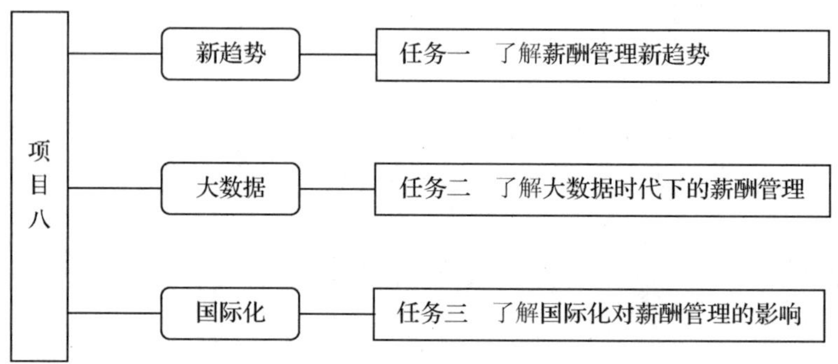

【学习目标】

1. 了解薪酬管理的新趋势。
2. 了解大数据技术在薪酬管理中的应用。
3. 了解大数据应用于薪酬管理的局限性。
4. 了解国际化对薪酬管理的影响。

任务一 了解薪酬管理新趋势

建立科学、系统的薪酬管理系统，对于企业获得生存和竞争优势具有重要意义。随着时代发展，不断改革和完善薪酬管理制度，是企业面临的一项紧迫任务。与传统薪酬管理相比，现代薪酬管理呈现了新的发展趋势。本节主要收集了人力资源管理（薪酬管理）领域内相关咨询机构（如华恒智信、科普咨询、众达朴信管理咨询等）对现代薪酬管理新趋势的判断。归纳起来，主要有以下三个方面的八大趋势。

一、管理理念方面的新趋势

“人本管理”理念深入人心。长期以来，企业在薪酬管理时普遍以等价交易为核心，讲求“按劳付酬”，员工的一切劳动被物化，以产品的价值来衡量员工劳动的价值，量化的劳动最终通过货币形式来支付。这种管理理念可以称为“物本管理”。随着知识经济时代的到来，只着眼于眼前、既得的价值，忽略了人自身具有的那些长期的、可发展的价值的“物本管理”理念的局限性不断显现。“物本管理”理念正在被人性化的、以对雇员的参与和潜能开发为目标的“人本管理”理念所取代。

“人本管理”理念认为，人具有的潜力是巨大的，一个人的价值不仅有眼前所展现的，还有那些潜在的，因此强调一切管理活动都要有利于体现和发展人的能力。与“物本管理”相比，“人本管理”鼓励员工参与和积极贡献，强调劳资之间的利润分享。在薪酬管理方面，强调不仅要给予员工各种货币形式的短期激励，更要给予长期激励。

二、薪酬体系方面的新趋势

1. 全面薪酬体系日趋流行

传统薪酬管理普遍采用经济性薪酬体系，即员工的一切劳动最终都使用可量化的工资支付。不可否认，这样的单一经济薪酬体系具有很多优点，用工资来衡量员工的工作成果，既有激励效果，又简单易行。但随着时代的发展，经济薪酬体系的弊端日渐显现。

第一，经济薪酬的施行需要大量即时薪酬预算作为支撑。随着经济下行压力的加大和人工成本的提高，企业经营压力加大，即时薪酬预算的增长“见顶”，依靠即时薪酬支出来激励员工的经济薪酬模式变得不可持续。

第二，经济薪酬模式起作用的前提是员工认可薪酬带来的差异感。随着讲求“存在感”与“价值感”的“90后”“95后”群体进入职场，单一物质薪酬激励在这一群体身上并不能带来预期效果。

为了弥补经济性薪酬模式的弊端，全面薪酬体系被提出来，并日渐受到众多企业的重视与采纳。所谓全面薪酬，包括外在薪酬和内在薪酬两个部分。外在薪酬主要是指为员工提供的可量化的货币性价值，如基本工资、奖金、津贴、股权等；内在薪酬则是指那些给员工提供的不能量化的非货币形式奖励的价值，如公司对个人的表彰、优良的工作环境、培训的机会、晋升的机会等。内在薪酬和外在薪酬相比较而言更为灵活、更为经济，而且对员工的绩效有更高的认同程度。全面薪酬是将外在物质激励与内在精神激励相结合，对员工进行全面的激励。

2. 雇员激励长期化、薪酬股权化

传统薪酬管理中，企业的薪酬发放是一种阶段性、短期性的模式，即在一定时期内对员工工作进行考核，并依此给予相对应时段所付出劳动的报酬。这种短期性、阶段性的薪酬发放模式，因其简单、易统计而能起到即时的激励效果。但随着社会发展，这种短期性的薪酬模式变得越来越不适合。

第一，短期性的薪酬容易导致员工工作的短期化——员工的工作具有阶段性，在任何时期都可以离职，且不影响该时期的薪酬获取。

第二，短期性薪酬的吸引力来自高额报酬的获取，一旦企业削减薪酬预算，员工薪酬增长受限，该企业便失去了吸引员工留下的动力。

短期性薪酬下，员工尤其是掌握有核心技术的优秀人才很容易离职。为了留住握有核心技术的人才，稳定优秀员工队伍，许多企业开始实施长期激励，其中以股权、期权为主，形式主要有员工股票选择计划（ESOP）、资本积累项目、股票增值权、限定股计划、虚拟股票计划和股票转让价格等。长期激励改变了员工的身份，员工变为打工者与股东合二为一的企业拥有者，将企业利益与员工利益挂钩，员工关注企业利益，与企业共发展共成长。

案例8-1

华为的股权激励

深圳市华为技术有限公司（以下简称华为或华为公司）创立于1987年，是全球领先的信息与通信基础设施和智能终端提供商。在员工激励方面，华为的股权激励一直受到人们的广泛关注。

华为早期的股权激励

华为在成立时注册资本为2万元，任正非与另外的五位投资人是平分股份。

三年后，1990年，华为开始推出员工持股计划。员工开始以每股1元的价格购入公司股票。当时每个持股员工手中都有华为所发的股权证书，并盖有华为公司资金计划部的红色印章。

1997年，华为的注册资本就到了7 005万元，增量全部来源于员工购买的股份。其中688名华为公司员工总计持有65.15%的股份，而其子公司华为新技术公司的299名员工持有余下的34.85%股份。

同年，华为对公司的股份结构进行改制。公司股东变成了三个，分别是华为新技术公司、华为新技术公司工会以及华为公司工会，它们分别持有华为公司5.05%、33.09%和61.86%的股份。

华为公司股东会议决定，两家公司员工所持的股份分别由两家公司工会集中托管，并代行股东表决权。

1999年，华为公司工会以现金方式收购了华为新技术公司所持有的5.05%的股份，同时收购了华为新技术工会所持有的21.24%的股份。

至此，华为公司两家股东——华为公司工会和华为新技术公司工会，分别持有88.15%和11.85%的股份。

2000年，华为公司董事会决定，将华为新技术公司工会持有的11.85%的股份并入华为公司工会，任正非作为自然人独立股东的地位第一次得到确认。华为公司将任正非所持的3 500万元股份单独剥离，并在工商局注册登记，他单独持有1.1%的股份，其余股份全部由华为公司工会持有。

那时，华为员工的薪酬由工资、奖金和股票分红组成，这三部分收入几乎相当。其中股票是在员工进入公司一年以后，依据员工的职位、季度绩效、任职资格状况等因素进行派发，一般用员工的年度奖金购买。

虚拟股票的推出

2000年，互联网泡沫破灭，IT企业遇到了前所未有的困难。在这个时候，也就是2001年，华为推出了虚拟股票期权计划。所谓的“虚拟股票”，是指公司授予激励对象的一种虚拟股票，激励对象可以据此享受一定数量的分红权和股价升值权，但是没有所有权，也没有表决权，不能转让和出售，在离开企业时股权自动失效。

推出虚拟受限股之后，华为员工所持有的原股票被逐步消化吸收转化成虚拟股。具体操作方法是，由实体股东（控股工会）按当年每股净资产购买真实股票，控股工会再发行等比例虚拟股出售给华为员工。本质上类似于工会代持。华为规定根据公司的评价体系，员工获得一定额度的期权，期权的行使期限为 4 年，每年兑现额度为 1/4。

假设某员工在 2001 年获得 100 万股，当年股价为每股 1 元，其在 2002 后逐年行使期权，兑现差价（假设 2002 年股价上升为 2 元，则可获利 25 万元）。当然，也可以留待以后兑现；或者也可放弃行权。

2003 年，华为投资控股有限公司成立，并成了华为公司的股东。

随着时间的推移，老员工积累股份太多，分红收益太大。公司内部部分老员工坐享股票带来的丰厚收益，出现惰怠情绪，失去了奋斗精神。新老员工收入明显失衡。

2008 年，华为公司微调了虚拟股制度，实行岗位饱和配股。根据级别设置配股上限，达到配股上限后，就不再参与新的配股。不同工作级别匹配不同的持股量，如级别为 13 级的员工持股上限为 2 万股，14 级为 5 万股。

这一规定使得手中持股数量巨大的华为老员工们配股受到了限制，但是有利于激励华为公司新员工。

TUP 的推出

一方面，随着公司发展，华为的外籍员工越来越多，而外籍员工无法参与持有虚拟受限股。

另一方面，由于股票价格逐步升高，而银行不能贷款，入职 2~3 年有战斗力的员工没钱配股，无法捆绑利益。而这个时间段内优秀员工的离职给企业造成重大损失，因为员工入职 2 年内属于投入期，之后才是投资回报期。

从 2013 年起华为为外籍员工推出 TUP（Time Unit Plan）——时间单位计划，使外籍员工也可以分享利润；2014 年起对国内员工推出。

和股票相比，TUP 不用员工花钱买，但是不像股票可以一直享受分红，TUP 只能拿 5 年收益，不干活就没了，激励性更强。

假如 2014 年给你配了 5 000 股，当期股票价值为 5.42 元，规定当年（第一年）没有分红权。

2015 年（第二年），可以获取 5 000×1/3 分红权。

2016 年（第三年），可以获取 5 000×2/3 分红权。

2017 年（第四年），可以全额获取 5000 股的分红权。

2018 年（第五年），在全额获取分红权的同时还进行股票值结算，如果当年股价升值到6.42元，则第五年你能获取的回报是：2018年分红+5 000×（6.42-5.42）。同时对这5 000股进行权益清零。

【总结】

根据上述内容，我们可以看出，华为的股权激励制度就像一些专家所说的，它“不是股份制，而是分享制”。从早期的员工持股，再到后来的虚拟股、TUP，在全员持股的说法之下，华为公司所实行的就是一种员工分红激励的手段。任正非微不足道的个人持股不但没有影响他的权威性和控制力，相反，员工的主动性、积极性和公司的凝聚力、竞争力更高，正是这些奋斗者们努力拼搏才换来华为现在的成就。因此不得不说，华为的这套股权激励制度也是它能成功的原因之一。

资料来源：HR案例网（www.hrsee.com），华为的股权激励案例。

3. 弹性福利深受青睐

传统薪酬管理中，企业的福利往往比较固定，所有人的福利项目都一模一样，忽略了员工的不同需求，使得福利成为鸡肋，起不到很好的激励效果。

弹性福利又称为“个性化福利”或“自助餐式的福利”，即员工可以从企业所提供的一份列有各种福利项目的“菜单”中自由选择其所需要的福利。弹性福利强调的是让员工依照自己的需求从企业所提供的福利项目中选择组合属于自己的一套福利“套餐”，每个员工都有自己“专属”的福利组合。

弹性福利将福利的保健性作用转化为激励作用，改进了这一部分薪酬的激励作用。此外，弹性福利引入了人性化因素，使员工感受到尊重，增强了员工的参与感，体现了薪酬管理的个性化、差异化、人性化。

4. 薪酬套餐进入企业实践

以弹性福利形式体现的福利套餐的应用已经非常普遍了，但薪酬套餐的应用则相对较少，但也有企业开始实施。深圳某快速消费品生产制造企业在2014年实行全面弹性（套餐式）薪酬管理政策，即中心和部门中的每一个岗位都有最少三种薪酬模式供从业者选择，当然不同的薪酬模式挂钩着不同的绩效管理方式。这种管理方式最大限度地解决了员工的个性化需求和偏好，而且也释放了员工对于绩效增长的信心和动力。虽然这种方式对于人力资源管理而言相对复杂，但这种变革必将成为趋势。薪酬套餐使得员工对人力资源管理机制的体验性更好。

三、管理措施方面的新趋势

1. 宽带薪酬范围不断扩大

宽带薪酬是对传统上那种带有大量等级层次的垂直型等级薪酬结构的改进或替代，它对原有等级薪酬中的等级数量以及薪酬变动范围进行重新组合，从而减少薪酬等级、拓宽薪酬变动范围，将工资等级融入工资变化范围更大、更宽的工资带之中。宽带薪酬的最大特点是压缩级别数量，并将每个级别对应的薪酬范围拉大，而各种职位等级的工资之间可以交叉。

宽带薪酬设定的初衷是在不突破现有薪酬制度的框架内，扩大内部等级之间的薪酬差距，在员工间树立“多劳多得”的工作理念，从而提高员工工作的积极性。宽带薪酬结构可以说是为配合组织扁平化而量身定做的，它打破了传统薪酬结构所维护的等级制度，有利于企业引导员工将注意力从职位晋升或薪酬等级的晋升转移到个人发展和能力的提高方面，给予绩效优秀者比较大的薪酬上升空间。

2. 内部薪酬差距拉大

尽管企业薪酬涨幅空间有限，但企业仍然会不惜成本地吸引、保留和奖励内部核心员工队伍。企业将有限的资源投放到产生效益、提升产品质量和技术应用、最大限度地提高企业利润的核心员工身上无疑是明智的。虽然以往企业也对绩优员工给予薪酬上的倾斜，但内部薪酬差距并没有有效拉开，绩优员工的贡献未得到应有的体现，企业薪酬内部公平性严重缺失。未来企业将更倾向于提升核心员工的整体薪酬福利水平，在企业“蛋糕”做不大的情况下，其他非绩优员工的薪酬涨幅将非常有限，企业内部薪酬差距进一步拉大。

3. 薪酬管理逐步走向透明化

在很多企业中，薪酬制度的制定以及具体薪酬的发放都是一件相对保密的事情，这不仅涉及公司财务流动、薪酬数额等隐私事项，而且也是出于减少员工间不必要争端的考虑。此外，也有防止公司制度、文件外泄的目的。但近年来，随着市场机制的深入，各行业人才自由流动已成为一种常态。这种流动导致企业之间薪酬管理的透明度增加，薪酬体系、薪酬水平等不再能够长期保密。此外，随着人们观念的转变，越来越多的员工呼吁企业进行信息透明化，让每一个员工能清楚地知道自己所获工资的明细以及了解自己工资所处的排位。

在原有的保密制度下，因为员工不知道自己的明细以及绩效的排位，薪酬激励的效果大打折扣。薪酬信息的透明化不仅在员工中深受欢迎，在企业管理者中也逐渐得到认可。一些企业从激励员工和减少员工对企业不信任出发，也积极支持薪酬信息的透明化。实行薪酬信息透明化，能向员工传递一些积极信号：公司的薪酬制度是完全公平公正的，不用隐瞒；每个员工的薪资都是明确详细的，薪酬高的人有其高的道理，低的人也自有其不足之处。

薪酬管理的透明化，对于企业薪酬管理提出了更多的挑战，例如，薪酬体系设计中要特别注重员工参与，薪酬水平要兼顾内部与外部两个公平，原有的薪酬保密制度很难执行等。尽管执行的困难不少，但却是必然趋势。

任务二　了解大数据时代下的薪酬管理

大数据正在日渐影响着我们的日常工作与生活方式。企业人力资源管理工作也随着大数据信息时代的到来发生着重大转变。薪酬作为推动全球人力资源管理变革的重大力量之一，也必将迎来管理方式上的重大转变。

易路首席执行官王天扬认为，面对数据驱动的薪酬变革潮流，一个可行的、有效的整体薪酬解决方案需要具备不同的层级与视角，需要将薪酬事件与信息实时地发现与记录，自动化地完成信息处理与预警；可以在每次决策前都有薪酬数据的支持并预知其走向；可以让薪酬体系纵观企业整体走势与设计，实时紧跟大局与市场作出判断。

本节我们将在分析大数据时代下薪酬管理面临的机遇与挑战基础上，对大数据技术在薪酬管理中的具体应用作初步探讨，并谨慎地指出当前大数据应用于薪酬管理的局限性。

一、大数据时代下薪酬管理面临的机遇和挑战

1. 大数据时代下薪酬管理面临的机遇

人工智能、“互联网+”、大数据、云技术等不断普及，新的数据收集处理模式与应用手段不断产生和发展，给企业薪酬管理带来了新的发展机遇。

第一，大数据带来信息冗杂问题的同时，也让企业能更全面地获取外部信息，更加综合地分析内外部环境，了解薪酬市场状况。

第二，大数据的发展使得更多数据处理软件得到应用，可以帮助企业从原本毫无价值的海量数据中挖掘出员工的真正需求，从而有助于设计出更公平合理的岗位薪酬

体系。

第三，大数据带来的数据、网络和科技等变革，促使企业改变传统薪酬管理思维模式，是进行管理变革和制度创新的良好契机。

2. 大数据时代下薪酬管理面临的挑战

大数据给企业薪酬管理带来发展机遇的同时，也使得企业薪酬管理面临前所未有的挑战。

一方面，伴随着大数据的发展，员工接收信息的渠道多元化，企业内外部信息的传播会更广泛和迅速，员工对于薪酬制度透明化程度和企业信息准确度的要求会更高，原有的薪酬制度难以满足员工的要求。因此，对企业薪酬管理提出了更高的要求。

另一方面，大数据时代带来的信息冗杂，使得薪酬管理制度和体系设计所需考虑的因素也更加复杂，给薪酬数据处理、薪酬制度和体系的设计都增加了不小的难度。

二、大数据技术在薪酬管理中的应用

1. 利用大数据建立完善的薪酬管理基础数据平台

企业可以通过云计算、AI 技术等帮助收集、整理企业外部薪酬市场环境信息和内部员工数据，并完成分类、计算、归档储存等任务，建立起薪酬体系设计、薪酬管理实施、反馈等工作的数据依据和基础，使企业的薪酬管理有更精准的数据依托，提高薪酬管理的公平性和有效性。同时也使烦琐的信息处理工作变得更加轻松便捷，管理效率得以提高。

2. 利用大数据规范薪酬管理制度和流程

在大数据的支持下，人工智能能够提供多种薪酬战略的备选方案作为决策辅助，提高决策的效率和有效性。首先，将“互联网+”与大数据相结合，充分挖掘市场薪酬调查现存的信息与数据，制定合理的薪酬定价，使企业薪酬水平具备外部竞争性。其次，海量的数据基础、人工智能的云计算等数据处理服务可以帮助企业分析目前的薪酬结构与水平是否合理，从而协助企业调整薪酬的组成、幅度、工资等级体系等，制定适宜的薪酬政策。最后，在实施与反馈中，利用大数据智能工具能够时时监控市场数据并智能预测企业的实力，与企业内部需求达成平衡，以控制薪酬成本，实现企业的战略目标并获得竞争优势。由于大数据作用于薪酬管理的各个环节，进而可以提高整体薪酬管理工作的效率。

3. 利用大数据使得薪酬管理更加精准化

薪酬管理的作用绝不仅仅是“分蛋糕”或者论功行赏，只有在了解行业平均薪酬

水平的基础上，确定合理的劳动报酬标准和薪酬分配机制，才能充分调动员工的积极性。企业如何来获取行业的薪酬水平呢？目前的做法通常会从咨询公司那里购买数据，这样能够保证薪酬数据的及时性和客观性。但这样做的成本比较大，且数据也存在准确性比较低的问题。互联网、大数据技术为人力资源管理工作者提供了一个收集薪酬水平及动态数据的平台。现在互联网上“晒工资”的网站比较多，基于互联网的大数据分析与传统的薪酬数据库服务完全不同，能够为企业提供更加实时、准确的职位薪酬数据，从而提升人才管理水平。

4. 利用大数据建立更加个性化的员工激励方案

在传统福利管理中，受信息工具、系统能力等限制，企业往往无法按照员工需要推出有针对性的福利计划。但大数据背景下，企业可以通过大数据应用，建立起公司内部的社交平台，收集员工在精神、物质、心理、生理等多层面需求的信息，针对不同员工实施差异化福利措施，改变千人一面的传统福利模式，建立弹性福利制度，实现薪酬福利的激励目的。借助大数据技术还可以分析对员工产生更大激励作用的物质、荣誉、赞赏、行为方式、领导风格等，以及用什么样的方式可以使员工心情愉悦地工作。人力资源管理部门通过分析，即时实现对员工的绩效认可与激励，使多数员工获得满足感和成就感，实现员工价值和组织价值的互动平衡。

三、大数据应用于薪酬管理的局限性

1. 前期投入成本过高

大数据应用于企业薪酬管理，需要借助诸多软件和技术工具，这其中的开发或购买费用对企业来说是一笔不小的投资。一些刚创立的小型企业或资本储备不足的企业难以承担这些技术成本。即使从长远来看，这些投入最终能够节省大量人力成本，但由于投资周期较长，风险系数高，不少企业也只会采取观望态度。

2. 数据质量无法完全保障

利用大数据进行数据采集时可能遭遇一些信息壁垒，存在一定阻力和信息失真问题，也难以避免恶意虚假的信息掺杂其中，因而数据质量无法保障。而在数据处理方面，目前其智能化程度还不成熟，数据分析的准确度和精度仍有待提高。

3. 数据泄露给企业带来损失

信息安全是大数据所面临的最大问题。如果薪酬管理相关信息没有保存好就有可能导致被一些不法分子所获取，从而给信息泄露的人群的生命财产安全带来威胁。另

外，若薪酬管理的相关数据外流，企业可能面临薪酬管理陷入瘫痪的困境。管理人员需重新设计、导入数据，给管理工作带来极大不便，也因此可能影响薪酬体系运行和增加员工负面情绪，导致企业内部混乱，外部失去竞争力。

任务三 了解国际化对薪酬管理的影响

在全球一体化日益扩大的今天，中国有越来越多的企业走向国际，进行国际化转型，包括国际化业务拓展、引入外资、与海外企业业务合作、在海外上市等。企业业务的国际化发展，必然给企业薪酬管理带来诸多影响。本节在分析国际化对我国薪酬管理影响的基础上，主要探讨跨国公司外派员工薪酬体系、中国企业走向国际的本土化薪酬管理这两个热点问题。

一、国际化对我国薪酬管理的影响

1. 全球经济一体化对薪酬管理的影响

在过去的20年，许多分析家相信一个统一的薪酬市场已经开始出现，当交易的障碍开始减小和员工可以在不同的国家之间进行流动时，就有希望建立一种由供给和需求决定的单一的薪酬市场。如欧洲实行的一体化发展模式就能够使得欧洲各国的薪酬市场向着一致性方向发展。目前对发展亚洲地区薪酬政策的兴趣已经成为一个热门话题，但亚洲不同国家的薪酬差异要比欧洲大得多。有两个因素在影响地区一致性薪酬市场的发展：一是不同国家和地区的税收政策，这些税收政策将会影响支付水平和薪酬支付方式；二是现在流行使用的现金支付，使得薪酬比较成为困难。但是这种趋势却是在不断地向前发展。

2. 跨国经营对薪酬管理的影响

企业在跨国经营过程中不仅带来了母国的资本、技术、商品，同时带来了企业的管理理念与方法，这其中包括薪酬管理的国际影响、传播和应用。例如，美国通用电气公司在中国的分公司除了要在中国本土（所在国）雇用中国的员工之外，还要从美国（母国）派大量的工作人员来中国工作，同样还在一定程度上雇用韩国或日本的员工工作。美国通用电气对人力资源管理实行的是美国模式，在人员甄选、激励等管理方面都按照美国的政策执行。尤其在薪酬管理上它把相对先进的管理理念源源不断地传入中国，如中高层的长期激励计划——利润分享、股票期权等。

3. 咨询公司的国际化发展对薪酬管理的影响

在国际化背景下，发达国家咨询公司的业务已经不仅仅局限在本国之内，而是迅速地扩展到国际范围。咨询公司在为各国提供咨询的时候，多数是把本国的经营管理经验和当地的实际结合起来。越来越多的企业开始委托专业的薪酬管理顾问公司进行职位分析、职位评估及薪酬调查，以帮助制定公司的薪酬战略，甚至干脆采取薪酬外包设计。目前在中国本土上最为活跃的几家主要的外国咨询公司主要有麦肯锡、波士顿、科尔尼、罗兰-贝格等咨询公司。国际的专业薪酬顾问公司也看准了中国市场的巨大潜力，纷纷抢滩登陆，欲分得一杯羹。韬睿咨询公司（Towers Perrin）、美世人力资源咨询公司（William Mercer）、翰威特咨询有限公司（Hewitt）和华信惠悦咨询公司（Watson Wyatt）就是其中杰出的四家专业外资薪酬咨询顾问公司。

国际化的跨国咨询业务带来了薪酬管理的变革，最初起源于美国并在美国得到很好运用的薪酬管理理论和实践在世界各国的薪酬管理实践中都得到了广泛应用。

4. 国际化的人才流动、学术交流对薪酬管理的影响

国际化加速了人才的流动。人才的流动带来观念、知识、技术和财富的流动。我国改革开放以来大量的青年学生和高校教师跨越国界，学习西方社会的经营经验，他们大多学成归来后带来了西方国家先进管理经验。这些学术的先行者回国后，要么著书立说，要么把国外的经典教材引入中国，要么直接把自己学到的管理知识应用于企业实践之中。西方发达国家的薪酬管理教材在中国越来越受欢迎，许多高校都使用了国外教材，国内出版的薪酬方面的教材也大多借鉴了西方发达国家的经典教材。目前，国内比较流行的《薪酬管理》（米尔科维奇著）、《薪酬手册》（兰期·C. 伯格、多萝西·B. 伯杰著）系统地介绍了美国企业薪酬管理情况，对我国的薪酬管理理论和实践影响很大。

学术的国际化交流也大大促进了各国管理思想和管理技术的相互传播和影响。各大学研究院与国外顶级管理学院开展的学术交流对我国薪酬管理起到了很好的推动作用。这些高校和研究院在很短的时间内把自己最新的研究成果相互传播，时刻保持着薪酬管理理论的动态变化和世界范围内的广泛交流，在交流与合作中推动薪酬管理理论和实践的发展。

二、跨国公司外派员工薪酬体系

跨国公司外派员工的管理及其薪酬支付是一个难题。外派员工对公平性的要求是

外派员工薪酬管理的一个关键性问题。具体来说，这种公平性包括外派员工与其国内同事之间的公平，外派员工与东道国同事之间的公平，以及母国外派员工与第三国外派员工之间的公平等。

跨国公司在设计外派员工薪酬时必须兼顾保健要素、职务要素、绩效要素、技能要素等，其构成内容包含以下几个项目。

1. 基本薪酬

外派员工的基本薪酬应该和在国内与其处于相似位置的同事处于同一个薪酬等级上，这可以通过职位评价和薪酬等级评定来确定。当然，本国和外派国的工作环境不同，工作内容往往也缺乏可比性，加上对外派员工的工作进行有效监管的难度很大，因此操作起来会遇到很多障碍。此外，在同一薪酬等级内部对国内员工和外派员工薪酬水平进行的日常调整，也应该在同一个时间段里按照同样的幅度进行。

2. 海外工作加薪

海外工作加薪主要的目的是鼓励员工前往他国工作，可依据各企业的性质、派驻的地理区域、海外任期长短的不同而有所差异。

3. 奖金

考虑到外派工作往往与一些不利的条件联系在一起，如工作上缺乏必要的监督和指导，要与陌生的文化打交道，要改变既有的家庭生活方式等，在这样的环境下工作，外派员工必然要付出更大的努力。因此，根据外派员工的业绩表现向其支付一定数量的奖金也是有一定意义的。当员工的工作结果比较容易衡量时，支付奖金的做法能够有效地解决监督不足的问题。

4. 津贴补贴

由于本国与外派国的工作环境和生活环境之间存在很大的差异，而企业向外派员工支付补贴的目的就在于对他们的生活成本进行补偿，使他们得以维持在国内时的生活水平。一般来说，企业对外派员工所提供的基本补贴通常会与税收、住房、教育成本、生活费用、利率差异等有一定的关系。在外派员工薪酬中，津贴补贴所占的比例最高，较常见的津贴有以下几种。

（1）生活津贴

生活津贴主要目的是使外派员工能维持与其在母国时相同的生活水准，此种津贴的方式也是最常见的项目，其支付依物价指数及通货膨胀率而定。

（2）住房补贴

住房补贴目的是为外派员工提供租房时所支付的津贴补贴。跨国企业大多对外派员工给予此项补助，给付标准依职位与派驻地区不同而不同。当然如果企业已经给外派员工提供了宿舍，就不需要提供此项补贴。

（3）购车津贴

购车津贴是指企业为外派员工公务出差或生活便利而提供的购车津贴。

（4）搬家津贴

搬家津贴用于外派员工因衣物或家具用品自母国运至任职地区的搬迁运费及其他杂项支出。

（5）艰苦加薪

艰苦加薪用于外派员工因到艰苦地区工作而对个人健康、身体遭受严重考验的补偿。

（6）子女教育补助

此项补助是对外派员工随行子女接受完整教育进行补贴，按全额补助或支付与母国相差的部分差额。

（7）眷属津贴

眷属津贴是指外派员工携带眷属时，企业所提供的补贴或者补助其眷属前往探亲的津贴。

（8）税率补助

税率补助是指由于不同国家税法与税率不同，为了避免外派员工重复课税的问题，企业对外派员工所采取的保护性补助。

（9）货币保护

货币汇率所引起的汇差也是企业在支付外派员工薪酬时必须考虑的问题，以免汇差造成外派员工的损失。

此外，外派员工的假期通常也应该更长一些，以保证他们有机会回国与家人团聚。

案例 8-2

外派人员薪酬，如何不再心愁？

高燕是东莞市一家台资企业的人力资源薪酬经理。公司在菲律宾设有工厂，现在要从东莞总公司派出 IT 技术人才两名，生产管理科长、主任各一名，品控经理一名，

IE技术人员两名到菲律宾工作。能达到公司要求的人才并不少，但是通过初步沟通，大多数人都不愿意过去。

常言道：重赏之下必有勇夫。如何制定有良好诱惑力的薪酬，让这些“养尊处优”的人才愿意到相对艰苦的菲律宾去工作，是高燕当前的重要工作。高燕首先想到的是要了解菲律宾当地的生活水平，特别是薪酬水平。经过与不同的薪酬专业机构谈判与了解，最后考虑与专业的人才服务机构——中华英才网合作，由中华英才网提供菲律宾市场的薪酬水平。但是，当高燕根据当地市场薪酬水平制定完一套看似专业的薪酬体系后，却怎么也高兴不起来。因为她经沟通后发现，即使按菲律宾市场薪酬水平的双倍付薪，也没有人愿意去那边工作。这使她陷入了很无奈的困境。

事实上，对于外派人才的薪酬制定，除要考虑定薪的4P原则（Position，岗位薪酬；Person，能力薪酬；Performance，绩效奖励；Price，市场薪酬）以外，还需要更多考虑到外派人员的心理诉求和感受，不能只是依据市场的薪酬水平及调研机构给的专业数据。特别是外派到菲律宾这种欠发达地区，虽然其生活水平远远低于中国，特别是明显低于沿海的发达城市东莞，但正是因为东莞的发达，这些在较好生活水平下工作与生活习惯了的人员，去到欠发达的菲律宾工作，心理落差会很大。

因此，高燕在与之前曾经临时外派到菲律宾工作的同事做了充分沟通后，了解到定薪时还必须考虑的一些问题，具体包括：外派人员在菲律宾那边的生活及需求点；公司整体薪酬水平的平衡及可承受范围；外派目标人才的生活水平（整体来说，选择外派的人才基本上都是专业技术人才或中高层的管理人才，他们的生活水平相对较高，对生活的质量有一定的要求）；外派人才的职业发展规划方向；公司对外派人才的定位与外派的价值。

在经过反复沟通和测算后，高燕对原来的薪酬制度进行了修改完善。大体内容如下：

1. 外派菲律宾工作人员分为两种：一是临时性外派，即外派菲律宾工厂工作在三个月以内的人员；二是长驻外派，即外派超过一年的人员。

2. 外派人员的用餐、住宿、交通、通信，按公司《中方人才外派海外的标准》执行，即统一按副总经理级别执行。

3. 临时性外派人员的薪酬，按现在总部的薪酬标准执行，即薪酬保持不变，另外再增加相当于个人原在部门工资一倍的临时性外派补助。

4. 长驻外派人员的薪酬底薪不变，加设60%的外派地区差异津贴（便于今后工资调整）；同时增加外派补助，标准与临时外派人员相同，但基数高于临时外派人员，即原在部门工资的1.2倍。

5. 为了方便管理，对于外派补助的发放进行考核管理。由驻地最高中方管理人员及总部对口业务部门负责人对其进行双向考核评定。驻地最高中方管理人员的考核权重占60%，总部业务对口部门的考核权重占40%。

6. 为了保证外派人员的积极性及管理上的有效性，对外派人员的考核性补助作出限定，即外派人员通过考核后，拿到的补助一般可达到基数的80%~150%。

7. 长驻外派人员，在外驻期间，每工作满一年可以享有加薪的资格或权利，加薪的幅度以月考核的总体平均分为依据。

8. 外驻两年或以上者，回国后职务、职级均加升一级。

9. 外派人员在外派期间，在公司的原有福利保持不变。

在这样的薪酬和晋升制度吸引下，高燕终于找到了有兴趣外派菲律宾的人才。由此看来，海外人才的薪酬对于管理者而言绝非易事，需要多方面考虑，增强全面报酬的意识。

思考：根据上述案例，在国际化外派员工的薪酬管理方面，你能得到哪些启示？

资料来源：《HR经理人》，2012年第7期。

三、中国企业走向国际的本土化薪酬管理

在全球日益一体化的今天，中国有越来越多的企业走向国际，这也是中国企业提升自身竞争力、进行大规模扩张的必经之路。中国企业在走向国际的进程中，必然会面临本土化的问题，就像早已在中国实行本土化战略的外国跨国公司一样。

1. 本土化薪酬管理的原因

（1）能降低公司的外派人员薪酬成本

跨国公司外派人员工资一般是按照母国公司同等级别的工资标准来发放的。同时，还要给外派人员发放额外的各种驻外补贴，再加上管理成本，导致外派人员的薪酬成本已经高于聘用当地管理人员的薪酬成本。

（2）能更好地融入本地

员工本地化在一定程度上帮助当地政府解决了就业问题，缓解了政府的压力，改善了同当地政府的关系，为公司在当地的经营发展获得了良好的社会网络支持。此外，雇用本地员工，也能更好地利用本地员工的客户关系、商业网络，快速切入本地市场和社会网络。

（3）能更好地化解沟通障碍，激励本地员工

语言和文化的差异使得外派人员与本地员工之间存在较大的沟通障碍，而员工本地化将会化解这一障碍和矛盾。另外，本地化尤其是管理人员的本地化也是提高本地员工士气的一个有效办法。对于本地员工来说，有良好的成长与升迁机会对他们来说非常重要。

2. 本土化薪酬管理中存在的问题和困惑

（1）中国公司总部的薪酬结构体系在国外可能会水土不服

即使中国公司总部对本地员工有一套整体的薪酬政策，但鉴于各个国家的情况不一样，同样的一套政策对于不同国家具有一定的不适应性。本地员工对于中国公司总部的各项薪酬政策的理解以及薪酬体系的认知存在一定程度的偏差或者不理解。这主要是文化背景和价值观的不同造成的，而公司外派到本地的人力资源主管/经理以及直接上级对薪酬政策制度及体系的解释可能会过于强势、生硬，或者全然没有顾及本地员工可以理解的语言和文化、价值观环境，只是一味地强调遵守和执行，造成了本地员工对薪酬政策执行上的抵触。

（2）对本地人力资源政策尤其与薪酬政策不熟练

中国外派的人力资源主管/经理对本地颁布的各项人力资源政策尤其是薪酬政策如税法、最低工作标准、加班费、福利等不熟练，需要花费一定的时间进行研究，更不用说熟练运用并合理规避风险。此外，对于如何在本地尽可能地降低人力成本也是必须要面对的难题，如避税问题，本地员工对于中国外派人员所谓的合理避税做法有很大程度的不认同，对于他们来说，按规定纳税是公民应尽的义务，也是公司必须要遵守的法律制度。

（3）本地市场薪酬水平调查的障碍

如何建立对内公平对外有竞争力的结构，在本地提供有竞争力的薪酬水平，需要进行市场薪酬水平的调查，而在本地的调查会存在一定的匹配性障碍，使得调查缺乏客观性。

3. 本土化薪酬管理的工作思路

（1）加强对本地薪酬相关政策的学习

外派人员包括人力资源主管/经理以及直接上级要花时间和精力去研究、理解和消化本地颁布的各项人力资源政策制度，尤其是与薪酬相关的政策，并适应和遵守各项政策及要求。

（2）与本地或跨国的相关咨询机构开展合作

要与本地或跨国的人力资源相关机构展开合作，如猎头公司、调研公司、咨询公司、劳务公司等，由这些专业机构提供本地化的薪酬管理咨询服务。加强与本地的律师事务所尤其是华人创建的法律机构及华人律师合作，建立长期的联结和合作关系，由他们提供一定的咨询建议，以更好地处理劳动纠纷、薪酬避税途径、福利成本合理化、加班等问题，从而降低人力成本和用工风险。

（3）加强与本地员工的沟通

外派人员尤其是人力资源主管/经理、直接上级、总代表等，要加强与本地员工的沟通，尊重本地的一些惯例做法、思维习惯等（如员工薪酬以税后净工资来确定，其他一切费用皆由中国公司承担；休假时的薪酬计算；对加班的认定等），尽可能消除本地员工的对立或抵触情绪，帮助其适应中国公司的工作环境，提升对文化理念的理解，增加对各项政策的支持。

（4）积极寻求中国总部的支持

中国公司总部的支持和帮助是必不可少的，外派人员需要积极与总部保持联系，及时反馈本地化过程中的薪酬问题和障碍，寻求总部的理解支持和帮助，并在不违背总部薪酬原则的前提下，制定有针对性的本地薪酬管理策略。

（5）招聘本地的人力资源管理人员

等本地代表处的建设具有一定的成熟度后，可以考虑在本地招聘人力资源管理人员，通过外派中方人力资源主管/经理的指导和辅导、培训，使其尽快了解并理解中国公司总部各项薪酬政策、薪酬体系等，认同公司总部的文化，支持各项薪酬政策和制度、方案的执行，并将其与本地文化、价值观以及本地员工的认知相结合，使他们也能理解、接受并很好地执行。

新联想的国际化薪酬架构

自联想2004年12月8日以12.5亿美元收购IBM全球PC业务后，一家中国企业如何设计一种兼顾本土与国际行情的国际薪酬体系，一直受到人们的关注。

并购前各有利弊

联想自1998年就开始进行和世界接轨的薪酬体系规划和设计。联想所倡导的以3P为基础的薪酬理念，即Pay for position（为岗付酬）、Pay for person（为人付酬）、Pay for performance（为绩效付酬），与 IBM-PC 部门的理念比较接近。但双方在具体的薪酬内容上存在一些差异。

在并购后进行双方薪酬设计方案整合的项目中，作为华东区人力资源总监的曹金昌在与原来 IBM-PC 部门的销售人员沟通后发觉，对方激励制度设计和管理方面有待改善。“我们当时问了一些诸如你们以前的考核方案是什么、你觉得对此是否清晰、你目前做的工作与你的报酬是否相一致等问题时，他们的回答是，我们也不是很清楚。”曹金昌说，这主要是由于绩效考核指标设置过多过高、考核方案过于复杂和不清晰、绩效沟通面谈的沟通和反馈不够等造成的。

相比而言，原来联想在激励方面做得相对较好。首先，会根据很多细化的指标，如各地生活指数、百户人口电脑拥有率等数据来测算某一区域今年的增长率是多少，保证设定一个相对有挑战性又可以达到的目标，使得 20%的人员能够大大超过目标，70%能够达到中等，10%达不到。其次，以财务指标为主的具体指标设定也很简单，一般不超过 4 个。最后，联想对与员工的沟通面谈也非常重视。每次方案出来后，人力资源部门会就该方案跟各个团队成员沟通，同时还以电子版等各种形式去通知员工本人，并给员工一页纸的任务书，由员工本人签字确认，从而保证员工能够明确了解自己当前所做的任务与所得到奖金之间的关系。

在长期激励方面，原来的联想基本上是全员持股，后来发觉期权对基层员工的激励作用相对较弱时，于是便将股权计划覆盖的范围缩小了。结果，原来所分配的股权现在继续执行而新的股权则只分配给很少一部分的高管。曹金昌说：“对基层员工激励更多是强调基薪和奖金。”而这种变化与 IBM-PC 部门基本一致。

长期激励全员持股是个挑战

除薪酬激励方面的差异以外，曹金昌认为双方第二个差异表现在基薪方面，而 IBM-PC 部门的优势就体现在基薪的确定上，如用等级确定基薪、薪酬调查与国际调查相匹配、能力体系与薪酬的嫁接等，这些方面都是联想欠缺的。

上年 5 月 1 日交割完毕后，美国一位薪酬管理专家 Ezara 加盟联想成为专管薪酬的副总裁，他了解当地的薪酬现状以及中国的文化。在美国总部，联想设立了由 Ezara 领导的薪酬福利项目组，负责设置全球薪酬体系，其中也包括一名中国员工。

“我看到很多核心的内容都继承了原来联想的东西。”曹金昌说，融合后新的薪酬架构将联想原来的 3P 改为“P Three”，即 Priority（KPI 的优先性）、Performance（绩效沟通和反馈）、Pay（报酬），根据 KPI 优先指标的达成，对员工的绩效进行反馈，然后据此支付其薪酬和奖金。

在此过程中，曹金昌从去年 8 月开始主要负责华东区的员工薪酬调查、收集华东区各部门对待方案的反馈，以及向总部提交当地薪酬和绩效管理制度的实际运行情况。说到操作薪酬调查项目，曹金昌认为，曾经在摩托罗拉做薪酬管理时所参与的薪酬调查一直让他印象深刻，“对岗位做重新梳理，把公司的岗位与调查公司所要求的岗位匹配，薪酬水平如何定位，结构如何调整，摩托罗拉在这些方面都做得很成熟”。

国内外员工对于公司薪酬制度的不同理解

在与员工沟通和薪酬调查之后，曹金昌了解到中国和美国两边员工的不同疑问：中国员工普遍感觉并购后公司前景更好，因而对薪酬也抱有更高预期；而美国员工则担心自己是否会被降薪。

为此，联想对国内员工的基薪和福利都有所调整和补充，如增加年金、养老金、补充医疗保险。而对国际员工，基薪不降，但在激励上更兼顾挑战性和可实现性。联想原来所实行的部门考核和个人考核相结合的绩效考核方式也将在联想全球中逐步推行，将考核绩效分为优、中、尚待改进三等，比例分别为20%、70%、10%，每年有5%的末位优化，对于这5%的员工，会考虑给予换岗或不再续签劳动合同。

对于联想目前的薪资水平，曹金昌表示不便于透露。大体上来说，职能部门员工的基薪高、奖金少；销售人员的基薪相对低些，奖金和业绩挂钩；研发人员的基薪高些，奖金更多地与发明专利、完成项目的情况挂钩。中国和美国两边的员工互相都会外派，外派员工的薪酬按照各国的国际惯例执行。

“新的薪酬体系出来后，国内和国外员工的薪酬水平肯定还是有差别。”曹金昌解释说，这与不同国家的生活水平相关，同时也在考虑市场的竞争性。如某个岗位是全球性的，则该岗位的薪酬制定就应该参照全球性的调查数据；如果只是一个地域性的岗位，则只在该地域去比较。此外，新联想则会更多地圈定一些直接竞争对手的薪酬进行调查。

新的薪酬体系到目前一直没有最终确定。上年12月21日，联想任命了新的全球总裁兼CEO威廉·小阿梅里奥，新CEO对原CEO在任时所进行的薪酬融合作了重新回顾。尽管这对新体系的正式推出进程多少会有些影响，但曹金昌表示，基本的理念和大致框架都差不多，只是就具体细节再作考虑和权衡。据他说，在今年第一财季，即4月，联想会正式公布新的薪酬体系架构。

新体系公布后会全面推行开。“不需要做试点，在联想就是直接推下去。很顺畅，大家已经习惯这种变化。”曹金昌说，但每个财季都会根据推行效果，即执行的情况以及执行过程中所反映方案本身的问题，对体系进行修正和调整。“薪酬是刚性的，一旦定了之后，会对员工心态有影响，因此以后只能是根据具体情况进行调整，不可能完全推倒重来。”

薪酬制度执行是关键

曹金昌指出，新联想的薪酬体系推行成功的关键取决于沟通好、执行到位。

要保证这样一个规模大、跨地域多、业务多的公司像一个小公司那样高效的执行力，难度很大。“还需要一段时间的努力。”曹金昌坦率地表示，这跟各国文化差异和思维方式有关，联想中国员工习惯于加班加点，但在美国可能更强调工作与生活的平衡。为此，联想正在做“Knowledge Exchange”（知识交换）的项目，国内外员工互相外派，加强彼此文化的理解，力图找到恰当的执行点来有力推动未来新体系的良好运作。

无疑，“执行”成为新联想未来薪酬体系融合的最大挑战。多年的人力资源管理从业经历使曹金昌明白，要想挑战成功，高层管理者的支持和自身的争取尤其重要。同时，能够把复杂的东西简单化，以及进行持续的监督和反馈，也缺一不可。

对于本土公司向跨国企业发展中进行国际化薪酬设计，曹金昌根据自己多年的实践体会给出建议：一是谨慎、平稳过渡，因为薪酬有刚性，而且是敏感性的话题；二是要有充分的调查和研究，要很清楚双方的优势、劣势，以及当地的文化背景和员工的心态变化等；三是要形成一个跨国的国际化团队，能够充分交流，有序推进。

资料来源：HR 案例网（www. hrsee. com），新联想的国际化薪酬架构。

拓展阅读

全球化的人才是否该有国际化的薪酬？

参见思客：http://sike. news. cn/statics/sike/posts/2016/05/219498975. html

参 考 文 献

1. 伊兰伯格，史密斯. 现代劳动经济学——理论与公共政策［M］. 北京：中国劳动出版社，1991.

2. 米尔科维奇，纽曼. 薪酬管理：第6版［M］. 董克用，等译. 北京：中国人民大学出版社，2005.

3. 杨河清. 劳动经济学：第5版［M］. 北京：中国人民大学出版社，2018.

4. 曾湘泉. 薪酬管理：第3版［M］. 北京：中国人民大学出版社，2018.

5. 康士勇. 薪酬与福利管理实务：第3版［M］. 北京：中国人民大学出版社，2016.

6. 肖作举. 资深顾问手把手教你做薪酬［M］. 北京：清华大学出版社，2016.

7. 刘洪，韦慧民. 薪酬管理：第10版［M］. 北京：北京师范大学出版社，2015.

8. 闫铁卿. 薪酬管理从入门到精通［M］. 北京：清华大学出版社，2015.

9. 卿涛，郭志刚. 薪酬管理：第2版［M］. 大连：东北财经大学出版社，2014.

10. 肖红梅，康锋. 薪酬管理业务综合训练［M］. 上海：复旦大学出版社，2013.

11. 李宾. 薪酬管理实务［M］. 北京：北京交通大学出版社，2013.

12. 李宝元，王长城. 现代组织薪酬管理学［M］. 北京：北京师范大学出版社，2012.

13. 康锋. 薪酬设计全程指导：第1版［M］. 北京：中国劳动社会保障出版社，2011.

14. 康锋. 绩效考核与绩效薪酬设计全程指导：第1版［M］. 北京：中国劳动社会保障出版社，2012.

15. 刘昕. 薪酬管理：第3版［M］. 北京：中国人民大学出版社，2011.

16. 石伟. 薪酬管理［M］. 北京：对外经贸大学出版社，2009.

17. 王少东，吴全能，于鑫. 薪酬管理［M］. 北京：清华大学出版社，2009.

18. 孙立虎，宗立娟. 薪酬体系设计实务手册：第2版［M］. 北京：人民邮电出版社，2009.

19. 李贵强. 员工薪酬管理：第2版［M］. 北京：电子工业出版社，2009.

20. 赵国军. 薪酬管理方案设计与实施 [M]. 北京：化学工业出版社，2009.

21. 解进强，史春祥. 薪酬管理实务 [M]. 北京：机械工业出版社，2009.

22. 张正堂，刘宁. 薪酬管理 [M]. 北京：北京大学出版社，2007.

23. 熊敏鹏，余顺坤，袁家海，等. 公司薪酬设计与管理 [M]. 北京：机械工业出版社，2006.

24. 朱瑜. 绩效与薪酬管理实务 [M]. 北京：中国纺织出版社，2005.

25. 刘军胜. 薪酬管理实务手册 [M]. 北京：机械工业出版社，2005.

26. 张建国. 薪酬体系设计结构化设计方法 [M]. 北京：北京工业大学出版社，2005.

27. 何凤秋. 事业单位改革要攻坚克难 [J]. 前线，2015 (5).

28. 何凤秋. 符合事业单位特点的差异化激励探析 [J]. 中国人事科学，2018 (4).

29. 孙德超，曹志立. 公务员工资制度面临的挑战与改革方向 [J]. 理论探讨，2015 (4).

30. 岳颖. 国际化对我国薪酬管理的影响 [J]. 统计与决策，2006 (6).

31. 庞芳. 谈中国企业走向国际的本土化过程中的人力资源薪酬管理 [J]. 大观周刊，2012 (28).

32. 侯桂荣，孙春玲. 强化薪酬管理构建国际化企业 [J]. 经济视野，2012 (5).

33. 张奇峰，张立刚. 供电企业新员工职业发展的路径选择与目标设计 [J]. 中国电力教育，2009 (15).

34. 刘明芝，毕于建，姜继玉. 企业高级管理人员薪酬激励及其决定因素的指标体系 [J]. 经济师，2010 (3).

35. 张颖颖，陈杰. 企业中层管理者薪酬激励模式研究 [J]. 人力资源管理，2014 (5).

36. 周希舫，沈进. 高新技术企业研发人员的薪酬体系设计 [J]. 沿海企业与科技，2005 (4).

37. 于秀丽，张晓楠. “大数据”时代下薪酬管理该何去何从 [J]. 中外企业家，2020 (5).

38. 朱瑜丽，郑嘉慧，袁宝龙. 大数据时代企业薪酬管理的机遇与挑战 [J]. 营销界，2019 (11).

39. 翟金芝. 大数据时代人力资源管理模块优化研究 [J]. 商业经济，2016 (3).

40. 刘晓斌. 关于国际企业外派遣员工薪酬管理的探讨 [J]. 企业经济与管理，2014 (2).

41. 赵颖. 大数据下的企业人力资源管理特点 [J]. 中国管理信息化，2016 (3).